미디어의 이해

Understanding Media

UNDERSTANDING MEDIA:

The Extensions of Man

by Marshall McLuhan

Copyright © Corinne McLuhan 1946, 1996
All rights reserved

Korean translation edition is published by arrangement with Ginkgo Press.

Korean Translation Copyright © Minumsa 2002, 2007, 2024

이 책의 한국어 판 저작권은
Ginkgo Press와 독점 계약한 (주)민음사에 있습니다.

저작권법에 의해 한국 내에서 보호를 받는 저작물이므로
무단 전재와 무단 복제를 금합니다.

미디어의 이해
인간의 확장

마셜 맥루언 김성기 · 이한우 옮김

민음사

서문 영원한 현재 / 루이스 래펌*

30년 전 여름 허버트 마셜 맥루언은 『미디어의 이해——인간의 확장』을 출간하였다. 몇 달이 지나지 않아 이 책은 성전의 반열에 올랐고 책의 저자는 당대의 첫째가는 예언자가 되었다. 기억을 더듬어보아도, 무명의 학자가 벽지에서 그렇게 갑자기 명사 대열의 한가운데로 올라선 예는 좀처럼 찾아보기 어렵다. 그러나 맥루언은 이 변화를 아무것도 아닌 양, 그가 토론토 대학의 도서관에서 발견한 가설의 당연하고도 별로 놀라울 것 없는 귀결인 양 받아들였다. 그는 당시

---

* (옮긴이) Lewis H. Lapham(1938–). 미국의 저명한 비평가이자 편집자이다. 1975년부터 지금까지 월간 《하퍼스 Harper's》의 편집장을 맡고 있다. 주로 미국 사회와 정치의 이면을 예리하게 파헤치는 그의 에세이들은 미국 내의 비판적 지식 사회에서 큰 반향을 얻고 있다. 주요 저서로는 『미국에서의 돈과 계급 Money and Class in America』, 『야만인을 기다리며 Waiting for the Barbarians』, 『호텔 아메리카 Hotel America』, 『영향력의 법칙 Lapham's Rules of Influence』, 『빛, 카메라, 민주주의 Lights, Camera, Democracy』 등이 있다. 지난 2000년에 월간 《하퍼스》 창간 150주년을 기념하여 출간된 바 있는 선집 『미국의 앨범 An American Album』을 편집하기도 했다. (이 책의 모든 주석들은 옮긴이의 것이다. 이후의 주석들에서는 〈(옮긴이)〉 표시를 따로 하지 않았다.)

쉰두 살의 캐나다 태생 영문학 교수였다. 자기만의 세계에 몰두해 수수께끼 같은 삶을 산 맥루언은 예언의 말씀을 전하는 것이 예언자의 할 일이라고 생각했다. 그리고 안개 사이로 미래를 엿보고 인쇄 문자의 소멸을 보았기 때문에, 어쨌든 자신이 한 것이라고는 명백하고도 확실한 무엇인가를 알려준 것뿐이라고 믿는 사람의 태도를 보였다.

『미디어의 이해』는 장차 흔히 쓰이게 된 〈지구촌〉과 〈정보 시대〉 같은 여러 용어들뿐만 아니라, 우리가 현재 사용하고 있는 용법의 미디어라는 말을 소개하였다. 그리고 1965년 가을 《뉴욕 헤럴드 트리뷴 New York Herald Tribune》은 식자층의 공통된 의견을 대변하여, 서둘러 맥루언을 〈뉴턴, 다윈, 프로이트, 아인슈타인과 파블로프 이후 가장 중요한 사상가〉로 지목하였다. 그 뒤 4, 5년 동안 맥루언은 기업 순회 강연뿐만 아니라 여러 텔레비전 토크 쇼에 출연하였다. 우디 앨런은 그를 영화 「애니 홀 Annie Hall」에 등장시켰고, 앤디 워홀과 라우셴버그 Robert Rauschenberg와 같은 유명 예술가들은 그를 명예 뮤즈로 임명하였다. 《뉴스위크 News week》와 《파르티잔 리뷰 Partisan Review》등 여러 저널들의 전속 비평가들은 사태의 본질을 설명할 수 없을 때 간단히 〈맥루언풍 McLuhanesque〉이라는 형용사를 갖다 붙임으로써 자신들의 혼란스러움을 해결할 수 있었다. 이미 그 단어의 원조가 되어버리긴 했지만, 북방(미국 북쪽의 캐나다——옮긴이)의 그 현인은 헝클어진 머리의 교수, 여위고 친절한 인물, 혼란스럽고 멍해 보이는 인물, 돈키호테처럼 차려입은 인물, 아폴로 신전의 신탁처럼 다의적이고 난해한 금언을 보험 회사의 중역이든 우드스톡 페스티벌에 가려고 하는 기타 연주자든 가리지 않고 젊은 청중들에게든 늙은 청중들에게든 선사하면서, 세상이 자신이 내세운 가설의 줄기에 들어맞을 수 있을 것이라고 언제나 확신하는 인물로 남아 있었다.

〈전깃불은 순수한 정보다.〉

〈우리는 시각의 시대를 벗어나 청각과 촉각의 시대로 이행하고 있다.〉

〈우리는 텔레비전 스크린이다. ······우리는 전 인류를 살갗으로 하고 있다.〉

그러나 맥루언이 전성기를 구가하고 난 뒤에도, 그의 텍스트를 상세하게 설명한 사람들 중 그가 말하고자 했던 것을 이해한 사람은 많지 않았다. 그들은 맥루언이 무언가 중요한 것을 내놓았다고 짐작했지만, 대개의 경우 맥루언을 커뮤니케이션 이론을 팔고 다니는 사람으로 받아들이고는 그의 예언들을 자신들의 실용적 용도에 맞게 바꾸었다. 맥루언은 인쇄를 뜨거운 hot 미디어로, 텔레비전을 차가운 cool 미디어로 분류하였다. 그런데 그 많은 비평가 가운데 한 명도 그의 이러한 구분이 무엇을 뜻하는지 완전히 납득하지 못했지만, 이 구절은 4천만 달러짜리 광고 캠페인, 주인공과 플롯이 없는 소설, 자동차 폐타이어의 콜라주 작품 등을 정당화하는 데 기여하였다.

『미디어의 이해』가 자아낸 놀람과 충격은 (1980년 신년 전야, 예순아홉의 나이에 맞이한) 맥루언의 죽음보다 오래가지 않았다. 아마도 예상할 수 있는 일이었겠지만, 망자가 낡아빠진 것으로 간주한 매체에 종사하던 장인들이 만든 부음 기사에 숭배의 기미는 없었다. 식자층은 다른 일로 관심을 돌렸고 맥루언의 이름과 명성은 불신의 시대인 1960년대의 좌절된 희망들을 담고 있었던 감성(고고 부츠 go-go boots,[1] 서전트 페퍼 Sgt. Pepper,[2] 우드스톡과 베트남 전쟁)의 영면과 함께 망각 속으로 파묻혔다.

이러한 판결은 성급한 것이었다. 맥루언이 말해야 했던 많은 것들

---

1) 목이 긴 여성용 장화이다.
2) 비틀즈의 노래 제목이다.

이 1964년보다는 1994년에 훨씬 큰 호소력을 가진다. 그의 책은 이미 출간된 도서 목록에 포함되고는 있었지만, 『미디어의 이해』의 보다 깊은 함의는 MTV와 인터넷, 레이건의 정치적 이미지와 닉슨의 부활 속에서, 텔레비전 쇼핑 채널과 전자 우편에서 분명해지기 시작하였다. 이 모두는 맥루언이 전망하였지만 실리콘이나 유리 섬유로 완성되는 것을 보지 못한 기술들이다.

책의 제목과는 달리 『미디어의 이해』는 결코 이해하기가 쉽지 않다. 번득이기도 하고 불명료하기도 한 맥루언의 사고는 그가 전자 미디어에 부여한 인식론적 특성들――비선형성, 불연속성, 직관성, 순차적 논증보다 비유에 의한 접근――을 충족시키고 있다. 〈우리는 우리가 보는 대로 된다〉, 〈우리는 우리의 도구를 만든다. 그리고 그 다음에는 우리의 도구가 우리를 만든다〉라는 전제에서 출발하여, 맥루언은 기존의 정치적, 미학적 질서를 전복하는 두 가지 기술 혁명의 절대적 명령dikdats을 검토한다. 그중 하나는 15세기 중반에 이루어진 활판 인쇄술의 발명이다. 이는 사람들이 직선적으로 사고하고 세계에 대한 지각을 인쇄 지면의 시각적 질서에 편리한 형태로 배치하도록 조장하였다. 다른 하나는 19세기 후반 이후 나타난 전기의 새로운 이용 방식들(전신, 전화, 텔레비전, 컴퓨터 등)이다. 이는 사람들이 세계에 대한 지각을 사이버스페이스의 프로토콜들에 편리한 방식으로 재배치하도록 교육하였다. 내용은 형식을 따르며, 혁신적 기술들은 정서와 사고의 새로운 구조들을 낳는다.

이러한 명제를 일단 내세운 뒤에 맥루언은 이를 가지고 인간의 표정이 담긴 모든 것들에 대해 일련의 다양한 해석들을 내놓는다. 『미디어의 이해』의 장 제목들(「기계 장치 애호가――〈나르코시스〉로서의 나르시스」, 「타자기――철의 변덕 시대로」, 「무기――아이콘의 전쟁」, 「사진――벽 없는 매음굴」)에서 그의 수사의 격과 야심의 범위를 볼 수 있다. 그가 구사하는 어휘는 익숙한 것들(글 쓰기는 시각적이다, 텔레비전은 청각적이고 촉각적이다)이다. 그리고 책의 앞쪽에는, 마치 사람들이 그가 무슨 말을 하는지 알고 있는 것처럼, 상당수의 관념들이 대수롭지 않게 사용되고 있는데, 책의 뒤편에서야 이를 곱씹어 보거나 지나가는 투로 설명한다. 어떤 미디어의 내용은 언제나 또다른 미디어로 기능한다는 언급은 423쪽(신문의 내용은 글자에 의한 진술statement이다. 책의 내용이란 발언speech이다. 영화의 내용은 소설이다)에 나타나며, 그가 사용하는 〈매스 미디어〉라는 말의 뜻은 483쪽에서 〈매스 미디어 역시 그 수용자의 규모가 크기 때문에 매스 미디어인 것은 아니다. 모든 사람들이 거기에 동시에 관여되기 때문에 매스 미디어인 것이다〉라고 말하고 나서야 분명해진다.

그의 해석들 가운데 어떤 것은 다른 것들에 비해 더욱 신빙성이 있어 보이지만, 호머의 서사시 형식에 따라 나는 그의 산문을 이리저리 가로지르는 중심 개념들의 목록을 작성함으로써 그의 변증 논리를 한 묶음의 대칭적 개념들로 정식화할 수 있다는 것을 알았다. 맥루언은 왼편에 있는 낱말들의 의미를, 구텐베르크의 활판 인쇄술 발명에서 토머스 에디슨의 전구 발명에 이르는 4세기 동안 인쇄어의 융성과 연관시킨다. 그리고 그는 오른편에 있는 말들의 의미를 현재 포스트모던이라고 알려진 감각과 결합시킨다.

인쇄	전기 미디어
시각적	촉각적
기계적	유기체적
순차성	동시성
작곡	즉흥 연주
눈	귀

작용적	반작용적
확장	수축
완전한	불완전한
독백	합창
분류	유형 인식
중앙	변방
연속적	불연속적
구문론	모자이크적 문장
자기 표현	집단 치료
문자적 인간	그래픽적 인간

『미디어의 이해』가 출판된 지 일주일도 지나지 않아 토론토와 뉴욕의 기성 식자층의 수문장들은 오른편 항목에서 그들 자신의 불길한 운명의 징조들을 읽어냈다. 그래서 그들은 그 가운데서 맥루언의 〈주문incantation〉이라고 불린 것을 서둘러 헐뜯었다. 대개는 자기들끼리 떠들어대면서, 그들은 〈과학적 신비주의〉로 보이는 맥루언의 수상쩍고 잡스런 농탕질, 현대 예술에 대한 표피적인 이해, 기술에 대한 순진한 믿음, 그리고 〈단순 육체적 감각〉에 대한 너무나도 원시적인 믿음을 헐뜯고 무시하였던 것이다. 이러한 반대들의 상당수가 잘 먹혀들었는데, 특히 (그가 거의 아무것도 모르는 임상 신경학의 주제인) 중추 신경 조직에 대한 맥루언의 논의에 관한 것들이 그러했다. 그러나 대개 소화 불량에 걸린 비평가들은 그러한 주제에 관한 맥루언의 접근법을 받아들이기를 거부하고, 맥루언이 세운 가설의 총체를 〈에드 설리번 쇼〉(1955-1971)가 비트겐슈타인 전집과 플로티누스 전집보다 이해하기 쉽다는 것을 보여주는 하찮은 관찰 정도로 폄하하면서 논점을 회피하려고 애썼다. 맥루언은 미디어를 〈지식을 전달하는 요인 makeaware agents⟩이 아니라 ⟨사건을 만드는 요인 make-happen agents⟩으로, 귀중한 예술적 대상이나 행동의 품격을 높이는 모델이 아니라 도로나 운하와 비슷한 체계로 이야기하고 있었다. 그리고 그는 그의 명제가 과학적 이론이 아니라 문학적 비유로 받아들일 때 가장 잘 이해된다고 독자들에게 되풀이하여 상기시킨다. 그의 방법은 도서관에 오랫동안 정통해 있었고 아카데믹한 학자적 삶의 장치들에 익숙한 영문학 교수의 그것이다. 동음이의어를 이용한 문학적 익살을 즐기면서 맥루언은 항상 인용을 통해 인쇄 시대의 우상들의 권위를 빌리고 있으며, 제임스 조이스의 소설들, 특히 『피네건의 경야』와 엘리엇 T. S. Eliot과 윌리엄 블레이크의 시, 그리고 존 러스킨의 서한 등을 상세히 인용하고 있다.

　종종 맥루언은 인용문들을 이용하여, 텔레비전 방송이 프로그램 편성의 속류적 색조를 고치기만 하면 모든 것이 잘될 것이라는 믿음을 버리지 않고 있는 고상한 문필가들을 조롱하고 있다. 그리고 그는 자신의 비판자들을 16세기 후반의 교사들에 즐겨 비유하고 있다. 이 교사들은 구텐베르크의 활자체가 지적인 무정부 상태의 전조 그리고 ⟨우리가 알고 있는 문명의 종언⟩, 즉 몇몇 수도원의 문서고에 보관되어 있는 채식 사본에 근거를 둔 구술 전통의 종언이라고 악담을 퍼부었다. 인쇄의 도래가 (누구보다도 라블레, 세르반테스, 그리고 셰익스피어로 하여금 열정적인 말의 봇물을 쏟아내게 하면서) 전에는 침묵을 지켰던 상당수의 사람들에게 커뮤니케이션의 수단을 제공하였듯이, 전자 미디어의 광범위한 확산은 무지랭이라고 생각되었던 많은 사람들에게서 소통을 이끌어낸다. 또한 맥루언은 16세기와 마찬가지로 20세기에도 식자층은 ⟨벌어지고 있는 일들을 짐짓 무시하면서, 자부심을 가지고 지적하기보다는 놀란 눈으로 바라보기를 좋아한다⟩고 주장한다. 맥루언은 이미 잃어버린 자리를 지키려는 사람들에게 조금의 동정심이나 인내도 보이지 않으며, (마치 윌리엄스 버그[3]나 되는 양 문자의 공화국을 회복하고자) 더욱 거들먹거리는 문학계의 구성원들에게 다음과 같이 냉소에 찬 유머를 던진다. 〈여러 해 동안 나는 도덕론자들이 전형적으로 인식을 분노로 대체하는 것을 보았다.〉

맥루언의 풍자는 지난 30년 동안 전자 미디어에 반대하였던 대부분의 비판이 가진 피상성을 겨냥한 것이다. 그리고 맥루언의 책을 읽으면서 나는 방송 드라마의 진부함이나 저녁 뉴스의 헛소리에 대한 나 자신의 부적절한 언급들을 떠올렸다. 한편 나는 우연히 6시간 분량으로 텔레비전에 내보낼 20세기 역사에 대한 시나리오를 쓴 적이 있는데, 이 과정에서 맥루언이 〈미디어는 메시지다〉라고 말했을 때 무엇을 의미하였는가를 깨달았다. 그전까지 나는 내 언급들이 통렬하거나 최소한 그럴듯하다고 생각했었는데 말이다. 제2차 세계 대전의 기원을 설명하고 1938년 9월 뮌헨 조약과 1939년 9월 독일의 폴란드 침공 사이의 기간을 묘사하는 데 78초와 43개의 낱말이 배정된 상황에서 나는 텔레비전은 서사가 아니라는 것, 그리고 텔레비전은 소설가나 역사가, 에세이 저자나 심지어는 신문의 논설 위원이 생각하고 있는 것보다는 상징주의 시나 조르주 쇠라의 점묘화를 더 닮았다는 것을 알게 되었던 것이다.

『미디어의 이해』는 텔레비전 카메라의 양쪽(제작과 소비)에서의 나 자신의 체험에 확신을 부여한다. 그리고 내가 보기에 이 책을 꼭 앞에서부터 읽어나갈 필요는 없다. 이 책의 어디를 펼치든 독자들은 거기에서 필요한 지식을 얻을 수 있을 것이다. 맥루언의 관찰 중 어떤 것들은 그저 그런 것이다. 하지만 다른 것들에는 최소한 50쪽 이상의 부연 설명이 필요하다. 그리고 나는 미디어에 대한 끊임없고 강박적

---

3) 미국 버지니아 주의 도시로, 제임스 시티와 함께 영국 식민지 개척의 대표적 상징이다.

인 웅얼거림——미디어의 편재성과 타고난 사악함——에도 불구하고 지난 30년 동안 맥루언의 일반 이론을 설명한 비평가가 거의 없다는 사실에 놀랐다. 맥루언의 예지는 예외적인 것이었고, 지난 30년 동안의 사건들은 그의 예측들 중에서 잘못된 것보다는 올바른 것이 더 많음을 증명하였다. 그의 가설은 무려 20년 전에 국경의 해체와 냉전의 붕괴를 예상하였다. 또 그는 우리가 지금 〈다문화주의〉라고 부르는 것의 항목 아래 대학의 교과 과정이 불가피하게 재편될 것이라고 예측하였다. 그리고 그는 상품들이 〈더욱더 정보의 성격〉을 가지게 됨에 따라 부의 축적은 제품의 생산보다는 제품에 이름을 붙이는 데 의존하게 되리라는 것도 알고 있었다. 기업 로고나 프로그램 인지도의 중요성뿐만 아니라, 전자 미디어의 무중력성과 자기 지시적 성격을 인식하면서, 그는 이미지의 지배에 의해 통치되는 폐쇄되고 미디어화된 공간들 속에서 사람들이 삶의 대부분을 살아가는 세계를 묘사하고 있다. 늘 그렇듯이 맥루언은, 무언가 다른 것을 이야기하는 것처럼 보이지만, 여담에서 전반적인 요점을 가장 잘 표현한다.

여행은 영화 보러 가는 것이나 잡지의 페이지를 넘기는 것과 조금도 다를 바가 없게 되었기 때문이다.……왜냐하면 우리는 그런 유형의 사람이란 무의식적으로 갔던 길을 한 번도 벗어나 본 적이 없다고, 즉 새로운 장소에 도착해 본 적이 없다고 말할 수 있기 때문이다. 상하이든 베를린이든 베네치아든 패키지 여행으로 가는 곳은 자유자재이지만 그 패키지를 열어 볼 필요는 없는 것이다.……그리하여 세계는 어떤 다른 미디어를 통해 미리 만나본 적이 있는 것을 모은 일종의 박물관이 되었다(280쪽).

막스 프리슈Max Frisch의 말대로 기술이란 〈세계를 우리가 체험할 필요가 없는 식으로 정리하는 요령〉이라고 이해한다면, 박물관에 관한 맥루언의 지적은 패션 디자이너 랠프 로렌의 엄청난 성공과 빌 클린턴의 백악관 입성뿐만 아니라, 미국이 고속도로, 철도, 도시들을 보수하지 않고 파손 상태로 방치하고 있는 것도 이해할 수 있게 해준다. 미디어가 정보를 저장하고 수송하는 것에 지나지 않는다면 그리고 상품들이 정보의 성격을 띰으로써 광섬유, 팩스와 현금 카드에 의해 전송될 수 있다면, 중세 유럽이나 고대 로마의 용도에 맞게 설계된 기간 시설을 유지하려 애쓸 필요가 있겠는가?

『미디어의 이해』의 모든 부분에서 맥루언은 한결같이 곱씹어볼 만한 대목들을 선보이고 있다. 그 가운데 다루고 싶은 것은 대여섯 가지 이상——특히 나치 독일이 존재할 수 있게 된 것을 라디오라는 미디어와 히틀러의 정치적 인격(텔레비전에서는 비참하게 실패할 인격)의 조화에서 찾는 대목——이지만, 주어진 지면이 부족하다. 그래서 우리의 유명 비평가들이 여전히 〈나쁜 뉴스〉라고 불평하고 있는 것에 미디어의 관심이 편중되어 있다는 사실을 맥루언이 어떻게 보고 있는가만을 다루기로 한다. 나는 어디에서도 황색 저널리즘의 사악함에 대한 끊임없는 한탄에 대해 그처럼 간결하게 응수하는 것을 본 적이 없다. 맥루언은 황색 저널리즘이 좋은 뉴스(즉 광고)를 파는 나쁜 뉴스(성 추문, 자연 재해와 폭행 치사에 관한 기사)라고 정확하게 지적한다. 여기서 나쁜 뉴스란 얼치기를 천막으로 유인하는 야바위다. 5등급 판정을 받은 책의 삽화들처럼, CBS나 CNN에 나오는 장면들의 배열은 20세기 후반 미국의 교리 문답을 가르치고 있다. 먼저 뉴스의 첫머리에는, 브루클린이나 마이애미 남부에서 시신을 담은 자루들이 줄지어 구급차에 실리는 경고의 메시지를 담은 장면이 나온다. 다음에는, 주택과 창고가 불타는 지옥을 방불케 하는 장면이 방영된다. 세번째 장면에는 강도죄나 살인죄로 기소된 죄수들이 쇠고랑을 찬 채 줄지어 어디론가 끌려가는 모습이 나타난다. 그날의 강의 교재가 이렇게 전수되고 나면 카메라는 언제나 미소를 머금고 있는 앵커 우먼 쪽으로 즐겁게 되돌아간다. 그리고 그 다음에는——그녀의 우아한 신호와 함께——델타 항공, 캘빈 클라인 그리고 국영 농업 보험 회사가 후원하는 천국의 예고편들이 이어진다. 훈계는 중세의 교훈극이나 돈 존슨의 아르마니 소송 Armani suit처럼 단순하다. 〈법에 순종하고, 세금을 납부하고, 경찰관에게 공손하게 말하라. 그러면 아메리칸 익스프레스 카드를 가지고 버진 아일랜드(서인도제도 북동부)에 갈 것이다. 법을 지키지 않고, 보험료를 잘 내지 않고, 경찰관에게 무례하게 이야기하라. 그러면 시체 가방에 담겨 킹스 카운티 병원에 실려 갈 것이다.〉

매스 미디어가 하는 일은 물건——고객들의 것뿐만 아니라 자신들의 것도——을 파는 것이다. 쉬지 않고 방영되는 폭력 장면을 불평하는 비평가들이 놓치는 것은 코카인 거래에 대한 비유이다. 〈나쁜 뉴스〉는 맥루언이 강렬한 의식의 집단적 분출(〈기사의 내용을 상당히 부차적인 것으로 만드는 과정〉)이라고 이해한 것에 시청자가 참여하도록 만들고, 제작비가 훨씬 더 많이 드는 〈좋은 뉴스〉를 기대하도록 준비시킨다. 32초짜리 텔레비전 상업 광고의 광고비는 50만 달러 정도인데, 제작비는 1백만 달러 넘게 들 수 있다. 《타임》의 단면 컬러 광고는 대략 12만 5천 달러 가량(잡지의 기량 있는 작가의 연봉과 맞먹는 액수) 든다. 맥루언은, 역사가들과 고고학자들이 언젠가 20세기의 상업 광고가 (14세기 대성당의 색유리 창문처럼) 〈그 어느 시대의 사회보다도…… 사회의 모든 일상의 활동 범위를 풍부하고 성실하게 반영〉했다는 것을 발견할 것이라고 말함으로써 우선성의 순위를 정확하게 설명한다.

미국과 캐나다의 지방 대학들에 계속 재직하면서 〈대중 문화〉라는 제목의 학부 과목을 강의한 20년 동안 맥루언은 자신의 변증법을 발전시시켰다. 그리고 전자 미디어의 심리적 영향, 무엇보다도 시간과 공간의 차원을 응축시키는──그리하여 해체시키는──전자 미디어의 경향을 더욱 잘 이해하게 되면서 세계 영혼 world soul의 존재를 가정하기에 이르렀다. 가장 선험적이었고 낙관적이었던 시기에 맥루언은 영국의 비평가이자 소설가인 체스터턴을 읽게 되고 20대 초반에는 가톨릭으로 개종하여 유토피아적 신비주의에 빠져든다. 인류를 이기적으로 정의된 이해 관계, 카스트, 민족, 그리고 정서의 지역성 provinces of feeling으로 분할한 것은 인쇄의 문법이었다고 믿은 것과 마찬가지로, 맥루언은 전자 커뮤니케이션의 통합적인 네트워크가 인류에게 에덴 동산과 같은 천국의 기쁨을 되돌려줄 것이라고 믿는다. 그래서 때때로 그는 사막에서 성서적인 전망을 본다.

만일 도시의 작업이란 것이 사람들을, 옛날의 유목민들이 이룩했던 것보다 훨씬 더 적절한 형태로 변형하거나 번역하는 것이라면, 지금 우리가 모든 삶을 정보라는 정신적 형태로 번역하고 있는 것은 지구 전체를 그리고 인류라는 가족을 단일한 의식으로 만들어버리는 것처럼 보이지 않는가?(109쪽)

다시 되풀이하는 셈이지만 그는 세계 도처에서 모은 돌로 조그마한 돌탑을 만든 항공사 중역의 이야기를 들려주면서 『미디어의 이해』를, 구텐베르크와 이탈리아 르네상스의 학자들이 유배 보낸 인류가 마침내 귀향하게 된 것에 관한 교훈으로 만든다.

〈왜 그러느냐?〉라는 질문을 받았을 때, 그는 항공 여행 덕분에 사람들이 한 장소에서 전 세계와 접촉할 수 있게 된다고 말했다. 요컨대 그는 비행기의 내파적 속도 속에 내재되어 있는 동시 접촉과 상호 작용이라는 사실에서 모자이크적이거나 아이콘적인 원리를 생각해 내었던 것이다. 이 내파적 모자이크의 원리야말로 비행기 이상으로 전기에 의한 모든 종류의 정보 이동의 특색을 형성하는 것이다.(264쪽)

최근에 〈정보 초고속도로〉와 인터넷의 더욱 몽상적인 추진자들 사이에서 맥루언의 명성이 부활한 것은 그의 사고에 들어 있는 이 신비적인 부분 때문이다. 사이버 공간에 대한 관심을 특화하고 있는 잡지들(《와이어드 Wired》나 《더 홀 어스 리뷰 The Whole Earth Review》)은 유사하게 선험적인 주제들을 다루고 있다. 여론면 기사의 저자들은 20세기 후반에 이르러 〈원자 atom라는 아이콘이 네트 net라는 아이콘으로 대체되는 것〉에 대해서, 〈벌꿀의 군집 심리 hive mind(벌꿀의 사회성과 기억의 부재)〉에 대해서, 〈모든 회로, 모든 지능, 경제적이고 생태적인 모든 사물〉의 연결성에 대해서, 인류의 〈분산적이고, 구심이 없는, 새로이 출현중인 전체성〉을 논하며 수정된 자아 개념들에 대해서 이야기한다. 그들은 예술의 구원하는 힘 redemptive power과 〈모든 인간이 참여하고 노동이 없는〉 또다른 천년의 도래에 대한 맥루언의 교의를 되울리고 있다.

이러한 수사는 내가 일종의 유토피아적 무운시(無韻詩)로 간주하는 리듬에 빠져든다. 그런데 이 수사의 대부분은 과장된 것으로 보인다. 〈새로운 세계 질서〉의 혜택에 대해, 혹은 〈관세와 무역에 관한 일반 협정 GATT〉의 우산 아래 틀림없이 세계의 산업 국가들을 통합시킬 것이라는 벅찬 행복감에 대해 워싱턴측이 만들어내는 호언장담처럼 말이다. 내가 생각하기에 맥루언은 그의 가설의 세속적 측면들에 대해, 즉 그가 약속된 재통합보다는 현재의 효과들에 대해 이야기할 때 가장 큰 설득력을 가진다. 커뮤니케이션 기술들의 유리벽 안에 있는 인공의 왕국에 대한 안내서로 접근될 경우, 『미디어의 이해』는 내가

CBS 뉴스, 디즈니랜드, 교외의 쇼핑몰, 패션 잡지의 표지에서 봐서 알고 있는 세계를 묘사한다. 이 세계에서 인간은 (티 셔츠에 새겨져 팔리거나 일련의 디지털 숫자로 전환된) 상품이 된다. 언젠가 시몬 베이유 Simone Weil가 지적했듯이, 〈생각하는 것은 바로 사물이며 사물의 상태로 축소되는 것은 인간이다〉. 이 세계에서 아이들은 즉각적이고 복음적인 현재를 넘어서는 미래의 시간을 생각하기가 어렵다는 것을 안다. 사람들은 자신들이 만든 영화 속에서 살고, 자신들이 만든 사운드 트랙을 듣는다. 이 세계는, 역사의 기억이 지난해에 사교계에 처음 나선 아가씨만큼이나 사소하고, 절름발이 소년이 복권에 당첨되며, 뮤지컬의 코러스 걸이 고대 그리스어를 공부하고, 또 경험의 교훈들이 다시 복원된 낙원의 기적들과 결코 모순되지 않는 공상의 땅이다.

이렇듯 맥루언이 묘사하고 있는 세계는 내가 살아온 동안에 모습을 갖추었다. 나는 1960년까지만 해도 당시 살아 있는 예술 lively arts이라고 알려진 것의 여러 형태들을 구분할 수 있었던 것으로 기억한다. 대중들은 저널리즘, 문학, 정치와 영화의 차이를 알고 있었고, 소설가에게 곡예사나 토크 쇼의 사회자로서의 이중의 역할을 기대하지 않는다고 이해하고 있었다. 그 다음 10년 동안의 기술적이고 인식론적인 압력 아래 이러한 구분들은 희미해졌고, 사실과 허구 사이의 선들은 식별하기 어려울 정도가 되었으며, 살아 있는 예술은 미디어라고 알려진 형태들의 융합 속으로 녹아들었다. 뉴스는 오락이었고, 오락은 뉴스였다. 그리고 1970년까지 텔레비전 방송은, 셰익스피어 희곡의 배우들처럼 그 배경을 댈러스, 베트남, 시카고, 비엔나, 워싱턴과 아프간 국경으로 간단히 그리고 급작스레 전환시키는 강한 개성을 가진 인물들의 레퍼토리 극단을 이용하여 사건들의 무대 위에서 지속적인 퍼포먼스를 선보였다. 이 특수 효과는 경이로운 것이었고, 1980년까지 맥루언이 말하는 〈명성의 극장theater of celebrity〉은, 포세이돈과 제우스가 한때 홍수의 대재앙을 내리고 하늘에서 불덩이를 토하게 한 과거의 종교적 극장을 ABC 방송의 〈스포츠의 세계Wide World of Sports〉처럼 힘들이지 않은 평정 상태로 바꾸어놓았다.

포스트모던의 상상력은 매스 미디어의 산물이지만, 지각 수단으로서의 그것은 전(前)기독교적인 것으로 묘사하는 것이 더욱 정확하다. 어휘는 부득불 원시적이며, 논쟁을 가십으로, 역사를 동화의 구술로 돌려놓는다. 보통의 미국 가정은 현재 대략 하루 7시간 동안 텔레비전을 시청하며(맥루언이 『미디어의 이해』를 출판했을 때는 하루 1시간 30분이었다), 텔레비전 드라마의 스타들은 일주일에 수천 통의 편지를 받는데, 이 충실한 숭배자들은 자기 부인, 남편이나 어머니에게는 감히 말하지 못하는 마음의 비밀을 고백한다. 과거 이교도의 신앙 체계처럼 매스 미디어는 비개인적인 것에 대한 개인적인 것의 우위성을 허용한다. 워싱턴의 청문회장에서든지 아니면 할리우드의 레스토랑에서든지 명칭이 사물에 비해, 배우가 연기에 비해 그 우위를 획득한다. 고대 그리스인들이 신성의 징표를 나무와 바람과 돌에 부여했던 것(강의 신이 심통이 나면 아이가 물에 빠졌다, 하늘의 신이 미소를 지으면 곡식이 익었다)처럼, 현대의 미국인들은 권력을 고래나 점박이올빼미뿐만 아니라, 명성의 빛에 둘러싸인 개인들에게 부여한다. 텔레비전 상업 광고와 지하철 안내판에서 다양한 위세를 가진 유명 인사들은 고대 신화의 님프, 숲 속의 신이나 목신처럼, 자동차, 카메라, 컴퓨터와 중개 회사의 친숙한 정령들이 되었다. 텔레비전에 출연한 운동 선수들은 라커룸에 들어오는 어떤 물건에도 생명을 불어넣고, 나이를 먹어가는 여배우는 〈손을 갖다대는 것〉으로 립스틱의 색깔이나 향수병 속에 잠들어 있는 영혼을 일깨운다.

잡지 표지에서 포즈를 취하고 있는 연예인의 막강한 이미지들은 다른 경우라면 혼란스레 해체되었을 세계에 안정감과 평온함을 부여한다. 신문의 머릿기사는 격변의 소식——보스니아 내전, 무정부를 방불케 하는 모스크바의 상황, 소말리아의 기근, 워싱턴의 도덕적 붕괴——을 전한다. 그러나 잡지의 매끈한 표면의 표정들은 20년 동안 그랬던 것처럼 한가하고 여일하며, 항상 제자리에 있는 별들처럼 꾸준히 자신들의 궤도를 지키고 있고, 가마쿠라(요코하마 남쪽에 있는 태평양 연안 도시)의 정원에 있는 부처의 동상처럼 평온해 보인다. 여기에서 이들 모두——리즈 테일러와 엘비스 프레슬리, 마돈나와 케네디——는 사건들의 혼돈 속에 무한한 천국의 기쁨을 머금은 미소를 부여하면서 세상 소식의 소용돌이에 무심하다. 그들은 작은 정령들이나, 길가 성당에 그려진 몇몇 우상들처럼 의심의 고통을 씻어주고 죽음의 공포를 가라앉힌다.

맥루언이 30년 전에 주목하였듯이, 전자적 미래의 혁신적 기술들은 과거 신석기 시대의 동굴 안에서 깜박이던 화톳불로 우리를 되돌린다. 자신들의 발명품(팩스 기계든 고속 컴퓨터든)을 숭배하고 (코카콜라 상품으로 표현되든, 옷에 새겨진 돈나 카렌 Donna Karan의 레이블로 표현되든) 우상의 축복을 신성함의 증거로 받아들이는 사람들 사이에서 그러한 의례는 실용적 지식의 한 형태가 된다. 개인의 목소리와 독특한 관점은 기업적이고 집단적인 의식의 합창 속으로 사라진다. 맥루언의 표현에 따르면 이러한 의식은 〈어떤 것에 대한 특별한 의식을 요구하지〉 않는다. 우리는 역동적이고 활기 찬 정치의 자리를 열띤 구경거리로 대체한다. 그리고 미디어는 자신이 공화국을 통치할 자격이 있음을 증명하고자 하는 후보들에게 의례적인 싸움의 조건을 정해 준다. 중세에 대해 쓰는 연대기 사가들은, 진짜 십자가의 조각과 파편들을 되찾고 이교도의 숲 속에서 수많은 낮과 밤을 떠돌면서 용을 찾아 오라며 기독교 기사들을 보내는 공주들에 대해 이야기한다. 20세기의 끝이 다가오는 지금까지 이성에 대한 신념을 자부하는 나라에서 미국의 대통령들은 영화 촬영용 아크등 앞에 서는 불편을 참아내고, 홀리데이 인Holiday Inns의 미로 속에서 수많은 낮과 밤 동안을 헤맨다. 대통령직은 의심할 바 없이 인간의 능력에 대한 지독한 시험이지만, 과연 이는 무엇을 위한 능력인가? 유권자가 정부의 기계적인 테크닉처럼 지루한 무엇인가에 대해 이해하거나 염려한다고 하더라도, 그는 자신의 충성과 존경을 받으려 경쟁하는 자들 가운데 누구를 어떻게 선택할 것인가? 알 수 있고 볼 수 있는 어떤 속성이 여전히 보이지 않는 다른 속성들을 대표하게 된다면, 결국 그 시험은 누가 텔레비전 카메라의 어리석음과 무자비한 무차별성에서 살아남을 수 있는가를 찾아내는 것이 된다.

맥루언이 빌 클린턴의 영혼을 검증하려는 미디어의 열광에 대해 곱씹어볼 만큼 오래 살았다면, 아마 맥루언은 대통령에게 단도와 석궁을 주고, 그를 전장에 내보내 흑갑을 두른 네 명의 기사나 날뛰는 곰에 대항하여 싸우게 할 것을 제안했을 것이다. 이 이벤트가 적절하게 추진되고 매력적으로 실행될 수 있을 것이라고 가정한다면 그것은 (최소한 올림픽 게임에서 피겨 스케이팅 선수 낸시 캐리건과 토냐 하딩에 대해 쏠린 정도만큼은 되는) 상당한 관객을 틀림없이 끌어모았을 것이다. 그리고 피터 제닝스나 코니 정이 사자, 자객과 늑대에 대항한 대통령의 이전 활약상에 대해 깔끔한 논평을 내보내는 장면을 상상해 볼 수 있다.

다시 맥루언이 이해한 대로, 매스 미디어를 사용해 온 데 기인한 사고 관습——우리는 우리가 보는 대로 된다. ……우리는 도구를 만든다. 그 다음에는 도구가 우리를 만든다——은 인쇄 미디어 시대의 텍스트들을 해체한다. 우리가 인쇄의 시각적 질서, 그리고 이에 수반되는 정서와 사고의 구조들(도로, 제국, 직선, 위계, 분류, 조지 엘리엇이나 제인 오스틴의 소설들)을 포기하는 정도만큼, 우리는 도시인이나 시민의 관념을 버리고 유목민과 문자 시대 이전의 사람들에게 특징적인 감성을 얻게 된다. 이 두 부류의 상황은, 맥루언의 변증 논리에 기대어 다시 한번 일련의 대칭어로 표현될 수 있는 서로 다른 의미 체계들을 함축한다. 여러 해 전에 나는 우연히 이런 계열을 만들었는데, 그것이 문자의 기술과 전자 미디어의 기술에 대한 맥루언의 구분과 거의 정확히 닮았다는 데 놀랐다. 다음을 보라.

시민	유목민
건설하다	떠돌다
경험	순진함
권위	권력
행복	쾌락
문학	저널리즘
이성애의	다형적인
문명	야만
의지	소망
열정으로서의 진리	진리로서의 열정
평화	전쟁
성취	명성
과학	마술
의심	확실성
드라마	포르노그라피
역사	전설
논증	폭력
부인	창녀

예술	꿈
농업	떼도둑질
정치	예언

    오른편의 낱말들에 의해 제시되는 심리적 태도는 현재 미국에서 매우 유행하고 있다. 이는 마돈나와 우파 성향의 토크 쇼 슈퍼스타인 러시 림보Rush Limbaugh의 승리를 이해할 수 있게 해준다. 또 그뿐 아니라, 내가 온전하게 그리고 진정으로 존재하는 것은 내 아이들이 나를 텔레비전에서 볼 수 없는 경우라는 것을 아이들이 믿지 않으려 한다는 점을 이해할 수 있게 해준다. 공간과 시간의 차원을 제거함으로써 전자적 커뮤니케이션 형태들은 원인과 결과에 대한 가정도 제거한다. 문자적 인간은 자음(B) 다음에는 모음(A)이 온다고 믿었다. 또 그들은, 물품——도시건, 관념이건, 가족이건, 또는 예술 작품이건——을 만드는 사람들이 (언제나 보람에 비해 큰 희생을 치르는) 자신들의 승리가 맥주 광고의 구매자들에게 팔린 시간들(광고에 소비된 시각들)에 비해 더욱 오랜 기간에 걸친 것으로 생각하고 있다고 가정하였다. 그러나 그래픽적 인간은 자신이 영원한 현재의 황홀한 정원 속에 살고 있다고 상상한다. 모든 세계를 동시에 볼 수 있고, 모든 인류의 기쁨과 고통이 언제 어디에나 존재한다면(CNN이나 〈오프라 윈프리 쇼〉에서는 아닐지라도 〈선데이 나이트 무비Sunday Night Movie〉나 MTV에), 어떤 것 다음에 다른 것이 필연적으로 이어지는 일은 없을 것이다. 연쇄sequence는 인과적인 것이 아니라 단지 우연히 일어나는 것이 된다. 영혼의 오아시스를 찾아 고대의 사막을 떠도는 유목민 집단처럼 그래픽적 인간은 야만의 쾌락을 부여안고 순간의 주권에 충성을 맹세한다.

서문 영원한 현재 / 루이스 래펌 5

1부

서론 29
1장　미디어는 메시지다 35
2장　뜨거운 미디어와 차가운 미디어 56
3장　과열된 미디어의 반전 72
4장　기계 장치 애호가 —〈나르코시스〉로서의 나르시스 82
5장　잡종 에너지 — 위험한 결합 91
6장　번역자로서의 미디어 102
7장　도전과 붕괴 — 창조성과 보복 110

미디어의 이해

2부

- 8장　음성 언어 — 〈악의 꽃〉인가?　127
- 9장　문자 언어 — 귀 대신 눈　133
- 10장　도로, 그리고 종이의 경로　143
- 11장　수 — 군중의 프로필　163
- 12장　의복 — 피부의 확장　179
- 13장　주택 — 새로운 외관과 새로운 전망　184
- 14장　돈 — 가난한 자의 신용 카드　194
- 15장　시계 — 시간의 향기　211
- 16장　인쇄 — 그것을 어떻게 이해할 것인가　227
- 17장　만화 — 《메드》: 텔레비전에 이르는 길목　236
- 18장　인쇄된 말 — 내셔널리즘의 건축가　244
- 19장　바퀴, 자전거, 비행기　256
- 20장　사진 — 벽 없는 매음굴　267
- 21장　신문 — 누설(漏泄)에 의한 정치　287
- 22장　자동차 — 기계의 신부(新婦)　306
- 23장　광고 — 사람들에게 안 지려고 야단법석　318
- 24장　게임 — 인간의 확장　328
- 25장　전신 — 사회의 호르몬　344
- 26장　타자기 — 철(鐵)의 변덕 시대로　360
- 27장　전화 — 울려 퍼지는 금관악기인가, 아니면 따르릉 울리는 상징인가　369
- 28장　축음기 — 국민의 가슴을 축소시킨 장난감　382
- 29장　영화 — 릴의 세계　394
- 30장　라디오 — 원시 부족의 북　412
- 31장　텔레비전 — 소심한 거인　427
- 32장　무기 — 아이콘의 전쟁　468
- 33장　자동화 — 생활 배우기　479

참고 문헌　496
지은이 연보　501
옮긴이 후기　504

1부

0 서론

미국의 저명 언론인 제임스 레스턴[1]은 1957년 7월 7일자 《뉴욕 타임스》에서 이렇게 적고 있다.

보건당국의 한 관계자는, 줄곧 텔레비전을 시청해 온 것으로 추정되는 작은 쥐 한 마리가 어린 소녀와 그 아이의 다 큰 고양이에게 덤벼들었다고 이번 주에 보고했다. 쥐와 고양이 모두 생명에는 지장이 없었지만 이 사건은 뭔가 변하고 있는 것 같다는 점을 떠올리게 해준다.

세분화시켜 기계화하는 기술을 통해 3천 년 동안 외파explosion를 거듭해 온 서구 세계는 지금 내파implosion를 겪고 있다.[2]

---

1) James Reston(1909–1995). 미국의 칼럼니스트로, 《뉴욕 타임스》의 편집장을 지냈다.
2) 맥루언의 어법은 대단히 독특하다. 기존의 학술 용어들을 사용하기보다는 현대 미디어 문명에 대한 그의 탁월한 통찰을 바탕으로 신조어들을 많이 사용해, 근대 사회와 구별되는 현대 사회의 특징들을 풀어낸다. 외파이니 내파이니 하는 용어들도 그런 것

기계 시대 동안 우리 서구인들은 인간의 신체를 공간적으로 확장해 왔다. 전기 기술 시대에 접어들고 1세기가 지난 오늘날, 우리는——다른 행성들은 몰라도 최소한 우리가 사는 지구에서는——공간과 시간을 제거하며 중추신경 조직[3] 자체를 전(全) 지구적 규모로 확장해 왔다. 매우 급속하게 인간 확장의 최종 국면에 접어들고 있는 것이다. 그 국면이란 바로 인간 의식을 기술(技術)적으로 모사하는 단계인데 이렇게 되면 인식이라는 창조적 과정도——우리가 이미 다양한 미디어들을 통해 우리의 감각과 신경들을 확장했듯이——인간 사회 전체에 집합적, 집단적으로 확장될 것이다. 지금까지 광고주들이 특정 상품의 광고를 위해 오랫동안 추구해 온 의식의 확장이 정말 좋은 것인가 하는 물음에는 다양한 대답들이 있을 수 있다. 인간의 갖가지 확장들에 관한 물음들에 대해, 그 확장의 양상들을 모두 고찰해 보지도 않고 답한다는 것은 거의 불가능한 일이다. 그것이 피부건, 손이건, 발이건 간에 모든 확장은 정신적, 사회적 복합체 전체에 영향을 미치기 때문이다.

주요한 확장물들 중의 일부는 그것들이 갖는 정신적 혹은 사회적 결과들과 함께 이 책에서 다루어질 것이다. 과거에 이런 문제들이 거의 주목을 끌지 못했다는 사실은 이 책의 편집자들 중 한 명이 보여준 당혹감에서 극명하게 드러난다. 그는 매우 곤혹스러워하면서 나에게 〈당신의 자료 중 75%는 새로운 것이다. 하나의 책이 성공하려면 10% 이상의 새로운 것이 있어서는 곤란하다〉라고 말했다. 그러나 이런 모험은 상황이 매우 급박한 현재의 시점에서 해볼 만한 것이다. 그리고 인간의 확장물들이 미치는 제반 결과들을 제대로 이해하는 일

들인데 그 의미는 이 책을 읽어가는 과정에서 자연스럽게 이해된다.
3) 이 표현 또한 맥루언 특유의 어법으로, 정보 통신망이나 교통망 등을 인간 중추신경 조직의 확장물로 이해하고 있음을 보여준다.

은 시간을 다투는 절박한 문제이다.

　현재 퇴조하고 있는 기계 시대에는 우리가 그다지 큰 관심을 쏟지 않아도 많은 행위들이 이루어질 수 있었다. 모든 움직임이 느리게 진행되었기 때문에 그에 대한 반응이 상당히 지연되어도 문제가 될 것이 없었다는 뜻이다. 그러나 오늘날에는 어떤 행위와 그에 대한 반응이 거의 동시에 일어난다. 말하자면 우리는 사실상 신화적,[4] 통합적으로 살고 있다. 그런데도 우리는 여전히 전기 시대 이전의 사고, 즉 낡고 세분화된 공간과 시간에 바탕을 둔 사고를 계속하고 있다.

　문자 문화literacy의 기술에서 서구인은 (상대방의) 반응과는 무관하게 행위하는 힘을 획득했다. 이런 식으로 자기 자신을 세분화시키는 일의 장점은 외과 의사의 경우를 보면 명확하게 알 수 있다. 만일 그가 수술을 하면서 인정(人情)에 사로잡히게 되면 사태는 걷잡을 수 없게 될 것이다. 심지어 우리는 가장 위험한 사회적인 외과 수술들조차도 완전히 무감정한 상태에서 행할 수 있는 기술을 획득했다. 그러나 이처럼 무감정한 상태가 되는 것은 대상에 전혀 몰입하지 않는 태도[5]였다.

　반면에 중추신경 조직이 기술적으로 확장되어 우리를 인류 전체 속에 개입시키고 또 인류 전체를 우리 속에 통합시키는 전기 시대에, 우리 서구인은 필연적으로 우리의 모든 행위들이 가져올 결과에 심도 있게 관여하지 않을 수 없다. 문자 문화에 물든 (기계 시대의) 서구인이 취했던 고립적이고 독립된 역할은 (전기 시대에는) 더 이상 불가능하다.[6]

■■■■■
4) 여기서 신화는 모든 것이 유기적으로 결합되어 있는 상태를 뜻한다. 이는 바로 다음에 나오는 〈통합적〉이라는 말과 밀접하게 연결된 표현이다.
5) 이는 근대 철학에서의 주관과 객관의 분리를 뜻한다고 할 수 있다.
6) 이 말에는 서구의 근대 사상에서 일관되게 추구되어 온 개인주의를 포괄적으로 비판하는 뉘앙스가 담겨 있다.

부조리극은 행위에 관심이 없는 듯하면서도 행위하는 인간, 즉 오늘날의 서구인이 처한 딜레마를 극화하고 있다. 바로 그 딜레마에서, 사무엘 베케트의 작품에 등장하는 어릿광대의 원형과 그 메시지를 찾을 수 있다. 3천 년 동안 전문가에 의한 외파와, 인간 신체의 기술적 확장에 의한 전문성과 소외가 증대되어 왔지만 현대 세계는 극적 반전을 일으켜 압축적[7]으로 변하게 되었다. 지구는 전기의 힘으로 응축되어 하나의 촌락이 된 것이다.[8]

모든 사회적-정치적 기능을 급작스럽게 내파하는 전기의 속도로 인해 인간의 책임 의식은 고도로 높아졌다. 바로 이 내파라는 요인 때문에 흑인과 틴에이저, 그리고 몇몇 소수 집단의 위상이 바뀌었다. 그 집단들은 제한된 집단이라는 정치적 의미에 〈갇힐〉 수 없다. 전기 미디어 덕택에 우리가 그들의 삶에 〈개입〉하듯 그들도 우리의 삶에 개입한다.

현대가 〈불안의 시대〉인 것은, 〈입장〉이나 〈관점〉과 상관없이 관여와 참여를 강제하는 전기에 의한 내파 때문이다. 아무리 훌륭해도 입장이나 관점은, 부분적인 그리고 특수한 성격을 가질 수밖에 없다. 따라서 전기 시대에는 아무 소용이 없다. 정보 차원에서도 동일한 반전이 일어나 포괄적 이미지가 단순한 관점을 대체했다. 19세기가 〈편집자의 의자 editorial chair〉의 시대였다면 20세기는 〈정신과 의사의 침상 psychiatrist's couch〉[9]의 시대이다. 인간의 확장물로 보자면 의자는 전문가풍으로 등받이의 엉덩이가 닿는 부분을 없앤 것, 즉 뒷부분의 〈탈격 독립어구〉[10]의 일종인 반면 정신과 의사의 침상은 신체 전체를

---
7) 이는 내파를 뜻한다.
8) 오늘날 유행하는 〈지구촌〉이란 개념이 바로 이 문장에서 유래했다.
9) 프로이트 계열의 정신분석의들은 환자들을 침상에 눕힌 채 대화 치료를 한다. 그렇게 함으로써 환자의 숨겨진 무의식을 쉽게 찾아낼 수 있다.
10) 라틴어 문법 용어로, 문장 중에서 다른 요소와의 문법적 관계 없이 독립적으로 사용되며 때, 원인, 부대 상황 등을 나타낸다.

확장한 것이다. 정신과 의사가 침상을 사용하는 것은, 그것이 사사로운 견해를 표현하려는 유혹을 없애 주고 사건을 합리화하려는 욕구를 제거해 주기 때문이다.

전체성, 감정 이입, 깊이 있는 인식 등을 높이 평가하는 우리 시대의 분위기는 전기 기술 아래에서는 자연스럽게 수반되는 것이다. 이전의 기계 산업 시대에는 사적인 견해를 맹렬히 내세우는 것이 지극히 당연한 표현 방식이었다. 각각의 문화와 시대는 거기에 속한 모든 인간과 사물에게 적용되는, 그 나름의 지배적 지각(知覺) 모델이나 인식 모델을 가지고 있다. 우리 시대의 특징은 그런 식으로 부과된 지각 모델이나 인식 모델들에 대해 반발하는 데 있다. 우리는 (전기 시대에 들어와) 갑자기 사물과 사람이 자신들의 존재를 총체적으로 주장하게끔 하는 데 열성을 다한다. 이 새로운 태도에는 깊은 신념이 스며들어 있다. 그 신념이란 바로 만물의 궁극적 조화에 관한 것이다. 이 책도 바로 그런 신념 아래에서 서술되었다. 이 책은 각종 기술들에 의해 확장된 우리 자신의 갖가지 기관들의 윤곽을 탐구해 보고, 우리가 이해할 수 있는 원리를 그것들 각각에서 찾아내기 위한 것이다. 나는 이런 (확장된) 형태들을 이해하고 질서 있게 정리하는 일이 가능하다고 확신했기 때문에 그것들에 관한 기존의 관습적인 견해는 대부분 받아들이지 않고 그것들을 새로운 시각에서 조명했다. 로버트 시어볼드Robert Theobald가 경제 불황에 대해, 〈불황을 제어하는 데 도움이 되는 요인이 한 가지 더 있다. 그것은 바로 불황이 전개되는 과정을 좀더 잘 이해하는 것이다〉라고 언급한 것은 미디어에도 그대로 적용할 수 있다. 인간의 개인적인 확장물들[11]의 기원과 발전 과정을

---

11) 이 말은 인간의 각종 능력과 기관의 확장물인 각종 미디어들을 뜻한다. 이 책의 2부에서 중점적으로 다루어진다.

고찰하기에 앞서 우리는 인간의 확장물인 미디어의 일반적 측면들을 몇 가지 살펴보아야 한다. 그렇게 하려면 각각의 확장이 개인과 사회에서 야기하는 감각 마비를 먼저 설명해야 하는데 이것에 대해서는 지금까지 어느 누구도 설명한 바가 없다.

1 미디어는 메시지다

모든 사물들을 통제의 수단으로 분리해서 보는 데 오랫동안 익숙해져 있는 서구와 같은 문화 내에서는, 작용 면에서나 실제적인 면에서 미디어가 곧 메시지라는 주장이 종종 충격으로 여겨진다. 이 주장은, 어떤 미디어——즉 우리 자신의 확장——의 개인적, 사회적 결과들이 우리 자신의 확장물이나 어떤 새로운 기술에 의해 인간사(人間事)에 등장하게 된 새로운 척도에서 생겨난 것들이라는 것을 말해 줄 뿐이다. 예를 들면 자동화와 함께 등장한 새로운 유형의 인간적 유대들은 사실 여러 가지 직무들을 없애는 경향이 있다. 이것은 부정적인 결과이다. 그러나 긍정적으로 보면 자동화는 사람들에게 여러 가지 새로운 역할들을 만들어준다. 즉, 전 시대의 기계 기술이 파괴했던 인간적 유대를 복원하고, 일에 대한 심도 있는 관여를 가능하게 해주는 것이다. 많은 사람들은, 기계 자체가 아니라 기계를 가지고 한 일이 기계의 의미나 메시지라고 말하곤 한다. 기계가 우리의 상호 관계와 우리가 자기 자신과 맺는 관계를 바꿔나간 방식들이라는 점에서 볼 때, 그것이 콘플레이크인가 캐딜락인가는 전혀 문제가 되지 않았다. 인간의 일과 유대를 개조하는 일은 기계 기술의 본질인 세분화의 테크닉에 의해 이루어진 것이다. 그러나 자동화 기술의 본질은 정반대다. 기계가 인간의 관계들을 유형화하는 데 있어 단편적이고 중앙집중적이고 피상적이었던 반면에, 자동화 기술은 근본적으로 통합적이고 탈중앙집중적이다.

전깃불의 경우를 살펴보면 그 점을 보다 분명하게 알 수 있을 것이다. 전깃불은 순수한 정보이다. 말하자면 전깃불은, 어떤 선전 문구나 이름을 나타내는 데 사용되지 않는 한, 메시지가 없는 미디어이다. 모든 미디어의 특징인 이런 사실은 모든 미디어의 〈내용〉이 언제나 또다른 미디어임을 의미한다. 말은 씌어진 것의 내용이고, 씌어진 것은 인쇄의 내용이며, 다시 인쇄는 전보의 내용이다. 〈말하는 것의 내용은 무엇인가〉라는 질문을 받게 될 경우, 우리는 반드시 〈그것은 실제적인 사고 과정이며 그 과정 자체는 비언어적인 것이다〉라고 답하게 된다. 추상화(抽象畵)는 창조적 사고 과정들을 직접 재현한 것이다. 이런 과정들은 컴퓨터 디자인에서도 똑같이 나타날지 모른다. 그러나 여기서 우리가 고찰하고 있는 것은, 디자인이나 유형들이 기존의 과정들을 증폭시키거나 가속화했을 경우 초래할 정신적, 사회적 결과들이다. 왜냐하면 어떤 미디어나 기술의 〈메시지〉는 결국 미디어나 기술이 인간사(人間事)에 가져다줄 규모나 속도 혹은 유형의 변화이기 때문이다. 예를 들면 철도는 이동, 수송, 바퀴, 길 등을 인간 사회에 가져오지는 않았다. 그러나 철도는 그것이 등장하기 전까지 있던 각종 기능들의 규모를 가속화시키고 확대해, 완전히 새로운 종류의 도시들과 노동과 여가 생활을 창출해 냈다. 이런 일은 철도의 가설 지역이 적도 지대냐 한대 지대냐와는 무관하게 일어났으며, 철도라는 미디어가 운반하는 화물이나 내용이 무엇인가와도 관계없는 일이었다. 다른 한편 어디에 사용되든 비행기는 수송을 가속화함으로써, 철도에 바탕을 둔 도시, 정치, 공동체 등을 해소시키려 하고 있다.

전깃불의 문제로 되돌아가 보자. 그 빛이 뇌 수술을 위해 사용되느냐 아니면 야간의 야구 경기를 위해 사용되느냐는 중요하지 않다. 전깃불이 없으면 뇌 수술이나 야간 경기를 할 수 없다고 할 때, 뇌 수술이나 야간 경기가 전깃불의 〈내용〉이라는 주장이 제기될 수도 있겠다. 그러나 이 같은 사실은 〈미디어는 메시지다〉라는 요점을 강조해 줄 뿐이다. 왜냐하면 인간의 행위와 결사(結社)의 규모와 형태를 형성하고 제어하는 것이 바로 미디어이기 때문이다. 그런데 이런 미디어의 내용이나 용도가 너무 다양해서 인간의 결사의 형태를 갖추는 데 전혀 힘을 발휘하지 못하는 경우도 있다. 실제로 우리는 다름 아닌 미디어의 〈내용〉 때문에 그 미디어의 성격을 파악하는 데 방해를 받는다. 각종 산업들이 자신이 관여하고 있는 다양한 종류의 일들에 관해 알게 된 것은 겨우 오늘날에 와서였다. 예를 들어 IBM 사는 자신들이 사무 장비나 기기를 만드는 일이 아니라 정보를 처리하는 일에 종사하고 있다는 것을 알고 나서야 비로소 명확한 비전 속에서 운영해 나갈 수 있었다. 반면에 제너럴 일렉트릭 사는 전구와 전기 시설을 판매해 상당한 이윤을 올리고 있음에도 불구하고 자신이 하고 있는 일이 미국전신전화회사 AT & T와 마찬가지로 정보를 이동시키는 것이라는 점을 아직 깨닫지 못하고 있다.

전깃불은 〈내용〉을 갖고 있지 않다는 바로 그 점 때문에 커뮤니케이션의 미디어로 주목받지 못하고 있다. 이는 사람들이 어떻게 해서 미디어를 제대로 연구하지 못하게 되는지를 단적으로 보여주는 사례이다. 왜냐하면 전깃불은 (네온사인 등에서처럼) 어떤 브랜드 이름을 나타내는 데 사용되고 나서야 비로소 하나의 미디어로 주목받고 있기 때문이다. 그러나 여기서 주목받고 있는 것은 전깃불이 아니라 〈내용〉

(사실상 또 하나의 미디어)이다. 전깃불의 메시지는 산업에서의 전력(電力)의 메시지와 마찬가지로 매우 철저하고 광범위하며 탈집중적(혹은 분산적)이다. 왜냐하면 전깃불과 전력은 용도 면에서는 서로 다를 수 있지만, 인간의 결사에서 시간적, 공간적 요인들을 제거한다는 공통점을 갖기 때문이다. 이런 점에서 그것들은 심도 깊은 관여를 창출해 내는 라디오, 전보, 전화, 텔레비전 등과 같다.

셰익스피어의 작품들을 가지고 우리는 인간의 확장물들(즉 미디어) 연구에 대한 거의 완벽한 안내서를 만들 수 있다. 『로미오와 줄리엣』에 나오는 다음 행(行)들을 보고 어쩌면 그가 텔레비전을 언급한 것인지 모른다고 익살을 떠는 사람도 있을 것이다.

그러나 쉿! 저 창을 통해 새어 나오는 빛은 뭘까?
그것이 이야기를 한다, 그러나 아무것도 말하지 않는다.

『리어 왕』과 마찬가지로 각종 환상들에 의해 변형된 인간들의 고통을 다루고 있는『오셀로』의 다음 행들에서는 새로운 미디어들이 가진 변형력에 대한 셰익스피어의 직관력이 잘 드러난다.

순결한 아가씨를 능욕할지도 모르는 마법의 약이라도 있는 것이 아닐까?
로데리고, 자네는 그런 것에 대해 읽은 적이 없는가?

거의 전 부분에서 커뮤니케이션에 대한 심리적-사회적 연구를 다루고 있는『트로일러스와 크레시다 Troilus and Cressida』[1]에서 셰익스피어는 진정한 사회적, 정치적 진행 과정이 혁신의 결과들을 어떻게

---
1) 트로이 왕자와 미녀 사이의 사랑 이야기이다.

예상하느냐에 달려 있다는 사실을 깨달았다고 서술하고 있다.

> 주의력이 고도로 집중된 상태의 선견지명은
> 플루터스Plutus[2]의 황금을 거의 한알한알까지 알아내고
> 잴 수 없이 깊은 밑바닥을 찾아내며
> 사상의 자리를 차지한 다음, 신들과 거의 비슷하게
> 요람 속에서 잠자고 있는 사상의 베일을 벗긴다.

또 미디어의 〈내용〉이나 내용의 작성 방법에 관계없이 미디어 그 자체가 작용한다는 점을 점차 깨닫고 있다는 사실은, 당혹감이 잘 표현된 다음과 같은 작자 불명의 시구에서도 잘 나타난다.

> 현대의 사고 방식에서, (비록 사실은 아니지만)
> 행동으로 나타나지 않는 것은 아무것도 아니며
> 가려움보다는 긁는 방법에 대해 서술하는 것
> 바로 그것이 지혜인 것이다.

이처럼 미디어가 왜 사회적으로는 메시지인가를 보여주는 총체적이고 명확한 인식은 급진적인 최신 의학 이론들에서 찾아볼 수 있다. 『생명의 스트레스』에서 한스 셀리에 Hans Selye는 한 동료가 그의 이론을 듣고 난 후 보여준 실망감에 대해 적고 있다.

> 이런저런 불순하고 유해한 물질로 처리된 동물들에 관해 내가 관찰한

---

2) 그리스 종교에 나오는 부(富)의 신으로, 흔히 지저왕(地底王)이라고 불린다. 〈재물〉을 뜻하는 그리스어 〈플루터스〉를 의인화한 것이다.

바를 자신 있게 설명하려고 하자 그는 나를 몹시 측은하게 바라보면서 크게 실망했다는 듯이, 〈하지만 셀리에, 더 늦기 전에 자네가 지금 하고 있는 일이 무엇인지를 깨달으려고 노력하게. 자네는 지금 자네의 전 생애를 먼지 같은 약학 연구에 쏟겠다고 결심한 거야〉라고 말했다.

셀리에는 자신의 〈스트레스〉 질병론에서 전체적인 환경 상황을 다루고 있다. 이와 마찬가지로 미디어 연구에서의 최신 이론도 〈내용〉뿐만 아니라 미디어와, 특정 미디어가 그 속에서 작동하게 되는 문화적 모태를 다룬다. 과거의 이론가들이 미디어의 심리적-사회적 효과에 대해 무지했다는 사실은 미디어에 관한 여러 가지 언급들을 보면 명확히 알 수 있다.

몇 년 전 미국 경영인 데이비드 사노프는 노트르담 대학에서 명예 박사 학위를 받고 나서 이런 연설을 했다. 〈우리는, 너무 쉽게 기술적 도구들을 휘두르는 사람들의 죄는 묻지 않고, 대신 그 도구들을 속죄양으로 삼는 경향이 있다. 현대 과학의 산물들은 그 자체만으로는 선하지도 악하지도 않다. 그 가치는 사람들이 그것을 어떻게 사용하느냐에 달려 있다.〉 이 말은 오늘날 몽유병 환자들이 곧잘 하는 말이다. 우리가 〈애플파이 그 자체는 선한 것도 악한 것도 아니다. 그 가치를 결정짓는 것은 그것이 사용되는 방식이다〉 혹은 〈천연두 바이러스 그 자체는 선한 것도 악한 것도 아니다. 그 가치를 결정짓는 것은 그것이 사용되는 방식이다〉라고 말한다고 가정해 보자. 또 〈총기들 그 자체는 선한 것도 악한 것도 아니다. 그것들의 가치를 결정짓는 것은 그것들이 사용되는 방식이다〉라고 말한다고 가정해 보자. 즉 탄환이 표적이 된 사람에게 적중되면 그 총기는 좋은 것이고, 또 텔레비전 브라운관이 목표로 했던 사람에게 정확히 영사(映寫)되면 그것은 좋은 것이라는 말이다. 나는 지금 누굴 비꼬기 위해 편협한 이야기를 하고 있는 것이 아니다. 사노프의 발언에는 깊이 음미해 볼 만한 사항이 아무것도 없다. 왜냐하면 그 발언은 모든 미디어의 본성을 완전히 무시하고 있기 때문이다. 그 발언은, 새로운 기술적 형태로 자신을 절단하고 확장시킴으로써 자기 마비 상태에 빠져버린 인간들이 전형적으로 보여주는 자기 만족적인 모습이다. 이어 사노프는 인쇄 기술에 대한 자신의 생각을 이렇게 표현한다. 〈인쇄 기술로 인해 하찮은 것들도 많이 보급되었지만 성서와 선각자나 철인(哲人)의 사상들도 전파되었다.〉 사노프는 그 어떤 기술도 우리가 이미 갖고 있는 것에다가 그 자체를 덧붙이지는 못한다는 사실을 전혀 이해하지 못했던 것이다.

로버트 시어볼드, 로스토, 존 케네스 갤브레이스 같은 경제학자들은 최근 여러 해 동안, 어떻게 해서 〈고전 경제학〉[3]이 변화나 성장을 설명할 수 없는지를 설명해 오고 있다. 그리고 기계화 자체가 최대한의 성장과 변화를 가능하게 해주는 원인인데도 불구하고 기계화의 원리가 그 성장의 가능성이나 변화에 대한 이해를 완전히 배제한다는 것은 기계화가 안고 있는 역설이다. 왜냐하면 기계화는 어떤 과정을 세분화하고 그렇게 세분화된 여러 부분들을 계열화하는 일이기 때문이다. 하지만 영국의 경험론 철학자 데이비드 흄이 이미 18세기에 입증한 바와 같이, 단순한 계열에는 인과성의 원리가 없다. 즉 하나의 사건 뒤에 다른 사건이 뒤따른다는 사실은 아무것도 설명해 주지 못한다. 변화되었다는 사실 외에는, 뒤따른다는 것 자체로부터 아무것도 나오지 않는다. 결국 전기의 등장과 함께 일어난 최대의 역전 현상이 사물들을 순간적인 것으로 만들어버림으로써 계열에 종지부를

---

[3] 여기서 고전 경제학은 애덤 스미스, 리카도, 마르크스 등의 고전 경제학이 아니라 기존의 모든 경제학을 지칭한다.

찍었다. 순간적인 속도 아래에서 사물들의 원인들은 새롭게 인식되기 시작했다. 왜냐하면 그 원인들은 계열이나 연쇄 속의 사물들과는 무관한 것이 되어버렸기 때문이다. 전기의 등장으로 닭이 먼저냐 계란이 먼저냐는 물음[4]은 의미를 상실해 버렸고, 닭은 더 많은 계란을 얻기 위한 계란의 이데아가 되어버린 것 같았다.

비행기가 음속의 벽을 돌파하기 직전에 음파들은 비행기의 날개에서 가시적인 것이 된다. 소리가 끝나기 직전에 소리가 보인다는 사실은, 기존의 형(型)들이 정점에 이르는 바로 그 순간 새로운 정반대의 형들이 나타난다는, 탁월한 존재 유형을 적절하게 보여준다. 영화의 탄생은 우리가 기계주의를 뛰어넘어 성장과 유기적 상호 관계의 세계로 나아갈 수 있게 해준 계기였는데 이 순간만큼 기계화가 명백하게 세분화되거나 계열화된 적은 없었다. 영화는 단순히 기계적인 것의 속도를 높이는 것만으로도 우리를 계열과 연관들의 세계로부터 창조적인 구성과 구조의 세계로 이끌어갔다. 영화라는 미디어가 가진 메시지는 선형적인 연관들로부터 구성들로의 이행이다. 〈어떤 것이 작동하고 있다면 그것은 이미 낡은 것이다〉라는 오늘날의 아주 정확한 통찰도 바로 이 이행에서 나온 것이다. 전기 속도가 기계적인 영화의 계열들을 넘어서면 구조상의, 미디어상의 역선(力線, line of force)들은 더욱 커지고 명확해진다. 이제 내포적 형태의 그림 이야기로 돌아가 보자.

고도의 문자 문화를 가진 기계화된 문화에서 영화는 돈으로 살 수 있는, 승리감에 찬 환상과 꿈의 세계로 등장했다. 영화가 탄생한 바로 그 순간 큐비즘[5]이 성립되었다. 곰브리치는 『예술과 환영』에서 큐

---
4) 이런 물음은 전형적으로 계열 속의 선후를 묻는 것이다.
5) 입체파. 1907-1914년 파리에서 피카소와 브라크에 의해 생겨난 미술 운동으로, 자연의 모방이라는 종래의 예술 이론에 반발하여 원근법, 단축법, 모델링, 명암법 등의 전통적 기법을 거부하고 화폭의 2차원적인 평면성을 강조하였다.

비즘은 〈애매성을 분쇄하고, 그림을 읽는 하나의 방식, 즉 인간이 만들어낸 구도와 채색된 캔버스를 읽는 하나의 독특한 방식을 사람들에게 부과한 가장 급진적인 시도〉라고 서술한 바 있다. 왜냐하면 큐비즘은 특정한 〈시점〉이라든가 특정한 원근법적 환상의 일면성을 버리고 그 대신 대상의 전체성을 동시에 나타내는 것이기 때문이다. 큐비즘은 캔버스 위에서 제3의 차원인 특수화된 환상 대신, 여러 평면들의 상호 작용과 각종 패턴, 빛, 질감들의 상충이나 극적 갈등을 빚어내 사람을 관여시킴으로써 〈메시지를 집어넣는 것〉이다. 이것은 환상 속에서가 아니라 그림에서 실행된 것이라고 여겨진다.

달리 말해 큐비즘은 2차원에서 안과 밖, 위와 아래 그리고 앞과 뒤 등을 표현함으로써 원근법의 환상을 버리고, 전체에 대한 순간적인 지각을 중시한다. 큐비즘은 순간적인 전체적 지각을 취함으로써 갑자기 〈미디어는 메시지다〉라고 선언했던 것이다. 연속성이 순간적인 것에 자리를 물려줄 경우 우리가 구조와 구성의 세계 속에 놓이게 되는 것은 자명한 일이 아닌가? 회화나 시 그리고 커뮤니케이션 등에서 일어난 일이 물리학에서도 일어나지 않았는가? 특수화된 부분들에 주목하다가 이제는 전체적인 장(場)에 주목하게 되었고 그래서 우리는 이제 너무나도 자연스럽게 〈미디어는 메시지다〉라고 말할 수 있게 되었다. 전기의 속도와 전체적인 장이 확보되기 전까지는 미디어가 메시지라는 사실이 분명하지 않았다. 그 시절 메시지는 곧 〈내용〉인 것처럼 보였다. 그래서 사람들은 그 그림은 무엇에 〈관한〉 것이냐고 묻곤 했던 것이다. 하지만 그들은 멜로디는 무엇에 관한 것이냐라든가 집이나 옷이 무엇에 관한 것이냐라고 질문할 생각은 전혀 하지 못했다. 이런 문제들에 관한 한 사람들은 전체적인 유형, 즉 하나의 통일체로서의 형식과 기능에 대한 일정한 감각을 갖고 있었던 것이다. 그러나 전기 시대에 접어들자 구조와 구성이라는 이 통합적인 사고는 널리 확산되었고, 그 결과 교육 이론도 그 문제를 다루게 되었다. 수(數)의 분야에서는 이제 정해진 산수 〈문제들〉과 씨름하는 것 대신 구조적 접근법이 등장했다. 그리고 어린아이들도 수의 이론과 각종 〈집합〉에 관해 배우게 되었다.

뉴먼 추기경[6]은 나폴레옹에 대해 〈그는 화약의 문법을 이해했던 사람〉이라고 말한 적이 있다. 나폴레옹은 그 밖에 그가 전쟁을 승리로 이끄는 데 도움을 준 여러 미디어들, 특히 수기 신호에도 주목했다. 또 그가 〈세 가지의 적대적 신문들이 1천 명의 보병보다 무섭다〉라고 말했다는 기록도 있다.

알렉시스 드 토크빌[7]은 인쇄와 활자의 문법에 통달한 최초의 사람이었다. 그래서 그는 건네 받은 책을 큰 소리로 읽듯, 프랑스와 미국에 다가올 미래의 메시지를 읽어낼 수 있었던 것이다. 사실 프랑스와 미국의 19세기는 그에게 펼쳐진 책과도 같은 것이었다. 왜냐하면 그가 인쇄의 문법을 터득하고 있었기 때문이다. 그래서 그는 또 그 문법이 소용되지 않는 경우가 언제인지도 알고 있었다. 그는, 영국을 잘 알고 또 높이 평가하고 있으면서 왜 영국에 관한 책은 쓰지 않느냐는 질문을 받은 적이 있다. 그의 대답은 이러했다.

6개월 만에 영국을 정확하게 판단할 수 있다고 믿는 사람이 있다면 그는 아주 특별한 철학적 어리석음을 저지르게 될 것이다. 미국을 제대로 이해하는 데 들인 1년이란 기간도 나에게는 너무 짧은 것 같았다. 그러나 영국보다는 미국을 명확하고 정확하게 이해하는 것이 훨씬 쉽다. 어떤 의

---

[6] J. H. Newman(1801–1890). 성직자 겸 저술가로, 영국 국교회의 옥스퍼드 운동을 이끌었다.
[7] Alexis de Tocqueville(1805–1859). 프랑스의 정치학자이자 역사가이다. 19세기 초의 미국 정치 및 사회 제도를 예리하게 분석한 책 『미국의 민주주의』를 썼다.

미에서 보자면 미국에서는 모든 법률이 하나의 사상 계열에서 나온다. 말하자면 사회 전체가 단일한 사실에 바탕을 두고 있는 것이다. 즉 모든 것은 단일한 원칙에서 나온다. 미국은 수많은 직선 도로들이 모두 하나의 지점을 향해 모이고 있는 숲에 비유할 수 있다. 그 중심만 찾아내면 모든 것이 한눈에 드러나게 된다. 반면 영국에서는 길들이 이리저리 교차하고 있고, 그 길들을 하나하나 가보아야만 전체적인 상을 그려낼 수 있다.

프랑스 혁명에 관한 초기 저작에서, 토크빌은 문화적 포화에 도달한 18세기 프랑스에서 다름 아닌 인쇄된 말printed word이 어떻게 해서 프랑스 국민을 동질화시킬 수 있었던가를 설명했다. 프랑스인은 남북 모두 동일한 종류의 사람들이었다. 일양성, 연속성, 계열성 등과 같은 인쇄의 원리가 고대 중세의 음성 언어 사회의 복잡함을 압도했던 것이다. 이 혁명은 새로운 문인과 법률가들에 의해 달성되었다.
  그렇지만 영국에서는 고대부터 내려온 관습법 같은 구술의 전통들이 중세 의회 제도의 지지를 받으며 강력한 힘을 갖고 있었기 때문에 시각 중심의 새로운 인쇄 문화가 갖는 획일성과 연속성이 영국 사회를 완전히 장악할 수는 없었다. 그 결과 영국 판 프랑스 혁명 같은 중대사가 영국에서는 일어나지 않았다. 미국의 독립 전쟁에서는 애당초 폐기하거나 뿌리뽑아야 할 중세적인 법제가 없었다. 그래서 많은 사람들은 미국의 대통령직이 유럽의 어떤 군주들보다 훨씬 더 사적이면서도 군주제적이라고 말해 왔다.
  분명히 토크빌의 이 같은 영국과 미국의 비교는, 일양성과 연속성을 만들어낸 것이 인쇄 문화와 인쇄술이라는 사실에 기초를 두고 있다. 그에 따르면 영국은 이런 원리를 거부하고 살아 움직이는 전통, 즉 구술의 관습법 전통을 고수했다. 영국 문화의 불연속성과 예측 불가능성은 여기서 나온다. 인쇄의 문법은 구술로 된 비문자적 문화와 제도의 메시지를 해석하는 데 도움을 주지 못한다. 매튜 아널드[8]는 적절하게도 영국 귀족들을 야만인으로 분류하였는데, 그것은 그들의 권력이나 지위가 문자 문화나 인쇄라는 문화적 형태와 무관했기 때문이었다. 예를 들어 글로스터 공작[9]은 에드워드 기번[10]의 『로마 제국 흥망사』가 출간되었을 때 이렇게 말했다. 〈정말로 두꺼운 또 한 권의 책이군요, 예? 기번 씨. 쓰고 쓰고 또 쓰고 하세요, 기번 씨?〉 토크빌은 고도의 문자 문화를 가진 귀족이었으면서도 인쇄의 가치와 전제들로부터 자유로울 수 있었던 인물이었다. 바로 이 점이 토크빌이 당시 유일하게 인쇄의 문법을 이해할 수 있었던 이유이다. 그리고 미디어의 원리와 특성들을 식별할 수 있으려면 구조나 미디어로부터 일정한 거리를 두어야 한다. 왜냐하면 모든 미디어는 부주의한 사람들에게 그 전제를 주입시키는 힘을 가지고 있기 때문이다. 예측과 통제는 이처럼 무의식적인 자기 도취 상태를 피할 때 가능하다. 그러나 이런 목적을 위해 가장 큰 도움이 되는 것은, 악곡의 첫 몇 소절의 경우처럼 그 마법이 접촉과 동시에 영향을 미칠 수 있다는 점을 인식하는 것이다.

 포스터 E. M. Forster의 소설 『인도로 가는 길』은, 구전적[11]이고 직관적인 동양 문화가 합리적이고 시각적인 유럽식 경험 패턴들과 만날 수 없다는 것을 극화해 고찰한 것이다. 물론 〈합리적〉이라는 말은 서구인들에게 오랫동안 〈일양적이고 연속적이고 계열적〉이라는 것을 의미했다. 다시 말해 우리는 이성을 문자 문화와, 그리고 합리주의를 단일한 기술과 혼동해 왔다. 그래서 전기 시대의 인간은 전통적인 서구인들의 눈에는 비합리적인 것처럼 보인다. 포스터의 소설에서는 진

---

8) Matthew Arnold(1822-1888). 영국 빅토리아 시대의 시인이자 문학·사회 비평가이다.
9) Glouster(1397-1447). 영국에서 인문주의자들을 처음으로 후원한 잉글랜드 귀족이다.
10) Edward Gibbon(1737-1794). 영국의 합리주의 역사가이다.
11) 원어는 〈oral〉인데 문맥에 따라 구어적, 구술적, 구전적 등으로 옮겼다.

리의 순간, 즉 서구인들의 활자 도취로부터 벗어나는 순간이 〈마라바의 동굴〉에서 나타난다. 영국 여인 아델라 퀘스테드의 추리력은 인도라는 전체 포괄적인 공명(共鳴)의 장에 적절히 대처하지 못한다. 동굴을 경험한 후에는 이렇게 바뀐다. 〈삶은 종전처럼 계속되었지만 아무 결과도 없었다. 다시 말해 소리에는 반향이 없었고 사고는 발전하지 못했다. 모든 것은 그 뿌리부터 잘려나갔고, 그래서 환상에 사로잡혀 있는 듯했다.〉

『인도로 가는 길』(이 말은 월트 휘트먼에게서 나온 것인데 그는 미국이 동방을 지향한다고 보았다)은 전기 시대를 사는 서구인의 우화인데, 이 책이 유럽이나 동양과 관련을 갖게 된 것은 우연일 뿐이다. (글을) 보는 것과 (말을) 듣는 것, 존재를 지각하고 조직화할 때 글로 쓰는 것과 말로 하는 것 사이의 궁극적인 갈등은 지금 우리를 덮치고 있다. 니체가 통찰한 것처럼 이해는 행동을 중단시키는 기능을 갖고 있기 때문에 우리는 우리를 확장시키고 우리 안팎에서 이 같은 각종 갈등을 일으키는 미디어를 이해함으로써 이 갈등의 격렬함을 완화할 수 있다.

문자 문화에 의한 탈부족화나, 문자 문화가 부족민에게 끼치는 정신적 영향은 정신과 의사 캐러더스 J. C. Carothers의 저작 『건강과 질병에 관한 아프리카인들의 생각』(세계보건기구, 제네바, 1953)의 핵심 주제이다. 이 책에 사용된 자료 대부분은 1959년 11월 《정신 의학 *Psychiatry*》에 실린 논문 「문화, 정신 의학, 그리고 문자 언어」에 나온다. 그리고 멀리 떨어진 숲과 대초원과 사막 등의 지역에서 서구 기술로부터 유래하는 특성들, 즉 역선을 드러내온 것도 전기의 속도이다. 낙타를 타고 가면서 휴대용 라디오를 듣는 아랍 유목민이 그 한 예이다. 개념들을 받아들일 준비가 전혀 되어 있지 않은 원주민들을 각종 개념들의 홍수에 빠뜨리는 것은 모든 서구의 기술들이 통상하는 일이다. 그러나 전기 미디어의 등장 이후, 서구인 자신도 외딴 곳의 토착민들이 겪는 것과 동일한 홍수를 경험한다. 가나의 원주민 은, 자신들을 집단적인 부족의 세계에서 끄집어내 개개인으로 고립시 키는 문자 문화에 대처하지 못한다. 이와 마찬가지로 우리 서구인들 도 문자 문화의 환경 속에서 줄곧 살아왔기 때문에 [전기 시대와 함 께 등장한] 라디오와 텔레비전에 제대로 대처하지 못하는 것이다. 서 구의 문자 문화와 기계 문화에 젖어든 원주민들처럼, 우리도 새로운 전기 세계에서는 감각 마비 상태에 빠진다.

전기의 속도는 유사 이전의 문화를 공업 시대의 상인들의 찌꺼기와 뒤섞어 버리고, 또 문자 문화를 갖지 않은 사람들을 절반쯤 문자 문 화를 가진 사람들이나 문자 문화 이후의 사람들과 뒤섞어 버린다. 다 양한 정도로 일어나는 정신적 붕괴 현상은 새로운 정보와 끝없이 새 로운 정보 유형들 때문에 생기는 (과거와의) 단절과 (새로운 정보) 범람 의 지극히 일반적인 결과이다. 윈덤 루이스[12]는 이를 『인간의 시대』라 는 단편소설집의 주제로 삼았다. 그중 첫번째 소설인 「칠더마스 The Childermass」[13]는 다름 아닌 미디어의 가속화된 변화를 어린아이들에 대한 일종의 학살로 다루고 있다. 기술이 심리 형성과 심리 표출에 미치는 영향을 더 잘 알게 된 오늘날, 우리는 죄를 죄라고 지적할 수 있는 우리의 권리에 대한 자신감을 통째로 잃어가고 있다. 유사 이전 의 고대 사회들에서는 광폭한 범죄를 동정해야 할 일로 간주했다. 그 런 사회에서 살인자는 오늘날 우리가 암 환자를 대하듯이 그렇게 취 급되었다. 범죄자에 대해 그 사회의 사람들은 〈그런 기분을 느끼다

---

12) Wyndham Lewis(1882-1957). 영국의 화가이자 작가이다. 제1차 세계 대전 이전에 미 술과 문학에서 추상적인 소용돌이파 Vorticist 운동을 주창한 바 있다.

13) 12월 28일. 무죄한 어린이들의 순교를 기념하고 축복하는 날로서 〈Holy Innocents' Day〉라고도 불린다.

니, 얼마나 끔찍했을까〉라고 말했던 것이다. 싱[14]은 『서구 세계의 플레이보이』에서 이런 생각을 효과적으로 다루었다.

흔히 범죄자가 우리로 하여금 규칙적이고 연속적인 유형으로 행동하게끔 하는 기술의 요구에 대처할 수 없는 부적응자로 보이는 것처럼, 문자 문화에 속한 사람은 제대로 순응할 수 없는 사람을 다소간 불쌍한 사람으로 보는 경향이 있다. 특히 어린이, 장애자, 여성, 유색인 등은 시각적이고 문자 중심적인 기술의 세계에서 불의의 희생자가 된다. 이와는 달리 사람에게 직업 대신 역할을 할당하는 문화에서는 난쟁이, 몸이 굽은 자, 어린이 등도 그들만의 자리를 만들어낸다. 그들이 자신들의 사이즈에 맞지 않는 획일적이고 반복적인 장소에 적응할 수는 없는 것이다. 〈그것이 남자의 세계다〉라는 표현을 살펴보자. 동질화된 문화에서는 계량적인 관찰이 무한히 반복된다. 이 표현에서는 그렇기 때문에 어떻게든 그 문화에 속하기 위해 동질화될 수밖에 없는 그 문화권 사람들의 모습을 찾아볼 수 있다. 우리가 잘못된 표준들의 엄청난 홍수를 만들어낸 것은 바로 〈IQ 테스트〉에서이다. 검사자들은 우리 활자 문화의 문화적 편견들에는 주목하지 못한 채 획일적이고 연속적인 습관이 지능의 표시라고 전제하고, 귀의 인간, 촉각의 인간은 배제한다.

스노 C. P. Snow는 유화 정책과 〈뮌헨에의 길〉에 관한 로스 A. L. Rowse의 책을 서평하는 자리(《뉴욕 타임스 북 리뷰》 1961년 12월 24일자)에서 자신이 1930년대 영국의 최고위 지도자들과 가졌던 경험을 서술하고 있다. 〈그들의 IQ는 보통의 정치 지도자들보다 훨씬 높았다. 그런데 왜 이런 꼴이 되었는가?〉 이에 대한 로스의 견해는 〈그들이 들으려는 자세가 되어 있지 않았기 때문에 각종 경고들에 귀기울이려

---

14) J. M. Synge(1871-1909). 아일랜드의 극작가로, 아일랜드의 문예 부흥을 주도하였다.

하지 않았다〉는 것이다. 이 점은 스노도 인정한다. 그들은 반공주의자였기 때문에 히틀러의 등장이 주는 메시지를 읽어낼 수 없었다. 그러나 그들의 실패는 지금 우리가 겪고 있는 실패에 비하면 아무것도 아니었다. 기술이나 획일성이 모든 수준의 교육, 통치, 산업, 사회 생활 등에 적용되고 있는 미국의 문자 문화 상태는 지금 전기 기술의 전면적인 위협을 받고 있다. 스탈린이나 히틀러의 위협은 외재적인 것이었다. 전기 기술은 내부에 들어와 버렸고, 그 결과 우리는 미국의 생활 양식을 속속들이 지배했던 구텐베르크 기술과의 만남에 대해서는 무감각해져 버렸고 귀먹고 눈멀고 말조차 할 수 없게 되었다. 그러나 위협이 존재한다는 것이 인정조차 되지 않았을 때는 전략들을 제시할 때가 아니다. 나의 처지는, 의사들에게 그들의 가장 큰 적은 전혀 눈으로 볼 수 없고 또 그들에게 인식되지 않는다고 말하는 루이 파스퇴르의 처지와 똑같다. 모든 미디어에 대한 우리의 전통적인 대응, 즉 〈중요한 것은 미디어들이 어떻게 사용되는가이다〉라는 식의 대응은 기술에 대한 백치의 감각 마비 상태이다. 왜냐하면 미디어의 〈내용〉이란, 강도가 정신을 지키는 개의 주의를 딴 데로 돌리기 위해 사용하는 맛있는 고깃덩어리 같은 것이기 때문이다. 미디어의 효과가 강렬해지는 것은 또다른 미디어가 〈내용〉으로 주어진다는 점 바로 그것 때문이다. 예를 들어 영화의 내용은 소설이나 연극 혹은 오페라이다. 영화라는 형식의 효과는 그것의 프로그램 내용과는 무관하다. 글쓰기나 인쇄의 〈내용〉은 말이다. 그러나 독자는 전적으로 인쇄인지 말인지를 거의 의식하지 못한다.

    미디어가 역사를 형성해 왔는데도 불구하고 아널드 토인비[15]는 미

---
15) Arnold Toynbee(1889-1975). 영국의 역사가이다. 역사철학을 확립한 그의 책 『역사의 연구』(12권, 1934-1961)는 문명의 순환적 발전과 쇠퇴에 대한 분석을 토대로 한 것으로, 많은 논란을 불러일으켰다.

디어에 관해 무지했다. 그렇지만 그의 책 속에는 미디어 연구자들이 이용할 수 있는 사례들이 풍부하게 들어 있다. 어떤 경우 그는 영국의 〈노동자 교육협회 Workers Educational Association〉 같은 성인 교육이 대중 언론에 대항할 수 있는 유용한 힘이라는 것을 진지하게 시사해 주고 있다. 토인비는 모든 동양 사회들이 오늘날에는 산업 기술과 그에 적합한 정치 제도들을 채택하고 있지만 〈문화적인 면에는 거기에 상응하는 획일적 경향이 없다〉(『역사의 연구』, Somervell이 축약한 판본의 제1권, 267쪽)고 생각한다. 이는, 광고가 흘러 넘치는 환경 속에서 몸부림 치면서도 〈개인적으로 나는 광고에 전혀 관심이 없다〉고 자랑스럽게 말하는 교양인의 목소리와도 같다. 동양인들이 서구의 기술에 대해 정신적, 문화적 유보 조치를 취할지 모르지만, 상황이 크게 달라지지는 않을 것이다. 기술의 효과들은 견해나 개념의 차원에서 나타나는 것이 아니라 감각 비율이나 지각 패턴을 서서히 그리고 아무런 저항도 받지 않으면서 변화시킨다. 진지한 예술가는 차분하게 기술에 직면할 수 있는 유일한 사람이다. 왜냐하면 감각 지각상의 변화를 알 수 있는 전문가이기 때문이다.

17세기 일본에서 화폐라는 미디어가 미친 영향은 서양에서 인쇄가 미친 영향과 다르지 않다. 샌슴 G. B. Sansom은 『일본』(London : Cresset Press, 1931)에서 화폐 경제의 침투가 〈느리지만 저항할 수 없는 혁명을 일으켜 결국 봉건 정부를 붕괴시키고, 2백 년 이상 유지되어 온 쇄국을 풀어 외국과의 교섭을 재개시켰다〉라고 적고 있다. 화폐는 바로 감각 생활의 〈확장〉이기 때문에 사람들의 감각 생활을 재편할 수 있었던 것이다. 이런 변화는 그 사회 속에 살고 있는 사람들의 승인 여부에 관계없이 일어난다.

아놀드 토인비는 〈에테르화 etherialization〉라는 개념을 가지고 미디어의 변형력에 대한 접근을 시도하면서, 그 개념이 모든 조직이나 기술에서의 점진적인 단순화와 효율성의 원리라고 주장한다. 그는 전형적으로 이런 형태의 도전들이 인간의 감각 반응들에 미치는 〈영향〉을 무시하고 있다. 그는 한 사회에서 미디어와 기술이 미치는 영향력이 우리가 보이는 반응에 달려 있다고 생각하는데, 이런 〈관점〉은 분명히 인쇄 문화의 주술 때문에 생기는 것이다. 왜냐하면 문자 문화의 동질화된 사회 속에서 사람은, 다양하고 비연속적인 각종 형태의 생활에 대한 감수성을 갖고 있지 않기 때문이다. 토인비는 그 특유의 자기 만족적인 집착의 일부, 즉 3차원의 환영과 〈사적인 관점〉에 빠져서, 〈우리는 우리가 본 대로 된다〉는 블레이크의 인식이나 다윗 왕의 인식과 크게 동떨어지게 된 것이다.

오늘날 우리가 문화 속에서 자신의 방향 감각을 획득하고, 기술적인 형식의 인간 표현에 의한 편견과 압력들에서 벗어나려면 그 같은 형식이 느껴지지 않는 사회나 그런 형식이 알려져 있지 않았던 역사적 시기를 찾아가 보면 된다. 언론학자 윌버 슈람 교수는 『서구 어린이들의 생활에서의 텔레비전』이라는 연구서에서 그 같은 접근을 시도했다. 그는 텔레비전이 전혀 보급되어 있지 않은 지역들을 찾아내 몇 가지 실험을 했다. 그는 텔레비전 영상의 고유한 본성을 전혀 연구하지 않았기 때문에 그의 실험은 주로 〈내용〉 선호도, 시청 시간, 사용되는 어휘 등에 관한 것이었다. 비록 무의식적인 것이긴 하지만, 한마디로 그 문제에 대한 그의 접근 방법은 전형적으로 문자 문화적인 것이었다. 따라서 그는 보고할 사항이 아무것도 없었다. 만일 1500년경에 그 방법을 인쇄된 서적들이 어린이나 성인의 생활에 미친 영향을 찾아내는 데 사용했다 하더라도 그는 인쇄에서 생겨난 인간 심리학과 사회 심리학에서의 각종 변화들에 대해 아무것도 알아낼 수 없었을 것이다. 인쇄는 16세기에 개인주의와 민족주의를 만들어냈다. 프로그램과 〈내용〉 분석은 이런 미디어의 마력이나 잠재적 공격성을 이해하는 데 아무런 단서도 제공하지 않는다.

레너드 둡Leonard Doob은 『아프리카에서의 커뮤니케이션』이라는 보고서에서, 내용을 전혀 이해하지 못하면서도 매일 저녁 BBC 뉴스를 들으려고 엄청나게 노력하는 한 아프리카인에 대해 이야기하고 있다. 매일 저녁 오후 7시 그 소리 앞에 있다는 것 자체가 그에게는 중요한 것이었다. 음성에 대한 그의 태도는 멜로디에 대한 서구인들의 태도와 비슷하다. 울리는 억양도 충분히 의미가 있었던 것이다. 17세기 무렵까지 우리 조상들 역시 각종 형태의 미디어에 대해 이런 원주민의 태도를 가지고 있었는데, 이 점은 프랑스인 베르나르 랑이 쓴 『화술(話術)』의 다음과 같은 감상적인 구절에서 명백하게 드러난다.

> 사람들의 대화(생활 방식)에 도움이 되는 것 모두가 사람들 마음에 드는 것이라는 사실은 인간을 행복하게끔 창조한 〈하느님의 지혜〉에 힘입은 것이다. ……왜냐하면 영양가 있는 식물은 모두 맛있는 것인 데 반해, 흡수되어 피와 살이 되지 않는 것은 맛이 없는 것이기 때문이다. 말하는 사람에게 쉽지 않은 이야기가 듣는 사람에게 즐거울 수는 없다. 또 즐겁게 들어주지 않으면 말을 하는 것도 쉽지 않다.

여기에는 인간의 식사와 표현에 관한 균형 이론이 제시되어 있다. 그런데 지난 수세기 동안의 세분화, 전문화 시대를 지나온 오늘날에도 우리는 그 같은 미디어 이론을 또다시 만들어내려고 애를 쓰고 있는 것이다.

교황 비오 12세는 오늘날 미디어에 관한 진지한 연구가 이루어져야 한다는 것을 깊이 인식하고 있었고, 1950년 2월 17일에는 이렇게 말했다.

현대 사회의 미래와 그 사회에서의 정신 생활의 안정은 주로 각종 의사 소통 기술의 힘과 개인의 대응 능력이 어떻게 균형을 유지하느냐에 달려 있다고 말하는 것이 전혀 과장은 아니다.

이런 점에서 인류는 수세기 동안 전형적이고 전면적인 실패를 거듭해 왔다. 미디어의 충격을 무비판적, 순종적으로 받아들였고, 그 결과 미디어는 그 사용자를 벽 없는 감옥에 가두어버렸다. 리블링 A. J. Liebling이 『신문 The Press』에서 이야기한 것처럼 인간은 자신이 어디로 가고 있는지 모르면 자신에게 도움이 되는 총을 갖고 있어도 전혀 자유롭지 못하다. 왜냐하면 미디어 하나하나는 모두 다른 미디어나 집단들을 꺾을 수 있는 강력한 무기이기 때문이다. 그 결과 현대는 예술과 오락의 세계에 한정되지 않는 다양한 내전의 시대가 되었다. 그래서 네프[16] 교수는 『전쟁과 인간의 진보 War and Human Progress』에서 〈현대의 전면전은 일련의 지적 오류들 때문에 생긴 것이었다〉라고 말했다.

만일 미디어에서의 형성력이 미디어 자체라고 한다면 수많은 중요한 문제들이 제기된다. 그것들에 관해서는 엄청난 양의 책을 쓸 수 있겠지만 여기서는 다만 간략히 언급하는 것으로 그치겠다. 그것은 바로, 기술의 미디어가 원료나 천연 자원, 정확히 말해 석탄이나 면화, 석유라는 점이다. 면화나 곡물, 목재, 생선, 소 등과 같은 주요 원료 한두 가지에 그 경제를 의존하고 있는 사회가 그 때문에 일정한 사회적 조직 유형을 갖게 될 것이라는 점은 누구나 인정할 것이다. 몇 가지 주요 원료에만 집중적으로 의존할 경우, 경제적인 면이 극도

---

16) J. U. Nef(1862-1915). 스위스 태생의 미국 화학자로, 이론 유기화학의 발전에 크게 기여하였다.

로 불안해도 사람들 사이에서는 인내가 생겨나게 된다. 미국 남부 사람들의 열정과 유머는 이처럼 제한된 원료로 꾸려나가는 경제에 그 바탕을 두고 있다. 몇 가지 상품들에 힘입어 형성된 사회는 그 상품들을 사회적 유대로 받아들인다. 이는 거대 도시가 신문을 그렇게 받아들이는 것과 같은 것이다. 라디오나 텔레비전처럼, 면화와 석유가 공동체의 모든 정신 생활에 부과된 〈기본 요금〉이 된다. 그리고 광범위하게 퍼진 이런 사실은 어떤 사회에서나 독특한 향기를 빚어낸다. 사회는 그 생활을 형성하는 각각의 원료에 대해 코나 그 밖의 다른 감각으로 그 대가를 지불하는 것이다.

모든 미디어가 인간의 감각들의 확장이라는 점은 앞에서 밝힌 바 있다. 바로 이러한 인간의 감각들이 또한 개인의 에너지에 부과된 기본 요금이며 또 그것들이 우리 한 사람 한 사람의 의식과 경험을 형성하고 있다는 점을 심리학자 융 C. G. Jung이 언급한 또다른 맥락 속에서도 찾을 수 있을 것이다.

> 모든 로마인들은 노예에게 둘러싸여 있었다. 노예와 노예들의 심리가 고대 이탈리아에 흘러 넘쳤고 로마인은——물론 부지불식간이긴 하지만——내면적으로 노예가 되어버렸다. 언제나 노예들의 분위기 속에서 생활했기 때문에 무의식을 통해 노예의 심리에 젖어든 것이다. 이 같은 영향으로부터 자신을 방어할 수 있는 사람은 아무도 없다.
>
> ——『분석심리학 논고』(London, 1928)

2 뜨거운 미디어와 차가운 미디어

쿠르트 작스[1]는 『세계 무용사』에서 〈왈츠가 융성하게 된 것은 진실, 단순성, 자연과의 친밀성, 원시주의에 대한 갈망 때문이었고, 그 갈망은 18세기가 3분의 1 정도 지났을 무렵 이루어졌다〉라고 설명했다. 왈츠는 궁정풍의 합창식 무용 양식이라는 형식적, 봉건적 장애물들을 깨뜨리는 열광적이고 폭발적인 인간적 표현으로서 등장했는데, 오늘날 재즈의 세기를 살고 있는 우리는 이 사실을 간과하기 쉽다.

전화처럼 차가운 미디어를 라디오 같은 뜨거운 미디어와, 텔레비전 같은 차가운 미디어를 영화 같은 뜨거운 미디어와 구별하는 기본적인 원리가 있다. 뜨거운 미디어란 단일한 감각을 〈고밀도로〉 확장시키는 미디어이다. 여기서 〈고밀도〉란 데이터로 가득 찬 상태를 말한다. 사진은 시각적인 면에서 〈고밀도〉다. 반면 만화는 제공되는 시각적 정

---

1) Curt Sachs(1881-1959). 독일의 음악학자이다. 미술 평론가 및 미술사가로도 활동하였다.

보가 극히 적다는 점에서 〈저밀도〉이다. 전화는 차가운 미디어, 혹은 저밀도의 미디어이다. 왜냐하면 귀에 주어지는 정보량이 빈약하기 때문이다. 그리고 주어지는 정보량이 적어서 듣는 사람이 보충해야 하는 연설은 저밀도의 차가운 미디어이다. 반면에 뜨거운 미디어는 이용자가 채워 넣거나 완성해야 할 것이 별로 없다. 따라서 뜨거운 미디어는 이용자의 참여도가 낮고, 차가운 미디어는 참여도가 높다. 당연히 라디오 같은 뜨거운 미디어는 전화 같은 차가운 미디어와는 매우 다른 영향을 미치게 된다.

상형 문자나 표의 문자 같은 차가운 미디어는 뜨겁게 외파하는 표음 문자인 알파벳과는 매우 다른 효과를 가진다. 알파벳은 추상적인 시각적 밀도가 아주 높아졌을 때 활자가 되었다. 전문성이 강한 인쇄 문자는 중세의 집단적 길드와 수도원의 속박을 끊고 투기(投企)와 독점이라는 개인주의적 패턴을 만들어냈다. 그러나 극단적인 독점 현상들이 사람들의 생활을 지배하는 비개성적인 제국을 건설하고 다시 집단성에 호소하게 되자, 전형적인 반전이 일어났다. 쓰기라는 미디어를 아주 강렬한 형태, 즉 반복이 가능한 인쇄라는 형태로 가열했고, 그 결과 16세기에는 민족주의가 나타나고 종교 전쟁들이 일어나게 된 것이다. 돌처럼 무겁고 다루기 힘든 미디어는 시간을 묶어두는 것이다. 글을 쓰는 데 사용된 돌은 정말로 차가운 미디어이고, 종적으로 시대를 통합하는 데 기여한다. 반면 종이는 정치의 제국과 오락의 제국 모두에서 공간을 횡적으로 통합하는 데 기여하는 뜨거운 미디어이다.

강의가 세미나에 비해, 그리고 책이 대화에 비해 참여를 덜 허용한다는 사실에서 알 수 있듯이, 뜨거운 미디어는 차가운 미디어보다 참여를 적게 허용한다. 인쇄의 등장으로 인해 그 이전까지 존재했던 각종 형태의 미디어들은 생활과 예술에서 배제되었고, 그중 상당수는 이상할 정도로 새로운 강렬함을 갖게 되었다. 그러나 우리 시대는

〈뜨거운 형식이 배타적이고 차가운 형식이 포괄(용)적이다〉라는 원리를 입증해 주는 사례들로 가득 차 있다. 1세기 전 발레리나들이 발끝으로 발레를 하기 시작했을 때, 발레라는 예술은 새로운 〈정신성〉을 획득한 것으로 여겨졌다. 이 새로운 강렬함과 함께 남성은 발레에서 배제되었다. 또 산업이 전문화되고 가정의 기능이 그 공동체 사회 주변에 있는 세탁소, 제과점, 병원 등으로 외파하자 여성의 역할도 세분화되었다. 강렬함이나 고밀도는 오락에서뿐만 아니라 생활에서도 전문화와 세분화를 만들어냈는데, 이는 왜 강렬한 경험이 〈학습〉되거나 동화되기 전에 〈망각〉되고 〈검열〉받아 매우 차가운 상태로 바뀌는지를 설명해 준다. 프로이트 식의 〈검열〉은 도덕적 기능보다는 학습의 필수 요건이라는 성격을 많이 띤다. 만일 우리가 우리의 다양한 의식 구조들에 가해지는 모든 충격을 그대로 직접 받아들이려 한다면, 노이로제에 걸려서 멍하니 있다가 깜짝깜짝 놀라고 매분마다 경보 버튼을 누르게 될 것이다. 〈검열〉은 경험의 공격을 냉각시켜 우리 신체의 신경 조직을 방어해 줄 뿐 아니라, 가치의 중추신경도 방어해 준다. 많은 사람들에게 있어 이 냉각 장치는 일생 동안 일종의 정신적인 〈사후 경직〉이나 몽유 증상을 일으키는 것인데 이런 현상은 새로운 기술이 등장하는 시기에 특히 잘 볼 수 있다.

차가운 기술 뒤에 등장한 뜨거운 기술이 파괴적인 충격을 미치는 사례는 로버트 시어볼드의 『풍요와 빈곤 The Rich and the Poor』에서 볼 수 있다. 선교사들이 오스트레일리아의 원주민들에게 쇠도끼를 가져다주었을 때 돌도끼에 기초를 둔 원주민들의 문화는 붕괴했다. 돌도끼는 그 수가 적었을 뿐만 아니라 남성 우위를 과시하는 지위의 상징물이었다. 선교사들은 예리한 쇠도끼를 많이 가져와 여성과 아이들에게 나누어 주었다. 원주민 남성들은 쇠도끼를 여성들에게 빌려야 했고, 결국 남성의 존엄성은 파괴되고 말았다. 전통적인 종족이 가진 부족 중심의 전통적인 봉건적 위계 질서가 기계적이고 일양적이고 반복적인 성격을 가진 뜨거운 미디어를 만나자마자 곧 붕괴해 버린 것이다. 화폐, 바퀴, 쓰기 등의 미디어처럼 교환과 정보 제공을 전문적으로 가속화하는 형태의 미디어들은 하나의 부족적인 구조를 세분화·파편화하는 데 기여할 것이다.

이와 마찬가지로, 전기의 경우에서 볼 수 있는 것과 같은 엄청난 속도 증가는, 라디오가 보급되었을 때의 유럽이나 텔레비전이 보급된 오늘날의 미국에서처럼 강렬한 참여라는 부족적 유형을 회복하는 데 기여할 것이다. 전문화된 기술은 탈부족화시킨다. 전문화를 촉진하지 않는 전기 기술은 재(再)부족화시킨다. 새로운 기술이 생겨남에 따라 일어나는 혼란의 과정은 각종 문화 지체 현상을 야기한다. 그래서 사람들은 새로운 상황을 낡은 상황인 양 느끼게 되고 〈내파〉의 시대에 〈인구 폭발〉이라는 사고 방식으로 대처하고 있다. (괘종) 시계의 시대에 뉴턴은 물리적 우주를 시계의 형상으로 제시하려고 했다. 그러나 블레이크[2] 같은 시인들은 시계의 도전에 대응하는 데 있어 뉴턴보다 훨씬 앞서 있었다. 블레이크는 새로운 기계론의 도전에 대한 뉴턴의 대응 자체가 그 도전을 기계론에 따라 반복하는 것일 뿐이라는 사실을 매우 잘 알고 있었기 때문에, 〈단일한 비전과 뉴턴의 잠〉에서 벗어나야 할 필요가 있다고 역설했다. 블레이크는 뉴턴과 로크 등이 최면에 걸린 자아 도취형이기 때문에 기계론의 도전에 전혀 맞설 수 없다고 보았다. 예이츠는 자신의 유명한 풍자시에서 뉴턴과 로크에 대한 블레이크의 견해를 단적으로 표현해 주고 있다.

로크는 실신했고

---

2) William Blake(1757-1827). 영국의 시인이자 화가로, 신비주의자이다.

정원은 사라졌다.
신은 그의 옆구리에서
방적기를 뽑아냈다.

예이츠는 기계론적이고 단선적인 관념 연합설의 철학자인 로크를, 자신의 이미지에 최면 걸린 사람으로 묘사한다. 〈정원〉, 즉 통일된 의식은 끝났다. 18세기의 인간은 마치 방적기의 형태로 자신을 확장했는데, 예이츠는 거기에 성이라는 의미를 전면적으로 부여하고 있다. 그래서 여성 그 자체는 남성의 존재를 기술적으로 확장한 것으로 간주된다.

그 시대에 대한 블레이크의 대응 전략은 유기체론적 신화를 가지고 기계론에 맞서는 것이었다. 전기 시대가 심화된 오늘날, 유기체론적 신화 그 자체는 수학적으로 공식화해 표현할 수 있는 단순하고 기계적인 대응이기 때문에 더 이상 유기체론적 신화에 관한 블레이크 식의 상상력에 따라 지각하는 일은 필요하지 않다. 만일 블레이크가 전기의 시대에 직면했다 하더라도, 전기적 형태의 단순한 반복을 무기로 전기의 도전에 맞서지는 않았을 것이다. 왜냐하면 신화란 바로 오랜 기간에 걸쳐 이어지는 복잡한 과정을 순간적으로 포착하는 방식이기 때문이다. 신화는 어떤 과정의 압축이나 내파이기 때문에 오늘날 전기의 순간적인 속도는 신화적 차원을 일상의 산업상의 행위나 사회적 행위에 부여한다. 우리는 신화적으로 〈살고〉 있으면서, 세분화되고 단일한 평면에서 사고하는 것이다.

오늘날의 학자들은 연구 방식과 연구 주제 간의 불일치를 예리하게 의식하고 있다. 구약 및 신약 성서학자들은 흔히 그들의 연구 방식이 단선적인 데 반해 연구 주제는 그렇지 않다고 말한다. 그 주제는 하느님과 인간의, 하느님과 세계의, 인간과 그 이웃의 관계를 다루는 것인데, 이 모든 것들은 서로 얽혀서 존재하며 동시에 서로 작용하고 반작용하기 때문이다. 헤브라이와 동양의 사고 방식은 논의를 시작하면서부터 곧바로 문제와 해결책을 포착하는 것인데 이는 일반적으로 구전 중심의 사회에서 볼 수 있는 전형적인 접근 방식이다. 여기서 전체적인 메시지는 불필요하다 싶을 정도로 계속 반복해서 동심(同心)의 나선을 그리며 그 흔적을 남기기 때문에 그것을 〈파고들〉 용의만 있으면, 처음 몇 문장만 읽고 중단해도 그 메시지 전부를 파악할 수 있다. 건축가 프랭크 로이드 라이트[3]는 이런 종류의 계획에 자극을 받아 나선적이고 동심원적인 형태를 기초로 구겐하임 미술관을 설계했다. 그것은 전기의 시대에는 불가피한 과잉적인 형식인데, 그 형식에는 전기의 속도에 특징적인 순간성과, 두터운 도금(鍍金)에 의해 동심원 패턴이 부과된다. 그러나 평면들이 끊임없이 교차하면서 이루어진 동심원 패턴들은 통찰을 위해 필요하다. 사실 그 동심원은 통찰의 기법일 뿐 아니라, 미디어를 연구하는 데에도 필요하다. 왜냐하면 그 어떤 미디어도 독자적으로는 의미나 존재를 갖지 못하고 오직 다른 미디어와의 지속적인 교섭 속에서만 의미나 존재를 갖기 때문이다.

전기를 가지고 생활을 새롭게 구조화하거나 형성하는 일은 기계 시대의 낡고 단선적이며 단편적인 분석의 절차 및 도구들과 점차 충돌한다. 점점 더 우리는 메시지의 내용에서 눈을 돌려 전체의 효과를 연구하는 데 주력하고 있다. 케네스 볼딩은 자신의 저서 『이미지 The Image』에서 이렇게 말한다. 〈메시지의 의미란 그것이 이미지 상에서 일으킨 변화이다.〉 우리가 살고 있는 전기 시대의 근본적인 변화는 〈의미〉보다는 〈효과〉에 관심을 더 두게 된 것이다. 왜냐하면 효과는

------
3) F. L. Wright(1867-1959). 미국의 건축가이다. 미국 건축에서 창조성을 가장 풍부하게 발휘했다고 평가받고 있다. 그의 〈프레리 양식〉은 20세기 주택 설계의 기본이 되었다. 뉴욕 시의 구겐하임 미술관(1943)이 그의 작품이다.

전체적인 생활을 포함하는 것이지 정보 이동이라는 단일한 수준에 얽매이는 것이 아니기 때문이다. 이상하게도 명예 훼손에 대한 영국인들의 관념 속에는 정보보다 이 효과의 문제를 더욱 중시하는 인식이 들어 있다. 〈진리가 크면 클수록, 명예 훼손도 그만큼 커진다.〉

전기 기술이 가져온 첫번째 영향은 불안이었다. 이제 그것은 권태를 만들어내고 있는 것 같다. 개인이나 집단을 불문하고 우리는 모든 질병이나 생활의 스트레스에서 일어나는, 경악, 저항, 소진(消盡)의 세 단계를 경험했다. 적어도 우리는 전기와 처음 만난 이후 빠져들었던 슬럼프 상태에서 막 벗어나 이제야 비로소 새로운 문제들을 맞을 준비가 되었다. 그러나 서구의 기계론적이고 전문성을 중시하는 문화가 침투하는 것을 경험한 후진국들은 서구보다 전기 기술에 더욱 잘 대처하고 그것을 이해할 수 있다. 후진적인 비(非)공업 문화는 전자기에 직면할 때 타파해야 할 전문주의의 습성을 갖고 있지 않을 뿐만 아니라, 우리가 가진 새로운 전자기의 전체적이고 통일적인 〈장(場)〉의 성격을 그들의 전통적인 구전 문화 상당수가 가지고 있다. 서구의 오래된 공업화 지역들은 무의식중에 구전의 전통들을 부식시켜 버렸기 때문에 전기 시대에 대처하기 위해 그 전통들을 재발견해야만 하는 입장에 놓여 있다.

뜨거운 미디어와 차가운 미디어라는 견지에서 보면 후진국들은 차갑고 서구 선진국들은 뜨겁다. 도시 멋쟁이는 뜨겁고 시골 사람은 차갑다. 그러나 전기 시대에 각종 절차와 가치들이 반전되었다는 점에서 보면 과거의 기계 시대는 뜨거웠고 오늘날의 텔레비전 시대는 차갑다. 왈츠는 뜨겁고 빠른 기계적 무용이기 때문에 그 화려한 분위기에서 볼 때 기계 시대에 적합한 것이었다. 반면 즉흥적인 제스처의 트위스트는 차갑고 개입의 여지가 많은 수다스러운 형태이다. 영화와 라디오로 대표되는 뜨거운 신(新)미디어 시대의 재즈는 뜨거운 재즈였다. 하지만 원래 재즈는 왈츠의 반복적이고 기계적인 형태들이 결여된, 통상적인 대화의 형태에 가까웠다. 차가운 재즈는 라디오와 영화가 준 최초의 충격이 흡수된 이후 아주 자연스럽게 등장했다.

1963년 9월 13일자 《라이프 Life》의 소련 특집호에서는 〈러시아의 레스토랑과 나이트 클럽에서 '찰스턴 춤은 용인되지만 트위스트는 금기시된다'〉[4]고 보도하고 있다. 이는 산업화 과정에 있는 나라들이 뜨거운 재즈를 개발 계획에 모순되지 않는 것으로 간주하는 경향이 있다는 것을 단적으로 보여주는 사례이다. 다른 한편으로 그런 문화 내에서 트위스트라는 차갑고 복잡한 형태는 퇴행적이기 때문에 새로운 기계 문화와 조화될 수 없는 것으로 비칠 것이다. 줄을 잡아당겨 작동시키는 태엽장치 인형과 같은 요소를 가진 찰스턴 춤은 소련에서는 전위의 한 형태처럼 보인다. 다른 한편으로 우리 서구인들은 심층적 개입과 통합적 표현을 특성으로 하는 차가운 것과 원시적인 것에서 〈전위〉를 발견한다.

〈강제 hard〉 판매 방식과 〈핫〉 라인은 텔레비전 시대에는 희극적인 것이 되어버렸다. 그리고 텔레비전이라는 도끼의 일격으로 인해 일어난 모든 세일즈맨의 죽음은 뜨거운 미국 문화를, 미국이 전혀 경험한 적이 없는 차가운 문화로 바꾸어놓았다. 사실 미국은 마거릿 미드[5] 여사가 1954년 9월 4일자 《타임》에서 묘사한 대로 역행 과정 reverse process을 겪고 있는 것처럼 보인다. 〈모든 것이 너무나 빨리 변화하고 있기 때문에 기계와 보조를 맞출 수 없는 사회에 대해 너무나 많

---

4) 찰스턴 춤은 1920년대에 미국에서 유행했던 사교 재즈 댄스이다. 1925년에 《라이프》의 표지에 실린 바 있다. 트위스트는 1960년대 초에 미국에 등장하였다. 사교계에서 받아들여지면서 전 세계적으로 유행한 바 있다.
5) Margaret Mead(1901-1978). 미국의 문화인류학자이다. 주로 오세아니아 원시 종족의 심리 상태와 그 문화의 여러 양상을 연구하였다.

은 불평들이 나오고 있다. 그러나 만일 여러분들이 완전하게 변화되고, 또 사회, 교육, 오락 등에서 일어나는 변화들이 충분히 보조를 맞추기만 한다면, 급격한 변화에도 큰 장점이 있을 수 있다. 여러분은 즉시 모든 패턴을 바꿔야 하고 또 모든 집단과 거기에 속한 사람이 변화를 결심하지 않으면 안 된다.〉

여기서 미드 여사가 변화라고 생각하는 것은, 후진 사회에서 한꺼번에 사회의 움직임을 촉진시키거나 사회 분위기를 가열하는 것이다. 우리는 분명 〈다음주 인도네시아 라디오 방송 시간을 여섯 시간 이하로 줄이지 않으면 문자에 대한 관심이 크게 줄어들 것〉이라든가 〈우리는 지난주 남아프리카에서 라디오에 의해 가열된 부족의 분위기를 냉각하기 위해 다음주에는 텔레비전 프로그램을 20시간 이상 편성할 수 있다〉라고 말할 정도로 세계를 자동적으로 통제할 수 있는 단계에 이르렀다. 모든 문화들은 이제 세계의 상업 경제에서 균형 유지를 위해 사용했던 것과 동일한 방식으로, 정서적인 분위기를 안정시키기 위해 계획될 수 있게 되었다.

심지어 개인적이고 사적인 영역에서도 우리는 상황들을 지배하기 위해 시간과 계절에 따라 음조와 태도를 어떻게 바꾸어야 하는지를 종종 생각한다. 오랫동안 영국의 회원제 클럽에서는 화합을 위해 종교와 정치 같은 뜨거운 화제는 대화 주제에서 배제해 오고 있다. 이와 동일한 맥락에서 오든[6]은 이렇게 말했다. 〈이번 시즌에 선의를 가진 사람은 그의 내심을 드러내지 않고 숨길 것이며……오늘날 정직하고 남성적인 스타일은 이아고[7]에게만 어울린다.〉(존 베처먼 John Betjeman의 『멋지지만 세련되지 않은 Slick But Not Streamlined』의 머리말)

---

6) W. H. Auden(1907-1973). 영국 태생의 미국 시인이자 저술가이다. 1930년대의 대공황기에 좌익의 영웅으로서 일찍이 명성을 얻었다.
7) 셰익스피어의 『오셀로』에 나오는 음흉하고 사악한 남자이다.

반면에 인쇄 기술이 사회의 분위기를 고도로 가열시켰던 르네상스 시대에 (햄릿과 머큐쇼 스타일의) 신사와 신하들은 놀기 좋아하는 윗사람들의 담담하고 차가운 냉정함을 받아들였다. 이아고에 대한 오든의 언급은 이아고가, 너무나 열정적이고 냉정하지는 못한 오셀로 장군의 〈분신〉이자 보좌관이었음을 보여준다. 이아고는 열정적이고 직선적인 장군을 모방해 자신의 이미지를 높였고, 오셀로 장군이 그 자신의 진지한 열정을 따르는 사람이라는 의미에서 그를 〈정직한 이아고〉라고 부를 때까지 내심을 숨겼던 것이다.

『역사 속의 도시』 전 부분에서 루이스 멈포드[8]는 뜨거운 과밀 도시보다는 차갑거나 느슨하게 구조화된 도시를 선호하고 있다. 그가 느끼기에 아테네의 위대한 시기는, 촌락 생활과 참여라는 민주적 관습 대부분이 유지되고 있던 때였다. 그래서 그 이후의 고도로 발달된 도시들에서는 도저히 불가능한 인간 표현과 탐구가 다양하게 폭발적으로 일어났다. 왜냐하면 고도로 발달됐다는 말 자체에는, 이미 참여의 기회가 줄어들었다는 뜻과 함께 전문화를 제어하는 사람들이 전문화를 강하게 요구해 온다는 뜻이 담겨 있기 때문이다. 예를 들어 오늘날 비즈니스나 경영의 세계에서 〈직무의 확대〉라고 알려져 있는 것은 종업원들이 자신의 직능을 발견하고 규정하는 자유를 보다 많이 누릴 수 있게 해주고 있다. 마찬가지로 탐정 소설을 읽을 때 독자가 공동 집필자로서 참여하게 되는 것은, 작품 중에 많은 것이 생략되어 있다는 바로 그 사실 때문이다. 구멍이 큰 실크 스타킹은 부드러운 나일론에 비해 훨씬 감각적이다. 왜냐하면 텔레비전 영상의 모자이크와 마찬가지로 눈은 그 이미지의 빈칸을 메우고 완결하는 데 있어 손처

---

8) Lewis Mumford(1895-1990). 건축과 도시 계획에 관한 글을 통해, 역사적으로 과학 기술과 도시화가 인간 사회에 미친 영향을 분석하였다.

럼 작용하기 때문이다.

『제4의 권부 The Fourth Branch of Government』에서 더글러스 케이터 Douglas Cater는 워싱턴의 기자들이 캘빈 쿨리지[9]가 어떤 사람인가에 대해 쓸 때 모르는 부분, 즉 그 빈칸을 메우는 일을 얼마나 즐거워했는지 적고 있다. 쿨리지가 단순한 카툰 같았기 때문에 기자들은 쿨리지와 대중들을 위해 그의 이미지를 보충하고 싶은 충동을 느꼈던 것이다. 언론이 이 대통령에게 〈차가운〉이라는 말을 사용했다는 사실은 시사하는 바가 크다. 쿨리지의 대중적 이미지 속에는 데이터를 명료하게 보여주는 것이 부족했기 때문에 그에게는 차가운 미디어라고 할 때의 바로 그 의미에서 〈차갑다〉라는 단 하나의 단어가 있을 뿐이었다. 그는 정말로 차가웠던 것이다. 1920년대라는 정말 뜨거운 시대에 신문이라는 뜨거운 미디어는 그 대통령이 매우 차갑다는 것을 발견하고 그 같은 이미지의 결여 상태를 기꺼워했다. 왜냐하면 신문은 대중을 위해 쿨리지의 이미지의 빈칸을 메워줌으로써 참여할 수 있었기 때문이다. 이와 달리 프랭클린 루스벨트 대통령은 열성적인 언론 담당자였고 스스로는 신문 미디어의 경쟁자였기 때문에, 뜨거운 미디어 내에서 신문의 라이벌인 라디오에서 신문을 욕하는 것을 즐거워했다. 이와 전혀 다르게 잭 파 Jack Paar는 텔레비전이라는 차가운 미디어를 위해 차가운 쇼를 했고 나이트 클럽의 후원자나 가십란의 독자들을 독차지해 나이트 클럽과 가십 칼럼니스트의 경쟁자가 되었다. 잭 파가 가십 칼럼니스트들과 벌인 전쟁은 뜨거운 미디어와 차가운 미디어 사이에 일어난 격렬한 충돌의 대표적인 사례로, 이 때문에 〈텔레비전 퀴즈 쇼 속임수 스캔들〉이 일어나기까지 했다. 신문과 라

---

9) Calvin Coolidge(1872-1933). 미국의 제30대(1923-1929) 대통령이다. 쿨리지 공화당 행정부의 보수주의적 정책은 제1차 세계 대전부터 대공황기까지의 미국 정책을 상징한다.

디오라는 뜨거운 미디어 사이의 경쟁 관계나, 뜨거운 미디어와 텔레비전이라는 차가운 미디어 사이의 경쟁 관계는 유명한 영문학자 찰스 밴 도런[10]이 엉뚱하게 개입된 그 사건의 쟁점을 복잡하고 가열되게 만들었던 것이다.

1962년 8월 9일 캘리포니아 주 산타 모니카에서 AP 통신은 이렇게 전하고 있다.

> 약 100명의 교통 위반자들이 그 벌로 경찰이 만든 교통사고 영화를 보았다. 그중 두 명은 구토와 쇼크 때문에 치료를 받아야 했다. ……오하이오 주 경찰이 제작한 영화 「시그널 30」의 내용에 동의하면 이 영화를 본 사람들은 벌금을 5달러 감면받을 수 있었다.
> 이 영화는 찌그러진 차와 토막난 신체들을 보여주고 사고 희생자들의 비명 소리를 녹음한 것이었다.

뜨거운 내용을 이용하는 영화라는 뜨거운 미디어가 뜨거운 운전자들을 냉각시킬 수 있을 것인가는 좀더 논의해야 하는 문제이다. 그러나 그 문제는 분명히 미디어의 이해와 관련되어 있다. 뜨거운 미디어를 사용하면 감정 이입이나 참여가 많이 일어나지 않는 것이다. 이런 맥락에서 볼 때, 부친이 철로 만든 폐에 들어가 있고 가족들이 그를 둘러싸고 있는 모습의 보험회사 광고는 그 어떤 경세(警世)의 지혜보다도 더 큰 공포를 독자에게 안겨주었다. 그것은 바로 사형과 관련해 생겨난 문제이다. 가혹한 형벌이 중대한 범죄를 막는 최선의 방법인가? 원자 폭탄 문제나 냉전 문제에서, 대량 보복을 당할 것이라는 위

---

10) Charles van Doren. 미국의 영문학자이다. 텔레비전 퀴즈 쇼에 해답자로 출연하였으나 사전에 질문 내용을 알고 나온 사실이 드러나 말썽이 일어났다.

협이 평화를 지키는 데 가장 효과적인 수단인가? 어떤 상황에서든 포화점에 이르면 추락 같은 현상이 일어나게 된다는 것은 분명하지 않은가? 어떤 유기체나 구조에서 이용 가능한 모든 자원과 에너지들이 충분히 이용되고 나면 일정한 종류의 유형 반전(反轉)이 일어난다. 잔혹한 행위를 억제하기 위해 잔혹한 장면을 보여주는 것은 더 잔혹한 행위를 하게 만들 수 있다. 스포츠에서의 잔혹성은 일정한 조건들 아래에서만 일어나기 때문에 적어도 인간다울 수가 있다. 그러나 억제 수단으로서의 원자 폭탄과 보복의 경우, 공포가 길어지면 그 결과 감각 마비가 일어나게 된다. 이는 방사능 방어 계획의 경우에 분명하게 드러난다. 영원한 경계의 대가는 무관심이다.

  그럼에도 불구하고 뜨거운 미디어가 뜨거운 문화에서 사용되는가, 차가운 문화에서 사용되는가에 따라 큰 차이가 생기게 된다. 차가운 문화 혹은 비문자 문화에서 사용된 라디오라는 뜨거운 미디어는 라디오가 오락물로 여겨지고 있는 영국이나 미국에서는 엄청난, 그러나 전혀 다른 결과를 가져온다. 차가운 문화나 저(低)문자 문화는 오락으로서의 영화나 라디오 같은 뜨거운 미디어를 수용할 수 없다. 텔레비전이라는 차가운 미디어가 서구의 고(高)문자 세계에 급격한 혼란을 불러일으킨 것처럼 적어도 영화나 라디오 같은 미디어는 저문자 문화에 급격한 혼란을 불러일으킨다.

  그리고 차가운 전쟁 cool war과 뜨거운 폭탄 hot bomb의 위협을 없애기 위해 우리가 필사적으로 추구해야 하는 문화적 전략은 유머와 놀이의 정신이다. 현실 생활의 뜨거운 상황들을 흉내냄으로써 그 상황들을 냉각시키는 것이 놀이의 기능이다. 소련과 서구 간의 스포츠 경쟁은 긴장 완화라는 목적에 별로 기여하지 못할 것이다. 이런 스포츠는 열광적이다. 이는 분명하다. 그리고 서구의 미디어에서 오락이나 재미로 간주되는 것은 차가운 문화에서는 반드시 격렬한 정치적 선동으로 나타난다.

뜨거운 미디어와 차가운 미디어가 사용되는 방식이 근본적으로 어떻게 다른가를 지적하는 방법 중 하나는 교향악 연주 방송과 교향악 리허설 방송을 대비시켜 보는 것이다. 캐나다의 CBC가 방송한 쇼 중에서 특히 뛰어난 것은 피아니스트 글렌 굴드가 리사이틀 음반을 취입하는 과정을 보여준 것과, 스트라빈스키가 자신의 새 작품을 가지고 토론토 오케스트라를 지휘하는 리허설을 보여준 것 이 두 가지였다. 텔레비전 같은 차가운 미디어가 실제로 사용될 경우에는 이처럼 과정에의 개입을 요구한다. 소규모 집중 프로그램은 라디오나 레코드 같은 뜨거운 미디어에 적합하다. 프랜시스 베이컨은 뜨거운 산문과 차가운 산문을 열정적으로 비교했다. 그는 〈방법〉, 즉 완전한 틀에 맞추어 쓰는 것을, 아포리즘, 즉 〈보복은 일종의 야만적 정의(正義)이다〉처럼 간단한 관찰들에 입각해 쓰는 것과 대조시켰다. 수동적인 소비자는 완제품을 원한다. 그러나 베이컨에 따르면 지식을 추구하고 원인을 찾아내는 데 관심을 가진 사람들은 아포리즘에 의존할 것이다. 왜냐하면 아포리즘은 불완전하고, 또 심도 있는 참여를 요구하기 때문이다.

뜨거운 미디어와 차가운 미디어를 구별짓는 원리는 〈남자들은 안경을 낀 여자들에게 좀처럼 말을 걸지 않는다〉와 같은 민중의 지혜에서 쉽게 찾아볼 수 있다. 안경은 외부로 향하는 시선을 강조해, 여성의 이미지를 더 이상의 여지 없이 메워버릴 것이다. 반면에 색 안경은 많은 참여와 보완을 유도하는 묘한 이미지를 창출해 낸다.

또 시각적인 고도의 문자 문화에서는 어떤 사람을 처음 만날 때 그 사람의 외모를 보느라 방금 들은 그 사람의 이름을 잊어버리게 된다. 그래서 우리는 자기 변명을 위해 〈당신 이름의 철자를 말씀해 주세요〉라고 덧붙이게 된다. 반면에 귀를 중시하는 문화에서는 한 사람의 이름을 부르는 〈소리〉가 엄청난 사실이다. 이런 점을 제임스 조이스는 『피네건의 경야』에서 〈누가 당신을 마비시켰는가〉라고 말했을 때 이미 간파하고 있었다. 왜냐하면 사람의 이름은 사람을 마비시키는 일격이고, 사람은 절대로 여기에서 벗어날 수 없기 때문이다.

뜨거운 미디어와 차가운 미디어의 차이를 검증할 수 있는 또 하나의 방법은 〈실제 행동으로 보여주는 장난 practical joke〉을 살펴보는 것이다. 뜨거운 문자 문화의 미디어는, 장난들 중에서 행동으로 보여주는 것이나 보는 사람이 함께할 수 있는 것을 완전히 배제한다. 그래서 콘스탄스 루크[11]는 『미국의 유머』에서 행동으로 보여주는 장난을 결코 장난으로 간주하지 않는다. 문자 문화의 사람들에게 신체를 동원해 행동으로 보여주는 장난은 거북살스럽다. 이는 활판에서 볼 수 있는 정연한 질서, 즉 유려하고 일양적인 진행에서 우리를 벗어나게 만드는 언어 유희가 거북살스러운 것과 같다. 실제로 활자 미디어가 지닌 고도의 추상성을 전혀 의식하지 못하는 문자 문화의 사람들은 거칠고 참여할 수 있는 부분이 많은 예술 형식을 〈뜨거운〉 것으로, 추상적이고 고도로 문자 문화적인 예술 형식을 〈차가운〉 것으로 본다. 존슨 박사[12]는 〈이미 느끼셨겠지만, 부인, 나는 제대로 교육을 받으면서 성장해 불필요할 정도로 꼼꼼한 면이 있습니다〉라고 말했다. 그는 옳았다. 〈잘 성장하다〉라는 말이, 인쇄된 페이지의 엄격성에 비길 수 있는, 흰 셔츠에 의해 강조된 잘 차려입은 옷차림을 의미하게 되었다고 생각했기 때문이다. 〈편안하다〉는 것은 시각적 배열을 포기하고

---

11) Constance Rourke(1885-1941). 미국의 역사가로, 미국의 특성과 대중 문화에 관한 연구로 유명하다.
12) Samuel Johnson(1709-1784). 영국의 시인이자 비평가로, 사전 편찬자이다. 저술뿐만 아니라 강렬하고 재치 있는 대화로도 유명하다. 셰익스피어 이후 영국 문학에서 가장 많이 인용되는 인물이다.

감각들이 대거 참여할 수 있게 하는 배열을 말한다. 어떤 감각, 특히 시각적 감각이 상황을 현저하게 지배하는 지점에까지 도달하는 때를 편안한 상태라고 할 수는 없다.

다른 한편으로 모든 외부 감각들을 배제한 실험에서, 피험자는 순전히 환각만을 가지고 감각들을 보충하거나 보완하기 시작한다. 결국 하나의 감각만 높이면 최면 상태가 일어나게 되고, 모든 감각들을 냉각시키면 환각을 낳게 된다.

3 과열된 미디어의 반전

다음은 한 신문의 1963년 6월 21일자 머릿기사이다.

> 60일 안에 워싱턴-모스크바 핫 라인 개통
> 긴급 사태에 대비하기 위해 워싱턴과 모스크바 사이에 직통 전화를 개설하는 것을 내용으로 하는 협정이 어제 이곳에서 미국의 찰스 스틸과 소련의 세미욘 차라프킨에 의해 체결되었다. ······미국 관리들에 따르면 핫라인이라 불리는 이 회선은 60일 이내에 개통될 예정인데, 유선과 무선 두 가지 상업용 회선을 대여해 텔레프린터 장비를 이용할 것으로 보인다.
> ──영국 《타임스 Times》 제네바 발(發)

전화라는 차갑고 참여를 요구하는 미디어 대신 인쇄라는 뜨거운 미디어를 사용하기로 결정한 것은 지극히 불행한 일이다. 의심할 바 없이 이러한 결정은 인쇄된 형식이 전화보다 훨씬 공적이기 때문에 그 형식을 선호한다는 서구 문자 문화의 편견에 입각해 이루어진 것이었다. 모스크바에서 인쇄라는 형식은 워싱턴과는 전혀 다른 함축성을 가진다. 전화의 경우도 마찬가지이다. 러시아인들이 전화에 대해 큰 애착을 보이는 것은 그들의 구전 중심의 전통에 부합하는 것으로, 전화가 시각을 떠나 서로 관여할 수 있게 하는 힘을 지니고 있기 때문이다. 즉 러시아인들은 서구인들이 12인치 정도 떨어져 상대방과 열중해서 이야기하는 효과를 얻기 위해 전화를 이용하는 것이다.

한편으로는 모스크바의, 다른 한편으로는 워싱턴의 무의식중의 문화적 편견이 증폭된 것이라 할 수 있는 전화와 텔레프린터 둘 다 엄청난 오해를 불러일으킨다. 러시아인들은 방에 도청 장치를 해 엿듣고 또 이런 행위를 아주 당연하다고 생각한다. 그러나 그들은 서구의 시각적 스파이 활동에 대해서는 분노하고 또 아주 부당하다고 여긴다.

모든 사물이 그 발전 단계에서 그 이전의 최종 형태와 대립되는 형태를 띠고 나타난다는 것은 오래전부터 전해져 오는 원리이다.

그래서 알렉산더 포프[1]는 이런 시를 지었다.

    악덕은 소름끼치는 자태의 괴물,
    그것을 보는 것만으로도 증오하게 돼.
    그러나 종종 보게 되고 그 얼굴에 친숙해지면
    우리는 먼저 참고 다음엔 연민의 정을 느끼고 그 다음엔 포옹하게 된다.

나비를 응시하고 있는 애벌레는 〈헤이, 절대 나는 너처럼 괴상한 꼴은 되지 않을 거야〉라고 말하고 있을 것이다.

또다른 차원에서 우리는 20세기 들어 전통적 신화와 전설에 대한

---

1) Alexander Pope(1688-1744). 영국의 신고전주의 시대 시인이자 풍자가이다. 『비평론』(1711), 『우인열전』(1728), 『인간론』(1733-1734) 등을 썼다.

연구가 폭로형에서 숭배형으로 바뀌는 것을 경험하고 있다. 우리가 지구촌의 사회 생활과 문제들에 대해 심도 있게 반응하기 시작하는 순간 우리는 반동주의자로 변한다. 우리의 기술이 발전해 감에 따라 서로 관여하는 정도가 증가하기 때문에 가장 〈사회적 의식이 큰〉 사람이 보수주의자로 바뀌게 된다. 소련 우주선 스푸트니크가 최초로 우주 궤도에 올랐을 때, 한 여선생이 2학년 학생을 대상으로 그것에 관한 시를 짓게 했다. 그중 한 학생은 이렇게 적고 있다.

별들은 너무나 크고
지구는 너무나 작구나.
우리가 보던 그대로인데도.

인간에게 지식과 그 지식의 획득 과정은 똑같이 중요하다. 우리가 은하계와 소립자 구조를 파악할 수 있는 것은 지식과 지식의 획득 과정을 포괄하고 초월하는 능력이 작용하기 때문이다. 위의 시를 쓴 2학년 학생은 오늘날 과학자들이 갖고 있는 측정 수단이나 기술(記述) 개념들로 파악할 수 있는 범위보다 훨씬 더 큰 세계에서 〈살고〉 있다. 그래서 예이츠는 이런 반전에 관해 〈가시적인 세계는 더 이상 현실이 아니고 눈에 보이지 않는 세계는 더 이상 꿈이 아니다〉라고 썼던 것이다.

이처럼 현실 세계가 공상 과학 소설로 바뀌는 것은 동양이 서구화되고 서구 세계가 동양화되는 요즘의 급속한 반전 현상과도 연관되어 있다. 제임스 조이스는 이 같은 동서양의 상호 반전을 그의 신비적인 어법으로 이렇게 말했다.

서양은 동양을 흔들어 깨우고
당신은 아침 대신 밤을 맞이한다.

『피네건의 경야』라는 제목은 반전에 대한 일련의 다차원적인 언어 유희들이다. 이 반전은 서구인이 그의 부족, 즉 아일랜드의 전설적 영웅 핀 Finn에 다시 한번 들어가게 만드는, 오래된 핀의 궤적을 따르면서도, 우리가 부족의 밤으로 다시 들어가는 이때에 개안을 하게 하는 것이다. 이 반전 현상에서 서구인은 과거 핀의 낡은 궤적을 따르면서도 다시 현대를 새롭게 일깨운다. 이는 무의식을 현대에 이르러 인식하게 된 것과 같다.

  기계적 형태에서 순간적인 전기의 형태로 이행해 가는 속도를 증가시키면 외파가 내파로 반전된다. 오늘날 전기 시대에 우리 세계의 에너지를 내파시키거나 압축하는 일은 외파에 기초한 과거의 전통적 조직 패턴들과 충돌하고 있다. 최근까지도 서구의 정치, 사회, 경제적 제도와 배치는 일방통행식의 패턴을 공유하고 있었다. 우리는 여전히 그 패턴이 〈외파적〉이거나 팽창적이라고 생각한다. 그리고 그 패턴이 더 이상 유효성을 갖지 못하는데도 불구하고 계속해서 인구 폭발이나 교육의 팽창에 대해 이야기하고 있다. 사실 우리가 인구에 관심을 쏟게 된 것은 결코 그 숫자의 증가 때문이 아니다. 오히려 그것은, 전기로 인해 세계의 모든 사람들이 서로의 삶에 개입하게 되었고 그 결과 서로 아주 가깝게 생활해야 한다는 사실에서 비롯된 것이다. 마찬가지로 교육의 경우에도 배우려는 사람들의 수가 증가해서 위기가 초래된 것이 아니다. 우리가 새롭게 교육에 관심을 갖는 이유는, 지금까지는 교과 과정의 각 부문들이 각기 독립적으로 다루어지다가 이제는 지식의 상호 관련성이 중시되는 방향으로 바뀌었기 때문이다. 각 학문들의 주권은 국가의 주권과 마찬가지로 전기의 순간적 속도라는 조건하에서 급속하게 융해되어 버렸다. 중심부에서 주변부로 기계적, 일방적으로 팽창한다는 낡은 패턴에 집착하는 것은 우리의 전기 세계에서는 이제 더 이상 중요성을 갖지 못한다. 전기는 중앙집권화시키지 않고 탈중앙집권화시킨다. 그것은 철도 체계와 전기 무선망 체계의 차이에서 단적으로 드러난다. 철도는 종착역과 대 도심을 필요로 하지만, 농가에서나 중역실에서나 똑같이 이용할 수 있는 전력은 어떤 장소든 중심이 될 수 있게끔 하기 때문에 대 도심과 같은 거대 집단을 필요로 하지 않는다. 이러한 반전 패턴은 아주 일찍부터 토스트기, 세탁기, 진공 청소기 등 〈일손을 덜어주는〉 전기 기구들에서 나타났다. 그런데 사실 이 기구들은 일손을 덜어준 것보다는 모든 사람들이 자신의 일을 할 수 있게 해준 데 그 핵심 역할이 있다. 19세기에 하인이나 하녀에게 위임했던 일을 이제 우리 스스로 하는 것이다. 이런 원리는 전기 시대에 〈전면적으로〉 적용된다. 예를 들어 정치 분야에서 카스트로가 독립적인 중핵이나 중심으로 존재할 수 있게 된 것도 바로 전기 시대가 도래했기 때문이다. 철도가 지배하던 시대에는 전혀 생각할 수 없었던 어떤 방식으로 퀘벡이 캐나다 연방에서 이탈하게 될지도 모른다. 철도는 획일적인 정치-경제적 공간을 필요로 하지만 비행기와 라디오는 극도로 불연속적이고 다양한 공간들을 구성할 수 있게 해준다.

오늘날 고전 물리학과 정치학 그리고 경제학에서의 대원칙, 즉 각각의 과정이 분할 가능하다는 원칙은 확장을 거듭해 통일장(統一場) 이론으로 반전되었다. 그리고 공업에서는, 자동화로 인해 분할되어 있던 작업 절차들이 모든 기능을 유기적으로 조직하는 복합적인 것으로 대체되었다. 전기 테이프가 조립 라인을 대신하게 된 것이다.

정보와 계획 생산이 이루어지는 새로운 전기 시대에는 일용품들 그 자체가 점점 더 정보의 성격을 띠게 된다. 그러나 이런 경향은 주로 광고비의 증가라는 형태로 나타난다. 결국, 사회적 커뮤니케이션에서 널리 활용되고 있는 담배, 화장품, (화장 지우는) 비누 같은 일용품들이 미디어 일반을 유지하는 데 있어 상당 부분을 떠맡고 있는 것이다. 전기로 인해 정보 수준이 높아짐에 따라 거의 모든 종류의 소재가 어떤 기능이나 필요에 맞춰 쓰이게 될 것이고, 이에 따라 지식인은 사회를 통제하고 생산을 돕는 역할을 점점 더 많이 강요받게 될 것이다.

줄리앙 방다[2]의 『엄청난 배반』은, 지식인이 느닷없이 권력을 장악하게 된 이 새로운 상황을 해명하는 데 결정적인 기여를 했다. 그에 따르면 오랫동안 권력에서 소외되어 있었고 볼테르 이래로 재야에만 있었던 예술가와 지식인들이 이제 최고위급의 의사 결정을 돕기 위해 차출되었다. 그들의 엄청난 배반이란 결국 그들이 자율성을 포기하고 권력의 하수인이 되었다는 점이다. 대표적인 경우가 원자 물리학자들이 장군들의 하수인으로 기능하고 있다는 사실이다.

방다가 지식인의 역사를 알고 있었다면 그렇게 흥분하거나 놀라지는 않았을 것이다. 언제나 인텔리겐치아는 낡은 권력과 새로운 권력 간의 연락자 겸 중재자 역할을 했다. 그 예 중 우리에게 가장 잘 알려진 것은 그리스 노예들의 경우인데, 그들은 오랫동안 로마 권력의 교육자였고 신뢰할 만한 급사였다. 그리고 서구 세계에서 교육자들이 오늘날까지 해오고 있는 역할도 상업적, 군사적, 정치적 거물의 신뢰할 만한 급사라는 노예 역할인 것이다. 1950년대 영국에서 기존의 전통에 반발해 일어난 〈성난 세대 the Angries〉[3]는 교육이라는 탈출구를 통해 갑자기 하층 계급에서 벗어난 이런 급사 집단이었다. 권력의 상

---

2) Julien Benda(1867-1956). 프랑스의 철학자이자 비평가이다. 1898년에 드레퓌스 사건을 이론적으로 분석한 논문을 써 논단에 등장했다. 베르그송 철학을 〈유동의 철학〉이라고 비난한 『베르그송주의』(1912)를 통해 명성을 얻었다. 『지식인의 반역』(1927)에서 인종과 정치적 이해 관계 때문에 진리와 정의를 저버리는 사람들은 도덕적 반역자라고 비판한 바 있다.
3) 1950년대 영국에서 새로운 지식인 부류로 떠오른 문학 세대로, 대부분 노동 계급이나 중하층 출신이었다.

층부에 올랐을 때 그들은 그곳의 공기가 결코 신선하거나 상쾌하지 않다는 사실을 발견했다. 그러나 그들은 버나드 쇼보다 훨씬 더 빨리 자존심을 저버렸다. 쇼와 마찬가지로 그들은 환상적인 것을 쓰거나 오락적 가치들만 찾는 식으로 급속히 변절했던 것이다.

『역사의 연구』에서 토인비는 형식과 역동성이 수없이 반전해 왔음을 보여주고 있다. 한 예로 로마의 지배를 받던 게르만인들은 4세기 중반 갑자기 자기 부족의 이름에 자부심을 갖고 그 이름을 보존하기 시작했다. 이 순간은, 로마의 가치가 포화 상태에 이르렀기 때문에 새로운 신념이 생겨나게 되었음을 나타내는 것이었고, 또 로마가 미개한 가치의 방향으로 나아가는 것이었다. (마찬가지로 미국인들은, 특히 텔레비전이 출현한 이후 유럽의 가치가 포화 상태에 도달하자 자신들의 마차용 램프, 말 매는 기둥, 식민지 시대의 부엌용품 등이 문화재라고 주장하기 시작했다.) 야만인들이 로마 사회 계층의 정상에 도달하자마자, 로마인 자신들은 부족민들의 의상이나 풍습을 받아들였다. 마치 루이 16세 시대의 프랑스 궁정이 목동들의 세계에 애착심을 갖게 된 것과 마찬가지로, 경박하고 속물적인 정신이 그 동기였다. 말하자면 지배계급들이 디즈니랜드를 여행하는 동안 지식인들이 그 자리를 차지하는 것은 자연스러운 것으로 여겨졌을 것이다. 마르크스나 그 추종자들도 분명히 그렇게 생각했을 것이다. 그러나 마르크스와 그의 추종자들은 새로운 통신 미디어의 역학을 이해하지 못하고 있었다. 전신과 그 밖의 내파의 형식들이 기계의 역동성을 반전시키기 시작했을 바로 그때에 마르크스는 기계에 바탕을 두고 전혀 시의에 안 맞는 분석을 수행했던 것이다.

이 장에서는 케네스 볼딩이 〈체계가 그 역동적인 과정을 거치며 일순간에 다른 체계로 바뀌거나, 한번 통과하면 다시 돌아올 수 없는 전환점〉이라 부른 것이 그 어떤 미디어나 구조에도 있다는 것을 보여주려고 했다. 그리고 뒤에서는 이 전환점들을 살펴볼 것이다. 그런데 그중 사진의 세계에서는 정지에서 운동으로, 기계적인 것에서 유기적인 것으로의 변환이 일어났다. 즉 정지된 사진이 부자들의 과시적 소비를 억누른 데 반해, 가속화된 사진, 즉 영화는 전 지구상의 가난한 사람들에게 풍요로움이라는 환상을 심어주었던 것이다.

오늘날 도로는 전환점을 넘어서, 도시를 고속도로로 바꿔놓았다. 그리고 고속도로는 원래 연속적인 도시의 성격을 갖고 있다. 또 도로가 전환점을 넘었을 때 나타나는 또다른 특징적인 반전은, 시골이 더 이상 모든 노동의 중심지이고 도시가 레저의 중심지이기를 멈춘다는 것이다. 사실 도로 및 교통 수단의 개선으로 인해 이전의 패턴이 반전되었고 도시는 노동의 중심지로, 시골은 레저와 오락의 중심지로 반전되었다.

그리고 그 이전에는, 화폐 및 도로의 출현으로 인해 교통이 증가하자 정태적인 부족 국가(토인비는 이를 유목민적 식량 채집 문화라고 부른다)가 사라지게 되었다. 〈사냥꾼 겸 식량 채집자가 사회적으로 정태적이었다〉와 같은 역설은 전환점에서 일어나는 반전 현상의 특징이라 할 수 있다. 반면에 안정적이고 전문화된 인간은 유동적이고 폭발적이고 진보적이다. 새로운 자기(磁氣) 도시, 즉 세계 도시는 정태적이고 도상적(圖像的)이고 내포적일 것이다.

전환점이 반전 지점, 돌아올 수 없는 지점이라는 것을 고대 세계에서 직관적으로 인식하고 있었다는 사실은 그리스인들의 〈휴브리스 hubris〉[4]라는 개념에서 잘 나타난다. 토인비는 이 개념을 『역사의 연

---

4) 〈hybris〉라고도 쓴다. 고전 그리스 윤리 종교 사상에서, 질서 있는 세계 속에서 인간의 행동을 규제하고 있는 한계를 불손하게 무시하는 자만이나 교만을 일컫는 말이다. 휴브리스는 위대하고 재능 있는 사람이 범하기 쉬운 죄로서, 그리스 비극에서 대개 주인공이 가진 기본적인 약점이다.

구』에서 〈창조성의 복수〉, 〈역할의 반전〉이라는 이름으로 제시하고 있다. 그리스의 극작가들은 스핑크스의 수수께끼를 푼 오이디푸스 왕의 경우에서처럼 창조성이 그 자체의 맹목성까지 창조해 낸다고 생각했다. 그래서 그리스인들은 하나의 앎이 돌출하면 그 벌로 전체 장(場)에 대한 전반적인 앎이 봉쇄될 수 있다고 생각했다. 그리고 노자의『도덕경』에도 과열된 미디어, 과도하게 확장된 인간이나 문화, 그에 따르는 불가피한 급전(急轉)이나 반전 등의 사례들이 나온다.

> 발끝으로 서는 자는 확고하게 서지 못한다.
> 가장 긴 보폭으로 걷는 자는 가장 빨리 걷지 못한다.
> 하고자 하는 일을 뽐내는 자는 아무것도 이룰 수 없다.
> 자신이 한 일을 자랑하는 자는 오랜 세월을 견뎌내야 하는 일을 해낼 수 없다.

그 어떤 체계에서 전환이 일어나는 가장 평범한 원인 중 하나는 인쇄와 증기 압착기의 결합, 라디오와 무성 영화(이제는 토키로 이어졌다)의 결합과 같은 다른 체계와의 이종 교배(異種交配)이다. 오늘날 전자 기록 장치뿐 아니라 마이크로 필름이나 마이크로 카드까지 등장하게 되자, 인쇄된 말은 다시 한번 필사본 같은 수공업적 성격을 상당히 갖게 되었다. 그러나 활판 인쇄는, 표음 알파벳이 부족적 인간과 개인주의적 인간 간의 전환점이었던 것과 마찬가지로, 표음 문자 문화의 역사에서 거대한 전환점이었다.

관료제와 기업체가 상호 작용하는 가운데 생겨난 끝없는 반전이나 전환점들 중에는 개인들이 자신의 〈사적 행위〉에 대해 책임감을 느끼게 된 지점도 있는데, 그 지점은 부족의 집단적 권위가 붕괴하는 순간이었다. 수세기 후에 지나친 폭발과 확산으로 인해 사적 행위의 위력이 소진되자 기업은 〈공공 채무〉라는 개념을 창안해 내어 집단의 행동까지 개인이 책임지게 만들었다.

19세기에는 기술의 세분화로 인해 기계적, 단절적 절차들이 늘어났기 때문에, 사람들의 모든 관심은 연대적이고 집단적인 것으로 향했다. 기계가 인간의 노역을 대신한 최초의 위대한 시대에 칼라일[5]과 라파엘 전파(前派)[6]는 〈노동〉이 사회 내에서의 신비로운 영적 교섭이라는 교의를 선포했고 러스킨이나 모리스 같은 백만장자들은 아름다워 보이기 위해 인부들처럼 땀을 흘렸다. 마르크스는 이런 교의의 영향을 받은 대표적인 인물이었다. 기계화와 도덕 예찬이 번성했던 위대한 빅토리아 왕조 시대에 일어난 반전 현상들 중 특히 기괴한 것은 루이스 캐럴[7]과 에드워드 리어[8]의 대응 전략이었는데, 그들의 난센스는 지속성을 가진 것으로 판명되었다. 세기말경 카디건가(家)의 사람들이 전쟁의 회오리가 몰아치는 죽음의 계곡에서 피의 목욕을 하고 있는 동안, 길버트[9]와 설리반[10]은 전환점은 지나갔다고 선언했던 것이다.

-----
5) Th. Carlyle(1795-1881). 영국의 역사가이다. 저서로는 3권으로 이루어진 『프랑스 혁명』(1837), 『영웅 숭배론』(1841) 등이 있다
6) 영국에서 생겨난 화가협회이다. 왕립 아카데미의 역사화가 상상력도 없고 너무 인위적인 데 반발하여 1848년에 젊은 영국 화가들이 결성하였다. 14-15세기의 이탈리아 미술에서 영감을 얻었다.
7) Lewis Carroll(1832-1898). 영국의 소설가로, 수학자이기도 하다. 『이상한 나라의 앨리스』(1865)와 그 속편 『거울 속 여행』을 썼다.
8) Edward Lear(1812-1888). 영국의 풍경화가이다. 독창적인 난센스 시(詩)의 작가, 오행속요(五行俗謠)를 널리 퍼뜨린 작가로 더 유명하다.
9) Sir W. S. Gilbert(1836-1911). 영국의 극작가이다. 아서 설리번 경과 함께 희가극을 쓴 유머 작가로 유명하다.
10) Sir Arthur Seymour Sullivan(1842-1900). 영국의 작곡가로, 길버트와 함께 독자적인 영국 오페레타 형식을 확립했다. 길버트의 어휘 구사와 풍자의 재능은 설리번의 넘치는 선율과 음악성, 패러디적 감각과 어우러져 독특한 조화를 이루었다.

4 기계 장치 애호가 • 〈나르코시스〉로서의 나르시스

그리스의 나르시스에 관한 신화는 〈나르시스〉라는 말이 보여주듯 인간이 경험하는 사실과 직접적인 관계를 맺고 있다. 이 말은 혼수 상태나 감각 마비를 의미하는 그리스어 〈나르코시스 narcosis〉에서 파생된 말이다. 젊은 나르시스는 물 속에 비친 자기 모습을 다른 사람으로 착각했다. 이처럼 거울을 통해 자신을 확장할 경우, 그 자신의 확장된 이미지나 반복된 이미지를 스스로 제어하기 전까지는 그 지각이 마비 상태에 빠지게 된다. 숲 속의 요정 에코는 나르시스 자신이 하는 단편적인 말들을 통해 사랑을 얻으려 했지만 실패했다. 나르시스의 감각이 마비되어 있었기 때문이다. 나르시스는 자신을 확장하는 데 몰두했고 결국 폐쇄된 체계에 갇히고 말았다.

그런데 이 신화가 말하려는 핵심은 인간이 자기 자신이 아니라 자신을 확장한 것에 갑자기 사로잡히게 되었다는 사실이다. 남자는 자신의 이미지를 반사해 주는 여자를 깊이 사랑한다고 주장한 냉소가들도 있었다. 설사 그렇다 하더라도 나르시스가 그 자신이라고 간주했던 것과 사랑에 빠졌다는 것이 나르시스 신화에 담긴 지혜는 아니다. 그가 만약 그 이미지가 자신의 확장이나 반복이라고 생각했다면 그 이미지에 대해 전혀 다른 감정을 가졌을 것이다. 오랫동안 나르시스 신화는 나르시스가 그 자신을 사랑했고 또 물에 비친 것이 그 자신이라고 생각했다는 식으로 해석되어 왔다. 그런데 이런 사실에서, 철저하게 기술적이고 그래서 감각 마비적인 문화의 편견에 우리가 사로잡혀 있음을 쉽게 알 수 있다.

우리 자신의 확장이 우리를 감각 마비 상태에 빠뜨리는 것에 대해서는 생리학적 이유들이 충분히 있다. 한스 셀리에나 아돌프 요나스 같은 의학자들은, 병든 때든 건강한 때든 간에 자신을 확장하는 것은 모두 균형을 유지하려는 시도라고 주장한다. 자신을 확장하는 것은 모두 〈자기 단절〉이라는 것이 그들의 견해인데, 또 지각을 통해 초조감의 원인을 찾아내지 못하거나 그 원인을 제거하지 못할 때에는 이 같은 자기 단절의 힘이나 전략이 몸에서 드러나게 된다고 보고 있다. 영어에는 다양한 압박감들로 인해 생겨나는 이러한 자기 단절을 표시하는 표현들이 많다. 우리는 〈want to jump out of my skin(펄쩍 뛰고 싶다)〉, 〈go out of my mind(미치다)〉, 〈driven batty(돌다)〉, 〈flip my lid(발끈 화내다)〉 등을 자주 이야기하는 것이다. 그리고 우리는 종종 스포츠나 게임처럼 통제된 조건하에서, 현실 생활의 초조감이나 스트레스에 맞서는 상황들을 인위적으로 만들어내기도 한다.

인간의 발명과 기술을 설명하는 것이 요나스와 셀리에가 의도했던 바는 결코 아니었지만, 그들은 인간이 왜 일종의 자기 절단을 통해 신체의 다양한 부분들을 확장하지 않으면 안 되는지를 설명해 주는 질병(혹은 불안) 이론을 제공하고 있다. 다양한 종류의 과도한 자극이 신체에 가해져 스트레스를 일으킬 때, 중추신경 조직은 상해를 일으키는 기관이나 감각, 기능을 단절하거나 고립시키는 전략을 통해 스스로를 보호한다. 결국 새로운 발명에 대한 자극제 역할은 진행 속도의 가속화와 부담의 증가라는 스트레스가 하는 것이다. 발의 확장인 바퀴의 경우를 예로 들어보자. 문자 미디어와 화폐 미디어에 의해 교환의 가속화라는 새로운 부담이 생겨났는데, 그 부담이 주는 압력은 그런 기능이 우리의 신체로부터 확장되거나 〈단절〉되게 하는 직접적인 이유였다. 역으로 증가된 부담에 대한 대응 자극으로서의 바퀴는 독자적인 기능(발의 교차 운동)을 분리해 내어 새롭고 강렬한 행위를 만들어낸다. 신경 조직은 오직 감각의 차단이나 마비를 통해서만 이 같은 단절 현상을 견뎌낼 수 있다. 이것이 바로 나르시스 신화의 의미이다. 청년 나르시스의 이미지는 자신을 자극하는 압력 때문에 생긴 자기 단절 혹은 자기 확장이다. 물에 비친 영상은 대응 자극으로서, 전신 마비나 충격을 일으켜 자기 인식을 방해한다. 자기 단절이 자기 인식을 막아버리는 것이다.

중추신경 조직에 가해진 긴장을 직접적으로 완화하기 위해 자기 단절을 하게 된다는 원리는, 발언에서 컴퓨터에 이르는 커뮤니케이션 미디어의 기원이라는 문제에도 얼마든지 적용될 수 있다.

생리학적으로 중추신경 조직은, 감각들이라는 다양한 미디어를 통합하는 전파 망과 같은 것으로, 중심으로서의 역할을 하고 있다. 그래서 중추신경 조직은 그 기능을 위협하는 것은 모두 제압하고 국소화시키고 절단하고, 심지어 상해를 일으키는 기관은 통째로 들어내어야 한다. 신체는 중추신경 조직을 지탱하고 보존하는 기관이기 때문에 물리적·사회적으로 일어난 갑작스런 자극의 변화를 완충하는 역할을 한다. 갑자기 사회적으로 실패하거나 치욕을 당하는 것은 충격인데, 사람에 따라서는 심장까지 반응이 오거나 일반적으로는 근육 이상이 생길 수도 있다. 그런데 이는 그 사람이 자신을 위협하고 있는 상황에서 탈출했다는 표시이기도 하다.

신체적인 것이건 사회적인 것이건 간에 치료는 중추신경 조직을 보호하는 신체 기관들이 균형을 되찾게 해주는 대응 자극이다. 쾌락은 (스포츠, 오락, 술의 경우처럼) 대응 자극인 데 반해, 편안한 휴식은 자극들을 제거하는 것이다. 즉 쾌락과 휴식은 둘 다 중추신경 조직이 균형을 되찾기 위한 전략이다.

전기 기술의 시대가 도래했을 때 인간은 중추신경 조직 그 자체라는 살아 있는 모델을 확장했다. 즉 그 모델을 자신의 외부에 설치했던 것이다. 이 정도까지, 다시 말해 마치 중추신경 조직이 더 이상 광폭한 기계주의의 투석과 화살에 맞서 보호 완충기로서의 신체 기관에 의존할 수 없는 것처럼 보이게 된 것은 절망적이고 자살에 가까운 자기 단절을 생각케 하는 발전이다. 인쇄술의 발명 이후 진행된 여러 신체 기관의 계속적인 기계화가 사회적 경험을 지나치게 광폭하고 과도하리만큼 자극적으로 만들었기 때문에 중추신경 조직이 더 이상 견뎌낼 수 없게 된 것은 어쩌면 당연한 일일지 모른다.

이제 이런 발전을 해명해 줄법한 단 하나의 원인, 즉 나르시스의 테마를 다시 살펴보자. 만일 나르시스가 자신과 단절된 자기 이미지 때문에 마비된 것이라면 그런 마비에는 충분한 이유가 있다. 사실 신체적 외상·충격의 패턴과 정신적 외상·충격의 패턴 사이에는 그 반응에 있어 밀접한 평행 관계가 존재한다. 갑자기 사랑하는 사람을 빼앗긴 사람과 예기치 못하게 발가락이 잘려나간 사람은 둘 다 충격을 받을 것이다. 이처럼 가족이나 신체 일부를 잃는 것은 둘 다 자아 단절의 극단적 사례이다. 충격은 전신(全身)의 모든 유형의 지각에 감각 마비를 유발하거나, 의식 작용이 일어나는 지점을 높여 감각을 무디게 만든다. 그 때문에 충격을 받은 사람은 고통이나 감각에 대해 무감각해지는 것이다.

폭음 때문에 생기는 전투의 충격은 ⟨audiac⟩이라는 치과 치료 기구에 이용되고 있다. 환자는 헤드폰을 끼고 드릴의 통증을 못 느낄 때까지 다이얼을 돌려 소리를 높인다. 이처럼 강렬한 자극에 대해 〈단일한〉 감각을 선택하게 되면, 다시 말해 기술에 의해 확장되고, 분리되고, 단절된 단일한 감각을 선택하면 기술은 그 제작자나 이용자에게 감각 마비 효과를 가져다줄 수도 있다. 왜냐하면 중추신경 조직은 특수화된 자극의 도전을 받을 경우 전신의 감각 마비라는 반응을 일으키기 때문이다.

갑자기 신체 손상을 입은 사람은 모든 통증이나 감각적 자극에 무감각하게 된다. 왜냐하면 중추신경 조직은 강렬한 감각의 침입으로부터 스스로를 방어하지 않으면 안 되기 때문이다. 중추신경 조직이 예기치 못한 신체 손상에 대비하고 있을 때 사람은 공포에 떨고 땀을 흘리는데, 사람은 이처럼 공포에 떨고 땀을 흘리는 시점이 되어서야 비로소 서서히 정상적인 시각과 청각을 되찾는다.

어떤 감각 혹은 기능이 기술에 의해 확장되는가 혹은 자기 단절되는가에 따라 〈폐쇄〉나 다른 감각들간의 균형 회복은 얼마든지 예측할 수 있다. 그것은 색깔에 대해서뿐만 아니라 감각에 대해서도 마찬가지다. 감각은 언제나 100% 감각이며, 색깔도 항상 100% 색깔이다. 그러나 감각이나 색깔 내의 구성 요소들간의 비율은 무한히 다를 수 있다. 하지만 예를 들어 만일 청각이 강조되면, 미각이나 촉각도 동시에 영향을 받는다. 라디오는 문자적, 시각적인 사람에게 그의 부족적인 기억들을 되살려 주고, 활동 사진에 첨가된 소리는 무언극, 촉각, 근육 운동 감각의 역할을 제거해 내는 것이다. 이와 마찬가지로 유목민이 정착하고 전문화되었을 때, 그 감각들도 전문화되었다. 쓰기가 발달하고 생활이 시각적으로 편성되고 나자 (근대 서구의 가치관인) 개인주의, 자기 반성 등을 발견하게 된 것이다.

발명이나 기술은 우리의 신체를 확장하거나 자기 단절한 것인데, 이 같은 확장에서는 신체의 다른 기관이나 확장물들 사이의 새로운 결합 비율이나 새로운 균형 상태가 필요하게 된다. 예를 들어 우리는 텔레비전 영상이 불러일으키는 새로운 감각 비율이나 감각 〈폐쇄〉를 따르지 않을 수는 없다. 그러나 텔레비전 영상은 각각의 문화가 가진 기존의 감각 비율에 따라 문화마다 다르게 나타난다. 청각과 촉각이 중시되는 유럽에서 텔레비전은 시각을 강조해 사람들을 미국풍으로 분장시킨다. 반면에 고도로 시각적인 문화를 가지고 있는 미국에서 텔레비전은 음성 언어나 음식물, 조형 예술과 같은 비시각적 세계로 향하는 청각적이고 촉각적인 지각의 문을 개방한다. 감각 생활의 확장물이자 촉진자로서 모든 미디어는 감각들의 모든 영역에 영향을 미친다. 옛날에 성서 「시편」의 지은이 다윗은 「시편 제115편」에서 이를 다음과 같이 설명하고 있다.

> 그들의 우상은 은과 금이고,
> 인간의 손으로 만든 것이다.
> 입이 있으되 말하지 못하고
> 눈이 있으되 보지 못한다.
> 귀가 있으되 듣지 못하고
> 코가 있으되 냄새 맡지 못한다.
> 손이 있으되 아무것도 다루지 못하며
> 발이 있으되 걷지 못한다.
> 목청으로 소리도 내지 못한다.
> 그것들을 만든 자들과
> 그것들을 보는 자들 모두
> 그것들과 마찬가지이다.

여기 나타난 〈우상〉 개념은 그리스 신화의 나르시스의 개념과 비슷하다. 그리고 「시편」의 지은이는 우상을 〈보게 되면〉, 다시 말해 기술을 사용하면 사람들이 그 우상에 순응하게 된다고 주장한다. 〈그것들을 만든 자들과……그것들과 마찬가지이다〉라는 말이 바로 그 뜻이다. 이것은 감각 〈폐쇄〉의 간단한 사례이다. 시인 블레이크는 「시편」의 지은이가 가진 이런 생각을 커뮤니케이션과 사회 변화에 대한 총체적인 이론으로 발전시켰는데, 그는 장시 「예루살렘」에서 사람들이 왜 자신들이 보았던 것으로 변해 가는지를 설명해 주고 있다. 블레이크에 따르면 사람들이 보았던 것은 세분화되어 〈상상력에서 분리되고 강철 속에 있는 것처럼 스스로를 폐쇄시킨, 인간의 추리력이라는 망령〉이다. 블레이크는 한마디로 인간이 기술에 의해 단편화되었다고 간주한다. 그러나 그는 이 기술이 우리 자신의 신체 기관들의 자기 단절이라고 주장한다. 그리고 이처럼 단절될 경우, 각각의 기관은 인간을 〈순교와 전쟁〉으로 몰아넣는, 엄청나게 새로운 강도의 폐쇄된 체계로 변한다. 게다가 블레이크는 「예루살렘」의 주제가 지각 기관들이라고 선언한다.

지각 기관이 변하면, 지각의 대상들도 바뀐 것처럼 보인다.
지각 기관들이 폐쇄되면, 그 대상들 역시 폐쇄된 것처럼 보인다.

우리 자신을 기술적인 형태로 확장한 것들을 보고 사용하고 지각하는 것은 필연적으로 그 확장물을 받아들이는 것이 된다. 라디오를 듣거나 인쇄물을 읽는 것은 이 같은 우리 자신의 확장물들을 개인적인 체계 속에 받아들이는 것이며, 그에 따라 자동적으로 생겨나는 〈폐쇄〉나 지각의 치환(置換)을 경험하는 것이다. 이처럼 일상적으로 사용하면서 우리 자신의 기술을 계속 받아들이기 때문에, 우리는 나르시스처럼 이러한 우리 자신의 이미지에 대하여 무의식적으로 자각하고 마비를 일으키게 된다. 우리는 지속적으로 기술들을 포용함으로써 자동 제어 장치로서의 기술들과 관계를 맺게 된다. 그렇기 때문에 우리는 이런 대상들, 즉 우리 자신의 확장물들을 사용할 때 신이나 작은 종교인 것처럼 생각하게 되는 것이다. 인디언은 카누의, 카우보이는 말의, 중역은 시계의 서보 기구인 셈이다.

생리학적으로 볼 때, 기술(혹은 다양한 방식으로 확장된 신체)을 정상적으로 사용하는 사람은 그 기술에 의해 끊임없이 변형되고, 다시 그의 기술을 새롭게 변형하는 방법들을 찾아내게 된다. 마치 벌이 식물계의 생식기이듯이 인간은 말하자면 기계 세계의 생식기로서 언제나 새로운 형태들을 수태하고 진화시키는 것이다. 기계 세계는 인간의 소망과 욕구를 촉진시킴으로써, 즉 인간에게 부를 제공함으로써 인간의 사랑에 보답한다. 동기 조사의 업적 중 하나는 인간의 성(性)과 자동차의 관계를 해명한 것이다.

사회적으로 볼 때, 대응 자극으로서의 발명과 혁신을 촉진시키는 것은 바로 집단 압력과 집단 자극의 축적이다. 전쟁과 그 공포는 언제나 우리 신체를 기술적으로 확장하게끔 하는 주요한 동인으로 간주되어 왔다. 실제로 루이스 멈포드는 『역사 속의 도시』에서 성벽 도시를 가옥이나 의복과 마찬가지로 피부가 확장된 것으로 간주한다. 침략 이후 시기에는 전쟁 준비 시기보다 풍부한 기술 혁신이 이뤄진다. 왜냐하면 굴복한 쪽의 문화는 침략한 쪽의 문화가 주는 충격에 적응하기 위해 감각 비율을 조정하지 않으면 안 되기 때문이다. 이처럼 관념과 형식 등이 집중적으로 혼합되고 갈등을 빚을 때, 최대의 사회적 에너지가 배출되고 이로부터 최대의 기술이 발흥한다. 벅민스터 풀러 Buckminster Fuller의 추산에 따르면 1910년 이후 세계 각국은 비행기에 3조 5천억 원을 지출했다. 이것은 현재 세계가 보유하고 있는 금의 62배에 해당한다.

감각 마비의 원리는 다른 경우와 마찬가지로 전기 기술의 경우에도 적용된다. 우리는 중추신경 조직이 확장되고 노출될 때, 그것을 마비시켜야 한다. 그렇게 하지 못하면 우리는 죽고 말 것이다. 따라서 불안으로 가득 찬 전기 미디어의 시대는 무의식과 무감각의 시대이기도 하다. 그러나 덧붙이자면, 놀랍게도 이 시대는 무의식을 의식하는 시대이기도 하다. 우리의 중추신경 조직이 전략적으로 마비될 때, 의식을 통해 자각하고 질서를 세우는 일은 인간의 신체 생활이 맡게 되는데, 그 결과 처음으로 인간이 기술을 자신의 신체의 확장으로 의식하게 된 것이다. 이런 일은 분명 전기 시대가 우리에게 순간적이고 총체적인 장(場)의 인식을 제공한 이후에야 일어날 수 있는 것이었다. 또 이런 인식 덕분에 눈에 보이지 않던 개인적, 사회적 생활이 한꺼번에 시야에 들어오게 되었고, 그에 따라 우리는 우리에게 죄의식의 원인으로 주어지는 〈사회 의식〉을 갖게 되었다. 실존주의는 범주 중심의 철학이 아니라 구조 중심의 철학을, 개인적 독립성이나 관점을 중시하는 부르주아적 정신이 아니라 총체적인 사회 관여의 철학을 제시한다. 전기 시대에 이르러 우리는 전 인류를 우리의 피부로 삼게 된 것이다.

5 잡종 에너지 • 〈위험한 결합〉

〈우리의 생애 대부분에 걸쳐 예술과 오락의 세계에서는 내란이 격렬하게 진행되었다. …… 활동 사진, 레코드, 라디오, 토키 등…….〉 이것은 라디오 미디어 분석가 도널드 맥위니 Donald McWhinnie의 견해이다. 이런 내란은 대부분 우리 정신의 깊은 부분에까지 영향을 미친다. 왜냐하면 그 전쟁은 우리 자신의 존재를 확장하고 확대한 세력들 사이에서 치러지기 때문이다. 실제로 미디어들간의 상호 작용은, 우리 사회와 우리 정신을 모두 격렬하게 만드는 내란을 달리 부르는 말일 뿐이다. 〈눈먼 자에게는 모든 것이 갑작스럽다〉는 말이 있다. 미디어의 잡종화 혹은 이종 교배는 핵분열이나 핵융합 못지않게 엄청나게 새로운 힘과 에너지를 분출하는데, 우리가 일단 이런 분야에서 관찰해야 할 대상이 존재한다는 것을 알았다면 그 문제들에 대해 눈을 떠야 하는 것이다.

지금까지 설명한 바와 같이 인간의 확장물인 미디어는 〈어떤 것이 일어나게 하는〉 인자(因子)이지 〈어떤 것을 인식하게 하는〉 인자는 아니다. 이런 인자들을 이종 교배하거나 혼합한 것을 보면 그 인자들의 구성 요소와 속성을 쉽게 알 수 있다. 세르게이 에이젠슈테인은 『한 영화 감독의 노트』에서 〈무성 영화가 소리를 갈구했듯이, 유성 영화는 색채를 갈구한다〉라고 적고 있다. 이런 통찰은 모든 미디어에 체계적으로 확대 적용할 수 있다. 즉 〈인쇄기가 민족주의를 갈구했듯이, 라디오는 부족주의를 갈구했다〉는 것이다. 이러한 미디어는 우리 자신의 확장물이기도 하지만, 상호 작용하고 발전하기 위해 우리에게 의존하기도 한다. 미디어들이 상호 작용하고 새로운 자손을 번식한다는 사실에서 우리는 여러 시대에 걸쳐 경이로움을 느껴왔다. 그러나 만일 우리가 그 작용을 면밀하게 검토해 본다면 더 이상 당황할 필요가 없다. 반드시 행동에 옮기지 않더라도 우리는 사물들을 얼마든지 숙고할 수 있는 것이다.

플라톤은 이상적인 학교를 생각해 내려고 갖은 노력을 다했지만 아테네야말로 그가 꿈꾼 어떤 대학보다 훌륭한 학교라는 것을 깨닫지는 못했다. 다시 말해 가장 훌륭한 학교는 머릿속에서 그려지기 전에 이미 인간에게 활용되고 있는 것이다. 오늘날 이 점은 특히 우리의 미디어에도 딱 들어맞는다. 우리가 미디어를 사고의 대상으로 삼았던 것 훨씬 이전부터 미디어는 이미 우리 생활 속에 들어와 있었다. 사실 미디어를 우리의 생활과 떼어놓으면 미디어에 대해 사고할 수 있는 가능성 자체가 사라져버릴 것이다.

석탄, 강철, 자동차 등이 일상 생활 내에서의 배치에 어떠한 영향을 미치는지는 누구나 알고 있다. 오늘날에는 언어 그 자체라는 미디어가 일상 생활 내에서의 배치를 만들어낸다는 연구가 이루어지고 있다. 그 결과 사회는 마치 언어의 반향 혹은 언어 규범들의 반복처럼 보이기 시작했고, 이 같은 사실은 소련 공산당을 아주 곤혹스럽게 만들었다. 19세기의 공업 기술을 바탕으로 계급 해방의 기초를 상정하고 있는 그들이 볼 때, 생산 수단 못지않게 언어라는 미디어가 사회 발전을 형성한다는 사상만큼 마르크스주의의 변증법을 파괴시킨 것은 없을 것이다.

사실 에너지와 변화가 격렬하게 쏟아져 나오게 하는 거대한 이종 교배들 중에서 문자 문화와 구전 문화의 만남을 능가하는 것은 아무 것도 없다. 표음 문자로 인해 사람들이 귀 대신 눈을 가지게 된 것은 사회적으로나 정치적으로 한 사회 구조 내에서 일어날 수 있는 가장 과격한 폭발일 것이다. 〈후진 지역들〉에서 빈번하게 반복되는 눈의 폭발을 우리는 〈서구화〉라고 부른다. 오늘날 서구의 문자 문화가 중국, 인도, 아프리카의 문화들과 이종 교배하자, 서구인들은 지금까지 표음 알파벳에 바탕을 두고 진행되어 온 기술의 역사가 모두 온건해 보일 만큼 급격하게 인간 능력과 격렬한 힘이 방출되는 것을 경험하고 있는 것이다.

하지만 이는 동양 쪽의 이야기일 뿐이다. 왜냐하면 전기에 의한 내파가 이제 문자 문화 중심의 서구에는 구전적이고 부족적인 귀 중심의 문화를 가져오고 있기 때문이다. 시각적이고 전문화되고 세분화된 서구인들은 이제 지구상에 존재하는 고대의 구전적인 문화들과 매일 밀접한 관련을 맺으면서 살아가야 한다. 또 그뿐 아니라 서구 자체의 전기 기술로 인해, 친족 관계와 상호 의존이라는 빈틈없는 망을 가진 부족적이고 구전적인 인간 유형으로 바뀌기 시작했다.

서구인들은 문자 문화가 부족이나 가족 단위를 외파시켰을 때 마치 핵분열처럼 분출되어 나온 에너지가 어떤 것인지는 옛날부터 잘 알고 있다. 그러나 문자 문화를 가진 개인이 갑자기 전자기장에 사로잡힐 때 전기 융합이나 내파에 의해 발생하는 사회적, 정신적 에너지에 대해서는 과연 무엇을 얼마나 알고 있는가? 유럽에서 새로운 〈공동 시장〉을 구축해야 한다는 압력을 예로 들어볼 수 있다. 개인주의와 민족주의를 이미 알고 있는 사람들 간의 융합이, 이제 막 개인주의와 민족주의에 접근해 가기 시작한 〈후진적〉이고 구전적인 문화들에서의 분열과 같은 과정일 수 없다. 그것은 원자 폭탄과 수소 폭탄 간의 차이와 같다. 지금까지의 결과로는 수소 폭탄이 훨씬 더 파괴적이다. 게다가 전기 융합의 산물들은 어마어마하게 복잡한 반면 분열의 산물들은 단순하다. 문자 문화는, 부족적이고 구전적인 사회의 복잡한 망 속에서 자란 사람들보다 훨씬 단순한 종류의 사람들을 만들어낸다. 왜냐하면 세분화된 인간들이 동질화된 서구 세계를 창조해 내는 반면, 구전적인 사회들은 전문 기술이나 눈에 보이는 특징들에 의해서가 아니라 각자의 고유한 정서적 혼합물들에 의해서 차별화된 사람들로 구성되어 있기 때문이다. 구전적 전통에서 자란 사람의 내면 세계는 복잡한 감정이나 정서의 덩어리들이며, 실리적인 서구인들은 효율과 실용성에 관심을 갖게 되면서, 이미 오래전에 이런 정서나 감정들을 자신으로부터 내몰고 억제했다.

문자 문화 속의 세분화된 서구인들은 그 문화 속에서 전기에 의한 내파에 직면하고 있다. 이들은 곧 자신들이 비서구 사회의 사람들과 전면적으로 상호 의존하고 있다는 것을 정서적으로 자각하는, 복합적이고 심층 구조적인 인간으로 꾸준히 그리고 빠르게 변화해 갈 것이다. 이미 낡은 서구적 개인주의의 대변자들은 오늘날까지도 앨 캡[1]의 만화에 등장하는 불 무스 장군이나 〈존 비처 협회〉[2] 회원들 같은 모습을 하고 있다. 다시 말해 부족적인 것에 반대한다면서 부족적으로

■■■■■
1) Al Capp. 미국의 풍자 만화가이다.
2) John Birchers. 공산주의 세력과 투쟁하고 극단적인 보수주의적 주장을 확산시키기 위해 1958년에 미국에서 결성된 단체이다. 협회의 명칭은 미국의 침례교 선교사이자 미국 육군 정보 담당 장교이며 1945년 중국 공산주의자들에 의해 살해된 존 비처의 이름을 따서 만든 것으로서, 이는 존 비처를 냉전 최초의 영웅으로 추대하고자 한 것이었다.

행동하고 있는 것이다. 문자 문화 속에서 성장한 세분화되고 시각적인 개인주의는, 전기에 의해 패턴이 만들어지고 내파에 의해 진행되는 사회 내에서는 불가능하다. 그러면 어떻게 해야 하는가? 우리는 의식적으로 이런 사실들과 직접 대결을 벌여야 하는가 아니면 어떤 강압에 의해 우리가 모든 부담에서 벗어나게 될 때까지 이런 문제들을 모호하게 만들어 덮어두는 것이 최선인가? 이런 물음을 던지는 것은, 내파와 상호 의존이 서구인에게 가져다준 운명이 외파와 상호 독립이 부족민들에게 가져다준 운명보다 훨씬 더 위협적이기 때문이다. 이 물음들이 어쩌면 내 자신의 성격에서 비롯된 것일 수도 있지만, 하여튼 나는 이런 문제들을 이해하고 명확히 해야만 부담을 덜 수 있다고 생각한다. 다른 한편으로 의식과 자각이 인간의 특권인 것 같으니, 이 특권을 은폐되어 있는 우리의 개인적, 사회적 갈등들에까지 확대하는 것이 바람직스럽지 않겠는가?

각종 미디어는 제반 갈등의 원천이며 보다 큰 갈등들을 야기하기도 한다. 바로 이 같은 미디어에 대한 이해가 이 책의 목적이며, 인간의 자율성을 증대시킴으로써 이런 갈등들을 줄여나갈 수 있다고 본다. 그러면 이제 미디어의 혼합, 즉 미디어간의 상호 침투의 몇 가지 효과들에 관해 살펴보자.

예를 들어 미국 국방부의 생활은 제트기 여행이 가능해지자 대단히 복잡해졌다. 매분마다 회의 소집을 알리는 종이 울리고, 많은 전문가들은 각 부서 책임자에게 소집되어, 상당히 먼 지역에서 다른 전문가가 보내온 정보 보고를 듣는다. 그 사이에도 미결 서류는 책상 위에 산더미처럼 쌓인다. 그리고 각 부서는 보다 많은 자료와 보고를 얻기 위해 제트기로 요원을 파견한다. 제트기, 구두 보고, 타자기 등이 결합하는 과정이 이처럼 빠르게 진행되기 때문에 지구 끝에 파견되는 사람들은 자신이 파견되는 곳의 지명을 어떻게 쓰는지 모른 채 도착하는 일도 종종 있다. 루이스 캐럴은 대형 지도들이 점점 더 상세하고 광범위해지면서도 농업을 무시해서 농민들의 항의를 받는 경향이 있다는 점을 지적한 바 있다. 그러면 왜 현실의 지구를 그 지도로 사용하지 않는가? 우리는 자료 수집을 하면서도 이와 비슷한 처지에 봉착하게 된다. 최소한의 동작도 새로운 확률 곡선이나 사회과학의 매개 변수로 번역해 내는 컴퓨터가 껌을 향해 뻗는 우리의 손동작도 예리하게 식별해 낼 정도인 것이다. 우리의 개인 생활과 집단 생활은 정보 처리 과정 information process이 되어버렸다. 왜냐하면 우리는 우리의 중추신경 조직을 전기 기술이라는 형태로 외부에 맡겨버렸기 때문이다. 이것이 바로 『이미지 : 아메리칸 드림에 무슨 일이 생겼나』에 나타난 부어스틴 D. Boorstin 교수의 곤혹스러움을 푸는 열쇠인 것이다.

전깃불은 낮과 밤, 실내와 실외의 구분을 없애 버렸다. 그러나 잡종 에너지가 분출되는 시점은 그 빛이 기존의 인간 조직의 패턴들과 만나면서부터이다. 자동차가 밤새도록 달릴 수 있고 축구 선수가 야간에도 경기를 할 수 있으며 건물에 창문이 없어도 상관없게 되었다. 한마디로 전깃불의 메시지는 총체적인 변화이다. 전깃불은 전등 그 자체의 변형력과 정보 제공력을 제한하는 내용이 전혀 없는 순수한 정보이다.

전깃불은 침투나 접촉을 통해 시간과 공간, 일과 사회의 구조를 변화시킨다. 만일 미디어 연구자가 전깃불이라는 미디어의 이러한 힘을 면밀히 살펴보면 실생활을 바꾸는 미디어의 힘이 어떤 형태로 작용하는지를 파악하는 열쇠를 찾을 수 있을 것이다. 빛을 제외한 다른 모든 미디어는 짝을 이루는데, 하나가 다른 하나의 〈내용〉으로 작용하는 탓에 양자의 관계는 모호하게 되는 것이다.

소유주를 대신해 라디오나 신문 혹은 영화를 운영하는 사람들은 프로그램 내용에 관심을 쏟는데, 이는 운영자 특유의 편견이다. 소유주들은 미디어 자체에 더 관심을 기울이며, 〈대중이 원하는 바〉나 몇 가지 모호한 공식들 이상으로 넘어서지 않는 경향이 있다. 소유주들은 미디어가 권력이라는 점을 이해하고 있으며, 그들은 이 권력이 내용, 즉 미디어 내의 미디어와는 무관하다는 것을 잘 알고 있다.

전신(電信)이 신문이라는 미디어를 재편한 이후 신문이 〈인간적 흥미〉라는 새 기조를 열었을 때, 신문은 마치 텔레비전이 영화와 나이트 클럽에 치명타를 가했듯이 연극을 말살시켰다. 조지 버나드 쇼는 이에 대해 반격을 가할 수 있는 위트와 상상력을 가지고 있었다. 그는 신문을 연극에 도입했다. 마치 디킨스가 소설을 통해 그랬던 것처럼, 신문에 실린 논쟁거리들과 인간적 흥미의 세계를 연극에 끌어들였던 것이다. 영화는 소설과 신문 그리고 연극을 한꺼번에 이어받았다. 그 후엔 텔레비전이 영화를 침범해 고대의 원형극장을 대중에게 되돌려주었다.

내가 말하고 있는 것은, 감각들의 확장인 미디어가 미디어들끼리 상호 작용할 때에는 각 개인의 감각들 사이에서뿐만 아니라 미디어들 사이에서도 새로운 비율이 만들어진다는 것이다. 발성 영화를 통해 영화의 영상들을 변화시킨 것과 마찬가지로 라디오는 뉴스 기사의 형식도 바꾸어놓았다. 다시 텔레비전은 라디오 편성은 물론 다큐멘터리 소설의 형식도 급격하게 변형시켰다.

라디오나 텔레비전 같은 새로운 미디어에 대해 즉각적인 반응을 보인 것은 시인과 화가들이다. 라디오와 축음기 그리고 테이프 리코더는 시적 체험의 중요한 차원인 시인의 목소리를 우리에게 되돌려주었다. 다시 한번 말은 빛을 동반한 일종의 그림이 된 것이다. 그러나 텔레비전이라는 미디어는 긴밀한 참여를 요구하는 양식이기 때문에 젊은 시인들은 갑자기 카페, 공원 등에서 시를 낭송해야 했다. (반면 인쇄 지향의 문화가 지배하는 토론토에서는 공원에서 시를 낭독하는 것이 공공 질서에 위배되는 것이다. 종교와 정치 연설은 허용되지만 시 낭독은 허용되지 않는다. 이 점은 최근에 많은 젊은 시인들이 체험을 통해 알게 된 것이다.)

소설가 존 오하라 John O'Hara는 《뉴욕 타임스 북 리뷰》 1955년 11월 27일자에서 이렇게 적고 있다.

> 사람들은 책에서 큰 만족을 얻는다. 일반적으로 독자들은 책의 표지에 사로잡힌다. 그러나 작가는 독자가 얻게 될 만족감을 생각해야 한다. 그래서 나는 팔 조이 Pal Joey의 두 작품이 공연되는 극장에 가서, 사람들이 그 연극을 즐기고 있는 모습을 실제로 지켜보곤 한다. 나는 바로 지금 (작은 마을에 관한) 다음 작품을 시작하려고 하지만 우선 극을 소설로 전환시켜야 한다.

우리 시대에 예술가들은 책과 마찬가지로 미디어를 얼마든지 쉽게 혼합할 수 있다. 예이츠 같은 시인은 문학적인 효과를 위해 구전 중심의 농민 문화를 충분히 활용했다. 아주 오래전부터 엘리엇 T. S. Eliot은 재즈와 영화 형식을 치밀하게 혼용해 엄청난 충격을 던진 바 있다. 그의 작품 『J. 앨프레드 프러프록의 연가(戀歌)』는 영화 형식과 재즈의 기법을 상호 침투시키는 것에서 그 힘의 상당 부분을 얻고 있다. 그러나 이런 혼합은 『황무지』와 『투사 스위니』에서 최고의 힘을 발휘한다. 제임스 조이스의 『율리시스』처럼, 『J. 앨프레드 프러프록의 연가』는 찰리 채플린의 영화 형식뿐만 아니라 영화 주제까지 이용하고 있다. 『율리시스』의 등장 인물인 주인공 블룸은 의도적으로 채플린의 작품에서 따온 인물이다(『피네건의 경야』에서는 그를 〈초니 초플레인 Chorney Choplain〉이라고 불렀다). 그리고 쇼팽이 피아노를 발레의 양식과 혼합했듯이, 채플린은 발레와 영화를 혼합시켜 러시아의 발레리나 파블로바처럼 엑스터시와 어기적어기적 걷는 것을 교대로 반복하는 양식을 개발해 냈다. 발레의 고전적인 스텝을 무성 영화에 도입해, 『J. 앨프레드 프러프록의 연가』와 『율리시스』에서도 볼 수 있는 서정적인 것과 아이러니컬한 것의 절묘한 혼합을 만들어낸 것이다. 한 미디어가 다른 미디어의 힘을 이용하는 방법이나 다른 미디어가 그 힘을 발휘할 수 있게 해주는 방법을 최초로 발견하는 사람은 대개 다양한 분야의 예술가들이다. 보다 간단한 예로, 프랑스의 영화 배우 샤를 브와예Charles Boyer는 영어와 프랑스어를 혼합해 도시풍의, 무아경에서 나오는 목쉰 소리를 만들어냈다.

근대의 예술가들은 인쇄된 책에서 영향을 받아, 모든 형태의 표현들을 인쇄된 말의 특징인 묘사와 서술이라는 단일한 차원으로 환원시켜 버렸다. 그러나 전기라는 미디어의 번창과 함께 예술은 이 같은 족쇄에서 해방되어 파울 클레,[3] 피카소, 브라크,[4] 마르크스 브라더스,[5] 제임스 조이스 등의 세계를 만들어냈다.

《뉴욕 타임스 북 리뷰》 1962년 9월 16일자의 헤드라인은 〈베스트셀러만큼 할리우드를 자극했던 것도 없다〉이다.

물론 오늘날 영화 스타들은 유명한 책에 나오는 인물 역을 맡는다는 문화적인 유혹 때문에 해변이나 공상 과학 소설 혹은 일정한 자기 계발 코스에서 이끌려나올 뿐이다. 바로 이것이 오늘날 미디어의 상호 작용이 영화계의 많은 사람들에게 영향을 미치는 방식이다. 광고

■■■■■
3) Paul Klee(1879-1940). 스위스의 화가이다. 독창적인 회화 언어로 사물의 본질적이고 정신적인 의미를 전하려고 하였다.
4) Georges Braque(1882-1963). 프랑스의 화가로, 피카소와 함께 큐비즘을 발전시켰다. 「만돌린이 있는 정물」(1935)이 그의 작품이다.
5) Marx Brothers. 〈4인의 마르크스 브라더스〉로 불린다. 1918년까지 미국 연극계에서 최고의 흥행을 누렸다.

업계의 상징인 매디슨가(街)와 마찬가지로 영화 스타들도 미디어 문제를 제대로 이해하지 못하고 있다. 그러나 영화나 관련 미디어의 소유주의 관점에서 볼 때, 베스트셀러라는 것은 육중하고 새로운 〈형태〉나 패턴이 대중의 심리와 고립되어 있었다는 것을 입증해 주는 일종의 보증서와 같다. 이는 말하자면 세심하고 치밀한 업자에게 엄청난 부를 안겨다 줄 수 있는 유전(油田)이나 광맥과 같은 것이다. 다시 말해 할리우드의 사업자들이 문학사가들보다 훨씬 예리한 안목을 갖고 있다는 것이다. 왜냐하면 문학사가들은 대중적 취향이 문학 강의나 문학 개론서의 여과를 거치지 않았을 때에는 그 취향을 경멸하기 때문이다.

릴리언 로스는 『영화』에서 『붉은 무공 훈장』을 영화화한 것에 대해 저급한 설명을 풀어놓고 있다. 그가 이처럼 훌륭한 영화에 대해 어리석은 책을 써서 많은 명성을 얻게 된 것은 문학적인 미디어가 영화 미디어보다 우월하다고 단순하게 〈예단〉했기 때문이다. 그의 책은 하나의 잡종으로서 많은 주목을 끌었다.

애거서 크리스티[6]는 엘큘 프와로를 등장시킨 12편의 단편소설을 묶어 『헤라클레스의 모험』을 냈는데, 이 소설집은 그의 다른 작품들보다 훨씬 수준 높은 것이었다. 여기서 그는 고전적인 테마들을 그와 유사한 현대적 사건들에 적용함으로써 탐정 소설의 형식을 차원 높은 강렬함으로까지 끌어올릴 수 있었던 것이다.

제임스 조이스의 『더블린 사람들』과 『율리시스』에서도 같은 방법이 사용되었다. 고전적인 것과 정확하게 맞아떨어지는 것들에서 진정한 잡종 에너지를 창출해 냈던 것이다. 엘리엇은 보들레르가 〈일상 생활

▪▪▪▪▪▪
6) Agatha Christie(1890-1976). 영국의 탐정소설 작가이자 극작가이다. 첫번째 소설 『스타일에서 일어난 미궁의 사건』(1920)에서 괴짜인 벨기에인 탐정 엘큘 프와로Hercule Poirot가 처음 등장한다.

의 이미지를 1급의 강렬함으로 고양시키는 방법을 우리에게 가르쳐주었다)고 말했다. 그런데 이러한 고양은 시의 힘을 직접 분출해서 이루어지는 것이 아니라, 하나의 문화 상황이 다른 문화 상황과 잡종적인 형태가 되도록 간단히 조정하는 것을 통해서 이루어진다. 바로 이런 식으로 전쟁과 이민의 시기에는 새로운 문화적 혼합이 평범한 일상 생활의 규범이 된다. 또한 기업 경영에 대한 조사 연구에서는 잡종의 원리를 창조적 발견의 기법으로 삼고 있다.

영화 시나리오가 논설에 적용되었을 때, 잡지의 세계는 단편소설을 능가할 만한 잡종을 찾아냈다. 차바퀴가 직렬로 놓였을 때, 차바퀴의 원리는 선을 따라 만들어지는 활자의 원리와 결합해 기체 역학적 균형을 만들어냈다. 차바퀴가 공업의 선적인 방식과 결합해 비행기라는 새로운 형식을 만들어낸 것이다.

두 개의 미디어가 혼합되거나 서로 만나는 순간은 새로운 형식이 탄생하는 진리와 계시의 순간이다. 왜냐하면 두 미디어가 병행할 때 우리는 두 가지 형식들의 경계선에 서게 되고, 그 경계선 위에서 나르시스의 감각 마비 상태에서 깨어날 수 있기 때문이다. 미디어들이 만나는 순간은 미디어가 우리의 감각들에 가했던 실신 상태와 감각 마비 상태에서 해방되는 자유의 순간이다.

6 번역자로서의 미디어

노이로제에 걸린 어린아이들이 전화를 받는 동안에는 그 증상을 보이지 않는 경향이 있는데 이는 정신과 의사들에게는 오랜 수수께끼로 남아 있다. 또 말을 더듬는 사람들 중 일부는 외국어를 말할 때에는 더듬지 않기도 한다. 기술이 한 종류의 지식을 다른 양식으로 번역하는 방식이라는 점을 라이먼 브라이슨Lyman Bryson은 〈기술은 명료화이다〉라고 표현한 바 있다. 따라서 번역이란 인식의 형식들을 〈하나하나 판독하는 것〉이다. 우리가 〈기계화〉라고 부르는 것은, 자연과 우리 인간들의 본성을 증폭되고 특수화된 형태들로 번역하는 것이다. 결국 『피네건의 경야』에 나오는 〈새가 어제 한 일을 인간은 내년에 할지도 모른다〉는 경구는 기술의 발전 경로를 관찰한 후 그 결과를 그대로 옮겨놓은 것이다. 그 행동 반경을 확대하기 위해 대상을 쥐었다가 놓았다가 해야 하는 기술의 힘은 지상에 있는 원숭이들보다는 나무 위에 사는 고등 원숭이의 힘과 유사하다는 것이 종래의 관찰 결과였다. 엘리아스 카네티[1]는 쥐었다가 놓았다가 하는 고등 원숭이의 이러한 힘을, 아주 절묘하게도 주식 투기꾼들의 전략과 연결지었다. 그리고 그 전략은 〈인간의 도달 범위는 그가 파악한 것 혹은 은유가 의미하는 바를 넘어서야 한다〉는 로버트 브라우닝 Robert Browning의 시구를 통속적으로 변형시켜 보면 그 속에 다 포함된다. 즉 모든 미디어는 경험을 새로운 형식들로 번역하는 힘을 가졌다는 점에서 적극적인 은유라는 것이다. 음성 언어는 인간이 자신의 환경을 새로운 방식으로 쥐기〔혹은 파악하기〕 위해 그 환경을 놓아줄 수 있었던 최초의 기술이었다. 언어란 아주 빠르게 인간의 환경과 경험 전반을 파악할 수 있는 일종의 정보 검색이다. 언어는 경험을 음성화되거나 외재화된 감각들로 번역하는 은유와 상징들의 복합 체계이다. 언어란 명료화하는 기술이다. 언어는 직접적인 감각 경험을 음성 상징으로 번역해, 순간적으로 드러내고 복원해 놓는다.

전기 시대에 우리는 우리 자신이 점차 정보 형태로 번역되어 의식이 기술적으로 확장되어 가고 있음을 보게 된다. 〈우리는 매일매일 인간에 대해 점점 더 많은 것을 알아가고 있다〉는 말이 이런 상황을 잘 드러내준다. 다시 말해 우리는 점점 더 우리 자신을, 우리를 초월해 있는 다른 형태의 표현들로 번역할 수 있다는 것이다. 전통적으로 인간은, 스스로를 반복해 조물주의 칭찬이 울려퍼지게 한 일종의 표현 형태이다. 영국의 경건주의자 시인인 조지 허버트 George Herbert가 〈기도는 천둥을 뒤집어놓은 것이다〉라고 말한 것처럼, 인간은 조물주가 내린 천둥을 말로 번역해 울려퍼지게끔 하는 능력을 가지고 있다.

---

1) Elias Canetti(1905-1994). 불가리아의 소설가이자 극작가이다. 사회와 대립하는 개인 및 군중의 심리를 탐구한 작품을 썼고, 1981년에는 노벨 문학상을 받았다. 군중에 대한 관심은 1927년에 프랑크푸르트에서 일어난 인플레이션 항의 폭동을 지켜보면서 구체화되었다.

전기 미디어를 가지고 우리는 신체를 확장된 신경 조직 내에 위치시킨다. 그렇게 함으로써, 단순히 손, 발, 치아, 체온 조절 기관 등을 확장한 것에 불과했던 기존의 모든 기술들——도시를 포함해, 신체를 확장한 것 전부——을 정보 체계로 번역할 수 있는 동력을 얻게 된다. 그리고 전자기 기술은 인간에게, 이제는 두개골 밖에 뇌를, 피부 밖에 신경을 지니고 있는 유기체답게 깊이 생각하는 것을 멈추고 철저하게 순종하라고 요구한다. 인간은 과거에 코라클,[2] 카누, 활자, 그 밖의 모든 신체 기관의 확장물들을 받들 때와 마찬가지로, 서보 기구처럼 충직하게 전기 기술을 받들어야 한다. 그러나 여기에는 다음과 같은 차이가 있다. 과거의 기술들은 부분적이고 단편적이었던 반면, 전기 기술은 총체적이고 포괄적이다. 겉으로 드러난 합의나 양심이 이제는 개인의 은밀한 의식만큼이나 꼭 필요한 것이 되었다. 그렇지만 새로운 미디어의 등장과 함께 모든 것을 저장하고 번역하는 일도 가능해졌다. 그 속도도 전혀 문제가 되지 않는다. 빛보다 더 빠른 것은 없기 때문이다.

물리학과 화학 분야에서 정보 수준이 높아졌을 때 어떤 것이든 연료나 섬유 혹은 건축 자재로 사용하는 것이 가능했던 것과 마찬가지로, 전기 기술이 등장했을 때 모든 고체 재화는 고체 상품으로서의 모양을 갖출 수 있게 되었다. 그런데 이런 일은 〈자동화〉 및 정보 검색이라는 유기적 패턴에 따라 만들어진 정보 회로를 사용함으로써 가능하게 되었다. 전기 기술 아래의 비즈니스에서는 배우는 것과 아는 것이 전부이게 된다. (그리스어에서 〈가정〉을 의미하는) 〈경제 economy〉라는 말로써 우리가 염두에 두는 바에 비추어 볼 때, 이런 현상은 모

---

[2] 버들가지를 고리짝처럼 엮은 것에 짐승 가죽이나 천을 씌워 만든 작은 배로, 영국 등지에서 쓰인다.

든 형태의 고용이 〈급료를 받아가며 배우는 것〉이고 모든 형태의 부(富)가 정보의 이동에서 생기게 된다는 것을 의미한다. 직업이나 일자리를 찾는 문제는, 부를 획득하는 것이 쉬운 것과는 정반대로 어려워질지 모른다.

인간이 자연을 인공물로 번역하려 했던 오랫동안의 혁명을 우리는 그 동안 〈응용 지식〉이라고 불러왔다. 〈응용〉이란 한 종류의 소재가 다른 종류의 소재로 번역되거나 바뀐다는 뜻이다. 응용 지식은 특히 서구 문명에서 두드러지게 나타났는데, 그 경이로운 과정을 연구하려고 하는 사람들은 셰익스피어의 『뜻대로 하세요 As You Like It』에서 생각할 거리를 많이 얻을 수 있을 것이다. 이 작품의 무대인 영국 중동부의 삼림 지대 〈아든의 숲〉은, 오늘날 우리가 전기에 의한 자동화라는 문을 지났을 때 들어서게 되는 세계처럼 은총으로 충만되고 아무 일도 하지 않아도 되는, 번역된 황금 세계 같은 것이다.

우리는 셰익스피어가 〈아든의 숲〉을 통해, 모든 것이 바라는 바대로 번역될 수 있는 자동화 시대의 모델을 선취했다고 생각해야 하지 않을까?

> 그리고 세간(世間)에서 벗어나 있는 우리의 이 생활은
> 나무에서 혀를, 흐르는 냇물에서 책을
> 돌에서 설교를, 만물에서 선(善)을 발견한다.
> 나는 이 생활을 바꾸지 않으리라.
> 애미언스: 운명의 단호함을 조용하고 달콤한 자태로 번역할 수 있는 그대는 행복하도다.
> ——『뜻대로 하세요』, 2막 1장

말하자면 셰익스피어는 프로그래밍에 의해 자연 세계의 소재들을

다양한 수준과 밀도를 가진 스타일로 재생할 수 있는 세계에 관해 이야기하고 있다. 지금 우리는 전자 공학에 의해 바로 이 작업을 대규모로 할 수 있는 단계에 근접해 있다. 이 희곡에서는 자연을 인공물로 완전히 번역하거나 전환하는 한 사례로 황금 시대의 이미지가 제시되어 있는데, 이 시대는 우리의 전기 시대와 가까운 거리에 있는 것이다. 시인 스테판 말라르메는 〈세계 전체가 한 권의 책 속에 담겨 있다〉고 생각했다. 이제 우리는 그것을 넘어서서 모든 광경을 컴퓨터 한 대의 기억 장치로 전환할 수 있는 단계에 이르렀다. 왜냐하면 생물학자 줄리언 헉슬리[3]가 지적한 바와 같이, 인간은 단순한 생물들과 달리 경험을 축적할 줄 아는 자신의 능력에 바탕을 둔 전달하고 변형하는 장치를 가지고 있기 때문이다. 그리고 언어 자체에서 나타나는 것과 같은, 인간의 축적 능력은 아래의 시구에 나타나 있는 것처럼 경험을 변형하는 수단이기도 하다.

그대의 눈이었던 저 진주들

우리의 딜레마는 라디오 방송국에 다음과 같이 전화를 거는 청취자의 처지와 비슷하다. 〈당신네 방송국은 두 배로 비를 내리게 할 셈입니까? 그렇다면 당장 중단하시오. 난 익사할 지경이오.〉
혹은 우리는 주술의 의식(儀式)을 〈지식을 응용하기 위한〉 수단으로 간주하는 부족민들의 상태로 돌아간 것인지 모른다. 비문자 문화에서 살아온 사람들은 자연을 인공물로 번역하지 않고 자연에 영혼의 에너지를 불어넣으려 한다.

---

3) Julian Huxley(1887-1975). 영국의 생물학자이자 철학자이다. 발생학, 계통학의 현대적인 발전과 행동 및 진화에 대한 연구에 많은 영향을 미쳤다.

우리가 어떤 자연적인 사건이나 경험을 의식상의 인공물로 번역해 내지 못했을 때 그 사건이나 경험을 〈억압〉한다고 하는 프로이트의 생각은 이런 문제들 중의 일부를 해결하는 열쇠가 될 수도 있을 것이다. 이 책에서 우리가 연구 대상으로 삼고 있는 미디어, 즉 인간의 확장물과 직면했을 때 우리의 감각을 마비시키는 것도 바로 이런 메커니즘이기 때문이다. 은유가 경험을 변형하고 전달하는데, 미디어도 그와 같은 역할을 한다. 초대해 준 것에 대해 〈저는 우천 순연권[4]을 받겠습니다〉라고 대답할 때 우리는 사교상의 초대를 스포츠 경기로 번역해 형식적인 유감 표시가 마음속에서 우러난 실망의 표시로 보이게끔 격상시킨다. 즉 〈당신의 초대는 제가 쉽게 거절할 수 있는 그런 형식적인 초대가 아닙니다. 거기에 응하지 못하는 저로서는 우천으로 순연된 야구 경기를 보지 못할 때와 같은 안타까움을 느낄 수밖에 없습니다〉라는 뜻을 갖게 되는 것이다. 모든 은유의 경우에서처럼, 이 문장에 담긴 네 요소들 사이에는 다음과 같은 복잡한 비례 관계가 존재한다. 〈당신의 초대와 형식적인 초대의 관계는 야구 경기와 통상적인 사회 생활의 관계와 같다.〉

우리는 바로 이런 방법으로 일련의 관계들을 다른 관계들을 통해 봄으로써 경험을 화폐와 같은 형태로 축적하고 확대한다. 왜냐하면 화폐 역시 은유이기 때문이다. 그리고 우리 자신의 확장으로서의 모든 미디어는 변형력을 가진 새로운 시각과 의식을 제공하는 데 기여한다. 베이컨은 이렇게 말했다. 〈목신(牧神) 판이나 세계는 (다른 모든 말이나 음성을 물리치고) 요정 에코를 부인으로 선택했다. 왜냐하면 오직 그것만이 세계의 참된 말들을 충실하게 되돌려주는 진정한 철학이었기 때

------

[4] rain check. 경기가 우천 등으로 연기되었을 때 주는 다음 경기의 관람권이다. 비유적으로는 뒷날의 초대를 의미하기도 한다.

문이다. 그리스인들이 만들어낸 이 이야기는 탁월한 창안물이다.〉

오늘날 IBM 사와 미 공군이 공동 개발한 번역기 〈마크 II〉는 문학의 걸작들을 한 언어에서 다른 언어로 번역하는데, 톨스토이의 말을 다음과 같이 바꾸어놓는다. 〈전쟁과 세계(평화……그럼에도 불구하고 문화는 서지 않는다) 장소에. 뭔가를 번역한다. 뭔가를 인쇄한다.〉(부어스틴, 앞의 책, 141쪽)

영어에서 〈grasp(쥠, 파악)〉이나 〈apprehension(파악, 이해)〉은 다른 것을 통해 어떤 것에 도달하는 과정, 혹은 한 번에 한 가지 이상의 감각을 통해 다양한 측면들을 한 번에 다루고 느끼는 과정 등을 뜻한다. 〈touch(닿다, 접촉, 촉각)〉는 피부가 아니라 감각들의 상호 작용이며 〈keeping in touch(접촉하고 있음)〉나 〈getting in touch(접촉함)〉는 여러 감각들의 풍부한 만남, 즉 시각이 청각으로, 청각이 운동 감각으로, 이어 미각과 후각 등으로 번역되는 만남의 문제이다. 수세기 동안 〈common sense(공통 감각, 상식)〉는 하나의 감각으로 경험한 것 한 가지를 모든 감각들로 번역하고 그 결과를 계속해서 하나의 통일된 이미지로 인간 정신에 전달해 주는, 인간의 고유한 능력으로 간주되어 왔다. 사실 감각들간의 통일된 비율이라고 하는 이 같은 이미지는 오랫동안 합리성의 징표로 여겨졌고, 컴퓨터 시대에도 그 자리를 쉽게 유지할 것 같다. 왜냐하면 오늘날에는, 감각들의 비율을 의식의 조건에 근접할 정도로 프로그램화하는 일이 가능해졌기 때문이다. 하지만 이런 조건은 차바퀴가 회전해 발의 확장물이 되는 것과 마찬가지로 필연적으로 우리의 의식을 확장한 것이 될 것이다. 우리의 중추 신경 조직이 전자기 기술로 확장되거나 번역되었기 때문에 우리의 의식을 컴퓨터의 세계로 번역하는 작업은 [질적으로 구별되는 것이 아니라] 단지 그보다 조금 높은 단계에 지나지 않는다. 따라서 적어도 우리는 오락의 세계에 대한 나르시스적 환상 때문에 마비나 착란을 일으키지 않게끔 현명한 방식으로 의식을 프로그램화할 수 있어야 한다. 왜냐하면 인간이 그 자신의 비밀 장치 속에 스스로가 확장되어 있다는 사실을 알게 되는 순간 오락의 세계는 그를 에워싸버리기 때문이다.

만일 도시의 작업이란 것이 사람들을, 옛날의 유목민들이 이룩했던 것보다 훨씬 더 적절한 형태로 변형하거나 번역하는 것이라면, 지금 우리가 모든 삶을 정보라는 정신적 형태로 번역하고 있는 것은 지구 전체를 그리고 인류라는 가족을 단일한 의식으로 만들어버리는 것처럼 보이지 않는가?

7 도전과 붕괴 • 창조성과 보복

　20세기의 가장 위대한 발견이 〈판단 중지 기법〉을 찾아낸 것이라고 말한 사람은 바로 버트런드 러셀이었다. 한편 화이트헤드는 어떻게 해서 19세기의 가장 위대한 발견이 발견의 기법을 발견한 것이었는지를 설명했다. 즉 그 기법이란, 발견해야 하는 것으로부터 조립 라인을 되짚어 가듯 단계 단계 거슬러 올라가, 목표에 도달하려면 반드시 출발점으로 삼아야 하는 지점까지 이르는 기법을 말한다. 예술 분야에서 이는 〈효과〉에서 출발해, 바로 그 효과를 가져올 것으로 보이는 시, 회화, 건축 등을 지어나가는 것을 뜻했다.
　그러나 〈판단 중지 기법〉은 한걸음 더 나아간 것이다. 예를 들어, 그것은 불행한 유년 시절을 보낸 사람이 성인이 되었을 때 그 때문에 받게 될 영향을 예상하고, 실제로 그런 일이 일어나기 전에 그 효과를 상쇄한다. 예를 들어 정신 의학에서는, 잘못된 판단에서 생기는 다양한 집착이나 도덕적 영향들을 체계적으로 제거하는 동안, 일종의 마취제처럼 환자의 마음을 최대한 자유롭게 해준다.

그런데 이것은 새로운 기술이 지닌 감각 마비 효과나 도취 효과와는 상당히 다른 것이다. 다시 말해 그 새로운 형식이 판단과 지각의 문을 닫아버리는 동안 주의력을 누그러뜨리는 새로운 기술의 효과와는 다르다. 왜냐하면 여러 사람들의 머릿속에 새로운 기술을 주입시키는 데에는 엄청난 규모의 사회적 외과 수술이 필요한데 이 일이 앞서 논의한 타고난 감각 마비 장치에 의해 이루어질 수 있기 때문이다. 이제 〈판단 중지 기법〉은 도취를 거부하고 새로운 기술을 사회의 정신에 주입시키는 수술을 무한히 연기할 수 있는 가능성을 제시한다. 새로운 정체 상태 혹은 균형 상태가 예견되고 있다.

『물리학자의 자연관』을 쓴 베르너 하이젠베르크[1]는 형태들을 폭넓게 인식해, 우리가 그 형태들 대부분으로부터 거리를 두어야 한다는 점을 보여준 신진 양자 물리학자들 중 한 사람이다. 그는 기술의 변화가 생활 습관뿐만 아니라 사고와 가치 평가의 패턴까지 바꾼다는 점을 지적하면서 중국 현인의 말을 인용하고 있다.

자공(子貢)이 한수(漢水) 이북을 두루 여행하고 있을 때, 한 노인이 채소밭에서 일하고 있는 광경을 보았다. 노인은 물을 대기 위해 도랑을 팠다. 그러고는 우물 속에 내려가 물을 한 통 퍼서 도랑에 붓고 있었다. 그의 노고에 비해 성과는 보잘것없었다.

자공은 노인에게 〈힘을 조금만 들이고도 하루에 백여 개의 도랑에 물을 대는 방법이 있는데 그 방법에 대해 듣고 싶지 않습니까〉라고 물었다.

그때 노인은 하던 일을 멈추고 그를 물끄러미 쳐다보다가 〈그 방법이란 게 뭐요〉라고 말했다.

---

1) Werner Heisenberg(1901-1976). 양자 역학이라는 현대 과학을 수립하는 데 공헌했으며, 이 양자 역학에서 〈불확정성 원리〉가 유래했다.

자공은 〈앞을 가볍게 하고 뒤를 무겁게 한 나무 지렛대를 사용하십시오. 그렇게 하면 물을 빨리 끌어올릴 수 있을 것입니다. 이를 두레 우물이라고 합니다〉라고 말했다.

이 말을 들은 노인은 얼굴에 노기(怒氣)를 띠며 이렇게 말했다. 〈나의 스승이 말씀하시기를 기계를 사용하는 사람은 누구나 기계처럼 일을 하게 된다고 했소. 기계처럼 일하는 사람의 마음은 결국 기계처럼 됩니다. 그리고 가슴속에 기계의 심장을 가진 사람은 순수성을 잃습니다. 순수성을 잃은 사람은 자신의 영혼이 하는 일들에 대해 확신을 갖지 못합니다. 영혼이 하는 일에 대해 확신을 갖지 못하면 감각도 정직하지 못하게 됩니다. 나는 그런 것들을 알고 싶지 않아요. 나는 그런 것들을 사용한다는 것 자체가 부끄럽습니다.〉

아마도 이 이야기와 관련해 가장 흥미로운 점은, 이 이야기가 현대 물리학자의 주목을 끌었다는 사실일 것이다. 뉴턴이나 애덤 스미스였다면 이 이야기에 크게 주목하지 않았을 것이다. 왜냐하면 그들은 세분화되고 전문화된 접근 방법의 대가들이었고, 또 그 방법을 옹호했기 때문이다. 한스 셀리에가 〈스트레스〉를 질병의 원인으로 파악한 것도 이 중국 현인의 세계관과 거의 일치한다고 할 수 있다. 1920년대에 그는, 의사들이 항상 개개의 질병들을 인식하고 각각의 고립된 병인(病因)들에 대한 특유의 치료법을 알아내려고 하면서도 〈 '병이 들었다' 라는 바로 그 증후군〉 자체에 대해서는 왜 전혀 관심을 기울이지 않는지 의아하게 생각했다. 미디어의 프로그램 〈내용〉에만 관심이 있고 미디어 자체에는 주목하지 않는 사람은 〈 '병이 들었다' 라는 바로 그 증후군〉 자체를 무시하는 의사들과 같은 처지에 있다고 할 수 있다. 질병 분야에서 총체적이고 포괄적인 연구 방법을 찾으려고 한 한스 셀리에는, 아돌프 요나스가 『자극과 대항 자극』에서 했던 것처럼, 상처 그 자체나 여러 가지 새로운 충격들에 대항할 때 나타나는 반응을 탐구하기 시작했다. 그래서 오늘날 우리는, 소름 끼치는 외과 수술도 할 수 있게 해주는 마취제를 갖게 된 것이다.

우리가 우리 자신을 증폭시키고 확장시키게 해주는 새로운 미디어와 기술들은, 방부 처리를 전혀 하지 않은 채 사회라는 신체에 가하는 어마어마한 집단적 외과 수술이다. 그런데 수술을 반드시 해야 한다면, 수술하는 동안 전체 조직이 어떤 식으로든 감염되지 않을 수 없다는 사실을 고려해야 한다. 왜냐하면 새로운 기술로 사회를 수술하는 동안 가장 큰 영향을 받는 부분이 절개된 부분은 아니기 때문이다. 절개된 부분과 충격을 받은 부분은 마비된다. 변화가 일어나는 것은 전체 조직이다. 라디오의 영향은 시각적인 것이고 사진의 영향은 청각적인 것이다. 새로운 충격이 가해질 때마다 모든 감각들간의 배분 비율은 바뀌게 된다. 오늘날 우리가 찾으려고 애쓰는 것은, 개인 정신이나 사회 전체의 견해에 나타나는 감각 비율상의 이러한 변화들을 통제하는 수단이나 그런 변화들 모두를 회피하는 방법이다. 병에 걸렸는데 증상이 나타나지 않는다는 것은 면역성이 있다는 뜻이다. 지금까지 그 어떤 사회도 새로운 확장물이나 기술들에 대해 면역성을 길러온 그 자체의 활동들에 대해 충분히 인식하지 못했다. 오늘날 우리는 예술이 어쩌면 그러한 면역성을 제공해 줄지도 모른다는 점을 의식하기 시작했다.

인류의 문화사를 보면 예술가들의 미미하고 부수적인 시도들을 제외하고는, 개인 생활과 사회 생활의 다양한 요인들을 새로운 확장물들에 맞게 의식적으로 적응시킨 사례는 눈을 씻고 보아도 찾을 수 없다. 뛰어난 예술가는 문화적-기술적 도전이 변형의 충격을 발휘하기 수십 년 전에 그 메시지를 미리 족집게처럼 집어낸다. 그래서 그런 예술가는 임박한 변화의 물결에 대비할 수 있는 모델들, 즉 〈노아의 방주〉 같은 것을 만들어낸다. 그래서 귀스타브 플로베르는 〈만일 사람들이 나의 『감정 교육』을 읽었다면 1870년의 전쟁[2]은 일어나지 않았을 것이다〉라고 말할 수 있었다.

케네스 갤브레이스는 계속 사업을 하려고 하는 사업가들에게 〈새로운〉 예술의 바로 이 같은 측면을 주의 깊게 연구하라고 충고한다. 왜냐하면 전기 시대에는, 예술가들이 시대를 앞서간다는 점에 대해서만 이야기하는 것이 더 이상 의미를 갖지 못하기 때문이다. 우리의 기술도, 만일 우리가 그것을 있는 그대로 인식하는 힘을 가지고 본다면, 시대에 앞서 있는 것이다. 사회 내에서 일어나는 난파를 막기 위해서 예술가는 지금 상아탑에서 사회의 관제탑으로 이동하는 경향을 보여주고 있다. 전기 시대에서 고등 교육이 더 이상 장식이나 사치가 아니라 생산과 운용 계획에 필수적인 것이듯이, 예술가도 전기 기술이 만들어낸 각종 형식들과 구조들의 본질을 형성하고 분석하고 이해하는 데 필수적이다.

새로운 기술로부터 일격을 당한 희생자들은 하나같이 예술가들이 비현실적이라거나 공상적인 것만을 좋아한다는 식의 진부한 비판을 해왔다. 그러나 19세기에 이르러 사람들은 윈덤 루이스의 말처럼 〈예술가는 언제나 현재의 본성을 파악하고 있는 유일한 부류이기 때문에 상세한 미래의 역사를 서술하는 일에 참여하고 있다〉는 것을 인식하게 되었다. 이 단순한 사실에 대한 자각이 지금은 인간의 생존을 위해 필요하다. 어떤 시대에서든 새로운 기술의 타격으로부터 한걸음 비켜서서 충분한 자각을 가지고 그런 폭력을 받아넘길 수 있었던 예술가의 능력은 이미 낡은 것이다. 마찬가지로 새로운 폭력으로부터 비켜설 능력이 없는, 새로운 기술의 희생자들이 예술가의 필요성을

---

2) 프러시아-프랑스 전쟁을 가리킨다.

인식하지 못한다는 사실도 이미 낡은 것이다. 또한 예술가들에게 보상을 하거나 명사(名士)로서의 지위를 부여하는 일은 그들의 예언자적 작업을 무시하는 것이며, 또 인류의 생존을 위해 적시에 해야 할 일을 못하게 하는 것일 수 있다. 예술가란 자연과학이건 인문학이건 관계없이 어떤 분야에서든, 그 시대에 자신의 행동과 새로운 기술이 갖는 함의를 파악해 내는 사람을 말한다. 그는 통합적인 정신의 소유자이다.

예술가는 새로운 기술이 타격을 가해 의식 작용을 마비시키기 전에 미리 감각들의 비율을 조정할 수 있다. 예술가는 마비 현상과 무의식상의 모색 및 반작용이 시작되기 전에 미리 그 비율을 조정할 수 있다. 이것이 분명한 사실이라면, 이런 문제에 대해 무엇인가를 해야 하는 입장에 있는 사람들에게 이 사실을 어떻게 하면 이해시킬 수 있을 것인가? 이런 분석에 다소라도 진실이 포함되어 있다면, 전 지구 차원의 휴전과 군비 현황 파악 기간도 보장될 것이다. 예술가가 기술로 인한 외상(外傷)을 예측하고 그것을 피하게 해줄 수단을 가지고 있는 것이 사실이라면, 〈예술 감상〉이라는 세계와 그 관료주의에 대해서는 어떤 생각을 할 수 있는가? 느닷없이 예술가를 장식품이나 무용지물 혹은 안정제 정도로 만들어버리려는 음모처럼 여겨지지는 않는가? 만일 사람들이 예술은 차세대 기술의 정신적-사회적 결과들에 어떻게 대처할 것인가에 관한 선진적인 지식이라고 확신할 수 있다면, 그들은 모두 예술가가 될 것인가? 아니면 조심스럽게 새로운 예술 형식들을 사회의 항해도로 번역하려 할 것인가? 만일 예술이 갑작스럽게 현재 있는 그대로, 다시 말해 우리 자신의 확장된 능력들로부터 가해질 타격을 예측하기 위해 우리의 정신을 어떻게 재배열할 것인가를 보여주는 정확한 정보로 간주될 경우, 어떤 일이 일어나게 될 것인지 나는 궁금하다. 만일 그렇게 될 경우 우리는 탐험가가 단순한 비문자 문화 사람들의 장식품으로 사용되는 황금이나 보석들을 보듯이 예술 작품을 보는 일을 중단하지 않을까?

어쨌든 실험 예술에서는 인간 자신의 대항 자극 즉 기술이 인간의 정신에 가하는 폭력의 실상들이 적나라하게 드러난다. 왜냐하면 우리가 새로운 발명의 형태로 밖으로 밀쳐낸 우리 자신의 부분들은 집단적인 압력 혹은 자극에 대항하거나 그것들을 중성화시키려는 시도들이기 때문이다. 그러나 대항 자극은 통상 마약 중독이 그렇듯이 최초의 자극보다 훨씬 큰 피해를 가져다준다. 그리고 예술가가 우리에게 〈펀치를 맞는 것〉 대신에 어떻게 하면 〈펀치를 날릴 수 있는지〉를 보여줄 수 있는 것도 여기서이다. 다시 한번 말하지만 인간의 역사는 〈펀치를 날리는 것〉의 기록이다.

『사회분업론』의 저자 에밀 뒤르켐은 전문화된 직무가 사회적 양심에 입각한 행위로부터 언제나 도피한다는 생각을 이미 오래전에 개진한 바 있다. 이런 맥락에서 예술가는 사회의 양심이며 따라서 그에 걸맞게 대우받는 것처럼 보일 것이다. 발리 섬의 원주민들은 〈우리는 예술을 갖고 있지 않다. 우리는 가능한 한 모든 일을 직접 한다〉고 말한다.

자동차의 충격이 있은 후부터 현대의 거대 도시는 절망적일 정도로 보기 흉하게 뻗어나가고 있다. 철도의 속도 도전에 대한 대응이라 할 수 있는 교외 도시와 전원 도시는 너무나 늦게, 다시 말해 자동차의 재앙이 닥쳐온 시점에 생겨났다. 그런데 일정한 강도(強度)들에 적응된 기능들의 배열은 다른 강도에서는 견뎌낼 수 없다. 한편 신체가 받는 압력을 줄이기 위해 고안된, 우리 신체의 기술적인 확장은 훨씬 더 나쁜 정신적 억압을 초래할 수도 있다. 로마 제국 후기에 서구의 전문화된 기술이 아랍으로 이전되었을 때에는 부족 에너지가 엄청나게 방출되었다.

새로운 미디어의 실제 형태와 충격을 정확히 밝히기 위해 사용되어야 하는 다소 이상한 진단 방법은 피터 체니의 탐정 소설에 묘사되어 있는데, 체니는 『당신은 거스름돈을 가질 수 없다 You Can't Keep the change』에서 이렇게 말하고 있다.

캘러헌에게 이 경우는 단지 사람들의 집합일 뿐이었다. 그중의 일부 혹은 전부는 부정확한 정보를 제공하거나 거짓말을 하고 있었다. 왜냐하면 억지로든 자연스럽게든 간에 환경이 그들을 그렇게 만들었기 때문이었다.
그러나 거짓말을 〈해야 했다〉는 사실이나, 잘못된 인상을 〈주어야 했다〉는 사실 때문에 그들은 자신의 세계관과 삶을 재조정해야 했다. 얼마후 그들은 탈진해 버리거나 무신경해졌다. 그때서야 비로소 조사자는 논리적 해결책의 실마리가 될 만한 사실을 찾아낼 수 있었다.

그럴싸하게 체면을 차리기 위해서는 그 배후에서 미친듯이 겉모양을 꾸며내야 한다는 사실에 주목할 필요가 있다. 범죄 후에, 즉 일격이 가해진 후에는 신속하게 소도구들을 재배열해야만 체면이 계속 유지될 수 있다. 이와 마찬가지로 우리가 사회 생활에서 새로운 기술로부터 타격을 받거나 혹은 개인 생활에서 강렬하고 감당하기 힘든 경험을 할 때, 검열을 통해 그 타격에 무감각해지고 침입자를 기존의 능력에 동화시키게 된다. 탐정 소설 양식에 관한 피터 체니의 관찰은, 현실에 대한 모방으로서 기능하는 통속적인 오락의 한 형태를 보여주는 또다른 예이다.
새로운 기술이 일으키는 가장 명백한 〈폐쇄〉나 심리적 작용은 다름 아닌 그 기술에 대한 수요이다. 자동차가 생겨나기 전까지는 아무도 자동차를 원하지 않았고, 텔레비전 프로그램이 존재하기 전에는 아무도 텔레비전에 관심을 가지지 않았다. 이처럼 그 자체에 대한 수요를 창조해 내는 기술의 힘은, 무엇보다도 기술이 우리 자신의 신체와 감각들의 확장물이라는 사실과 무관하지 않다. 예를 들어 우리가 시각 능력을 상실할 경우에는 다른 감각들이 일정 정도 시각의 역할을 떠맡는다. 그러나 이용 가능한 감각들을 사용하려고 하는 욕구는 호흡의 경우와 마찬가지로 지속적이다. 이 사실에서 우리는 라디오와 텔레비전을 계속 켜놓고 싶은 충동을 왜 느끼는지 이해할 수 있다. 지속적으로 사용해야 한다는 충동은 프로그램의 내용이나 개인의 감각 생활의 내용과는 전혀 무관하다. 왜냐하면 그 충동은 기술이 우리 신체의 일부라는 사실을 입증해 주는 증거이기 때문이다. 전기 기술은 우리의 중추신경 조직과 직접 연결되며, 따라서 대중 자신의 신경을 넘어서서 〈대중이 원하는 바〉에 대해 이야기한다는 것 자체가 우스운 일이다. 이 문제는 대도시에 살고 있는 사람들에게 그 주위에서 어떤 종류의 광경과 소리를 더 좋아하는가라고 묻는 것과 같다고 할 수 있을 것이다. 우리의 눈과 귀와 신경들을 이용해 이득을 얻으려고 하는 사람들에게 우리의 감각과 신경 조직을 일단 넘겨주고 나면, 우리에게는 아무런 권리도 남지 않게 된다. 상업적인 이득을 꾀하는 사람들에게 우리의 눈과 귀와 신경을 빌려주는 것은, 공동 재산을 개인 회사에 넘겨주는 경우나 지구 대기를 한 회사가 독점하게 하는 경우와 마찬가지이다. 우리가 우리의 중추신경 조직을 여러 회사들에게 빌려준 것과 동일한 이유 때문에, 이와 유사한 일이 이미 우주 공간에서도 일어났다. 우리 자신의 신체의 확장물들을 정말로 〈저기 바깥에〉 있는 것, 우리와는 전혀 별개인 것으로 간주하는 나르시스적 태도를 취하는 한, 우리는 모든 기술적 도전들에 제대로 대처하지 못하고 바나나 껍질에 미끄러져 넘어지듯 붕괴하고 말 것이다.

옛날에 아르키메데스는 〈내가 버티고 설 자리만 마련해 주면 지구를 움직여 보이겠다〉고 말한 바 있다. 그가 오늘날 다시 태어난다면, 전기 미디어를 가리키며 〈내가 여러분의 눈과 귀 그리고 신경과 뇌 위에 설 수 있는 자리만 마련해 주면 내가 원하는 템포와 패턴으로 세계를 움직이겠다〉고 말할 것이다. 우리는 이 〈설 수 있는 자리〉를 이미 기업들에게 넘겨줘 버렸다.

아놀드 토인비는 『역사의 연구』의 여러 부분에서, 수세기 동안 여러 문화들이 직면했던 각종 도전들을 분석하고 있다. 서구인들에게 특히 중요한 대목은 신체 장애자들이 행동 지향적인 전사(戰士)들의 사회에서 자신들의 약점에 어떻게 대응하는지를 설명하는 부분이다. 그들은 불과 대장장이의 신(神)인 불카누스, 즉 대장장이나 병기 제작자 같은 전문가가 된다. 그러면 사회 전체가 정복당하고 노예화되었을 때 그 사회는 어떻게 대처하는가? 신체 장애를 가진 개인이 전사들의 사회에서 취했던 것과 동일한 전략이 그 사회에서 쓰이게 된다. 노예화된 사회는 전문화를 통해 지배자들에게 꼭 필요한 역할을 떠맡는 것이다. 그리고 오늘날까지도 전문가의 모습에 대해 노예 근성과 소심함이라는 낙인을 찍어온 것은 아마 노예화 과정——그리고 대항 자극으로서의 전문가주의로 타락하는 과정——이라는 인간의 오랜 역사 때문일 것이다. 그래서 서구 세계를 관찰해 온 많은 사람들은, 서구인들이 전문화된 수요의 증가로 인해 기술에 굴복하게 된 것을 일종의 노예화로 파악했다. 그러나 그 결과로 생겨난 세분화는, 정복당한 포로들의 의도적인 전문화 전략과 달리 자발적이고 열성적인 것이었다.

분명한 것은, 전제(專制)나 그 밖의 다른 억압 체제하에서 신체의 안전을 지키기 위해 하게 된 세분화나 전문화에는 위험이 뒤따른다는 사실이다. 어떤 환경에 완전히 적응하려면 에너지와 생명력을 모두 쏟아부어야 하기 때문에, 생명체는 더 이상 움직이지 못하고 종점에 다다르게 된다. 그래서 기존의 환경에 충분히 적응한 사람은 그 환경에 아주 작은 변화가 일어나도 그 새로운 도전에 대처할 방법이 없게 된다. 또 〈관습적인 지혜〉를 대표하는 사람들은 그 어떤 사회에서나 이 같은 곤경에 처해 있다. 그들의 모든 지위와 안전은 기성 지식이라는 단순한 형태에 의존해 있기 때문에 혁신은 그들에게 새로움이 아니라 파멸이다.

지금까지 여러 문화들이 항상 직면했던 이러한 도전의 형식들은 전선(戰線) 혹은 장벽이라는 단순한 사실인데, 이런 전선이나 장벽의 반대편에는 또다른 종류의 사회가 존재한다. 이때 두 개의 조직 형태들이 나란히 있다는 사실만으로도 엄청난 긴장이 생기게 된다. (사실, 이는 19세기 상징주의 예술가들이 생각한 예술 구조의 원리였다.) 그런데 토인비의 말대로, 서로 인접해 있는 부족 사회와 문명 사회를 관찰해 보면, 보다 단순한 사회의 통합적인 경제와 제도들이 보다 복잡한 문화를 가진 〈문명을 만날 경우 이 문명 자체에서 생겨나는 억수 같은 심리적 에너지에 의해 와해된다〉는 사실을 알 수 있다. 두 개의 사회가 나란히 존재할 때, 보다 복잡한 사회가 심리적인 면에서 도전해 오면 보다 단순한 사회는 에너지를 폭발적으로 방출하게 되는 것이다. 이런 문제에 대한 풍부한 증거를 찾으려면 복잡한 도심 한복판에서 이루어지는 10대들의 일상 생활을 보면 된다. 야만인들이 문명인과의 접촉에서 극심한 불안을 느끼고 결국 대량 이주를 하게 되듯이, 자신들을 성인으로 인정하지 않는 어른들과 도시 생활을 공유해야 한다는 강박 관념을 가진 도시의 10대들은 〈이유 없는 반항〉을 하게 된다. 과거의 청소년들은 우천 순연권을 받고 기다릴 자세가 되어 있었지만, 텔레비전이 등장한 이후 참여하려는 충동 때문에 청소년기라는 것이 없어져 버렸고 그 결과 미국의 가정들은 집집마다 베를린 장벽을 갖게 된 것이다.

친절하게도 토인비는 아주 다양한 유형의 도전과 붕괴의 사례들을 제공해 준다. 특히 그는 인류가 급격한 변화에 대처하기 위해 미래주의와 고대주의에 자주 의존해 왔는데, 이는 아무 소득이 없는 일이라고 적절하게 지적한다. 즉 마차의 시대로 돌아가려고 하거나 무중력 자동차 시대의 도래를 꿈꾼다고 해서 자동차의 도전에 대한 적절한 대응이 될 수는 없다는 것이다. 과거와 미래를 꿈꾸는 이 두 가지 획일적인 대처 방식은, 현재의 경험이 갖는 불연속성들을 세밀하게 조사하거나 평가하지 않고 회피하는 상투적인 방법이다. 열성적인 예술가만이 그때그때의 현실에 대처할 수 있는 힘을 가지고 있는 것 같다.

토인비는 위대한 사람들의 사례를 모방하는 문화 전략을 여러 차례 반복해서 권하고 있다. 물론 이는 문화의 안정성이, 상황을 적절하게 〈지각〉하는 능력보다는 〈의지〉의 힘에 달려 있다고 보는 것이다. 일부 사람들은 이 주장에 대해, 지성보다는 성격을 더 신뢰하는 영국인들의 습성에서 나온 것이라고 빈정거릴 수도 있을 것이다. 그러나 도전에 직면해 스스로에게 최면을 거는 사람들의 무한한 힘을 고려해 볼 때, 의지력은 지성 못지않게 생존에 유용한 것이라고 주장할 수 있다. 오늘날 우리 역시 풍부한 정보와 지식을 가지려는 의지를 필요로 한다.

아놀드 토인비는 르네상스 시대의 기술을, 효과적인 대처와 창조적인 통제의 모범 사례로 든다. 그는 탈중앙집권적인 중세 의회의 부활이, 유럽 대륙을 장악한 중앙집권주의의 독점으로부터 영국 사회를 어떻게 구해 냈는지를 보여준다. 루이스 멈포드는 『역사 속의 도시』에서 조금 이상한 이야기를 한다. 뉴잉글랜드의 도회지가 이상적인 중세 도시의 패턴을 실현할 수 있었던 것은 벽들을 모두 없애고 도회지와 전원을 혼합시켰기 때문이라는 것이다. 한 시대의 기술이 한 방향으로 강력하게 돌진해 갈 때, 인간의 지혜는 그 돌진을 상쇄할 수 있는 힘을 요구하게 마련이다. 그런데 20세기 들어 일어난 전기 에너지의 내파에 대해서는 외파나 확장의 논리로 대응할 수 없고, 오직 탈중앙집권화와, 다수의 소중심(小中心)들에서 생기는 유연성을 가지고 대처할 수 있다. 예를 들어 학생들이 대학에 몰려드는 현상은 외파가 아니라 내파이다. 그리고 이에 대처할 수 있는 전략은 종합대학을 확대하는 것이 아니다. 유럽식의 정부와 19세기 산업을 바탕으로 성장한 중앙집권화된 종합대학 대신에 자율적인 단과대학들을 많이 세우는 것이다.

마찬가지로 텔레비전 영상이 가져오는 과도한 촉각 효과들에 대해, 단순히 프로그램을 바꾸는 것으로 대처할 수는 없다. 올바른 진단을 바탕으로 대응 전략을 생각해 보면, 기존의 문자 및 시각 세계가 텔레비전과 비슷한 깊이와 구조적 접근 방법으로 대처해야 한다는 처방을 얻을 수 있을 것이다. 만일 우리가 이러한 발전 양상들에 대해 재래식 접근법을 고집한다면 우리의 전통 문화는 스콜라주의가 16세기에 그러했던 것처럼 휩쓸려 없어질 것이다. 복잡한 구어(口語) 문화로 무장한 스콜라 철학자들이 구텐베르크의 문자 기술을 이해했었다면 문어 교육과 구어 교육을 새롭게 종합해 낼 수 있었을 것이다. 그러나 그들은 방향을 잘못 잡았고, 결국 시각만 허용하는 문서가 교육이라는 기획을 떠맡게 되었다. 구어적인 전통에 사로잡힌 스콜라 철학자들은 인쇄라는 새로운 시각적 도전에 대처하지 못했으며 그에 따른 구텐베르크 기술의 확장이나 외파는 여러 측면에서 문화의 궁핍화를 초래했다. 이 점에 대해서는 멈포드와 같은 현대의 역사가들이 비로소 설명하기 시작했는데 아놀드 토인비 역시 『역사의 연구』 중 〈문명 성장의 특성〉을 고찰하는 자리에서 〈확대〉라는 개념을 사회의 진정한 성장을 재는 척도로 삼는 것을 포기하고 있다. 그리고 거기서 더 나아가 이렇게 이야기한다. 〈지리적 확장은 대개 진정한 쇠퇴의 부산물이며, '고난의 시대' 혹은 쇠퇴와 해체의 단계에 접어든

시련기의 세계 국가가 겪는 운명이다.〉

토인비가 주창한 원리에 따르면, 시련의 시기나 급속한 변화의 시기에 군국주의가 일어나고, 바로 이런 군국주의가 제국(帝國)과 팽창을 낳는다. 알파벳이 군국주의를 낳았다고 가르치는 고대 그리스 신화(페니키아의 왕자이며 테베스를 건설한 카드모스 왕은 용(龍)의 이빨들을 뿌려 무사들이 튀어 나오게 했다)는 사실상 토인비의 이야기보다 훨씬 더 깊이 파헤친 것이다. 사실 〈군국주의〉란 결코 인과적 분석이 아니라 모호한 서술어일 뿐이다. 군국주의는 전문화되고 외파적인 사회적 에너지들을 시각적으로 조직화한 것의 일종이다. 그렇기 때문에 토인비처럼 군국주의가 대규모 제국들을 낳고 사회적 붕괴를 불러일으킨다고 말하는 것은 동어 반복에 불과하다. 그러나 군국주의는 일종의 산업주의, 즉 엄청난 양의 동질화된 에너지들을 소수의 생산 방식으로 집중화시킨 것이다. 로마 병정들은 삽을 든 남자였다. 즉 그들은 다양한 사회의 자원들을 가공하고 포장해 본국으로 보내는 일을 맡았던 숙련 노동자요 건설자였다. 기계가 등장하기 이전에 재료를 처리하고 가공하는 데 이용할 수 있는 대규모 노동력은 병사나 노예밖에 없었기 때문인데, 카드모스에 관한 그리스 신화가 보여주듯이 표음 문자인 알파벳은 사람들을 이처럼 동질화된 병영 생활에 적응시키는 데 가장 강력한 수단이었다. 헤로도토스가 〈그 이전의 스무 세대들보다 훨씬 더 많은 어려움을 겪어야 했다〉고 인정하는 그리스 사회의 그 시대는, 오늘날의 문자 시대에 돌이켜볼 때 가장 위대했던 인간의 시대들 중의 하나로 볼 수 있는 때였다. 그러나 그 역사를 흥미 있게 읽을 수 있는 시대를 산다는 것은 결코 즐거운 일이 아니라고 매콜리[3]

---

3) Thomas Macaulay(1800-1859). 영국 휘그당의 정치가이자 역사가이다. 〈휘그식 역사 해석〉을 창시하였다.

는 말했다. 그 이후의 알렉산더 시대는 헬레니즘이 아시아까지 확대되고, 후기 로마 제국의 팽창 과정을 준비한 시기였다. 그러나 이 시대는 그리스 문화가 분열되어 가는 시기이기도 했던 것이다.

토인비는, 과거의 많은 유물들이 남아 있더라도 특정한 시기의 일상 생활과 경험의 고유한 특징을 드러내 주지 못하면, 고고학이 역사를 기묘하게 날조할 수도 있다는 점을 보여준다. 그리스와 로마가 쇠퇴하던 시기에도 전쟁을 위한 기술의 발전이 끊임없이 이루어졌는데, 토인비는 그리스 농업의 발달 과정에 비추어 이 사실을 검증해 냈고, 그 결과 자신의 가설을 확인할 수 있었다. 솔론의 개혁에 의해 그리스인들이 혼합 농업에서 벗어나 수출 지향적인 전문 생산 계획으로 이행해 갈 때 그리스인의 생활에는 행복한 성과들이 생겨났고 휘황찬란한 에너지의 분출이 있었다. 이와 동일한 전문화를 강조하는 다음 단계에 이르러 노예 노동에 상당히 의존하게 되자 어마어마한 생산의 증가가 이루어졌다. 그러나 기술적으로 전문화된 노예 군단이 농경에 종사하면서 자작농과 소작농이라는 사회적 존재가 사라져버렸다. 그 결과 로마의 전원과 도회지는 뿌리 없는 기식자(寄食者)들만이 득시글거리는 이상한 세계가 되어버렸다.

2부

8 음성 언어 • 〈악의 꽃〉인가?

다음은 인기 있는 디스크 자키 쇼에서 나오는 몇 초 동안의 이야기를 타이핑한 것이다.

저기는 패티 베이비, 춤의 여왕, 저기는 프레디 캐넌. 심야의 데이비드 미키 쇼에 등장하는 사람들입니다.……자 안녕하세요. 다음은 별에 매달려 쉬쉬 워워 달빛을 타고 미끄러지는 겁니다.
워우워우 어때요……당신과 함께 있는 세상에서 제일 멋진 남자……바로 저는 D. M.(데이비드 미키), 지금은 제 시계로 오후 9시 22분, 오 좋아요, 이제 히트라인을 시작합니다. 여러분은 전화를 거세요 월너트 5-1151, 월너트 5-1151, 히트라인에서 좋아하는 노래를 전화로 말씀해 주세요.

데이브 미키는 계속해서 소리지르고 신음하고 몸을 흔들고 노래하고 흥얼거리고 펄쩍펄쩍 뛰면서 자신의 동작에 스스로 반응을 보인다. 그는 〈글로 쓰여지는written〉 경험 영역이 아니라 〈말로 표현되는 spoken〉 경험 영역에서 전적으로 움직이고 있다. 청중의 참여도 이런 식으로 이루어진다. 고도의 문자 문화 속에 사는 사람들은 가능한 한 서로 연관지으면서 인과성을 따져가며 말하려는 경향을 보이지만, 입에서 나오는 말은 모든 감각들에 극적으로 개입한다. 그 지배적인 경험 형식이 문자 교양이 아닌 문화들에서 자연스럽게 일어나는 감각적 개입은 여행 안내문에서 종종 볼 수 있다. 다음 이야기는 그리스 여행 안내문에서 뽑은 것이다.

여러분은 그리스 사람들 중의 상당수가 호박(琥珀) 묵주 같은 염주 알을 오랫동안 계속 세고 있는 것처럼 보인다는 것을 곧 알게 될 것입니다. 그러나 그것은 아무런 종교적 의미도 갖고 있지 않습니다. 그것은 〈콤볼로이아komboloia〉, 즉 〈고뇌의 염주 알〉이며 터키에서 온 유산(遺産)입니다. 그리고 그리스인들은 땅에서건 바다에서건 아니면 공중에서건 대화가 지지부진할 때마다 참기 어려운 침묵을 깨기 위해 염주 알을 짤가닥거려 소리를 냅니다. 목동들도 그렇게 하고 경찰관들도 그렇게 하며 부두 노동자나 가게의 상인들도 그렇게 합니다. 그리고 여러분은 왜 그리스의 여자들은 거의 염주 알을 갖고 다니지 않는지 궁금해하실 것입니다. 그 이유는 짤가닥거리는 즐거움을 누리려고 남편들이 염주 알을 선점해 버리기 때문입니다. 엄지를 만지작거리는 것보다 훨씬 미적(美的)이고 흡연에 비해 훨씬 돈이 안 드는 이 고상한 집착에서 우리는, 서구 세계에서 가장 위대한 조각을 만들어낸 민족 특유의 탁월한 촉감을 알 수 있습니다.

문자 문화에서처럼 시각을 과도하게 강조하지 않는 문화 내에서는 다른 형태의 감각적 개입이 일어나고 다른 형태로 문화를 이해하게 된다. 이 점을 그리스 여행 안내문은 독특하게 설명해 준다.

그리스에서 매우 빈번하게 누군가가 어깨를 툭툭 치거나 껴안거나 부딪친다고 해서 놀라지 마세요. 결국에는 온화한 가정에서 키우는……애완견이 된 듯한 기분을 느끼게 될 것입니다. 이처럼 어깨를 툭툭 치는 습성은, 과거에 크게 주목받았던 그리스인들의 탐욕스러운 호기심이 촉각의 차원에서 확장된 것이라 생각됩니다. 이는 손님이 어떠한 사람인지를 알아보려는 시도라고 할 수 있습니다.

비문자 사회들과 보다 밀접하게 접촉할 수 있는 오늘날에는 말과 글의 커다란 차이점들을 이전보다 훨씬 쉽게 연구할 수 있다. 어떤 부족 집단이 편지를 받았을 때 그 부족 중에서 유일하게 글을 읽을 줄 아는 한 부족민은 다른 사람들을 대신해 그 편지를 읽어주었다. 그는 소리 내어 읽으면서 프라이버시를 침해하지 않으려면 자신의 귀를 손으로 틀어막아야 할 것 같은 기분이 들었다고 말했다. 이는 음성에 의한 글쓰기 phonetic writing가 시각을 강조하면 프라이버시의 가치가 더욱 커진다는 사실을 보여주는 매우 흥미 있는 사례이다. 이 같은 감각들간의 분리나 집단으로부터의 개인의 분리는 음성에 의한 글쓰기의 영향 없이는 거의 일어날 수 없다. 음성 언어는, 개인주의와 프라이버시를 존중하는 관습이 발생하는 데 필요한 시각적 힘을 확대하고 증가시키는 데에는 별로 도움을 주지 못한다.

이는 문자 언어와는 구별되는 음성 언어 특유의 본성을 이해하는 데 유익하다. 비록 음성에 의한 글쓰기가 언어에 내포된 시각적 힘을 분리시키고 확대시키기는 하지만, 그 과정은 비교적 조야하고 느리게 진행된다. 〈tonight〉를 글로 쓰는 방식은 많지 않다. 그러나 스타니슬라프스키는 젊은 배우들에게 발음과 강세를 다르게 해 50여 가지 방식으로 소리를 내라고 요구했고, 청중들은 표현된 감정과 의미의 서로 다른 음영(陰影)들을 적어 내려갔다. 그런데 산문이나 이야기는 사실 여러 페이지를 들여 하나의 흐느낌, 신음, 웃음, 찢어질 듯한 외침 등을 표현한다. 다시 말해 글은 말 속에서 빠르게 지나가고 명시적으로 드러나지 않는 것을 차례차례 빠뜨리지 않고 전부 문자로 기록한다.

또 우리는 말을 할 때 그때그때 일어나는 모든 상황들에 반응을 보인다. 심지어 자신이 이야기를 하고 있으면, 이야기를 한다는 행위 그 자체에 대해서도 음조나 동작 등에서 반응이 나타난다. 그러나 글쓰기는 대개 고립되고 전문화된 행위이기 때문에 반응을 보여야 할 필요도 없고, 또 그럴 만한 기회도 거의 없다. 문자 문화를 가진 사람이나 사회는, 무(無) 문자 문화의 감정 개입이나 정서 개입 없이 행동할 수 있는 엄청난 힘을 발전시킨다.

프랑스 철학자 앙리 베르그송은 언어가 집단적 무의식의 가치를 훼손하고 축소시킨 인간의 기술이라고 생각해 온 사상 전통 속에서 살았고, 또 그 속에서 글을 썼다. 지성 자체가 엄청나게 폭넓은 현실과 거리를 두게 된 것은 바로 언어에 의한 인간의 확장 때문이다. 베르그송은 언어가 없었다면 인간의 지성은 관심을 쏟는 대상에 완전히 매몰되어 한걸음도 벗어나지 못했을 것이라고 주장한다. 이때 언어와 지성 사이의 관계는 바퀴와 인간의 발 및 신체 사이의 관계와 같다. 바퀴가 있으면 발과 신체는 보다 쉽게 그리고 보다 빨리 이동할 수 있고 관여의 정도를 줄일 수 있다. 마찬가지로 언어는 인간을 확장-확대시키지만 동시에 인간의 능력들을 여러 가지로 분할한다. 언어라는 이 같은 의식의 기술적 확장으로 인해 인간의 집단적 무의식 혹은 직관적 인식이 감소된다.

베르그송은 『창조적 진화』에서 의식조차도 인간의 확장이라고 주장한다. 왜냐하면 그것은 집단적 무의식 상태에서의 통합이라는 희열감을 감소시키기 때문이다. 말하는 것은 인간과 인간을 분리시키고 인류를 우주의 무의식으로부터 분리시키는 작용을 한다. 언어는 우리의 모든 감각을 확장시키고 또 표출(외화)시키기 때문에 인간을 다른 동물과 구별짓는 가장 풍부한 인공물의 형태로 항상 인식되었던 것이다.

사람의 귀가 전자파를 해독decode하고 그 해독 결과를 다시 소리로 변환recode하는 라디오 수신기라고 한다면 사람의 목소리는 소리를 전자파로 바꿀 수 있는 라디오 송신기에 비유될 수 있을 것이다. 공기와 공간을 언어의 패턴들로 바꾸어내는 목소리의 힘이 생겨나기 전에는 외침, 투덜거림, 몸 동작, 명령, 노래, 춤 등 덜 전문화된 표현들뿐이었다. 여러 언어들 내에서 확장되는 감각들의 유형들은 의상과 예술의 양식들만큼이나 다양하다. 모든 모국어는 세계를 보고 느끼고 세계 속에서 행동하게 하는 그 모국어 특유의 방식을 그 사용자들에게 가르친다.

감각과 신경을 전 지구 규모로 확장시키는 오늘날의 새로운 전기 기술은 앞으로 언어가 어떻게 될 것인지를 함축적으로 보여준다. 디지털 컴퓨터가 숫자를 필요로 하지 않는 것과 마찬가지로 전기 기술은 말과 글을 필요로 하지 않는다. 전기는 의식 그 자체의 과정을 세계적 규모로, 전혀 언어화시키지 않은 채 확장하는 길을 열어준다. 이러한 집단적 인식 상태는 언어가 생기기 이전의 인간 상태였을 것이다. 인간의 확장 기술로서의 언어——우리는 언어가 사물을 분리-분할시키는 힘을 잘 알고 있다——는 사람들이 하늘 꼭대기에까지 도달하려고 했던 〈바벨탑〉이었다고 할 수 있다. 오늘날 컴퓨터는 어떤 종류의 부호나 언어도 다른 종류의 부호나 언어로 즉시 번역할 수 있는 수단을 제공하겠다고 약속하고 있다. 간단히 말해 컴퓨터는 성령 강림 상태, 즉 기술에 의해 세계적 이해와 통일이 이룩된 상태를 약속한다. 논리적으로 볼 때, 다음 단계는 언어를 번역하는 것이 아니라 언어를 넘어서서 보편적인 우주적 의식에 도달하는 것처럼 보일 것이다. 이런 의식은 베르그송이 꿈꿨던 집단적 무의식과 매우 흡사할 것이다. 생물학자들이 육체의 불멸성을 약속해 주는 것이라고 이야기하는 〈무중력〉 상태는, 집단간의 조화와 평화를 영원히 가져다 줄 무언어(無言語) 상태와 같은 것일지도 모른다.

9 문자 언어 • 귀 대신 눈

모듀프 Modupe 왕자는 서부 아프리카에서 문자 언어를 처음 접했을 때의 심정을 이렇게 적고 있다.

페리 신부의 집 책 시렁은 책으로 가득 차 있었다. 나는 종이 위에 있는 그 표시들이 〈함정에 빠진 언어들〉이라는 것을 점차 알게 되었다. 누구나 그 상징들을 해독하는 법을 배워서 〈함정에 빠진 언어들〉을 다시 말로 풀어놓을 수 있다. 인쇄된 잉크가 사고를 함정에 빠뜨렸다. 〈둠부 doomboo〉가 함정에서 벗어날 수 없는 것처럼 사고도 함정에서 벗어날 수 없다. 이것이 의미하는 바를 충분히 깨달았을 때 나는 코나크리 Konakry의 한줄기 밝은 빛을 처음 보았을 때 느꼈던 스릴이나 경이감과 똑같은 것을 경험했다. 이 놀라운 것을 직접 하는 법을 배워야겠다는 강렬한 욕구로 몸이 떨렸다.

원주민들의 정렬과 완전히 대조될 수 있을 정도로 문명인들은 문자 언어에 대한 불안감을 가지고 있다. 일부 서구인들에게 글로 쓰어지거나 인쇄된 말은 매우 민감한 주제가 되어왔다. 쓰어지거나 인쇄되거나 읽힐 수 있는 재료들이 과거에 비해 오늘날 훨씬 더 많은 것은 사실이다. 그러나 표음 문자에 기초를 둔 고대의 문자 기술을 위협하는 새로운 전기 기술 또한 존재한다. 우리의 중추신경 체계를 적극적으로 확장한다는 점에서 전기 기술은 전문가 중심의 문자 언어보다는, 포괄적이고 참여적인 음성 언어에 더 호의적인 듯이 보인다. 문자 언어에 바탕을 둔 서구적인 가치들은 이미 전화, 라디오, 텔레비전 등 전기 미디어로부터 상당한 영향을 받고 있다. 아마 바로 이런 이유 때문에, 오늘날 고도의 문자 문화를 영위하는 사람들 중의 다수는 정신적 혼란 없이 이런 문제를 고찰하기가 쉽지 않을 것이다. 게다가 서구인은 2천 년 이상 동안 문자 문화 속에서 살아오면서도, 문화의 다양한 기본 유형들을 창출하는 데 표음 문자가 어떤 역할을 하는지 연구하거나 이해하려고 하지 않았다. 결국 지금 그 문제를 탐구하기 시작하는 것은 너무 늦었는지 모른다.

성조기를 게양하는 대신 천 조각에 〈미국기〉라는 글을 써서 게양했다고 가정해 보자. 각각의 상징들은 동일한 의미를 전달하긴 하지만 그 효과는 전혀 다르다. 성조기의 풍부한 시각적 모자이크를 문자 형태로 변환할 경우 통합된 이미지와 경험의 주요한 특징들을 빼앗게 되지만, 추상화된 문자를 바탕으로 하는 사회적 연대감은 상당 부분 그대로 남게 된다. 아마 이 사례에서, 부족민이 문자 문화에 동화되면서 어떤 변화를 겪게 되는지 짐작해 볼 수 있을 것이다. 그 부족민은 거의 모든 정서적이고 통합적인 가족 감정을 사회 집단과의 관계로부터 제거할 것이다. 또 그는 정서적으로 자기 부족으로부터 자유롭게 분리될 수 있고 문명화된 개인, 즉 일양적인 태도와 습관 그리고 권리들을 가진 시각적인 조직의 인간으로 탈바꿈된다.

알파벳에 관한 그리스 신화는, 그리스에 표음 문자를 소개한 것으로 유명한 카드모스 왕이 용의 이빨을 촘촘히 박아 땅에서 무장한 병사들이 솟아나게 했다는 것이다. 다른 신화들과 마찬가지로 이 신화도 오랜 과정을 한순간의 번득이는 통찰에 담아 표현하고 있다. 알파벳이란, 권력과 권위를 가지고 멀리 떨어져서도 통제할 수 있는 힘을 의미했다. 파피루스와 결합해 알파벳은 전혀 흔들리지 않던 사원의 관료주의와, 승려들의 지식 및 권력 독점에 종지부를 찍었다. 알파벳이 나오기 전에는 수많은 기호들을 사용했기 때문에 글 쓰는 일을 숙달하기가 어려웠다. 그러나 알파벳은 불과 몇 시간이면 다 익힐 수 있었다. 알파벳 이전의 문자로 대표되는 광범위한 지식과 복잡한 기량을 습득했기 때문에, 그리고 그것들이 돌이나 벽돌처럼 들고 다니기 어려운 소재 위에 씌어져 있었기 때문에 필경사들은 자연히 승직권을 독점할 수 있었다. 그런데 보다 배우기 쉬운 알파벳과 가볍고 값싸며 들고 다니기 편리한 파피루스의 등장으로 인해 권력은 승려 계급에서 군인 계급으로 넘어갔다. 도시 국가들의 몰락과 제국(帝國) 및 군인 관료층의 발흥 등을 포함한 그 모든 것들이 카드모스 왕과 용의 이빨에 관한 신화에 함축되어 있는 것이다.

인간의 확장이라는 점에서 본다면, 카드모스 신화에서는 용의 이빨이라는 테마가 가장 중요한 대목이다. 엘리아스 카네티는 『군중과 권력』에서, 인간은 물론이고 특히 동물들에게 있어 이빨이란 힘을 분명하게 드러내는 것이라는 사실을 상기시켜 주고 있다. 우리가 쓰는 말 중에는 이빨의 붙잡고 무는 힘과 정확함을 보여주는 표현들이 많이 있다. 공격적인 명령을 내리고 정확하게 수행하는 문자의 힘이 용의 이빨의 확장으로 표현되어야 한다는 말은 당연하고 적절하다. 이빨은 선 모양의 질서를 가지고 있다는 점에서 특히 시각적이다. 문자들은 이빨처럼 시각적이다. 게다가 문자들이 제국 건설 사업에 이빨을 집어넣는[1] 힘은 서구 역사에서 명확히 드러난다.

표음 문자인 알파벳은 독특한 기술이다. 상형 문자나 음절 문자 등 많은 종류의 문자가 있지만, 의미론적으로 무의미한 문자들이 의미론적으로 무의미한 소리에 상응해서 사용되는 것은 알파벳뿐이다. 문화적 차원에서 말한다면, 시각 세계와 청각 세계의 이 엄격한 구별과 병렬은 조잡하고 무자비한 것이었다. 표음 문자는, 고대 이집트 상형 문자와 중국의 한자에서는 형태를 통해서 확보할 수 있는 의미와 지각의 세계를 희생할 것이다. 그러나 이처럼 문화적으로 풍요로운 문자 형태들 속에서는 사람들이, 부족 언어라는 불가사의할 정도로 불연속적이고 전통적인 세계로부터 차갑고 일양적인 시각 미디어로 갑자기 이전할 수 있는 수단을 찾지 못한다. 중국 사회는 수세기 동안 표의 문자를 사용해 왔지만 그 가족이나 부족의 이음새 없는 망이 위협을 받은 적은 없었다. 다른 한편 오늘날의 아프리카에서는, 2천 년 전 고대 로마의 속령이었던 골이 그랬던 것처럼, 알파벳의 글자를 익혀 한 세대가 경과하면 우선 적어도 개인이 부족의 그물로부터 해방되는 일이 충분히 가능하다. 이런 사실은 알파벳으로 씌어진 〈내용〉과는 아무런 관련이 없다. 그것은 인간의 청각 경험과 시각 경험 간의 갑작스런 분열에 따른 결과이다. 오직 표음 알파벳만이 그 사용자에게 귀를 대신할 눈을 주고, 또 전 부족이 도취되어 있는 공명(共鳴)하는 말의 마력과 친족의 굴레로부터 해방시킴으로써 이 같은 경험상의 예리한 구분을 할 수 있게 해준다.

따라서 알파벳만이 〈문명화된 인간〉——즉 문자로 된 법전 앞에서 평등한 독립적 개인들——을 만들어내는 수단이 되어온 기술이라고 할 수 있다. 개인과 개인의 분리, 공간과 시간의 연속성, 법률의 일

■■■■■
1) 영향을 미친다는 뜻이다.

양성 등은 문자 문화를 가진 문명화된 사회들의 주요 특징들이다. 인도나 중국 같은 나라가 가진 부족 문화는 그 지각이나 표현의 범위, 정교함이라는 면에서는 서구 문화보다 훨씬 뛰어날지 모른다. 그러나 우리는 여기서 가치의 문제를 다루고 있는 것이 아니라 사회의 형태에 관해 이야기하고 있다. 부족 문화에서는 개인이나 독립된 시민이라는 개념이 있을 수 없다. 공간이나 시간에 관한 그들의 생각은 연속적이거나 일양적이지 않으며 대단히 감응적이고 압축적이다. 알파벳의 〈메시지〉를 여러 문화들이 강하게 느끼게 되는 것은 시각적 일양성과 연속성이라는 패턴을 확장해 나가는 알파벳의 힘 때문이다.

시각 기능을 강화하고 확장하는 표음 알파벳은 문자 문화 내에서 청각이나 촉각, 미각 같은 다른 감각들의 역할을 빼앗는다. 이런 일이 중국처럼 비표음적인 문자를 사용하는 문화들에서 일어나지 않기 때문에 그런 문화들은 경험의 깊이에 있어 포괄적인 지각들을 풍부하게 축적할 수 있다. 그런데 표음 알파벳을 가진 문화에서는 그런 지각이 부식되어 약화되는 경향이 있다. 왜냐하면 표의 문자는 포괄적인 〈형태gestalt〉이지, 표음 문자처럼 감각이나 기능을 분해한 것이 아니기 때문이다.

서구 문화가 이룩한 각종 업적들은 분명히, 문자 문화가 가진 어마어마한 가치를 입증해 주는 증거가 된다. 그렇지만 또 많은 서구 사람들은 너무 큰 희생을 치르면서 전문가적인 기술과 가치들의 구조를 사들였다고 반론을 펴기도 한다. 분명 표음적인 문자 문화에 의한 합리적 생활의 선형적 구조화는, 이 장(章)에서의 탐구보다 훨씬 포괄적인 탐구를 정당화하기에 충분할 만큼 뛰어난 일련의 일관성 속에 우리를 가두었다. 아마도 이에 대해서는 전혀 다른 입장에서의 보다 나은 접근 방법들이 있을 것이다. 예를 들면 의식은 이성적 존재의 특징으로 간주되지만, 의식의 순간에 존재하는 총체적인 인식장(認識場)

에는 그 어떤 선형적이거나 연속적인 것이 존재하지 않는다. 의식이란 언어적 과정이 아니다. 하지만 표음적인 문자 문화가 지배했던 19세기에 서구인은 추론의 연쇄를 논리학과 이성의 특징이라 하여 선호해 왔다. 이와 대조적으로 중국의 문자는 표의 문자 하나하나에 존재와 이성에 대한 총체적 직관을 부여해, 정신적 노력과 조직화의 징표인 시각적 계열화에는 미미한 역할만을 허용한다. 서구와 같은 문자 문화 사회에서는 마치 인과적 작용이 있는 것처럼 어떤 것이 다른 어떤 것을 〈이어서 나온다〉고 말하는 것이 그럴듯하게 받아들여진다. 그런 계열 속에 자연적이건 논리적이건 그 어떤 인과 관계도 없다는 것을 증명한 이는 18세기의 데이비드 흄이었다. 그 계열은 인과적인 것이 아니라 부가적인 것일 뿐이다. 임마누엘 칸트는 흄의 논증이 〈독단의 선잠을 깨웠다〉고 말했다. 그러나 흄과 칸트 모두 연속을 〈논리〉로 보려는 서구적인 편견의 숨겨진 원인이, 모든 것에 침투한 알파벳이라는 기술임은 간파하지 못했다. 오늘날 전기 시대에 와서 우리는, 비유클리드 기하학을 자유롭게 구사할 수 있듯이 비계열적인 논리학도 구사할 수 있다고 생각한다. 모든 종류의 제작과 생산을 기계화하기 위한 분석적 계열화의 방법인 조립 라인조차 오늘날에는 새로운 형태들을 보이고 있다.

알파벳을 가진 문화들만이 상호 연결된 선형적 계열화를 정신적, 사회적 조직화의 지배적 형태로 만들어나갔다. 보다 빠른 행동과 형태 변화(응용 지식)를 위해 모든 종류의 경험을 일양적인 단위들로 분해하는 것은, 서구 문화가 인간과 자연 모두에 대해 누렸던 힘의 비밀이다. 서구의 산업화 계획이 본의 아니게 매우 군사적이고 또 각종 군사 계획들이 산업적이었던 것도 바로 이 때문이다. 둘 다, 모든 상황을 일양적이고 연속적인 것으로 파악해 변형하고 통제하는 알파벳의 기법에 의해 이루어졌던 것이다. 이런 절차는 그리스-로마 시대에 이미 형태를 드러내긴 했지만, 구텐베르크의 인쇄술이 발달해 일양성과 반복 가능성이 확보됨으로써 더욱 탄탄해졌다.

  문명은 문자 문화에 바탕을 둔다. 왜냐하면 문자 문화란, 알파벳에 의해 시간과 공간으로 확장된 시각에 따라 하나의 문화가 일양적으로 처리되는 것을 뜻하기 때문이다. 부족 문화에서 경험은, 시각의 가치들을 억압하는 지배적인 청각적 감각 생활에 의해 배열된다. 차갑고 중립적인 눈과 달리 청각은 감수성이 고도로 강하고 섬세하며 전체 포괄적이다. 구전 문화에서는 행위와 반응이 동시에 일어난다. 표음적인 문화는, 사람들이 어떤 행위를 할 때 그 감정과 정서를 억압하는 수단을 제공한다. 반응 없이 행동하는 것, 관여 없이 행동하는 것은 서구의 문자 문화에 속한 사람들의 고유한 장점이다.

  『추악한 미국인』이야기는 시각 중심적이고 문명화된 미국인들이 동양의 부족적이고 청각적인 문화들과 접했을 때 저지르게 되는 무수한 실패담을 잘 묘사하고 있다. 최근 문명측인 유네스코는 인도의 몇몇 부락들에 수도——파이프라고 하는 선형 배치와 함께——를 시험 삼아 설치했다. 그러자 부락민들은 곧바로 파이프를 제거할 것을 요구했다. 왜냐하면 그들은, 수도가 설치되어 모두들 더 이상 공동 우물에 갈 필요가 없어지면 부락의 사회 생활 전체가 궁핍해진다고 생각했기 때문이다. 서구인에게 파이프는 곧 편리함이다. 우리 서구인들은 문자 문화가 우리의 습관, 정서, 또는 지각을 바꾸고 있다고 생각지 못하는 것처럼, 수도 파이프를 미처 하나의 문화나 문자 문화의 산물로 생각하지 못한다. 반면 비문자 문화의 사람들은 가장 평범한 편익조차도 문화의 전체적 변화를 초래한다는 사실을 뚜렷이 알고 있다.

  미국인들에 비하면 문자 문화의 패턴들의 영향을 덜 받은 러시아인들은 그래서 아시아인들의 태도를 지각하고 수용할 때 곤란함을 훨씬 덜 겪는다. 서구인들에게 문자 문화란 오랫동안 수도 파이프였고 수도꼭지였고 거리였으며 조립 라인이고 재고 목록이었다. 아마도 문자 문화의 가장 강력한 표현 중 하나는, 멀리 있는 시장에까지 작용해 상품의 회전 속도를 가속화하는 균일 가격 제도일 것이다. 문자 문화를 가진 서구에서는 원인과 결과라는 관념도, 오랫동안 계열과 연속에서 파악된 사물들의 형태를 통해 파악한다. 그런데 이런 관념은 부족적이거나 청각적인 문화의 사람들에게는 아주 우스꽝스러운 소리처럼 들린다. 그리고 그런 관념은 서구 문화 내의 새로운 물리학과 생물학에서도 선두 자리를 내놓았다.

러시아에서 바스크족에 이르기까지, 그리고 포르투갈에서 페루에 이르기까지 서구 세계에서 사용되고 있는 알파벳들은 모두 그리스-로마 문자들에서 나온 것들이다. 그 문자의 형태와 음성이 의미상의 말의 내용과 분리되는 독특한 특징으로 인해 이 알파벳들은 문화들 간의 번역과 동질화를 위한 가장 철저한 기술이 되었다. 그 밖의 다른 모든 문자들은 단지 하나의 문화에만 봉사해 그 문화를 다른 문화들과 분리하는 데 기여해 왔다. 비록 조잡하기는 해도 표음적인 문자들만이 그 어떤 언어의 소리든지간에 하나의 동일한 시각적 부호로 번역하는 데 사용될 수 있었다. 오늘날 중국인들은 중국어를 서구의 표음 문자들을 사용해 표기해 보려고 하고 있는데, 광범위한 성조 변화와 동음이의어 같은 특수한 문제에 봉착했다. 이리하여 중국어의 단음 어절을 세분화해 다음절어로 변형시켜 음성상의 애매함을 제거하려는 노력이 이루어지고 있다. 서구의 표음 알파벳이 이제 중국어와 중국 문화의 청각 중심적 특징을 변화시키고 있다. 중국이 지금 이렇게 하는 것은, 서구의 노동과 조직에 통일의 중심과 일양적인 힘을 부여한 선형적이고 시각적인 패턴들을 자국 내에서 발전시키기 위해서이다. 다른 한편 우리 서구 문화권의 사람들은 구텐베르크 시대를 벗어남에 따라 점차 우리 문화가 가진 동질성, 일양성, 연속성 등과 같은 특징들을 식별해 낼 수 있게 되었다. 이런 특징들 때문에 그리스와 로마는 비문자적인 야만인들을 누를 수 있었는데, 야만인이나 부족민들은 예나 지금이나 문화적 다원주의, 특이성, 불연속성 등을 자신의 특색으로 삼고 있다.

요약하자면 바빌로니아, 마야, 중국 등과 같은 문화에서 사용된 그림 문자나 상형 문자는 인간의 경험을 축적하고 그 경험에 접근할 수 있게끔 시각을 확장한 것이다. 이 모든 형태의 문자들은 구어상의 의미에 그림으로 된 표현을 제공한다. 그래서 그것들은 만화 영화와 비슷하고 극도로 다루기 힘들다. 왜냐하면 사회 활동의 무한한 자료와 활동을 지시하는 데에는, 너무나 많은 기호들이 필요하기 때문이다. 반면에 표음 알파벳은 적은 수의 문자만으로 모든 언어들을 다 포괄할 수 있다. 그러나 그 결과 기호와 소리가 의미론적, 극적 의미로부터 분리된다. 이런 일은 그 밖의 다른 문자 체계들에서는 일어날 수 없다.

또 표음 알파벳에 고유한, 시각과 소리와 의미의 분리는 확장되어 사회적, 심리적 결과들을 낳게 된다. 문자 문화의 인간은 상상 생활, 정서 생활, 감각 생활이 상당히 분리되는 것을 경험한다. 이 점은 루소(그리고 이후 낭만주의 시인들과 철학자들)가 오래전에 천명한 바 있다. 오늘날에는 로렌스 D. H. Lawrence를 언급하기만 해도, 인간의 〈전체성〉을 회복하기 위하여 문자 문화인을 넘어서려는 20세기의 각종 시도들을 떠올릴 수 있을 것이다. 만일 서구의 문자 문화인들이 자신이 알파벳을 사용하는 것과 자신의 내적 감수성이 크게 분리되어 있는 것을 경험한다면, 그들은 자신을 씨족이나 가족으로부터 분리해 내는 개인적 자유도 획득할 것이다. 개인의 일생을 형성하는 이런 자유는 군사 생활이 지배하던 고대 세계에서도 드러난다. 나폴레옹 시대의 프랑스에서처럼 공화제 아래의 로마에서는 재능에 따라 인생(혹은 직업)이 다양하게 펼쳐질 수 있었다. 당시 새로운 문자 문화는 동질적이고 유연한 환경을 창출해 냈고, 그 속에서 군인들이나 야심을 가진 개인들의 이동 가능성은 새로울 뿐 아니라 실제로 가능한 것이었다.

10 도로, 그리고 종이의 경로

　메시지가 메신저보다 더 빨리 도착하게 된 것은 전신이 등장하고 나서부터이다. 그전까지는 도로와 글이 밀접하게 상호 관련되어 있었다. 전신이 등장하고 나서야 정보는 돌이나 파피루스 같은 고체로부터 분리되었다. 그것은 그 이전에 화폐가 짐승 가죽, 금괴, 금속 등으로부터 분리되어 결국 종이에서 끝나게 된 것과 비슷하다. 〈커뮤니케이션〉이란 용어는 전기 시대에 와서 〈정보 이동〉이란 의미로 전환되기 전에도 도로, 다리, 해상로, 강, 운하 등과 관련해 포괄적인 용법을 갖고 있었다. 아마도 전기 시대의 성격을 규정하는 적절한 방법으로는, 우선 커뮤니케이션(전달)으로서의 수송이라는 개념이 성립되는 과정을 연구하고, 그 다음으로 그 개념이 전기로 인해 수송에서 정보로 다시 변화하는 것을 연구하는 것 이상이 없을 것이다. 〈은유 metaphor〉라는 말은 그리스어 〈meta〉와 옮기다 혹은 수송하다를 뜻하는 〈pherein〉이 결합된 것이다. 이 책에서는 모든 형태의 상품과 정보 수송을 은유와 교환으로 다루고 있다. 각각의 수송 형태는 무언가를 운반할 뿐만 아니라 보내는 사람, 받는 사람, 메시지 이 모두의 위치와 형태를 바꾼다. 어떤 종류의 미디어든, 즉 어떤 종류의 인간의 확장물이든 사용하면 우리 감각들 사이의 비율이 바뀌듯이 사람들 간의 상호 의존의 패턴들도 바뀐다.

모든 기술들이 힘과 속도를 높이기 위해 우리의 신체와 신경 조직을 확장한 것이라는 점은 이 책의 일관된 주제이다. 또 그 같은 힘과 속도의 증가가 없다면 우리 자신의 새로운 확장은 일어나지 않거나 폐기될 것이다. 왜냐하면 어떤 식으로 구성 요소들을 배치하든 힘이나 속도의 증가 그 자체는 조직상의 변화를 야기하는 하나의 교란이기 때문이다. 사회 집단의 변화와 새로운 공동체의 형성은 종이 메시지 및 도로 수송에 의한 정보 이동의 속도 증가와 더불어 일어난다. 이같이 속도가 증가한다는 것은 보다 먼 거리에서도 훨씬 쉽게 통제할 수 있다는 말이다. 역사적으로는 로마 제국의 형성과 그리스 도시 국가들의 붕괴를 의미한다. 파피루스와 알파벳의 사용이 빠르고 견고한 도로의 건설을 촉진하기 전까지는 성벽으로 둘러싸인 마을과 도시 국가가 지속성을 가진 자연스런 형태였던 것이다.

마을과 도시 국가는 본질적으로 인간의 모든 필요와 기능을 담고 있는 형태이다. 속도가 빨라지고 그래서 먼 거리에서도 군사적 통제가 용이해짐에 따라 도시 국가는 붕괴했다. 과거에 포괄적이고 자기 충족적이었던 도시 국가의 필요와 기능은 제국의 전문 분화적인 활동들로 확장되었다. 속도의 증가는 상업적 기능과 정치적 기능 모두를 분리하는 경향이 있고, 어떤 체제에서건 일정한 지점을 넘어선 가속화는 교란과 파괴로 이어진다. 그래서 아놀드 토인비는 『역사의 연구』에서 〈문명들의 붕괴〉에 관한 엄청나게 많은 자료들을 다루면서 이렇게 말하고 있다. 〈우리가 이미 주목한 바 있듯이 해체를 보여주는 가장 두드러진 징후 중 하나는……해체에 직면한 문명이 무력에 의한 정치적 통일에 호소해 세계 국가를 건설함으로써 스스로 갱신하려고 하는 것이다.〉 그런데 해체와 갱신은, 뛰어난 도로를 이용해 보다 빨리 정보를 전달하는 특사 파견이 가능했기 때문에 이루어졌다.

속도 증가는 일부 경제학자들이 말한 〈중심-주변〉 구조를 만들어 낸다. 이 구조가 발생과 통제의 중심에 부담을 줄 만큼 확장되면 각 부분들은 서로 분리되기 시작하고 새로운 중심-주변 구조를 세운다. 가장 익숙한 예가 대영 제국의 아메리카 식민지에 관한 이야기이다. 13개의 식민지들이 나름대로의 상당한 사회경제적 생활을 발전시키기 시작했을 때 그 식민지들은 그 자체 내에 중심과 주변을 만들어야 할 필요를 느꼈다. 이때에야 비로소, 대영 제국이 그러했던 것처럼, 원래의 중심이 그 주변이었던 식민지들에 대하여 보다 엄격한 중앙집권적 통제를 시도한다. 해상 여행은 속도가 느리기 때문에 단일한 중심-주변 구조에 바탕을 둔 매우 광범위한 제국을 유지하는 데는 부적절했다. 육상 세력은 해상 세력보다 훨씬 쉽게 통일된 중심-주변의 패턴을 달성할 수 있었다. 해상 여행은 상대적으로 속도가 느렸기 때문에 해상 세력은 곳곳에 씨를 뿌리듯이 다수의 중심들을 구축하려고 했다. 그래서 해상 세력은 주변이 없는 중심들을 만드는 경향이 있고 육상 제국들은 중심-주변의 구조를 선호한다. 전기 속도는 도처에 중심들을 만든다. 주변은 이제 지구상에서 존재할 수 없게 되었다.

정보 이동 속도는 균일하지 않기 때문에 조직 내에는 다양한 패턴들이 만들어진다. 그래서 정보 이동 수단이 새로워지면 어떤 권력 구조든 변하게 된다는 것은 얼마든지 예측 가능하다. 새로운 수단이 어디서나 동시에 이용될 수 있는 것이면, 구조가 붕괴되지 않은 채 변화가 일어날 수 있는 가능성이 있다. 항공로와 육로, 혹은 전화와 타자기의 차이처럼 이동 속도에 큰 차이가 있는 경우에는 조직들 내에 심각한 갈등이 생겨난다. 오늘날의 거대 도시는 그 같은 차이의 시험

케이스이다. 속도가 전면적으로 균일하다면, 반란이나 붕괴는 없을 것이다. 인쇄술이 발명되어 처음으로 균일성에 의한 정치적 통합이 가능하게 되었다. 그러나 고대 로마에는 부족적인 촌락의 불투명성을 뚫거나 그 불연속성을 감소시키는 수단이라고는 가벼운 종이에 쓴 원고뿐이었다. 그리고 종이 공급이 끊어지자 오늘날 휘발유 배급제를 실시하게 되었을 때처럼 도로가 텅 비어버렸다. 이리하여 옛날의 도시 국가가 되살아나고 봉건제가 공화제로 대체되었다.

   기술적인 가속화 수단으로 인해 마을과 도시 국가들의 상호 의존성이 사라져버린다는 사실은 아주 분명해 보인다. 가속화 현상이 일어날 때에는 언제나, 새로운 중앙집권적 권력이 가능한 한 많은 주변 지역들을 균일화하는 조치를 취한다. 종이의 경로와 표음 알파벳이 서로 맞물려 로마에 영향을 미친 과정이 19세기 러시아에서 일어났다. 또 현재 아프리카의 경우를 통해 우리는 조금이라도 동질화된 사회 조직이 가능하려면 알파벳이라는 수단을 가지고 인간의 정신을 얼마나 많이 시각적으로 처리해야 하는지를 관찰할 수 있다. 이러한 시각적 처리의 상당수는 아시리아의 경우에서처럼 비문자 문화의 기술들에 의해 고대 세계에서 이미 이루어졌다. 그렇지만 인간을 폐쇄된 부족의 공명실(共鳴室)에서 선형적 조직으로 된 중립적인 시각적 세계로 옮겨놓는 데 있어서 표음 알파벳을 대적할 상대는 없다.

   오늘날 아프리카의 상황은 새로운 전자 기술로 인해 복잡해지고 있다. 서구인이 그 자체의 새로운 가속화로 인해 탈서구화하고 있다면 아프리카인들은 서구의 오래된 인쇄 기술과 공업 기술로 인해 탈부족화하고 있다. 만일 우리가 서구의 구 미디어와 신 미디어를 모두 이해한다면 이런 혼란과 붕괴들도 조율되고 조정될 수 있을 것이다. 그러나 가속화를 위해 기능들을 세분하고 분리하는 데서 구가한 우리의 성공은 우리가 그런 상황에 대해 무관심해지고 무감각해진 원인이기도 하다. 적어도 서구 세계에서는 그러했다. 우리 자신의 문화의 각종 명분들과 그 한계들에 대한 자각은 자아 구조를 위협하는 듯이 보이고 그래서 우리는 그런 자각을 의도적으로 회피한다. 니체에 따르면 이해(理解)는 행동을 멈추게 하며, 행동하는 인간들이 그 같은 사실에 대한 직관을 갖고 있는 듯이 보이는 것은 그들이 이해에 따른 위험들을 피하려고 한다는 데서 알 수 있다.

바퀴, 도로, 종이 등에 의한 가속화의 핵심은 훨씬 동질적이고 일양적인 공간에서 힘을 확장하는 것이다. 그래서 로마의 기술, 즉 알파벳의 진가는 인쇄술이 발명되어 로마의 선풍(旋風)보다 훨씬 빠른 속도가 도로와 바퀴에 주어지고 나서야 비로소 이해될 수 있었다. 하지만 전자 시대의 가속화는, 로마의 종이 경로가 부족적인 주민들에게 그랬던 것처럼, 문자 문화적이고 선형적인 서구인에게 혼란을 초래하고 있다. 오늘날 서구의 가속화는 중심으로부터 주변들로의 느린 외파가 아니라 순간적인 내파이며 공간과 기능들의 상호 융합이다.

중심-주변의 구조를 가진 우리의 전문화되고 세분화된 문명에서는 그 기계화된 단위들이 갑자기 모두 하나의 유기적 전체로 재편되는 것을 경험하고 있다. 이것이 지구촌이라는 새로운 세계이다. 멈포드가 『역사 속의 도시』에서 설명하는 바와 같이, 이 지구촌은 모든 인간 능력들의 사회-제도적인 확장을 이루어냈다. 가속화와 도시군(都市群)은 그런 기능들을 보다 전문화된 형태들로 상호 분리시킨다. 전자 시대에는, 과거 2천 년 동안 서구 세계와 연결되어 있던 중심-주변 구조와 같은 저속 기어를 유지할 수 없다. 이것은 결코 가치의 문제도 아니다. 만일 도로나 글과 같은 낡은 미디어를 이해한다면, 그리고 그것들이 인간들에게 미칠 영향을 충분히 평가한다면 우리의 생활로부터 전자적인 요인을 축소시키거나 심지어 완전히 제거할 수 있다. 그러나 그 구조를 존속시켜 주고 또 그것을 그런 식으로 유지시킬 준비가 되어 있는 기술을 이해한 문화가 실제로 존재했던가? 만일 그랬다고 한다면 그것은 가치나 합리적 선택의 예일 것이다. 그러나 우리의 사회 생활 속에서 이런저런 기술의 단순한 자동적 조작을 통해 생기는 가치나 선택은 영속성을 갖지 못한다.

19장 「바퀴, 자전거, 비행기」에서 다루게 되겠지만 바퀴를 사용하지 않은 수송은 바퀴가 등장하기 전까지 큰 역할을 수행했다. 눈 위나 습지에서는 썰매가 사용되기도 했다. 그 대부분은 운반용 동물이 끌었고 여자는 최초의 운반용 동물이었다. 그러나 과거에 바퀴를 사용하지 않는 수송은 대부분 강이나 바다를 이용했다. 이 같은 사실은 오늘날 세계의 대도시들의 위치나 형태에서 풍부하게 드러난다. 앞서 말한 것처럼 일부 작가들은 인간의 가장 오래된 운반용 동물은 여자였다고 지적한 바 있는데, 말하자면 남성은 미식 축구에서의 볼 캐리어처럼 여성을 위해 언제나 장애물을 제거할 태세를 갖추어야 했기 때문이었다는 것이다. 그러나 이런 국면은, 수렵과 채집을 맡았던 남성이 길도 없는 황야를 달리던 바퀴 출현 이전의 수송 단계에 속했다. 가장 많은 분량의 수송이 정보의 이동인 오늘날 바퀴와 길은 퇴행과 쇠퇴를 겪고 있다. 그러나 처음에는 바퀴에 대한 요구가 늘어나고 이에 따라 바퀴로 인한 요구도 늘어나면서 그에 맞는 도로들도 있어야 했다.

정착촌들이 생겨났고, 그 결과 교환을 하거나, 변두리에서 가공 중심지로 원료와 생산물을 점점 더 많이 이동해야 할 필요가 생기게 되었다. 가공 중심지에서는 노동과 전문 기능의 분화가 일어났다. 바퀴와 도로의 개량이 이루어지면서 주고받는 교환이 활성화됨에 따라 시골은 도시화되어 갔다. 이런 과정은 20세기에도 자동차가 등장했을 때에 목격한 바 있다. 도로의 대대적 개선은 시골의 도시화를 가속화시켰다. 사람들이 〈시골을 한바퀴 돌고 오자〉고 말하기 시작할 무렵에 도로는 시골을 대신하게 되었다. 초(超)고속도로의 등장과 함께 도로는 사람과 시골 사이의 벽이 되었다. 그래서 고속도로가 도시가 되는 단계가 왔다. 그 새로운 도시는 대륙을 가로질러 연속해서 뻗어 있으며, 이전의 도시들은 모두 해체되고 이제는 주민들을 황폐화시키는 공동화(空洞化) 도시군으로 대체되었다.

항공 수송의 등장과 함께 바퀴와 도로에 의해 생겨난 도시-시골 복합체가 더욱 붕괴되고 있다. 항공기로 인해 도시와 인간의 욕구들과의 관계는 미미해지기 시작했다. 도시들은 박물관들처럼 사라져가는 공장의 조립 라인 형태를 반영하는 진열장들의 통로가 되었다. 따라서 도로는 여행 목적을 위해서는 점점 덜 사용되고 여가 선용을 위해 더 사용된다. 이제 여행자는 항공로에 의존하고 그 결과 여행이라는 행위를 경험하지 못하게 되었다. 옛날에 사람들은 대양 정기 여객선이 대도시의 호텔 못지않게 좋았다고 말하곤 했지만 오늘날 제트 여객기 승객은 도쿄 상공에 있든 뉴욕 상공에 있든 간에 여행 경험이라는 면에서 보면 칵테일 라운지에 있는 것과 다를 바가 없다. 그는 착륙한 후라야 비로소 여행을 시작할 수 있는 것이다.

한편 비행기와 고속도로 그리고 전기에 의한 정보 수집 등에 의해 방향지어지고 형성된 시골은 또다시 바퀴가 출현하기 이전의 길 없는 유목 지대가 되는 경향이 있다. 예를 들어 비트족은 하이쿠(俳句)를 읊조리기 위해 사막에 모여든다.

미디어가 현존하는 사회 형태들에 미치는 충격의 주요 요인은 가속화와 붕괴이다. 오늘날 가속화는 전체적인 것이 되는 경향이 있으며 그래서 공간은 더 이상 사회를 조직하는 데 있어 주요한 요인이 되지 못한다. 토인비는 가속화라는 요인이 신체적인 문제를 도덕적인 문제로 전환시킨다고 본다. 그의 언급에 따르면, 개가 끄는 수레, 짐마차, 인력거 등으로 붐볐던 고대의 도로는 사소하게 성가신 것들로 가득 찼을 뿐만 아니라 사소한 위험들도 있었다. 그 다음에는 수송하는 데 쓸 수 있는 힘이 커짐에 따라 이제 더 이상 견인하고 운반하는 문제는 없게 되었지만——공간의 말살이 얼마든지 쉽게 여행자를 말살시키는 것을 허용한 것처럼——신체적인 문제는 심리적인 문제로 전환되었다. 이런 원리는 모든 미디어 연구에 적용된다. 상호 교환의 수단과 인간의 상호 결합의 수단 등은 모두 가속화에 의해 개선되는 경향이 있다. 그리고 다시 속도는 형태와 구조라는 문제들을 강조한다. 보다 낡은 사회 조직들에서는 이 같은 속도를 고려하지 않았기 때문에, 사람들은 낡은 신체적 형태들을 새롭고 빠른 운동에 적응시키려고 할 때 자신의 생명 가치가 차츰 흘러나가는 것을 느끼기 시작한다. 그러나 이런 문제들은 전혀 새로운 것이 아니다. 카이사르가 권력을 장악하기 위해 최초로 취한 조치는 잠을 잘 수 있도록 하기 위해 로마 시에서 바퀴가 있는 수레의 야간 이동을 금지시킨 것이었다. 또 르네상스 시대에 이르러 수송 수단이 개선되면서 중세 때의 성벽으로 둘러친 도시들은 빈민굴로 전락했다.

　알파벳과 파피루스에 의해 권력이 상당히 분산되기 전까지는 공간적으로 자신의 지배 범위를 확장하려 했던 왕들의 시도도 국내 사제(司祭) 관료 계급들의 반대에 부딪혔다. 복잡하고 불편한 석비문(石碑文)이라는 미디어를 사용하고 있었기 때문에 이 정태적인 독점 계급은 광대한 범위를 갖는 제국이 위험하다고 생각한 것이다. 사람들의 마음에 권력을 행사하려는 자와 나라의 물리적 자원들을 통제하려는 자 사이의 투쟁은 어느 한 시대나 한 장소에 국한되는 것이 아니었다. 바로 이런 종류의 투쟁은 구약성서「사무엘서 상」8장에 기록되어 있다. 이스라엘의 자손들이 사무엘에게 자신들에게도 왕을 달라고 간청하는 대목에서 사무엘은 사제의 지배와 대립되는 왕의 지배의 본성을 그들에게 설명하고 있다.

왕이 너희를 어떻게 다스릴 것인지를 알려주겠다. 그는 너희 아들들을 데려다가 병거대(兵車隊)나 기마대의 일을 시키고 병거 앞에서 달리게 할 것이다. 천인 대장이나 오십인 대장을 시키기도 하고 그의 밭을 갈거나 추수를 하게 할 것이며 보병의 무기와 기병의 장비를 만들게도 할 것이다. 또 너희 딸들을 데려다가 향료를 만들게도 하고 요리나 과자를 굽는 일도 시킬 것이다. 너희의 밭과 포도원과 올리브 밭에서 좋은 것을 빼앗아 자기 신하들에게 줄 것이다.

역설적이게도 새로운 권력 구조들을 조직하는 데 미친 바퀴와 종이의 영향은 분권화가 아니라 집권화로 나타났다. 커뮤니케이션의 가속화로 인해 중앙 권력은 언제나 자신의 작용 범위를 보다 먼 변경까지 확장한다. 알파벳과 종이의 도입으로 인해 보다 많은 사람들이 사무직과 행정직으로 훈련받지 않으면 안 되었다. 그러나 이로 인한 동질화와 일양적 훈련의 확장은 고대 세계나 중세 세계에서는 별로 광범위하게 이루어지지 못했다. 실제로 르네상스기에 쓰기가 기계화되고 나서야, 집중적으로 통일되고 중앙집권화된 권력이 가능할 수 있었다. 이런 과정은 현재도 진행중이기 때문에, 이집트와 로마의 군대에서도 일양적인 기술 교육에 의해 그 나름의 민주화가 이루어졌다는 사실을 우리가 통찰하는 것은 어렵지 않다. 그 당시 읽고 쓰는 훈련을 받은 사람들에게는 재능에 따라 여러 가지 직업들이 열려 있었다. 9장 「문자 언어」에서 우리는 표음 문자가 어느 정도까지 부족민을 시각적 세계로 이전시켜 그들로 하여금 공간을 시각적으로 조직화하게 하는지를 살펴보았다. 사원의 사제 계층은 외부 세력에 대한 군사적 정복보다는 과거의 기록들과 비가시적인 내면 세계에 대한 제어에 더욱 관심을 쏟았다. 이리하여 지식의 독점자인 사제 계층과, 그런 지식을 새로운 정복과 지배의 수단으로 사용하려는 세력 간에 충돌이 생겨났다. (이와 동일한 충돌이 오늘날 대학과 기업계 사이에서도 일어나고 있다.) 프톨레미우스 2세가 제국 권력의 중심으로 삼기 위해 알렉산드리아에 대형 도서관을 세우게 된 근본 동기도 바로 이런 충돌에서 나온 것이었다. 전문적인 분야에 종사하는 엄청난 수의 문관이나 서기들은 이집트의 승려 계급과 대립하고 있었고, 그 계급의 힘을 상쇄하는 또 하나의 세력이었다. 도서관은 승려 계급의 관심을 전혀 끌지 않으면서 제국의 정치 조직에 봉사할 수 있었다. 오늘날 이와 크게 다르지 않은 대립 관계가 원자 물리학자와 정치인들 사이에서도 점차 나타나고 있다.

중심으로서의 도시가 처음에는 위협을 느끼는 주민들의 집합체였다는 것을 깨닫는다면 우리는 곤란에 빠진 난민들의 공동체들이 어떻게 해서 하나의 제국을 형성해 갔는지를 쉽게 파악할 수 있을 것이다. 도시 국가라는 형식은 평화로운 시기의 상업 발달에 따라 생겨난 것이 아니라 무정부 상태와 와해의 한가운데에서 안정을 찾아 모여든 것이다. 그래서 그리스의 도시 국가는, 로마의 군사적 팽창의 확장물로서 성장한 전문 분화된 도시와 달리 부족적 형태를 가진 포괄적이고 통합적인 공동체였다. 그리스의 도시 국가들은 멈포드가 『역사 속의 도시』에서 묘사하고 있는 것처럼, 통상 있는 전문화된 교역과 기능들의 분리에 의해 사실상 붕괴되었다. 로마의 도시들은 그러한 방식, 즉 중앙 권력의 전문화된 작용들을 발휘하기 시작했다. 반면 그리스의 도시들은 그러한 방식에서 종언을 고했던 것이다.

만일 한 도시가 시골과의 교역을 시작하면 그 시골 지역과 도시 사이에는 즉각 중심-주변 관계가 성립된다. 그 관계가 성립되고 나면 전문화된 장인들이 만든 생산물과 교환되기 위해 시골의 특산품과 원료가 도시로 들어온다. 다른 한편 그 도시가 해외 무역에 참여하게 되면, 해외 지역을 전문화된 주변이나 원료 공급 지역으로 삼는 것보다는 그리스인들이 그랬던 것처럼 거기에 또 하나의 중심으로서의 도시를 〈파종하는 것〉이 훨씬 자연스럽다.

바퀴, 도로, 종이의 등장으로 인해 공간의 조직에 구조적인 변화들이 생기는 과정을 간략히 정리하면 다음과 같다. 처음에는 개인의 신체를 집단적으로 확장한 것들이 모두 결여된 마을이 있었다. 그러나 그 마을은 이미 채집적인 수렵 어로민의 공동체와는 다른 형태의 공동체이다. 왜냐하면 주민들은 정착민들이었고 노동과 기능의 분업이 행해졌기 때문이다. 그들이 집단을 이루었다는 것 자체가 행위를 세분화하고 전문화할 수 있는 계기를 제공해 주는, 인간 활동의 가속화의 한 형태이기 때문이다. 이 같은 조건들이 갖추어지면 생산과 교환을 촉진하기 위해 바퀴가 발의 확장물이 된다. 이것들은 또한 공동체들 사이의 갈등과 분열을 조장하는 조건이기도 하다. 이런 증폭된 갈등과 분열로 인해 사람들은 다른 공동체들의 가속화된 활동에 대항하기 위해 보다 큰 집합체를 형성하려고 서두르게 된다. 마을들은 외부의 적에 대항하기 위해, 그리고 안전과 방어를 목적으로 도시 국가로 변모된다.

마을은 인간의 모든 기능들을 강도 낮게 제도화했었다. 이런 부드러운 형태에서 사람들은 누구나 여러 가지 역할들을 할 수 있었다. 참여도는 높았고 조직화는 낮았다. 이것은 어떤 형태의 조직에서건 안정을 위한 공식이 된다. 그럼에도 불구하고 마을 형태가 도시 국가로 확대되면서 보다 큰 긴장이 필요했고 이런 긴장과 경쟁에 대처하기 위해서는 기능들의 분화가 불가피하게 요구되었다. 마을 사람들은 모두 계절마다 하는 각종 의식에 참여했는데 그런 의식이 도시에서는 전문화된 그리스 극(劇)이 되었다. 멈포드는 〈4세기에 이르기까지 그리스 도시들의 발전에 있어서 마을이라는 척도가 지배적이었다〉(『역사 속의 도시』)고 생각한다. 멈포드가 시기와 장소에 관계없이 어떤 도시 형태가 탁월한가를 판별하는 기준으로 사용한 것은 바로, 공동체의 통일성을 상실하지 않은 채 인간의 기관들을 마을 모델로 확장하고 변형시켰는가 하는 점이었다. 인간이 만든 환경에 대한 이 같은 생물학적 접근은 오늘날 전기 시대에 이르러 다시 한번 시도되고 있다. 수세기에 걸친 기계 시대에 〈인간 척도〉라는 관념이 전혀 호소력이 없어 보였다는 사실은 너무나도 이상한 일이다.

도시라는 확대된 공동체는 긴장의 강도를 높이고 언어, 기능, 통화, 교환 등 모든 종류의 기능들을 가속화시키는 자연스런 경향이 있다. 바꾸어 말해 보면, 이런 사실은 재분화, 즉 새로운 발명에 의해 이런 활동들이 불가피하게 확장된다는 것을 의미한다. 그래서 비록 도시가 인간을 위한 일종의 은신처나 방패막이로서 형성된 것이긴 하지만 이런 보호 층은 성벽 내에서의 최대한의 투쟁을 대가로 해서 얻어진 것이다. 헤로도토스가 서술하고 있는 전쟁놀이는 시민들 사이에서 피의 목욕의 의식으로서 시작되었다. 연단, 법정, 광장 등은 모두 오늘날 〈쥐 경주 the rat race〉[1]라 불리는 분열 투쟁의 강렬한 이미지를 갖게 되었다. 그럼에도 불구하고 이 같은 자극들이 한창인 가운데 인간은 대응 자극으로서 자신의 가장 훌륭한 발명품들을 만들어냈다. 이런 발명품들은, 인간이 자신의 고통을 중화시킬 목적으로 집중적인 고역을 치러냄으로써 자신을 확장시킨 것들이었다. 그리스어 〈ponos〉, 즉 〈고역〉은 의학의 아버지 히포크라테스가 질병에 맞선 육체의 싸움을 묘사하기 위해 사용한 용어였다. 오늘날 이 용어는 〈homeostasis〉, 즉 〈신체를 유지하는 힘의 전략으로서의 균형〉으로 불린다. 모든 조직들, 특히 생물학적 조직들은 다양한 외부의 충격과

---

1) 미국에서 쓰이는 속어나 구어로, 격심하고 무의미한 경쟁이나 소모적인 경쟁을 의미한다.

변화의 와중에서 내부 조건을 일정하게 유지하려고 투쟁한다. 인간의 신체의 확장물인 인공의 사회 환경도 예외가 아니다. 정치적 조직의 한 형태로서 도시는, 풍부하고 새로운 확장물들을 통해 언제나 안정력, 항상성, 균형, 그리고 〈homeostasis〉 등을 행사하면서 새로운 압력과 자극들에 대응한다.

도시는 방어를 위해 형성되기는 했지만 기능들과 지식의 가속화된 상호 작용으로 인해 뜻밖에도 격심한 긴장을 일으킨다. 또 새로운 잡종 교배의 에너지를 만들어낸다. 그리고 도시의 저항에 뒤따르는 마을의 위기 의식은 제국의 피폐와 무력감으로 확대된다. 이 세 단계의 질병과 자극의 증후군을 직접 겪으며 사는 사람들은 이를 반대 자극에 의해 질병에서 회복되는 정상적인 신체상의 표현으로 받아들였다.

도시 내부의 세력들간의 균형을 위한 세번째 단계의 투쟁은 제국이나 세계 국가의 형태를 취하고 있는데, 그 속에서 인간의 감각은 바퀴, 도로, 알파벳이라는 형태로 확장되었다. 이 사실에서 우리는 이런 도구들이, 소요와 무정부 상태 때문에 불안정한 원격지의 질서를 잡을 수 있는 섭리적인 수단이라는 점을 처음 통찰한 사람들에게 공감을 느낄 수 있다. 이런 도구들은 중심의 축복을 야만적인 주변부들에까지 확장하는, 영광스러운 형태의 〈해외 원조〉처럼 보였을 것이다. 예를 들면 우리는 현시점에서 텔스타[2]의 정치적 함의들에 관해 무지하다. 이런 인공 위성들을 우리 신경 조직의 확장물로서 외화(外化)시킴으로써 인류의 정치체의 모든 기관들에 자동적인 반응이 생겨난다. 텔스타로 인해 생겨난 이 같은 새로운 강도의 근접성[3] 때문에 모든 기관들은 지속력과 균형을 유지하기 위해 근본적인 재편성을 해

---

2) Telstar. 1962년에 발사되어 새로운 전자 통신 시대를 연 일련의 통신 위성이다.
3) 세계가 지역적 한계를 넘어 서로 가까워지는 것이다.

야 한다. 먼 장래가 아니라 곧바로 모든 아이들의 교육 과정이나 학습 과정도 영향을 받게 될 것이다. 사업상 혹은 재정상의 모든 결정에서 시간이라는 요인은 새로운 패턴들을 획득할 것이다. 세계의 국민들 사이에는 지금까지 전혀 본 적이 없는 새로운 힘의 선풍이 갑자기 밀어닥칠 것이다.

도시의 팽창은 문자의 발달, 특히 시각과 청각을 구분해 주는 전문화된 형태의 문자인 표음 문자의 발달과 일치한다. 로마가 각 부족의 영역들을 일정한 시각적 질서 아래에 둘 수 있었던 것도 이런 도구 덕분이었다. 표음 문자 문화의 효과는 그것을 받아들이게끔 설득한다거나 감언이설로 꼬드긴다고 해서 되는 것이 아니다. 공명하는 부족 세계를 유클리드적인 선형성과 시각성으로 전환시키는 기술은 자동적인 것이다. 로마의 도로와 로마의 거리는 어디서건 일양적이고 반복 가능한 것이었다. 해당 지방의 언덕이나 관습에 맞춰 만드는 일은 없었다. 종이 공급이 줄어들자, 바퀴를 사용한 교통도 도로 위에서 멈춰버렸다. 로마가 이집트를 잃었기 때문에 생겨난 종이 부족은 관료제 및 군사 조직의 쇠퇴를 의미하는 것이기도 했다. 그래서 중세적인 세계는 일양적인 도로나 도시 혹은 관료제 등이 없는 상태에서 성장했다. 그리고 그 세계는 훨씬 후기의 도시 형태들이 철도에 맞서 싸웠듯이, 그리고 오늘날 우리가 자동차와 싸우듯이 바퀴에 대항했다. 왜냐하면 새로운 속도와 힘은 기존의 공간적, 사회적 질서들과 결코 양립할 수 없기 때문이다.

멈포드는 17세기 도시들의 새로운 직선 도로에 관해 쓰면서, 바퀴를 이용한 교통이 성행했던 로마의 도시에 직선 도로가 있었던 한 가지 요인을 지적한다. 그것은 바로 군대의 이동을 신속히 하고 권세를 과시하기 위해서였다. 로마 세계에서 군대는 기계화된 부의 창출 과정을 보여주는 노동력이었다. 로마 군이라는 기계는 일양적이고 교체

가능한 부품으로서의 로마 병사들을 가지고 물건들을 만들고 운반했다. 그 방식은 산업혁명 초기의 산업과 비슷했다. 군대의 뒤에는 교역이 뒤따랐다. 게다가 군대는 그 자체가 산업 기계였다. 그래서 새로 생겨난 수많은 도시들은 획일적인 훈련을 받은 병사들이 움직이는 새로운 공장과도 같았다. 인쇄술의 발명으로 문자 문화가 확산되면서, 획일화된 병사와 부를 생산하는 공장의 노동자를 결합한 형태는 점차 사라졌다. 이런 사실은 특히 나폴레옹의 군대를 보면 명백하게 알 수 있다. 시민 군대를 가진 나폴레옹은 산업혁명 그 자체였고, 그래서 그 파급력은 오랫동안 산업혁명을 이루지 못한 지역들에까지 미쳤다.

기동력 있고 산업적인 부의 생산력이었던 로마 군은 또한 로마의 도시들에서 거대한 소비 대중을 창출했다. 분업은 언제나 생산자와 소비자를 분리시키며 심지어는 작업장과 생활 공간을 분리시키는 경향이 있다. 로마의 문자 문화적 관료제가 생겨나기 전에는 세계 어디에도 로마의 소비 전문인들에 비견할 만한 것이 없었다. 이런 사실은 개인 차원에서는 〈기식자(寄食者)〉로 제도화되었고 사회적 차원에서는 검투 시합으로 정착되었다. 센세이션이라는 식량을 구하기 위해 손을 뻗는 개인적 기식자나 집단적 기식자 모두 약탈적인 군대라는 기계의 조악한 힘과 맞먹는 가공할 만하고 명확한 독자성을 확보했다.

이슬람 교도들 때문에 종이 공급이 끊기면서 오랫동안 로마의 호수라 불렸던 지중해는 이슬람의 호수가 되었고, 로마라는 중심은 붕괴했다. 이러한 중심-주변 구조의 주변부였던 지역들은 새로운 봉건적 구조에서는 독립적인 중심이 되었다. 로마라는 중심은 바퀴, 도로, 파피루스 등이 과거 권력의 유령 같은 패러다임으로 전락함에 따라 5세기경에 결국은 몰락했다.

파피루스는 결코 되돌아오지 않았다. 중세의 중심들과 마찬가지로 비잔티움도 양피지에 크게 의존하고 있었지만, 상업이나 심지어 교육의 속도를 높이는 데에도 양피지는 너무나 비싸고 구하기 힘든 재료였다. 11세기부터 교육과 상업을 꾸준히 가속화시킨 것은 근동(近東)을 거쳐 유럽에 전해진 중국의 종이였다. 그리고 중국의 종이는 〈12세기의 르네상스〉를 위한 기초를 제공했고 인쇄를 대중화했으며 결국 15세기의 인쇄기 출현을 가능하게 해주었다.

인쇄된 형태의 정보가 이동하기 시작하면서 바퀴와 도로는 1천 년간의 휴지기를 끝내고 다시 작동하게 되었다. 그리고 18세기 영국에서는 인쇄물에 대한 요구로 인해, 바닥이 딱딱한 도로가 생겨났다. 그런데 이 도로는 인구와 산업의 대대적 재편을 가져왔다. 인쇄, 즉 기계화된 쓰기는 로마 시대에도 상상치 못했던, 인간의 기능들의 분리와 확장을 가져왔던 것이다. 따라서 도로와 공장 모두에서 바퀴의 크게 증가된 속도가, 고대 세계에서 가속화와 전문화라는 유사한 직무를 수행했던 알파벳과 관련되는 것은 자연스러운 일이었다. 적어도 낮은 단계의 기계적 질서에서 속도는 언제나 기능들을 분리시키고 확장하고 강화하는 역할을 한다. 고등 교육에서의 전문가 학습조차 상호 관계들을 무시하면서 이루어진다. 왜냐하면 그런 복잡한 지식은 전문성 획득을 저해하기 때문이다.

영국의 우편 도로들은 대부분 신문 보급을 위해 사용되었다. 교통의 급속한 증가는, 도로보다 훨씬 전문화된 형태의 바퀴에 적응한 철도를 불러왔다. 한 익살꾼이 진실하게 말했던 것처럼 인디언들이 백인을 발견하면서 시작된 미국의 근대사는 카누를 이용한 탐험에서 철도에 의한 개발로 급속하게 진행되어 왔다. 3세기 동안 유럽은 생선과 모피를 얻기 위해 미국에 투자했다. 스쿠너 어선과 카누가, 북아메리카의 공간을 조직화하는 징표인 도로와 우편 도로에 선행했다. 모피 교역에 투자한 유럽은 당연히 톰 소여와 허클베리 핀들에게 자신들의 포획 영역을 침범받지 않으려 했다. 그들은 밍크에는 관심도 없었던 워싱턴이나 제퍼슨과 같은 토지 측량사나 개척자들과 투쟁했다. 그렇기 때문에 독립 전쟁은 미디어 및 자원을 얻기 위한 투쟁과 깊이 연결되어 있었다고 볼 수 있다. 그 어떤 새로운 미디어는 가속화를 통해 전체 공동체의 생활과 투자를 교란시킨다. 전쟁의 기술을 전대미문의 높은 수준으로 끌어올린 것은 철도였다. 남북전쟁은 철도로 싸운 첫번째 전쟁이었다. 그래서 대량 유혈을 위해 철도를 이용해 볼 기회를 아직 갖지 못했던 유럽의 모든 군인들에게 철도는 연구와 찬양의 대상이 되었다.

전쟁이란 가속화된 기술적 변화와 결코 다른 것이 아니다. 전쟁은 성장률의 불균등으로 인해 기존의 구조들 사이에서 주목할 만한 불균형 현상이 일어날 때 시작된다. 뒤늦은 산업화와 통일 때문에 독일은 오랫동안 자원 및 식민지 쟁탈전에서 뒤떨어지게 되었다. 기술적 차원에서 볼 때 나폴레옹 전쟁이 프랑스가 영국을 따라잡으려는 몸부림이었듯이, 제1차 세계 대전은 독일과 미국이 최종적인 산업화를 이룩하고 있던 주요 국면이었다. 로마는 이전에 보여준 적이 없었지만 러시아가 오늘날 보여주고 있듯이, 군국주의 그 자체는 낙후된 지역들에게는 기술 교육과 기술 촉진의 중요한 방법이다.

1812년에 전쟁이 끝난 후 거의 모든 나라가 육상 수송로의 개선에 열의를 쏟았다. 게다가 영국이 대서양 연안을 봉쇄하면서 전례 없던 많은 양의 육상 수송 수요가 증가했으며 그 결과 고속도로가 부족하다는 점이 두드러지게 되었다. 확실히 전쟁은 지체된 사회 의식에 효과적인 각종 자극을 주는 한 형식이다. 그렇지만 제2차 세계 대전 이후의 〈뜨거운 평화〉[4]가 지속되는 가운데 정신의 고속도로가 불충분하

---

4) Hot Peace. 냉전을 비꼬는 표현이다.

다는 것이 밝혀졌다. 소련의 스푸트니크가 발사된 이후, 서구의 많은 사람들은 우리의 교육 방법에 불만을 갖게 되었다. 이는 1812년 전쟁 이후 고속도로의 부족에 대해 많은 사람들이 불만을 터뜨렸을 때의 그 정신과 같은 정신에서 나온 것이다.

인간은 전기 기술에 의해 중추신경 조직을 확장해 왔기 때문에 전쟁에서건 사업에서건 전장(戰場)은 정신적인 이미지 만들기와 이미지 부수기로 바뀌어버렸다. 전기 시대 이전에는 고등 교육이 유한 계급의 특권이자 사치품이었다. 그러나 오늘날 고등 교육은 생산과 생존을 위한 필수품이 되었다. 정보 자체가 주된 교통이 된 오늘날에는 고도의 지식에 대한 요구가 지극히 일상적인 일들에 쫓기는 사람들의 마음까지도 억누르고 있다. 대학에서의 학문적 훈련이 너무나 갑자기 시장터로 나와버렸다. 여기에는 고전극에서의 급전(急轉)이나 반전(反轉)의 성격이 엿보인다. 하여튼 그 결과 대중과 학자 양측으로부터 조소가 들려왔다. 그러나 이런 웃음은 중역실을 박사들이 차지하게 되면 사라질 것이다.

바퀴, 도로, 종이 등의 가속화가 인구와 주거 형태를 재편하는 방식들에 관해 통찰하기 위해서 오스카 핸들린[5]의 『보스턴의 이주민들 Boston's Immigrants』이라는 연구서에 제시된 몇 가지 사례들을 살펴보자. 그에 따르면 1790년의 보스턴은 모든 노동자와 무역상들이 서로 얼굴을 맞대고 사는 밀집된 단위였다. 그래서 계층을 기준으로 거주 지역들이 나누어지는 경향은 전혀 없었다. 〈그러나 도시가 성장하고 교외가 점점 가깝게 느껴짐에 따라 사람들은 확산되었고, 또 서로 다른 지역에 국한해서 살게 되었다.〉 이 한 문장이 이 장의 주제를

---

5) Oscar Handlin(1915-). 미국의 역사학자이자 교육자이다. 이민을 비롯한 사회적 문제에 관한 연구로 유명하다.

간결하게 요약하고 있다. 이 문장은 쓰기의 기술까지 포함시켜 다음과 같이 일반화시킬 수 있다. 〈지식이 시각적으로 확산되고[6] 알파벳의 형태로 그것에 접근할 수 있게 됨에 따라 지식은 국지화되고 전문적으로 분화된다.〉 전기화가 이루어지기 직전까지는 속도의 증가가 기능의 분화, 사회 계층들의 분화, 지식의 분화를 낳는다.

그러나 전기의 속도에 의해 모든 것들이 역전된다. 그래서 내파와 단축이 기계적인 외파와 확장을 대신한다. 핸들린의 공식을 권력에 확장하면 이렇게 된다. 〈권력이 증대하고 주변 지역들이 권력에 접근할 수 있게 됨에 따라 권력은 직무나 기능들이 명확하게 위임된 형태로 국지화되었다.〉 이 공식은 인간 조직의 모든 차원에서 나타나는 가속화의 원리이다. 그것은 특히 바퀴와 도로 그리고 종이 메시지에서 나타나는 우리의 신체 부위들의 각종 확장물들에 적용된다. 전기 기술에 의해 우리는 우리의 신체 기관들뿐만 아니라 신경 조직 자체까지도 확장했기 때문에 속도의 요인인 전문화와 분화의 원리는 이제 더 이상 적용되지 않는다. 정보가 중추신경 조직에서의 발신 속도로 이동하면서 인간은 도로나 철도와 같은 과거의 낡아빠진 모든 가속화 형태들과 직면하고 있다. 여기서 새롭게 등장하는 것은 포괄적 인식의 총체적인 장(場)이다. 낡은 유형의 심리적이고 사회적인 적응 방식은 중요성을 상실해 버렸다.

핸들린에 따르면 1820년대까지 보스턴 사람들은 걸어다니거나 개인용 탈것을 이용했다. 말이 끄는 버스가 1826년에 도입되었고 이는 비즈니스를 엄청나게 가속화하고 확장시켰다. 한편 영국에서 산업의 가속화는 비즈니스를 시골에까지 확장시켰고 많은 사람들이 토지에서 떠남에 따라 이민율이 증가했다. 이주민들의 해상 수송은 수지 맞는

---

[6] 이 말은 〈문자화되어 널리 읽히게 됨〉을 뜻한다.

장사가 되었고 대양 수송을 엄청나게 가속화하는 요인이 되었다. 그래서 영국 정부는 식민지들과의 원활한 접촉을 위해 커나드 해운 회사에 보조금까지 지급했다. 철도는 곧바로 커나드 사와 연계되어 우편물과 이주민들을 내륙으로 수송했다.

비록 미국은 내륙의 운하와 하천용 기선들을 대량으로 이용했지만 그것들이 새로운 공업 생산을 가속화하는 바퀴들과는 비교가 되지 않았다. 철도는 대륙의 먼 거리를 연결하는 것은 물론이고 기계화된 생산에 대응하는 데 필요했다. 가속화하는 것으로서의 증기 기관차는 우리 신체 조직의 모든 확장물 중에서도 가장 혁명적인 것임이 입증되었다. 왜냐하면 그것은 새로운 형태의 정치적 중앙집권주의와 새로운 종류의 도시 모양과 크기를 창출해 냈기 때문이다. 미국의 도시가 추상적인 격자형(格子形) 외관을 갖게 되고, 생산과 소비와 주거와 비유기적으로 분리될 수 있었던 것은 철도 때문이다. 그리고 설계자와 시민 모두를 좌절시키고 당혹스럽게 만들 만큼 그 분리된 기능들을 혼합시켜 산업 도시의 추상적인 형태를 혼란스럽게 만든 것은 자동차이다. 뒤이어 비행기는 시민들의 기동성을 도시 공간 자체가 무의미해질 정도까지 높여 그 같은 혼란을 완성시켰다. 거대 도시의 공간은 전화, 전신, 라디오, 텔레비전 등과 아무런 관계도 없다. 도시 계획자들이 이상적인 도시 공간들에 관해 논의하면서 〈인간적 규모〉라고 부르는 것도 이런 전기 제품들과 무관하다. 우리 자신의 전기적 확장물들은 시간과 공간을 넘어서, 이전까지 존재하지 않았던 인간의 관여와 조직에 관련된 문제들을 만들어낸다. 우리는 자동차와 초고속도로의 소박한 시대를 갈망할는지 모른다.

11 ◆ 군중의 프로필

히틀러는 베르사유 조약[1]이 독일군을 축소시켰다는 이유로 그 조약을 특히 증오했다. 1870년 이후 군화 소리 요란한 독일군 병사들은 부족적 통합과 권력의 새로운 상징이 되었다. 영국과 미국에서는 숫자 그 자체에서 생겨나는 웅혼함이 공업 생산의 증대나, 부와 생산의 통계에 연결되었다. 〈탱크 1백만 대.〉 재산이나 군중에 있어서의 숫자 자체가 성장이나 증대를 향한 역동적인 충동을 일으키는 힘은 신비로운 것이다. 엘리아스 카네티는 『군중과 권력』에서 인플레이션과 군중의 행동 사이에 놓인 깊은 연관을 보여준다. 그는 우리가 인플레이션을 군중의 현상으로 연구하지 못하고 있는 것에 대해 당혹해한다. 왜냐하면 그것이 현대 세계에 미치는 영향은 너무나 깊고 광범위하기 때문이다. 모든 종류의 군중이나 무리에 내재된, 무한 성장에의 충동

---
1) 제1차 세계 대전의 전후 처리를 위해 연합국과 관련국, 그리고 독일 사이에 체결된 평화 협정이다.

이 경제적 인플레이션과 인구의 인플레이션(인구 팽창)을 연결시키고 있는 것처럼 보일 것이다.

극장, 무도장, 야구장, 교회 등에서 각각의 개인들은 다른 모든 사람들과 함께 있는 것 자체를 즐긴다. 대중 속에 있다는 즐거움은 숫자가 많다는 것이 주는 쾌감이며 이것은 오랫동안 서구 사회의 지식인들 사이에서도 어렴풋이 인식되어 왔다.

서구 사회에서 개인이 집단으로부터 공간적으로(사생활 존중), 사상적으로(《관점》의 존중) 그리고 직무상으로(전문주의) 분리된 현상은, 문자 문화와 그에 따라 세분화된 산업 및 정치 제도군(群)에 의해 문화적, 기술적으로 뒷받침되었다. 그러나 동질화된 사회적 인간을 만들어내는 인쇄된 말의 힘은 지금까지도 꾸준히 증대되어 왔으며, 〈대중 마인드 mass mind〉라든가 시민군의 〈대중 군국주의 mass militarism〉같은 역설을 빚어내고 있다. 기계화의 극단에 이르게 되면 문자는 종종 문명에 대립되는 결과들을 낳는 것 같았다. 이는 마치 구약성서가 말하듯이(《그리고 사탄은 이스라엘 사람들을 대적하고, 다윗을 시켜 이스라엘 사람들의 수를 세도록 했다.》) 고대에 숫자를 센다는 것 자체가 부족의 통일성을 파괴하는 것처럼 보였던 것과 같다. 표음 문자와 숫자들은 사람들을 단편화시키고 탈부족화하는 최초의 수단이었다.

서양사를 통해 우리 서구인들은 전통적으로 그리고 올바르게 문자를 문명의 원천으로 간주해 왔으며 서구의 문헌들을 문명의 도달점을 보여주는 것이라고 생각해 왔다. 그런데 이 모든 것과 더불어 수(數), 즉 과학의 언어가 그림자처럼 우리와 함께했다. 따로 떼어놓고 보면 수는 쓰기(혹은 문자)와 마찬가지로 신비로운 것이다. 수는 우리의 신체의 확장으로 파악할 때 쉽게 이해할 수 있다. 문자가 우리의 가장 중립적이고 객관적인 감각의 확장이자 분리인 것과 꼭 마찬가지로 수는 우리의 가장 친밀하고 상호 관련된 활동, 즉 우리의 촉각의 확장이자 분리이다.

그리스인들이 〈접촉 결합의 haptic〉 감각이라고 부른 이 같은 촉각의 기능은 1920년대 독일에서 파울 클레, 발터 그로피우스 Walter Gropius 등 많은 예술가들의 작품을 통해 이루어진 바우하우스[2] 감각 교육 프로그램에 의해 일반화되었다. 예술 작품에 일종의 신경 조직 혹은 유기적 통일성을 제공하는 것으로서의 촉각은 세잔 이래로 예술가들의 마음을 사로잡아 왔다. 현대의 예술가들[3]은 1세기 이상 동안 다른 모든 감각들을 통합하는 신경 조직의 역할을 촉각에 부여함으로써 전기 시대의 도전에 대처해 왔다. 역설적이게도 이는, 하나의 예술 작품에 낡은 회화적 이미지의 인습적인 형해(形骸)가 아니라 중추 신경 조직을 부여하는 〈추상 회화〉에 의해 달성되었다. 촉각이 통합적 존재에 필수불가결하다는 사실이 점차 사람들에게 인식되었다. 우주선 안의 무중력 상태에 있는 승무원은 촉각이라는 통합하는 감각을 유지하기 위해 애쓰지 않으면 안 된다. 우리 신체의 기능들을 확장하고 분리하는 기계 기술들로 인해 우리는 결국 우리 자신과도 접촉할 수 없을 만큼 분열된 상태에 이르게 되었다. 우리의 의식적인 내면 생활에서 감각들간의 상호 작용이 촉각을 구성하고 있는 바로 그것이라는 사실은 어쩌면 당연한 것인지 모른다. 어쩌면 〈촉각〉이란 〈사물들〉과의 단순한 피부 접촉이 아니라 〈정신〉 속에서의 사물들의 생명 그 자체가 아닐까? 그리스인들은, 각각의 감각을 각각의 다른 감각으로 전환시켜 인간에게 의식을 부여해 주는 합의 consensus, 즉 〈공통 감각 common sense〉 능력이라는 개념을 갖고 있었다. 기술에 의해 우리의 신체와 감각의 모든 부분들을 확장시킨 오늘날 우리는 기술과

---

[2] Bauhaus. 발터 그로피우스 Walter Gropius가 독일 바이마르에 창립한 건축, 조형 학교이다.
[3] 여기서는 내용상 시각 예술가들, 즉 화가나 조각가 그리고 건축가 등을 가리킨다.

경험의 외적 합의에 대한 요구에 시달리고 있는데 이런 요구는 우리의 공동체 생활을 범세계적인 합의의 수준으로까지 끌어올리려는 것이다. 우리가 범세계적인 세분화를 달성했을 때 범세계적 통합에 대해 생각하는 것은 부자연스러운 것이 아니다. 이처럼 인류를 의식하는 존재의 보편성은 단테가 꿈꾸었던 것이다. 그는 사람들이 포괄적인 의식으로 결합되지 않는 한 계속해서 단절된 파편으로 남아 있을 것이라고 생각했다. 그러나 오늘날 우리가 실제로 갖고 있는 것은, 전기 기술을 기초로 해서 형성된 사회 의식이 아니라 과거의 기계적인 기술에 의해 엄격하게 부과된 사적인 잠재 의식 혹은 개인적인 〈관점〉일 뿐이다. 이는 두 개의 기술이 공존하는 세계에서는 너무나 당연하게 나타나는 〈문화 지체〉 혹은 문화 충돌의 결과이다.

고대 세계에서 숫자는 물리적 사물들의 속성 및 사물들의 필연적 원인들과 마술적으로 연결되었다. 이는 최근까지도 과학이 모든 사물이나 대상들을 수량화하는 경향을 띠는 것과 비슷하다. 그러나 수는 어떤 식으로 표현되건 간에 언제나 청각적이고 반복적인 반향(反響) 및 촉각적인 차원을 동시에 갖는 것처럼 보인다.

수가 도상icon이나 포괄적이고 압축된 이미지의 효과를 창출해 내는 힘을 설명해 주는 것은 다름 아닌 수 자체의 성질이다. 예를 들어 이것은 신문과 잡지 기사에서 〈자전거를 타고 가던 존 제임슨(12), 버스와 충돌〉 혹은 〈빗자루 담당 신임 부사장에 윌리엄 샘슨(51)〉 같은 방식으로 사용된다. 기자들은 경험을 통해 수가 지닌 도상적 힘을 발견했던 것이다.

융이나 프로이트는 말할 것도 없고 앙리 베르그송과 바우하우스 예술가 그룹이 등장한 이후, 부족적인 사람의 비문자 문화적이고 심지어 반(反)문자 문화적인 가치들이 전반적으로 열렬하게 탐구되고 칭송의 대상이 되었다. 유럽의 많은 예술가와 지식인들에게 재즈는 통합적인 〈낭만적 이미지〉를 탐구하는 데 있어 초점 사항 중 하나가 되었다. 부족적인 문화에 대한 유럽 지식인들의 무비판적인 열광의 대표적인 사례는 건축가 르 코르뷔지에Le Corbusier가 맨해튼을 처음 보고서 내뱉은 경탄에서 잘 나타난다. 〈이것은 돌로 된 핫 재즈다.〉 그런 사례는 또 화가 모호이 노디[4]가 1940년 샌프란시스코의 한 나이트클럽을 방문하고 나서 말한 소감에서도 드러난다.

한 흑인 밴드가 웃어가며 열광적으로 연주하고 있었다. 그때 갑자기 한 연주자가 〈1,000,003〉이라고 노래하자 누군가가 〈1,000,007.5〉라고 화답했다. 또 한 사람이 〈11〉이라고 노래하자 다른 사람은 〈21〉이라고 노래했다. 그리고 〈행복한 웃음과 날카로운 노랫소리가 한창인 가운데 수가 그 자리를 차지했다.〉

모호이 노디는 유럽인들의 눈에 미국이 얼마나 추상물들의 나라처럼 보이는지에 주목한다. 미국에서 숫자들은 〈57 Variety〉, 〈5 and 10〉, 〈Seven up〉, 〈behind the 8-ball〉[5] 등의 경우처럼 나름의 존재를 확보했다. 이는 당연하다.[6] 이것은 아마도 가격과 도표 그리고 숫자 등에 크게 의존하는 공업 문화의 한 반영일 것이다. 〈36-24-36〉이라는 것도 그렇다. 숫자란 실제 손으로 만지지 않으면서도 여성의 체형을 표시하는 마법의 공식으로서, 낮은 소리로 말할 때 그만큼 촉각적

---

4) Moholy-Nagy(1895-1946). 헝가리의 화가이자 사진 작가이다. 그의 비구상 미술은 20세기 중엽 순수·응용 미술 분야에 커다란 영향을 미쳤다.
5) 〈57 Variety〉는 아이스크림의 상표이고, 〈5 and 10〉은 5센트나 10센트짜리 싼 물건만 파는 잡화점을 일컫는 말이다. 그리고 〈behind the 8-ball〉은 〈8번 공 뒤에〉라는 말로서, 〈곤경에 빠졌음〉을 뜻한다.
6) 원어는 〈It figures〉로 당연하다는 뜻의 구어인데 여기서도 숫자를 뜻하는 〈figure〉라는 동사가 사용되고 있다. 맥루언의 독특한 언어 사용법을 엿볼 수 있는 대목이다.

인 것도 없다.
　보들레르는 수를, 각기 분리된 단위들을 서로 연결시키는 촉수(觸手) 혹은 신경 조직으로 간주했다는 점에서 탁월한 통찰력을 보인 바 있다. 그는 〈수는 개인 속에 있다. 도취는 하나의 수이다〉라고 말했다. 이 말은 왜 〈군중 속에 함께 있다는 즐거움이 수의 많음에서 느끼는 기쁨의 신비적인 표현인지〉를 설명해 준다. 다시 말해 수는 발성된 말처럼 청각적이고 반향적일 뿐만 아니라 촉각에 기원을 두고 있다. 왜냐하면 수는 촉각의 확장이기 때문이다. 통계에서는 숫자들을 모으거나 결집시키는데 이 숫자들은 현대의 동굴 그림 혹은 지두화(指頭畵)라고도 할 수 있는 통계학자들의 도표를 만들어낸다. 어떠한 의미에서건 숫자들을 통계로 모으면 대중적인 취향이나 감정에 관한 원초적인 직관과 마술적인 잠재 의식을 새로 얻을 수 있다. 〈여러분은 유명 브랜드를 사용할 때 보다 큰 만족감을 느낀다.〉
　화폐나 시계 그리고 그 밖의 다른 모든 측정 수단들처럼 숫자도 문자 문화의 성장과 더불어 독자적인 생명과 강렬함을 획득했다. 비문자 문화적인 사회들은 숫자를 별로 사용하지 않으며 오늘날 문자를 사용하지 않는 디지털 컴퓨터 역시 숫자 대신에 〈예〉와 〈아니오〉를 사용한다. 컴퓨터는 윤곽에 강하고 숫자에 약하다. 따라서 전기 시대에는 좋건 나쁘건 간에 수가 다시 시각 경험과 청각 경험과의 통일성으로 되돌아간다.
　오스발트 슈펭글러가 쓴 『서구의 몰락』의 대부분은 새로운 수학에 대한 그의 관심에서 생겨났다. 한편으로 비유클리드 기하학이, 다른 한편으로 수론(數論)에 함수가 등장한 것은 그에게 서구인의 몰락을 가져오는 것처럼 보였다. 그는 유클리드적 공간의 창안 그 자체가, 인간의 감각에 표음적인 알파벳이 작용한 직접적 결과라는 사실을 파악하지 못했다. 또한 그는 수가 인간 신체의 확장, 특히 촉각의 확장이라는 점도 깨닫지 못했다. 슈펭글러가 비관적인 전망에서 전통적인 수와 기하학이 용해되는 것으로 간주했던 〈함수 과정의 무한성〉 역시 우리의 중추신경 조직을 전기 기술들에 의해 확장한 것이다. 우리는 우리의 기술들을 외계(外界)에서 온 우주의 방문객으로 간주하는 슈펭글러와 같은 예언자적 작가들에게 감사함을 느낄 필요는 없다. 슈펭글러와 같은 부류의 사람들은 부족적으로 도취된 사람들이다. 이렇게 도취된 사람들은 집단의 무의식, 수의 도취 속에 빠져든다. 인도에서 〈다르샨darshan〉——매우 큰 집단 속에 있다고 하는 신비적인 체험——은 서구의 의식적인 가치들의 정반대에 위치해 있다.

현대의 에스키모인들처럼 오스트레일리아나 아프리카의 가장 미개한 부족들은 아직도 손가락으로 셈하는 단계에 이르지 못했고 또 연속된 수라는 관념도 갖고 있지 않다. 대신 그들은 우리의 〈1〉과 〈2〉에 대응되는 독립된 수들의 이진법을 갖고 있고 〈3〉에서 〈6〉까지는 복합의 숫자——예를 들면 〈3〉은 〈1〉과 〈2〉라는 식——로 표시한다. 〈6〉보다 큰 숫자들에 대해서는 그냥 〈많다〉고 지각할 뿐이다. 숫자를 연속적인 것으로 생각하는 감각이 결여되어 있기 때문에 그들은 일곱 개의 핀이 나란히 있을 때 그중에서 두 개를 없애도 거의 알아차리지 못한다. 그렇지만 그들은 〈하나의〉 핀이 없어지면 곧장 알아차린다. 이런 문제들을 연구해 온 토비아스 단치히 Tobias Dantzig는 (그의 책 『수: 과학의 언어 Number : The Language of Science』에서) 이런 사람들의 균형 감각이나 운동 감각은 숫자 감각보다 훨씬 강하다고 지적한다. 이것은 분명 숫자가 출현한 문화에서 시각적인 강조가 점점 두드러지고 있다는 것을 나타낸다. 긴밀하게 통합된 부족적인 문화는, 분업으로 이끌어 결국은 문자나 화폐 같은 가속화된 형태의 미디어들로 인도하는 분리주의적이고 시각적이며 개인주의적인 각종 압력에 쉽게 굴복하지 않을 것이다. 다른 한편으로 서구인들이 특히 인쇄 문화에서 비롯된 세분화되고 개인주의적인 방식들을 고수하려 한다면 그들은 전신이 등장한 후의 모든 전기 기술을 버리도록 권고받을 것이다. 전기 기술의 내부 폭발적(압축적) 성격은 서구인의 디스크나 필름을 뒤로 돌려 서구인을 부족적인 암흑의 심장 속으로, 혹은 조셉 콘래드가 〈아프리카의 내부〉라고 부른 것 속으로 회귀하게끔 한다. 전기에 의한 정보 이동의 순간적 성격은 인간 종족을 확대하는 것이 아니라 촌락 생활이라는 응집된 상태로 집어 넣어버린다.

분석적인 서구 세계가 가진, 사물을 세분화하고 구분하는 능력이 시각 능력을 강화하는 데서 생겨난다는 사실은 모순처럼 보인다. 바로 이 시각은 모든 사물을 연속적이고 연결된 것으로 보는 습관도 만들어내기 때문이다. 그런데 시각적 강조에 의해 세분화하는 것은 시간에서 한 순간을 따로 떼어내거나 공간에서 한 측면을 떼어내는 것에서 일어난다. 그것은 촉각이나 청각 혹은 후각이나 운동 감각을 넘어서 있다. 전기 기술은 순간적 속도의 결과인 시각화할 수 없는 관계들을 부과함으로써 시각을 왕좌에서 내쫓고 우리에게 공감각 synesthesia, 즉 시각을 제외한 다른 감각들의 밀접한 상호 관련을 되돌려준다.

슈펭글러는 서구가 〈수의 대국(大國)〉에서 〈함수의 동화 나라〉와 추상적 관계들로 후퇴했다고 간주함으로써 〈절망의 심연 Slough of Despond〉[7]에 빠져들었다. 그는 이렇게 말한다. 〈고전 수학에서 가장 소중한 것은 수가 감각 기관들에 '지각될 수 있는' 모든 것들의 본질이라고 하는 그것의 명제이다. 고전 수학은 수를 척도로 규정함으로써 '여기'와 '지금'에 열정적으로 몰입하는 인간의 세계 감정 전체를 포함한다. 이런 의미에서 척도로 잰다는 것은 우리 가까이에 있는 구

---

7) 존 버니언의 『천로역정』에 나오는 말이다.

체적인 어떤 것을 잰다는 뜻이다.〉

슈펭글러의 『서구의 몰락』의 모든 페이지에서는 황홀경에 빠진 부족적 인간이 느껴진다. 그는 구체적인 사물들 사이의 〈비율ratio〉이 합리적인rational 것일 수 있다는 생각을 하지 못했다. 즉 합리성 혹은 의식 그 자체가 감각적인 경험의 구성 요소들 사이의 비율이지, 그런 감각 경험에 〈덧붙여진〉 어떤 것이 아니라는 것은 생각지 못했던 것이다. 합리성이 결여된 존재들은 그들의 감각 생활에서 그 같은 비율을 획득할 수 있는 수단을 전혀 갖고 있지 않고 고정된 주파수에 따라 산다. 말하자면 그것들은 그것들의 고유한 경험 영역에서는 무오류성을 갖고 있는 것이다. 의식은 복잡하고 미묘한 것이어서 어느 하나의 감각의 강도만 단순히 높이거나 낮추더라도 손상을 입거나 파손되는데, 바로 이것이 최면술의 기법이다. 그리고 새로운 미디어가 하나의 감각을 강하게 하면 공동체 전부를 최면에 들게 할 수 있다. 그래서 슈펭글러는 현대 수학과 과학이 시각적인 관계와 구성들을 버리고 관계와 함수들에 관한 비시각적 이론을 취하는 것을 보았다고 생각했을 때 서구의 붕괴를 선언해 버린 것이었다.

슈펭글러가 수와 유클리드 기하학 양자의 기원이 표음 알파벳의 심리적 작용들에 있다는 것을 깨달았다면 아마도 『서구의 몰락』은 저술되지 않았을 것이다. 그 작품은 고전적인 인간, 즉 아폴론적 인간이 그리스 문화에서의 기술 편중(다시 말해 부족적인 사회에 미친 문자 문화의 초기의 충격)의 산물이 아니라 그리스 세계를 뒤덮은 정신의 특별한 전율의 결과라는 가정에 기초하고 있다. 이것은 어떤 특정한 문화 속의 사람들이 어떤 친숙한 유형이나 이정표가 새로운 미디어의 간접적인 압력 때문에 더럽혀지거나 바뀌었을 때 얼마나 쉽게 당황하게 될 것인지를 보여주는 단적인 사례이다. 히틀러와 마찬가지로 슈펭글러는 라디오로부터, 모든 〈합리적인〉 혹은 시각적인 가치들의 종언을 선포할 수 있는 무의식적인 권한을 이끌어냈다. 그는 디킨스의 『위대한 유산』에 나오는 피프처럼 행동하고 있었다. 피프는 가난한 소년인데 그를 신사로 키우고 싶어하는 숨은 독지가가 있었다. 피프는 그의 후원자가 탈옥수라는 것을 알기 전까지는 얼마든지 그렇게 할 용의가 있었다. 슈펭글러와 히틀러 그리고 20세기의 수많은 자칭 〈비합리주의자들〉은 노래를 부르며 전보를 배달하는 소년들과 같다. 그런데 이 소년들은 자신들이 부르는 노래를 유발한 미디어에 대해서는 아무것도 이해하지 못하고 있다.

토비아스 단치히의 『수 : 과학의 언어』에 국한해서 말한다면, 손가락과 발가락을 사용한 촉각적인 셈으로부터 〈수학을 가능하게 만든 동질적인 숫자 개념〉으로의 진보는 촉각적인 조작 작용으로부터 시각을 추상화시킨 결과이다. 우리는 일상 회화 속에서 이런 과정의 양극단을 경험하고 있다. 〈손가락을 댄다 to put the finger on〉[8]라는 갱들의 용어는 사람들 〈수〉가 정해졌다는 것을 뜻한다. 통계학자의 그래프와 같은 극단적인 경우들에서는 다양한 권력의 목적들을 위해 인간을 조종한다는 목표가 솔직하게 표현된다. 예를 들면 큰 주식 중개인 사무소에는 〈족집게〉라 불리는 현대의 마술사가 있다. 그가 하는 마술적인 기능은 큰 주식 거래에서 소(小)구매자들의 매매가 어떻게 진행되는지를 매일 조사하는 것이다. 오랜 경험을 통해 이런 소구매자들의 매매는 80%까지 잘못된 것이었다는 것이 명확해졌다. 소구매자들의 실패에 대한 통계 자료는 역으로 큰 구매자들이 80%까지 바른 예상을 할 수 있게 해준다. 이리하여 수 때문에 오류에서 진리가 나오고 빈곤에서 부가 나온다. 이것이 현대의 수의 마술이다. 수의 마술적인 힘에 대해 보다 미개한 태도를 보여준 사례로는, 정복왕 윌리엄 1세

------

8) 이 말은 〈범행한 장소나 사람을 선정함〉을 뜻한다.

가 영국인들과 그들의 동산(動産)의 수를 세어 영국인들이 〈운명의 날 대장(臺帳)〉이라고 부른 토지 대장에 기재했을 때 영국인들이 느낀 두려움을 들 수 있다.

좀더 제한된 범위에서 수의 문제를 다시 한번 보자. 단치히는, 미개한 〈수〉가 〈수학〉의 수준으로 높아지자면 그에 앞서 〈동질성〉이라는 개념이 생겨야 한다는 것을 명확히 하고, 과거의 수학에 있던 또 하나의 요소, 즉 문자 문화적이고 시각적인 요소를 지적한다. 〈상응 correspondence과 연속이라는 두 가지 원리는 모든 수학, 아니 모든 정밀한 사고의 영역에까지 파고들어 우리의 수 체계의 구조 자체와 뒤얽혀 있다.〉 또한 그 두 가지 원리는 서구의 논리학과 철학의 구조 자체와도 뒤얽혀 있는 것이다. 우리는 앞에서 표음 기술이 어떻게 시각적인 연속성과 개인적인 관점을 길러주었는지, 그리고 그런 연속성과 관점이 일양적인 유클리드 공간의 성립에 어떻게 기여했는지에 관해 이미 살펴본 바 있다. 단치히는 우리에게 기수(基數)를 제공한 것은 〈상응〉이라는 개념이라고 말한다. 〈선형(線形)〉과 〈관점〉이라는 이 두 가지 공간적 개념은 문자, 특히 표음 문자와 분리할 수 없다. 그러나 새로운 수학과 물리학에서는 둘 중 어느것도 필요하지 않으며 전기 기술에는 문자도 필요하지 않다. 물론 그럼에도 불구하고 문자와 재래의 산수는 앞으로도 오랫동안 인간에게 매우 유용한 것으로 남게 될 것이다. 아인슈타인도 새로운 양자 물리학을 편안한 마음으로 대하지 못했다. 너무나도 시각적인 뉴턴 신봉자였던 그는 이 새로운 사태에 직면해 〈양자(量子)〉는 수학적으로 다루어질 수 없다고 말했다. 이는 인쇄된 종이 위에 있는 단지 시각적인 형태만으로는 시가 적절히 옮겨질 수 없다고 말하는 것과 같은 것이다.

또 단치히는 수에 대해 다음과 같이 이야기하고 있다. 〈르네상스 시대의 산수 교과서는 그 이후 줄곧 손으로 계산할 때의 상세한 법칙을 제공해 왔지만, 문자 문화에 속한 사람들은 곧 주판과 손가락으로는 계산을 하지 않게 된다.〉어떤 문화권에서는 수가 글자보다 먼저 나타났을지도 모른다. 또 시각에 대한 편중은 글을 쓰는 것보다 먼저 이루어졌을 것이다. 왜냐하면 오늘날 사진과 영화를 보면 알 수 있듯이, 글을 쓰는 일은 시각이 확장되었음을 보여주는 주요한 예이기 때문이다. 다시 말해 글자라는 기술이 존재하기 훨씬 전에 〈손〉과 〈발〉이 인간이 계산할 수 있도록 하는 요소로서 존재하고 있었던 것이다. 사실, 수학자 라이프니츠는 〈0〉과 〈1〉이라는 이원적 체계가 지닌 신비스러운 정밀함 속에서 천지 창조의 이미지를 읽어낸다. 무에서 이 이원적 기능을 통해 작용하는 우주의 궁극적 존재가 있다면, 모든 존재를 만들어내기에 충분하다고 그는 느꼈던 것이다. 단치히는 또한 이렇게도 말하고 있다. 〈필사본의 시대에는 수를 나타내는 다양한 기호들이 혼란스럽게 존재하고 있었다. 그 기호들이 안정된 형태를 갖추게 된 것은 인쇄가 나타난 뒤부터이다.〉이처럼 숫자 형태의 확립을 가져온 것은 인쇄가 문화에 미친 영향들 중의 지극히 작은 일부에 지나지 않는다. 그러나 우리는 이 사실을, 그리스가 페니키아에서 온 표음 알파벳 문자를 언어 표기 수단으로 택하게 된 것과 연관지어 생각해 볼 수 있다. 페니키아 상인들이 쓰던 숫자 체계가 당시 강력하게 위세를 떨치며 통용되고 있었다는 사실이 그리스로 하여금 표음 알파벳 문자를 선택하게끔 하는 가장 큰 요인이 되었던 것이다.

한편 로마인은 페니키아 숫자 체계보다 훨씬 더 오래된 것을 줄곧 사용하고 있었기 때문에 그리스인들이 쓰던 페니키아 문자만 받아들였다. 코미디언 팀인 웨인 앤드 슈스터 Wayne and Schuster는 고대 로마 복장을 한 단원들을 로마 시대 경찰관으로 설정한 후, 그들을 한 줄로 세워서 점호를 하고 그들로 하여금 로마의 숫자를 말하게끔 해 사람들을 웃긴다. 이 익살을 통해 우리는 수의 압력으로 인해 인간이

보다 능률적인 숫자 체계를 찾게 되었음을 알 수 있다. 서수, 연속수 successive number, 혹은 자릿수 positional number가 나타나기 전까지 통치자들은 많은 병사들을 셀 때 치환적인 방법을 써야 했다.

다시 말해 어떤 때에는 대강의 넓이를 알고 있는 몇 군데의 장소에 병사들을 집합시켜서 대략적으로 병사의 수를 파악했던 것이다. 그리고 병사들이 줄지어 걷게 하거나, 조약돌을 상자 속에 넣게 하는 것처럼 주판이나 계산반과 연관된 방법도 있었다. 결국 그 후 계산반이 나타났고, 이는 다시 〈자릿수의 원리〉라는 위대한 발견으로 이어진다. 계산반의 특정 위치에 〈3〉, 〈4〉, 〈2〉를 각각 넣는 것만으로도 계산의 속도와 가능성이 크게 향상될 수 있었다. 하나씩 더하지 않고 자릿수가 있는 수를 계산할 수 있게 되었기 때문에 0의 발견도 가능해졌다. 계산반 위에 〈3〉과 〈2〉가 나란히 있으면 그것이 32인지 302인지 구분되지 않기 때문에 어떤 자리가 비어 있다는 것을 나타내는 기호가 필요했던 것이다.

〈틈〉이나 〈공백〉을 의미하는 아랍어인 〈sifr〉가 라틴어에 들어와 〈cipher〉(ziphrium)가 되고, 결국 이탈리아어 〈zero〉가 되는 것은 13세기에야 이루어진 일이었다. 원래 zero는 어떤 장소가 비어 있다는 것을 뜻하는 말이었다. 그러다가 르네상스 시대 회화에서 〈원근법〉과 〈소실점〉이 나타난 뒤부터, 오늘날 없어서는 안 될 〈무한〉이라는 의미를 갖게 된다. 르네상스 시대 회화에 나타난 새로운 시각적 공간이, 몇 세기 전에 이루어진 선형적인 글자 배열처럼 숫자에 영향을 미쳤던 것이다.

중세의 (어떤 자리가 비어 있음을 의미하는) zero와 르네상스 시대의 소실점 개념이 결합됨으로써 이제 수에 관한 주요한 사실에 다다르게 되었다. 그리스와 로마 문화에서 소실점이나 무한이 알려져 있지 않았다는 점은 문자 해득력의 부산물이라고 설명될 수 있다. 인쇄술에 의해 시각 능력이 확대되어 아주 정확하고 획일적이며 또한 특별한 집중도를 얻게 되었고, 이에 따라 시각 이외의 다른 감각에 대한 억제가 가능하게 됨으로써 무한을 새롭게 인식하게 되었던 것이다. 숫자상으로 말하는 무한은 원근법과 인쇄술의 한 측면으로서, 우리 신체의 여러 확장물이나 미디어가 우리 자신의 감각 기관을 통해 서로에게 어떻게 작용하는지를 예시해 준다. 그리하여 인간은 기술적 세계의 생식 기관인 것으로 비치게 되었는데, 이는 버틀러 Samuel Butler가 『에레혼 Erewhon』(1872)에서 기묘하게 공언한 사실이기도 하다.

어떤 테크놀러지든 우리 안에 새로운 균형을 만들어내는 효과를 지니며 그로부터 새로운 기술들이 출현하게끔 한다. 이 점은 앞서 살펴본 수(촉감적이고 양적인 형태)의 놀이나, 필사본 및 시각 문화라는 더 추상적인 형태를 통해 드러난 바 그대로다. 인쇄술은 중세의 zero를 르네상스 시대의 무한 개념으로 바꾸어놓았는데, 이는 원근법과 소실점으로의 수렴에 의해서만이 아니라 인류 역사상 처음으로 정밀한 반복 가능성의 요소를 가져옴으로써 가능했다. 그러니까 인쇄술은 수학에서의 무한 개념에 꼭 필요한 〈끝없는 반복 indefinite repetition〉 개념을 인간에게 부여한 것이다.

통일적이고 연속적인 작은 조각(비트)들이 무한히 반복 가능하다는 구텐베르크의 기술적 특성은, 또한 그와 밀접한 관련이 있는 미적분의 개념을 산출하는 데도 기여했다. 그리고 이 미적분 방법에 의해 어떠한 울퉁불퉁한 공간도 연속적이고 평탄하며 획일적이고 〈합리적인〉 공간으로 치환되어 다루어질 수 있었다. 그런데 이러한 무한 개념은 논리 logic에 의해 우리에게 부과된 것이라기보다는 구텐베르크의 선물이었다. 이 점은 훗날 산업 시대의 조립 라인에 있어서도 마찬가지다. 어떠한 과정이든 단편화하여, 이동 가능하지만 획일적인 부분들의 선적인 연속체로 위치지음으로써 지식을 기계적 생산으로 바꾸어놓는 힘은 바로 인쇄술의 본질이었다. 스스로 자기 증식하며 공간을 재단해 가는 이 놀라운 테크닉은 메아리처럼 퍼져나가 마침내 수와 촉각의 세계에까지 영향을 미치기에 이르렀던 것이다.

여기에는 일반적으로는 인식되지 않더라도 우리에게 익히 알려진 미디어의 힘, 즉 어떤 미디어가 그 자체를 다른 미디어로 바꾸어버리는 힘이 나타나 있다. 모든 미디어는 우리 자신의 신체와 감각의 확장이며 우리는 늘 버릇처럼 하나의 감각을 다른 감각으로 바꾸곤 한다. 이렇듯 우리의 확장된 감각, 즉 테크놀러지가 어떤 형태에서 다른 형태로 스스로 바뀌고 동화하는 과정을 되풀이한다는 사실이 그리 놀라운 일은 아니다. 이러한 과정은 아마 촉각의 본질과 분리될 수 없는 것인데, 화학에서든 어떤 무리 또는 테크놀러지에서든 표면이 서로 접촉하여 마찰하는 곳에서는 같은 일이 발생할 것이기 때문이다. 부의 대규모 축적이 갖는 속성과 마찬가지로, 〈무리〉라는 것은 커지면서 바깥으로 뻗어나가려는 기이한 면모를 보이는데, 이 점은 돈과 수가 사실상 촉각의 힘과 손의 장악력을 확장하는 테크놀러지들이라는 점을 생각하면 쉽게 이해될 수 있다. 왜냐하면 수란, 그것이 사람의 수든 손가락의 수든 아니면 돈의 단위든, 그 대상을 장악하고 포섭하려는 마력을 갖고 있는 것으로 여겨지기 때문이다.

(유리수에 의거한) 산수를 기하학의 문제에 적용하려고 하였을 때 그리스인은 그들 자신의 새로운 미디어를 바꾸어야만 한다는 문제에 직면하게 되었다. 발빠른 아킬레스와 거북이의 경쟁과 같은 난해한 문제에 봉착한 것이다. 그러한 문제는 서구의 수학사에서 최초의 위기 국면을 조성하였다. 그 위기는 〈정사각형에서의 변과 대각선의 비〉와 원주율을 결정하는 문제와 관계되어 있었다. 그것은 시각적인 공간을 촉각적인 수로 환원시킴으로써 시각적이고 회화적인 공간을 다루려고 한 분명한 경우 중 하나였다.

르네상스 시대에 산수가 기계학, 물리학, 기하학 등을 계승할 수 있었던 것은 미적분학 덕분이었다. 무한하지만 연속적이고 획일적인 과정이란 개념은 이동형 구텐베르크 테크놀러지의 기반인데, 그로부터 미적분학이 출현한 것이다. 무한의 과정과 순수 수학 및 응용 수학을 추방하는 것은 피타고라스 이전의 상황으로 되돌아가는 것이었다. 즉 획일적이고 선형적이며 반복 가능한 세분화의 테크놀러지인 새로운 인쇄 매체를 추방하면 근대 수학은 사라져버린다. 그러나 이 무한하고 획일적인 과정을 원주의 길이를 재는 데 사용하면, 그 원에 내접하는 정다각형의 변의 수를 연속적으로 늘리기만 하면 된다. 여기서 원에 내접하는 정다각형이 한도에 달하였을 때 그 원주의 길이는 내접한 정다각형의 변의 길이의 총합이 된다. 그리하여 한 물체가 밀어내는 액체의 양을 재어 그 물체의 부피를 측정하는 낡은 방법 역시 미적분에 의한 추상적이고 시각적인 방법으로 대체될 수 있는 것이다. 〈길이〉의 개념에 관한 여러 원리 또한 넓이, 부피, 질량, 모멘트, 압력, 힘, 긴장도, 속도 및 가속도 등의 개념에 적용된다.

무한히 세분화되고 또 반복 가능하다는 이러한 마술은 비대칭인 것, 휘어진 것, 울퉁불퉁한 것과 같은 비시각적인 것 모두를 시각적으로 평탄하고 직선적이며 획일적인 것으로 만들었다. 같은 식으로, 음성 알파벳은 그보다 수세기 전에 야만인들의 불연속적인 문화에 침투하여, 그들의 꾸불꾸불하고 뭉툭한 특성을 서구 세계의 시각적 문화가 이끄는 획일성으로 바꾸어놓았다. 바로 이 획일적이고 연속적이며 시각적인 질서가 아직도 우리의 〈합리적〉 생활을 이끄는 규범인 것이다. 그런데 모든 것이 즉시적이고 비시각적인 상호 관련의 형태를 갖는 이 전기 시대에 이르러, 우리는 〈합리적인 것〉이 어디서 처음 비롯하였는지 알고 있지 못하기 때문에 그것을 어떻게 규정할 것인가 하는 문제 앞에서 당황해하고 있는 것이다.

12 의복 • 피부의 확장

 경제학자들의 추정에 따르면 옷을 입지 않는 사회는 서구처럼 옷을 입는 사회에 비해 40퍼센트 이상 더 먹는다고 한다. 우리 피부의 확장으로서의 의복은 에너지를 비축하고 전달하는 데 도움을 주기 때문에 서구인들은 음식을 덜 먹는 대신 더 많은 섹스를 요구한다. 하지만 의복과 섹스 그 어느쪽도 각기 독립된 인자들로 이해되어서는 안 된다. 많은 사회학자들은 섹스가 복잡한 생활에 대한 보완책이 될 수 있다고 지적하고 있다. 개인주의와 마찬가지로 프라이버시도 부족 사회에서는 전혀 모른다. 따라서 서구인들은 우리의 생활 양식이 비문자 문화권 사람들에게 어떤 매력을 줄지를 평가하려 할 때 반드시 이 점을 염두에 두어야 한다.
 피부의 확장으로서의 의복은 열 제어 메커니즘으로뿐만 아니라 자아를 사회적으로 규정하는 수단으로 볼 수 있다. 이런 측면에서 의복과 주거는, 물론 의복이 훨씬 더 피부에 가깝고 역사도 더 오래되기는 했지만, 둘 다 우리 피부와 가깝다. 왜냐하면 주거는 우리 신체 기관 내부의 열 제어 메커니즘들을 확장한 것이고 의복은 신체 외면의 보다 직접적인 확장이기 때문이다. 오늘날 유럽인들은 눈을 위해 옷을 입기 시작했다. 그것은 아메리칸 스타일인데, 그 기점은 미국인들이 자신들의 전통적인 시각적 스타일을 버린 때부터이다. 미디어 분석가들은 왜 이런 대립적인 스타일들이 갑자기 그 위치를 바꾸게 되는지를 잘 알고 있다. 제2차 세계 대전 이후 유럽인들은 시각적 가치들을 강조하기 시작했다. 유럽 경제가 이제는 대규모의 일양적인 소비 상품들을 지지하게 된 것은 우연이 아니다. 반면 미국인들은 처음으로 일양적인 소비 가치에 저항하기 시작했다. 자동차에서, 의상에서, 페이퍼백 책에서, 그리고 수염, 어린아이, 장발 등에서 미국인은 촉각, 참가, 개입, 조각적 가치 등에 강조를 두겠다고 선언하고 있다. 한때는 추상적으로 시각의 땅이었던 미국은 이제 다시 유럽 전통의 음식, 생활, 예술들과 심도 있게 〈접촉〉하고 있다. 1920년대 미국 탈출자들의 전위 강령이었던 것이 이제는 10대들의 규범이 되었다.

그러나 유럽인들은 18세기 말에 일종의 소비자 혁명을 겪었다. 산업주의가 참신한 것으로 여겨지던 시절 상류 계급 사람들이 질박한 소재를 선호해, 부자 티가 나는 궁정풍 의장(衣裝)을 하지 않는 것이 유행한 적이 있다. 그때는 남자들이 처음으로 보병(혹은 원래 프랑스어로 〈pioneer〉)의 바지를 입었던 시절이다. 그러나 그것은 당시 사회적 〈통합〉을 과시하려는 일종의 성급한 제스처였다. 그때까지 봉건 체제 하의 상류층은 말을 할 때뿐만 아니라 옷을 입을 때에도 평민의 것과는 완연히 구분되는 궁정풍으로 했다. 의복과 화법에는 일정 정도 화려함과 풍요로움이 배어 있어야 했다. 그러나 문자 생활이 일반화되고 대량 생산이 가능해지면서 그것은 사실상 완전히 소멸되고 말았다. 예를 들면 재봉틀은 의복에 긴 직선을 만들어냈다. 이는 행 단위로 활자를 주조한 라이노타이프가 인간의 소리의 스타일을 평탄하게 한 것에 비견될 수 있다.

CEIR 컴퓨터 서비스 회사의 최근 광고에는 평범한 면 의상과 함께 다음과 같은 구절이 포함되어 있다. 〈왜 'K' 부인은 그런 식으로 옷을 입고 있습니까?〉 여기서 K 부인은 흐루시초프 Nikita Khrushchov의 부인을 지칭하는 것이다. 이 기발한 광고 문안은 다음과 같이 계속된다. 〈그것은 도상 icon이다. 소련 내에서도 혜택받지 못한 사람들에게 그리고 동쪽과 남쪽의 미개발국 사람들에게 그것은 말한다. '우리는 근면하고 소박하고 정직하며 우호적이고 가정적이며 선량하다' 라고. 서방의 자유로운 국민들에게는 이렇게 말한다. '우리가 당신을 장례 지낼 것이다' 라고.〉

이것은 바로 우리 선조들이 새로운 질박한 의복을 입고서 프랑스 혁명 때 봉건 영주들을 향해 보낸 메시지였다. 그 당시 의복은 정치적 격변을 보여주는 비언어적인 선언문이었다.

오늘날 미국에서는 뜰과 소형 자동차에서뿐만 아니라 의복에서도 혁명적 태도가 나타나고 있다. 10여 년 동안 여성들의 옷과 헤어스타일은 도상적 ── 혹은 조각적이고 촉각적인 ── 측면을 강조하기 위해 시각적 측면을 포기했다. 투우복 스타일의 여성용 바지인 토레아도르 toreador pants나 게이터 스타킹 gaiter stocking 같이 생긴 벌집 모양의 헤어스타일 또한 추상적으로 시각적이기보다는 도상적이고 감각적으로 사람을 압도한다. 한마디로 미국 여성들은 처음으로 자신을 보여지는 대상일 뿐만 아니라 손으로 만져지고 다뤄질 수 있는 존재로 표현하고 있다. 러시아 사람들이 시각적 소비 가치를 향해 막연히 달려가고 있을 때 북미 사람들은 자동차, 의복, 주거 등에서 새롭게 발견된 촉각적이고 조각적인 공간들 속을 누비고 있는 것이다. 이 때문에 우리가 오늘날 의복을 피부의 확장으로 인식하는 일은 비교적 쉽다. 비키니와 스킨 다이빙 시대에 우리는 우리의 〈피부의 성(城)〉을 독자적인 공간이자 세계인 것으로 이해하기 시작한다. 젖가슴의 노출은 더 이상 우리에게 스릴을 안겨주지 못한다. 누드는, 덜 추상적인 사회의 청각적-촉각적 가치들에서 스스로를 분리시켜 버린 시각적 문화에만 외설적인 자극을 줄 수 있을 뿐이다. 1930년대까지만 해도 인쇄된 페이지에서 상스러운 단어를 본다는 것은 오싹한 일처럼 여겨졌다. 그리고 대부분의 사람들이 하루 중에 매시간 사용하는 단어들도 일단 인쇄만 되면 누드처럼 광기를 불러일으켰다. 대부분의 상스러운 단어들은 강렬하게 촉각적으로 사람을 압도하는 성질을 갖고 있다. 이 때문에 그것들은 시각적 인간들에게는 비속하고 활력적인 것처럼 보인다. 아직 문자 문화와 산업적인 시각 질서에 의해 추상화되지 않아 여전히 전신 감각의 생활 속에 젖어 있는 후진 문화에서 누드는 정서적인 것에 불과하다. 남성의 성생활에 관한 킨제이 보고서는 농민과 후진국 사람들이 결혼 생활에서 혹은 침실에서 나신을 즐기지 않았다는 당혹스러운 조사 결과를 내놓았다. 흐루시초프는 할리우드에서 그를 위해 준비한 캉캉 춤을 좋아하지 않았다. 당연히 그랬을 것이다. 그런 종류의 감각을 압도하는 마임은 장구한 문자 문화를 가져온 사회에게만 의미가 있는 것이다. 후진국 사람들이 굳이 누드에 접근한다면 화가나 조각가들에게서 기대할 수 있는 태도, 즉 모든 감각을 한꺼번에 사용하는 태도에서만 그렇게 할 것이다. 모든 감각 기관을 사용하는 사람에게 누드란 구조적 형태의 가장 풍부한 표현이다. 그러나 고도로 시각적이고 감각의 균형을 상실한 산업 사회의 사람들에게, 촉각을 자극하는 육체와의 갑작스런 대면은 실제로 강렬한 음악을 듣는 것과 같은 것이다.

오늘날 새로운 균형을 향한 움직임이 있다. 예를 들어 의상에서 조잡한 천과 조각적인 모양을 선호하는 경향이 그것이다. 또한 실내나 실외에서 신체를 의식(儀式)의 하나처럼 노출하려는 것도 그런 움직임

중 하나이다. 심리학자들은 오랫동안 우리 청각의 상당수가 피부 자체를 통해 일어난다고 가르쳐왔다. 온몸을 옷으로 가리고 일양적인 시각적 공간 속에 집어넣어 두었던 수세기가 지나고 나자 이제 전기 시대는 우리를, 우리가 모든 표피로 생활하고 숨쉬고 듣는 세계로 몰아넣고 있다. 물론 이런 유행 속에는 신기하고 새로운 것에 대한 열망이 들어 있다. 그리고 감각들간의 균형 상태는 의상이나 주거 양면에서 상당수의 새로운 의식(儀式)을 버리게 만들 것이다. 한편 새로운 의상과 새로운 주거에서도 우리의 통일된 감각은 재질과 색조에 대한 의식 영역 속에 광범위하게 뒤섞이면서 비약하게 되고 이로 인해 우리의 시대는 음악, 시, 회화, 건축 등에서 가장 위대한 시대 중 하나가 된다.

13 주택 • 새로운 외관과 새로운 전망

　의복이 우리의 체온과 에너지를 축적하고 소통시키기 위해 우리 개인의 피부를 확장한 것이라면 주거는 가족이나 집단이 그런 목적을 달성하기 위한 공동의 수단이다. 피신처로서의 주거는 우리 신체의 열 제어 메커니즘을 확장한 것으로, 집단의 피부 혹은 의복이다. 도시들도 결국은 대규모 집단들의 욕구들에 맞춰 신체 기관들을 훨씬 복잡하게 확장한 것이다. 많은 독자들은 제임스 조이스가 벽, 도로, 공공 건물, 미디어 등 다양한 도시 형태들을 신체 기관에 비유하는 방법으로 『율리시스』를 조직했던 방식에 대해 잘 알고 있을 것이다. 도시와 인체 간의 이 같은 유사성을 통해 조이스는 고대의 이타카와 현대의 더블린 간의 유사성을 조명할 수 있었고, 이를 통해 역사를 초월한 인류의 심층적인 통일성에 대한 감각을 창조해 냈던 것이다.
　보들레르는 도시를 우리 신체 기관들의 통합적인 확장물로 간주해 자신의 『악의 꽃』을 원래는 〈가장자리 Les Limbes〉라고 부르려 했었다. 말하자면 보들레르는 다양한 기능들의 힘을 증폭시키거나 늘이기 위해 우리 자신을 외재화하는 것, 즉 자기 소외를 악의 성장의 꽃이라고 보았던 것이다. 인간의 탐욕과 감각적 충동의 확장으로서의 도시는 그에게 하나의 완전한 유기적-심리적인 통일체였다.

문자 문화 인간, 즉 문명화된 인간은 공간을 제한하고 폐쇄해 기능들을 세분화하는 경향이 있는 반면 부족적 인간은 자신의 신체 형태를 자유롭게 확장해 우주까지도 끌어들였다. 부족적 인간은 스스로 우주의 한 기관으로 살아가기 때문에 자신의 신체적 기능을 신성한 에너지에 참여하는 방식으로 받아들였다. 주택은 부족적인 비문자 문화 사회들에게는 신체의 상(像)인 동시에 우주의 상이었다. 불의 제단으로서의 난로를 갖춘 집을 짓는 행위는 종교 의식 차원에서 본다면 우주 창조의 행위와 연결된 것이었다. 이와 동일한 의식은 고대 도시들의 건설에서는 훨씬 더 깊숙이 뿌리박고 있었다. 도시의 형태와 운영은 신성한 제사 행위를 아주 치밀하게 모범으로 삼고 있었다. (오늘날 중국과 인도에서처럼) 부족 세계에서의 도시와 집은 말씀, 신화, 우주의 기운 등을 도상적으로 구체화한 것으로 간주할 수 있다. 심지어 오늘날 서구의 전기 시대에도 많은 사람들은 개인적이고 고립된 자신들의 존재에 대한 의의를 얻기 위해 이러한 내포적인 전략을 열망하고 있다.

일단 세분화라는 분석 기술을 받아들인 문자 문화적 인간은 부족적 인간처럼 그렇게 쉽게 우주적 형상들에 다가가지 못한다. 문자 문화적 인간은 열린 우주보다는 고립성과 구획된 공간을 선호한다. 또 문자 문화적 인간은 자신의 신체를 우주의 모델로 간주하거나 자신의 집을——혹은 그 밖의 다른 소통의 매개를——자신의 신체의 의식적(儀式的) 확장으로 받아들이는 경향이 약하다. 사람들은 일단 표음 알파벳의 시각적 역동성을 받아들이고 나면, 신체 기관들과 사회적 확장들에서 재현되는 우주적 질서와 의식에 대한 부족적 인간들의 집착을 버리기 시작한다. 그러나 우주적인 것에 대한 무관심은 서구인들만의 독특한 강점이라고 할 수 있는 미세한 부분과 전문가적 작업들에 대한 집중적 관심을 강화시킨다. 왜냐하면 전문가란 거대한 오류를 향해 가고 있으면서도 세세한 잘못은 결코 저지르지 않는 사람이기 때문이다.

사람들이 정착해서 전문화된 일을 하게 되기 전까지는 원형 집에서 산다. 인류학자들은 종종 그 원인은 모르면서도 원형 주거에서 정방형 주거로의 이 같은 변화에 주목해 왔다. 비록 그 설명이 시각 문화권 사람들에게는 명료하지 않겠지만 미디어 분석가들은 이런 문제에 관해 인류학자에게 도움을 줄 수 있다. 마찬가지로 시각적 인간은 영화와 텔레비전, 혹은 코베어와 폴크스바겐[1] 간의 상당한 차이를 제대로 볼 수 없다. 왜냐하면 이들간의 차이는 두 개의 시각적 공간들 사이의 차이가 아니라 촉각적인 공간과 시각적 공간 사이의 차이이기 때문이다.

천막집이나 북미 원주민의 원형 오두막집은 폐쇄되거나 시각적인 공간이 아니다. 동굴이나 땅을 파고 만든 움집도 마찬가지이다. 천막집이나 오두막집 혹은 이글루나 동굴 등과 같은 이런 유형의 공간은 시각적 의미에서 볼 때 〈폐쇄된〉 것이 아니다. 왜냐하면 그것들은 삼각형처럼 역동적인 역선(力線)을 따르고 있기 때문이다. 건축물은 폐쇄되거나 시각적 공간으로 전환되면 촉각적인 운동감을 상실하는 경향이 있다. 정방형은 시각적 공간으로 폐쇄된 것이다. 즉 그것은 현저한 긴장들로부터 추출된 공간의 속성들로 구성된다. 삼각형은 역선들을 따르고 있기 때문에 수직적 물체를 떠받치는 데 가장 경제적인

---

[1] 코베어 Corvair는 미국의 소형 자동차이고, 폴크스바겐 Volkswagen은 독일을 대표하는 소형 자동차이다.

방식이다. 정방형은 그 같은 운동감에서 벗어나 시각적인 공간 관계들로 폐쇄된 반면 대각선에 의존한다. 이처럼 직접적인 촉각이나 운동에 대한 압력으로부터 시각적 차원을 분리해 새로운 거주 공간으로 전환시키는 일은 오로지 사람들이 자신의 감각들을 전문화시키고 자신의 작업 기술을 세분화시킬 줄 알게 될 때에야 일어난다. 정방형의 방이나 집은 정착형 전문가의 언어를 사용하고, 반면에 원추형 오두막집처럼 둥근 집이나 이글루는 채집 공동체의 통합적이고 유목민적인 언어를 말한다.

내가 지금까지 전개해 온 이런 논의는 상당한 오해의 소지를 갖고 있기도 하다. 왜냐하면 여기서 다룬 문제들은 공간에 관한 대단히 고차원적인 기술적 문제들이기 때문이다. 그럼에도 불구하고 그런 공간들을 이해해야 과거와 현재의 수많은 수수께끼들을 푸는 열쇠를 확보할 수 있다. 당장 그것은 원형 돔 건축물이 고딕 양식으로 바뀌게 된 이유, 즉 한 사회의 구성원들에게서 감각 생활상의 비율 변화가 야기하는 변화를 설명해 준다. 그 같은 변화는 새로운 사회적 기술과 발명에 의한 신체의 확장과 더불어 일어난다. 새로운 확장은 우리 식으로 말해서 〈새로운 전망〉, 다시 말해 수많은 영역들에서의 새로운 태도와 취향들을 이끄는 모든 감각과 기능들 사이에서의 새로운 균형을 창출해 낸다.

이미 주목했던 바와 같이 집이란 가장 간단하게 말해 신체의 열 제어 메커니즘을 확장하려는 노력이다. 의복은 이 문제를 보다 직접적으로 다루기는 하지만 덜 근본적으로 다루고 또한 사회적인 방식으로가 아니라 개인적인 방식으로 해결을 시도한다. 의복과 주택은 둘 다 열과 에너지를 축적하고 이를 통해 만일 그것이 아니었으면 불가능했을 수많은 작업들을 가능하게 해준다. 열과 에너지를 사회적으로, 즉 가족과 집단을 위해 사용할 수 있도록 하는 데 있어 주택은 다른 모든 미디어들의 기초가 되는 기능들을 수행하면서 새로운 기술과 새로운 지식을 육성한다. 열 제어는 의복에서와 마찬가지로 주택에서도 핵심 요인이다. 에스키모인의 주거가 좋은 사례이다. 에스키모인들은 영하 50도에서 음식이 없이도 며칠 동안 지낼 수 있다. 옷을 입지 않은 원주민이 영양분을 공급받지 못한다면 몇 시간 안에 죽어버릴 것이다.

그럼에도 불구하고 원시적 형태의 이글루가 휴대용 난로에서 비롯되었다는 사실을 알게 되면 많은 사람들은 놀랄 것이다. 에스키모인들은 오랫동안 원형 돌집에서 살아왔으며 대부분은 지금도 그렇게 살고 있다. 눈 벽돌로 만든 이글루는 이 석기 시대 사람들의 생활에서 아주 최근에 생겨난 변화이다. 이글루에 살게 된 것은 백인들이 휴대용 난로를 갖고 오면서부터였다. 이글루는 사냥꾼들이 임시로 사용하기 위해 고안된 임시 거처이다. 에스키모인은 백인과 접촉한 이후에야 비로소 사냥꾼이 되었다. 그 이전까지는 그저 식량 채집자였을 뿐이다. 이 이글루의 사례는, 단일한 요인——이 경우에는 인공열——의 집중적 강화에 의해 새로운 패턴이 고대의 생활 양식 속에 도입되는 방식을 잘 보여준다. 이와 마찬가지로 우리의 복잡한 생활에서 하나의 단일한 요인의 집중적 강화가 이뤄지면 자연스럽게 우리의 기술적으로 확장된 능력들 사이에 새로운 균형이 생기게 되고 이에 따라 새로운 자극과 발명으로 인한 새로운 외관과 새로운 〈전망〉이 만들어진다.

20세기 들어 엘리베이터에 응용된 전기 기술의 결과물들인, 주택과 건물에서의 다양한 변화들에 우리는 익숙해 있다. 조명에 이용된 것과 동일한 에너지는 우리의 생활 공간과 작업 공간들을 훨씬 더 철저하게 바꿔놓고 있다. 전깃불은 밤과 낮, 실내와 실외, 지상과 지하의 구분을 없애 버렸다. 다른 전기 미디어가 사회의 시간-공간 체험을 바꿔놓았듯이 그것은 작업과 생산을 위한 공간에 대한 일체의 고려를 변화시켰다. 그나마 이런 것들은 상당히 친숙한 것들이다. 수세기 전 가열 장치의 개선에 의해 이루어진 건축상의 혁명은 별로 알려져 있지 않다. 르네상스 시대에 대규모 석탄 채굴이 가능해지면서 보다 추운 기후에 살던 사람들은 엄청난 양의 새로운 에너지원을 찾아냈다. 새로운 가열 수단의 등장으로 인해 유리의 대량 생산이 가능해졌고 주거 공간이 확대되었으며 천장도 높아졌다. 르네상스 시대 시민들의 집은 한꺼번에 침실, 부엌, 작업장, 매장을 겸하게 되었다.

주택을 일단 집단의 의복과 열 제어로 간주할 경우 새로운 가열 수단이 공간적 형태의 변화를 일으킨 원인이라는 것도 이해할 수 있게 된다. 그러나 건축 공간과 도시 공간에서의 형태 변화를 일으키는 데 있어서 조명은 가열 장치 못지않게 결정적이다. 같은 이유로 유리의 역사는 주택의 역사와 너무나 밀접하게 연결되어 있다. 또 거울의 역사는 의상, 예절, 그리고 자아에 대한 감각의 역사에서 중요한 장(章)을 차지한다.

최근 상상력이 뛰어난 빈민가의 한 학교장이 학생들에게 그들 자신의 사진을 갖도록 했다. 교실에는 대형 거울들을 걸어주었다. 그 결과 학습 능률이 놀라울 정도로 향상되었다. 빈민가의 아이들은 일반적으로 시각적 성향을 별로 갖고 있지 않다. 그 아이들은 스스로를 뭔가 형성되어 가는 인간으로 보지 않는다. 먼 미래의 꿈과 목표를 세우지도 않는다. 그저 하루하루의 세상일에 깊이 빠져들 뿐이고 시각적 인간처럼 고도로 전문화된 감각 생활을 영위할 수 있는 발판을 마련하지 않는다. 빈민가 아이들이 처한 곤경은 텔레비전 영상을 통해 점차 모든 사람에게 확산되고 있다.

피부와 열 제어 메커니즘의 확장으로서의 의복과 주택은 무엇보다도 인간들끼리의 결사체와 공동체의 유형들을 형성하고 재조정한다는 점에서 소통의 미디어이다. 다양화된 조명 및 가열 기법은 의복과 주택이라는 미디어의 기본적 원리가 무엇인가에 대해 새로운 유연성과 전망을 제시하는 것처럼 보인다. 즉 변화하는 환경 속에서 어느 정도의 균형을 얻도록 해주는 방식으로 우리 자신의 열 제어 메커니즘을 확장하는 길을 제시하는 것이다.

현대 공학은 우주 캡슐에서 에어 제트 벽에 이르는 다양한 주거 수단을 제공하고 있다. 일부 회사는 마음대로 움직일 수 있는 내벽과 마루를 갖춘 대형 건물들을 만들 수 있을 만큼 전문화하고 있다. 이같은 유연성은 당연히 유기체적인 것을 지향한다. 다시 한번 인간의 감성은 부족적 인간을 우주의 스킨 다이버로 만들었던 우주의 흐름들에 맞춰지고 있는 것처럼 보인다.

이런 경향을 검증해 주는 것은 제임스 조이스의 『율리시스』만이 아니다. 고딕 양식의 교회에 대한 최근의 연구들은 교회 건축가들의 유기체적 목적들을 강조하고 있다. 기독교의 성인(聖人)들은 자신들의 신체를 성령의 상징적 의상으로 생각했고 교회는 제2의 신체로 간주했으며 교회의 세세한 부분들도 전체적인 이상의 견지에서 파악했다. 제임스 조이스가 제2의 신체로서의 대도시에 대한 상세한 상(像)을 제시하기에 앞서 보들레르는 이미 『악의 꽃』에서 대도시로 확장된 신체 각 부분들간의 〈대화〉를 이와 유사하게 보여준 바 있었다.

전깃불의 등장과 함께, 주택과 도시에 있던 인간의 확장물들의 문화적 복합체에는 그 어떤 시대에도 알려져 있지 않던 유기체적 유연성이 생겨났다. 컬러 사진이 〈벽 없는 박물관〉을 만들어냈다면 전깃불은 벽이 없는 수많은 공간, 밤 없는 낮을 만들어낸 것이다. 밤의 도시에서건 밤의 고속도로에서건 야간 경기에서건 간에 빛으로 스케치하고 글을 쓰는 것은 평면 사진의 영역에서, 야외 조명이 만들어낸 생동적이고 역동적인 공간들로 옮겨갔다.

불과 얼마 전만 해도 유리창은 별로 알려져 있지 않은 사치품 중 하나였다. 유리로 빛을 제어하게 되면서 가사(家事)의 규칙성을 확보하는 수단이 생겨났고 비가 오나 눈이 오나 관계없이 작업과 교역도 규칙적으로 가능하게 되었다. 세계는 하나의 틀 속으로 들어갔다. 전깃불 덕택에 우리는 시간이나 장소 혹은 기후와 관계없이 극도로 정밀한 작업들을 할 수 있게 되었을 뿐만 아니라, 우리가 광산과 동굴 화가의 지하 세계에 들어가는 것만큼이나 쉽게 극미(極微) 세계를 촬영할 수 있게 되었다.

우리가 가진 힘의 확장으로서의 조명은 그 같은 확장물들이 우리의 지각들을 어떻게 변화시키는지를 단적으로 보여주는 사례이다. 만일 사람들이 바퀴나 활판 인쇄술 혹은 비행기가 우리의 감각 지각들의 습관을 변화시킬 수 있는지 여부에 대해 의심을 보인다면 그런 의심은 전기 조명과 더불어 종지부를 찍을 것이다. 이 영역에서는 미디어가 곧 메시지이며 따라서 전깃불이 있을 때에는 감각의 세계가 존재하다가 불이 꺼지면 그 세계는 사라져버린다.

〈빛으로 그리다 painting with light〉라는 말은 무대 조명 세계에서만 사용하는 용어이다. 자동차건 영화건 현미경이건 운동의 세계에서의 빛의 사용은 힘의 세계에서의 전기의 사용만큼이나 다양하다. 빛은 〈내용〉 없는 정보이다. 이는 마치 미사일이 바퀴나 고속도로 없는 차량인 것과 같다. 미사일이 연료뿐만 아니라 엔진도 소모하는 자기 충족적인 운송 체계이듯이 빛은 그 안에서 미디어가 곧 메시지인, 자기 충족적인 소통 체계이다.

최근 이루어진 레이저 광선의 개발로 인해 빛에도 새로운 가능성들이 열렸다. 레이저 광선이란 집중적 방사에 의한 빛의 증폭이다. 방사능 에너지의 집중으로 인해 빛에 있는 몇 가지 새로운 속성들을 이용할 수 있게 되었다. 레이저 광선, 말하자면 강화된 빛으로 인해 빛은 전파처럼 정보를 운반할 수 있도록 변조될 수 있게 되었다. 그러나 그 강도(强度)가 워낙 세기 때문에 단 하나의 레이저 광선만으로도 미국 내 모든 라디오와 텔레비전 채널이 전하고 있는 정보들을 한꺼번에 전달할 수 있다. 이런 레이저 광선은 시각의 범위를 벗어나 있으며, 군사적으로 사용될 경우 치명적인 요소로 작용할 수도 있을 것이다.

밤하늘에서 보면 겉으로 드러나는 도시 지역의 혼돈은 짙은 벨벳에 놓은 자수(刺繡)와 같다. 미국의 디자인 연구가 케페슈 Gyorgy Kepes는 도시의 이 같은 밤하늘 풍경을 〈빛에서〉라기보다는 〈빛을 통한 풍경〉이라는 새로운 예술 형식으로 발전시키고 있다. 그가 만들어낸 새로운 전기 광경들은 마찬가지로 빛〈에서〉가 아니라 빛〈을 통해〉 존재하는 텔레비전 영상과 완전히 일치한다.

프랑스 화가 앙드레 지라르 André Girard는 영화가 대중화되기 전에 필름에 직접 그림을 그리기 시작했다. 그런 초기 단계에서는 〈빛으로 그림 그리기〉와, 그림 기법에 운동을 도입하는 것에 대해 생각하는 것은 쉬운 일이었다. 지라르는 이렇게 말했다.

앞으로 50년 후에 그 주제들이 여전히 너무나 좁은 틀 속에 머물러 있는 그런 그림들에 주목하는 사람이 거의 없다 하더라도 나는 별로 놀라지 않을 것이다.

그런데 텔레비전의 등장은 그에게 새로운 영감을 불어넣었다.

일전에 나는 조정실에서 갑자기 내가 결코 생각해 본 적이 없던 순서에 따라 내가 그린 큰 그림 속의 얼굴들, 광경들, 표현들을 차례대로 보여주는 카메라의 민감한 눈을 보았다. 그때 내 심정은 자신이 작곡한 오페라와는 전혀 다른 순서로 뒤섞여 공연되는 작품을 보고 있는 작곡가의 심정이었다. 그것은 마치 여러분에게 지하실보다 옥상을 먼저 보여주고 어떤 층들에서는 정지하고 다른 층들에서는 정지하지 않는 그런 고속 엘리베이터를 타고 건물을 보는 것과도 비슷한 것이었다.

그 후 지라르는 CBS 및 NBC 기술자들과 함께 광선으로 그림 그리기를 하기 위한 새로운 조정 기법들을 개발해 왔다. 그의 작업이 주택에 대해 갖는 의의는, 그로 인해 우리가 공간을 건축적, 예술적으로 변조(變調)할 수 있는 완전히 새로운 가능성들을 열 수 있게 되었다는 점이다. 광선으로 그림 그리기란 일종의 벽 없는 집과 같다. 지구의 온도 조절 기능으로까지 확장된 바로 그 전기 기술은 신체의 열 제어 메커니즘의 확장으로서의 주택이 필요 없게 되었음을 시사한다. 이와 마찬가지로 장벽 없는 의식(意識)을 만드는 데 있어 집단적 의식 과정을 전기적으로 확장할 경우 언어 장벽은 사라지게 될지 모른다. 언어란 우리의 오감(五感)을 다양한 비율과 파장으로 더듬거리며 확장한 것이다. 그러나 일종의 거대한 초감각적 지각을 통해 의식을 즉각 모사할 수 있게 되면 말이 필요 없게 될 것이다. 이는 우리가 집이라고 부르는 피부와 신체의 확장물들이 필요 없게 되는 것과 마찬가지이다. 전기를 이용한 시뮬레이션에 의해 이루어지는 이 같은 의식 과정의 확장은 1960년대가 되면 쉽게 일어날 것이다.

14 돈 • 가난한 자의 신용 카드

　현대 정신분석 이론에서 핵심적인 문제는 돈 콤플렉스와 인체 간의 관계이다. 어떤 분석가들은 돈을, 어린 시절 배설물을 갖고 놀고 싶어하는 충동으로부터 파생된 것으로 본다. 특히 헝가리의 정신분석학자 페렌치 Ferenczi는 돈을, 〈빛은 나되 냄새 없고 마른 오물〉 이외에 아무것도 아니라고 말한다. 돈의 개념에 대한 분석에서 그는 프로이트의 〈성격과 항문 에로티즘〉 개념을 응용한다. 물론 〈더러운 부(富)〉를 항문과 연계시키는 이 같은 착상은 정신분석학의 주류이긴 하지만, 이 장의 테마인 사회에서의 돈의 본성과 기능에는 충분히 부합되지 않는다.

　비문자 문화 사회들에서 돈은 피지 제도의 고래 이빨이나 이스터 섬의 쥐와 같은 하나의 상품으로서 출발했다. 그런데 그런 것들은 이후 고급 물건으로 간주되었고 사치품으로서의 가치를 갖게 되었으며 그리하여 중개나 물물 교환의 수단으로 자리 잡았다. 스페인 군사들이 1574년 네덜란드 라이덴을 포위 공격하고 있을 때 라이덴 시는 가죽 화폐를 발행했지만 상황이 더욱 악화되자 사람들은 그 새로운 화폐를 삶아 먹었다.

문자 문화권에서도 상황에 따라 상품 화폐가 재도입되는 일이 있을 수 있다. 제2차 세계 대전 때 독일이 점령했던 네덜란드에서는 담배 품귀 현상이 일어났다. 공급이 워낙 달렸기 때문에 보석, 정밀 기계 심지어 가옥과 같은 고가의 물품들이 작은 양의 담배와 거래되었다. 《리더스 다이제스트 Reader's Digest》는 뜯지 않은 담배 한 갑이 1945년 유럽 점령 초창기에 화폐의 역할을 하던 한 가지 일화를 전하고 있다. 누군가 담뱃갑을 뜯지 않는 한 그것은 한 사람에게서 다른 사람에게로 넘겨지며 화폐의 기능을 했던 것이다.

돈은 언제나 상품과 공동체의 성격을 어느 정도 담고 있다. 가장 가까이에 있는 물품에서 보다 멀리에 있는 물품까지 인간의 장악력을 확대하는 돈의 기능은 그 초창기에는 아주 미미했다. 장악력과 교역 행위의 유동성 증가는 처음에는 아주 작다. 그래서 그것은 어린아이에게서 언어 능력이 생겨나는 것에 비유된다. 처음 몇 달 동안의 사물 장악력은 반사적 수준에 머물고 자기 뜻대로 손이라도 뻗치려면 적어도 1년은 지나야 한다. 말하는 능력은 물건들을 자신으로부터 떼어놓을 줄 아는 능력의 발달과 보조를 맞춘다. 말하는 능력은 주변 환경으로부터 떨어질 수 있는 힘을 주며 이 힘은 주변 환경에 대한 인식 능력이기도 하다. 따라서 그것은 상품으로서가 아니라 화폐로서의 돈에 대한 인식의 성장과도 보조를 같이한다. 화폐란 교역을 사회 전체로 확대하기 위하여 처음에는 돈의 기능을 했던 직접적인 물품과 상품을 떼어놓는 것이다. 화폐에 의한 교역은 진자(振子)의 진동처럼 장악하고 떼어놓는 원리에 바탕을 두고 있다. 한 손에 물건을 쥐고 다른 한 손을 그것으로 유혹한다. 다른 한 손은 교환하고 싶은 물건을 향해 뻗어나간다. 제1의 손은 제2의 대상에 닿자마자 풀어진다.

이는 마치 서커스의 그네뛰기에서 곡예사가 한쪽 막대에서 다른 쪽 막대로 옮겨가는 것과 유사하다. 실제로 엘리아스 카네티는 『군중과 권력』에서 상인은 모든 오락 중에서 가장 오래된 것, 즉 나무에 올라가 이 가지에서 저 가지로 건너가는 놀이를 하는 사람이라고 주장한다. 나무 위에 사는 고등 원숭이들의 원초적인 장악, 계산 및 기회 포착 등을 그는 가장 오래된 운동 패턴 중의 하나를 돈과 관련된 어휘로 바꾼 것으로 간주한다. 나뭇가지들 사이에서 원숭이의 손이 음식을 입으로 이동시키는 것과는 전혀 동떨어진 쥐기의 패턴을 배웠듯이, 상인과 금융업자는 고등 원숭이들의 열성적인 나무 오르기와 기동성의 확장들인 매력적인 추상적 활동들을 발전시켜 왔다.

다른 미디어와 마찬가지로 돈은 물품이며 자연의 자원이다. 바꾸고 교환하고 싶은 충동이 겉으로 드러난 가시적 형태로서의 돈은 그 제도적 지위를 보장받기 위해 사회에 의존하는 하나의 집합적 이미지이기도 하다. 공동의 참여가 없다면 돈은 무의미하다. 로빈슨 크루소는 난파선에서 동전들을 발견하고 나서야 다음과 같은 사실을 깨닫게 된다.

나는 이 돈을 보는 순간 혼자 웃었다. 그러고는 소리를 내 이렇게 말했다. 〈이런 제길! 너희들이 나에게 무슨 소용이람. 나에겐 아무런 가치도 없어. 주울 필요조차 없다니까. 그러나 나이프 하나는 너희들 모두에도 비길 수 없을 만큼 소중해. 너희들을 어디에다 써야 할지 나는 모른단 말이야. 그대로 있다가 물 속에 빠져버려. 구해 줄 가치도 없으니까.〉

그러나 다시 잠깐 생각한 후에 나는 그것을 주었다. 나는 그것을 전부 돛의 천 조각으로 싸면서 또 하나의 뗏목을 만들기 시작했다.

원시적인 물품 화폐는 비문자 문화권의 주술어처럼 힘의 저장소가 될 수 있고 종종 활발한 경제 활동을 불러일으키는 일도 있었다. 남

태평양의 원주민들은 어떤 일에 몰두하고 있을 때 경제적 이득을 추구하지 않는다. 무서울 정도로 열심히 생산을 했다가도 의도적으로 생산물들을 파괴하는 일들이 있는데 그것은 도덕적 우위를 확보하기 위해서이다. 그러나 이런 〈포틀래치〉[1]를 가진 문화들에서조차도 통화는, 표음 알파벳의 기술이 등장하면서 고대 세계에서 보편화되었던 방식으로 인간 에너지를 촉진하고 가속화했다. 쓰기와 마찬가지로 돈도 한 종류의 일을 다른 종류의 일로 변환하고 환원시키는 방식으로 인간의 에너지를 전문화시키고 재편성하여 기능들을 분리시키는 힘을 갖고 있다. 전기 시대에도 돈은 이런 힘을 조금도 잃지 않았다.

포틀래치 풍습은 상당히 널리 퍼져 있으며 특히 식량 채집과 생산이 쉬운 문화일수록 더욱 그렇다. 예를 들면 북서 연안의 어민들이나 보르네오의 쌀 농사를 짓는 농민들은 잉여 생산물이 생길 경우 없애 버린다. 그렇게 하지 않으면 계급 차가 발생해 전통적 사회 질서를 파괴해 버릴 것이라고 믿는다. 그래서 보르네오를 여행하는 사람은 수 톤의 쌀을 비에 젖게 방치하거나 엄청난 노력을 들인 위대한 예술적 건조물들을 부수는 광경을 목격할지 모른다.

동시에 이런 미개 사회에서는 돈이 한 조각의 구리에 마술적인 위력을 부여하기 위해 열광적인 에너지를 방출하긴 했지만, 그것으로 살 수 있는 것은 거의 없다. 결국 부자나 가난한 사람이나 많은 면에서 똑같은 방식으로 살고 있다. 그리고 이와 유사하게 전기 시대에 접어든 오늘날 가장 부유한 사람조차도 보통 사람과 거의 비슷한 오락을 즐기고 심지어 비슷한 음식을 먹고 비슷한 차를 탄다.

어떤 물품을 돈으로 사용하게 되면 당연히 그 물품의 생산은 늘어

---

[1] 북아메리카 북서안 인디언들이 부와 권력을 과시하기 위해 겨울 축제 중에 선물을 분배하거나 파괴하는 행사이다.

난다. 17세기에 미국 버지니아 주에서는 경제가 전문화되지 않았기 때문에 정교한 유럽의 통화들은 아주 긴요한 것이었다. 당시 버지니아 사람들은 자본이 적었고 또 가능한 한 이 자본을 화폐의 형태로 바꾸고 싶어하지 않았다. 그래서 그들은 경우에 따라 물품 화폐를 사용하였다. 담배와 같은 물품이 법정 화폐로 정해지자 그것은 즉각 담배 생산을 촉진하는 결과를 가져왔다. 이는 바로 금속 화폐의 확립이 금속 채굴을 촉진한 것과 같다.

노동과 기능을, 매우 쉽게 접근할 수 있고 운반 가능한 형태로 확장하고 증폭시키는 사회적 수단이었던 돈은 태환 화폐, 즉 지폐가 등장하면서 그 마력을 상당 부분 잃고 말았다. 마치 말하기가 쓰기, 더 나아가 인쇄술이 등장하자 그 마력을 잃은 것처럼, 인쇄된 지폐가 금을 대신하게 되자 돈이 원래 갖고 있던 매력적인 힘은 사라져버린 것이다. 버틀러는 『에레혼』에서 귀금속이 지닌 신비스러운 위력을 다루면서 아주 명백한 시사점들을 제시했다. 그는 사람들이 새로운 사회적 환경에서도 여전히 돈을 인습적으로 경건하게 대하는 모습을 보여줌으로써 화폐라는 미디어를 조롱한다. 그러나 고도 산업 시대에 이 새로운 형태의 추상적이고 인쇄된 화폐는 낡은 태도를 더 이상 유지시켜 주지 못할 것이다.

이것이야말로 진정한 박애주의이다. 양말을 팔아 거대한 부를 이루고 또 정력적인 활동으로 모직물 값을 파운드 당 1페니의 천 분의 일로 낮추는 데 성공한 사람이야말로 박애주의를 설파하고 다니는 박애주의자 10명과 맞먹는다. 에레혼 사람들은 이런 일에 매우 강한 인상을 받아 1년에 2만 파운드 이상을 번 사람에게는 모든 세금을 면제해 주고 그를 하나의 예술 작품으로 간주했다. 함부로 범접하기 힘든 사람으로 생각했던 것이다. 그래서 그들은 말했다. 〈사회가 그에게 그처럼 많은 돈을 벌 수 있도록 해주기 전에 그는 사회를 위해 얼마나 많은 일들을 해야 했는가!〉그리고 그 장대한 조직이 사람들에게 너무나 위압적이었기 때문에 그들은 그것이 하늘에서 떨어진 것이라고 생각했다.

그들은 말한다. 〈돈이란 의무의 상징이며 인류가 원했던 바를 인류를 위해 한다는 신성한 상징이다. 인류는 그리 훌륭한 재판관은 아니겠지만 그렇다고 그보다 나은 재판관이 있는 것도 아니다.〉이 말은 처음에 나에게 충격적이었다. 왜냐하면 그때 나는 성경이라는 높은 권위에 기대어 사람들이 흔히 말하는, 부자는 천당에 가기 어려울 것이라는 경구가 생각났기 때문이다. 그러나 에레혼의 영향으로 인해 나는 사물을 전혀 새로운 시각에서 보기 시작했으며 결국 부를 갖지 못한 사람이 천당에 들어가기가 훨씬 더 어려울 것이라는 생각을 하지 않을 수 없었다.

그 책의 보다 앞 부분에서 버틀러는 목사가 출납을 맡고 있는 〈음악 은행〉에 빗대어, 산업화된 세계의 현금등록기적 도덕과 종교를 야유한 바 있었다. 방금 인용한 구절에서 그는 돈을 〈인류가 원했던 바를 인류를 위해 한다는 신성한 상징〉으로 받아들이고 있다. 그는 돈이란 〈내면의 보이지 않는 은총이 겉으로 드러난 가시적 표시〉라고 말하고 있는 것이다.

내적인 소망과 동기의 사회적 미디어 혹은 확장물로서의 돈은 사회적이고 정신적인 가치들을 창출하는데, 여성복의 패션에서도 그런 성격이 드러난다. 요즘의 광고를 보면 통화(즉 사회적 상징물 혹은 외적이고 가시적인 표시)로서의 옷이 지닌 이런 측면들을 강조하고 있다. 〈오늘날 패션계에서 중요한 것은 널리 사용되는 옷감으로 된 옷을 입고 있는 것처럼 보이게 하는 것이다.〉 이런 유행을 따른다는 것은 말 그대로 스타일이나 옷감에 통화의 성격을 부여하게 되어, 부와 표현을 증대시키는 사회적 미디어를 창출하게 된다. 이것은 돈을 비롯한 그 어떤 미디어든지 그것이 어떻게 제도화되고 효력을 발휘하게 되는지를 단적으로 보여주는 것이 아닌가? 사람들이, 인류가 원하는 것을 인류를 위해 하면서 일양성과 반복에 의해 성취한 사회적 가치들에 대해 불안을 느끼게 된다면 우리는 그것을 기계 기술의 쇠퇴를 상징하는 징표로 간주해도 좋을 것이다.

〈돈은 말한다.〉 왜냐하면 돈은 메타포이며 변환자이며 다리이기 때문이다. 단어나 언어와 마찬가지로 돈은 공동체가 성취한 일, 기능, 경험 등의 저장고이다. 그러나 돈은 또한 쓰기처럼 전문가적 기술이기도 하다. 그리고 쓰기가 말과 질서의 시각적 측면을 강화하고 시계가 공간으로부터 시간을 시각적으로 분리하듯이 돈은 일을 다른 사회적 기능들로부터 분리한다. 오늘날에조차 돈은 농부의 일을 이발사, 의사, 엔지니어 혹은 연관공(鉛管工)의 일로 번역하는 언어이다. 방대한 사회적 메타포이자 교량이자 번역자인 돈은 쓰기와 마찬가지로 교환을 가속화하고 공동체에서 상호 의존의 유대 관계들을 더욱 강화한다. 돈은 쓰기나 달력이 그러하듯이 정치적 조직체들에게 엄청난 공간적 확장과 제어력을 제공한다. 그것은 공간적으로나 시간적으로 먼 거리에서 이루어지는 작용이다. 문자 문화가 고도로 발전하고 파편적인 사회에서 〈시간은 돈〉이며 돈은 다른 사람들의 시간과 노력의 축적이다.

중세 동안 국고(國庫), 즉 〈국왕의 지갑〉이라는 관념은 돈의 개념을 언어(국왕의 영어)와 여행에 의한 소통(국왕의 도로)과 연결지었다. 인쇄술이 출현하기 전에 소통 수단이 단 하나의 신체(왕의 몸)를 확장한 것으로 간주되는 것은 지극히 자연스러운 일이었다. 문자 문화가 점차 확산되어 가던 사회에서는 돈과 시계가 고도의 시각성과 분화적 성격을 강조했다. 실제로 돈이 공동체의 일과 기능의 축적이자 변환자라고 이해하는 서구 문화는 (음성 언어가 아닌) 문자 언어에 대한 오랫동안의 적응에 의존해 오고 있다. 조직에서의 각종 기능들을 전문화하고 대리하며 분리하는 문자 언어의 권능에 의존해 오고 있는 것이다.

비문자 문화 사회들에서의 돈의 본성과 쓰임새들을 살펴볼 때 우리는 쓰기가 어떻게 해서 통화의 확립에 기여하는지 그 방식들을 보다 잘 이해할 수 있다. 오늘날 우리가 당연시하는 정가제와 연결되어 있는, 상품들의 일양성은 인쇄술이 그 지반을 다진 후에야 가능해진 것이다. 〈뒤처진〉 나라들이 경제적 〈이륙〉에 도달하는 데는 오랜 시간이 걸린다. 왜냐하면 그런 나라들은, 인쇄가 일양성과 반복성이라는 방식으로 심리를 조절할 수 있게 해주는 방대한 규모의 처리 절차를 겪지 않았기 때문이다. 일반적으로 서양인들은 침투해 들어오는 시각적인 문자 문화가 어떻게 가격과 셈의 세계를 지탱하고 있는지에 대해 아는 게 별로 없다.

비문자 문화 사회들은, 우리가 시장이나 가격이라고 부르는 통계적 정보의 거대한 구조들을 창출하고 유지시킬 수 있는 정신적 자질들이 아주 부족하다. 다시 말해 그런 사회의 모든 주민들이 그들의 소망과 욕망들을 통계적으로, 즉 공급과 수요의 시장 메커니즘과 가격이라는 시각적 기술에 의해 번역하는 습관을 갖도록 하는 일보다는 그들을 생산의 조직 속에 편입시키는 일이 훨씬 더 쉽다. 18세기에 와서야 서구 사회도, 이처럼 자신의 내면 생활을 매매라는 새로운 통계적 유형으로 확장한 것을 받아들이기 시작했다. 이 새로운 메커니즘이 당시의 사상가들에게 정말 기이하게 보였기 때문에 그들은 그것을 〈쾌락주의의 계산 Hedonistic calculus〉이라고 불렀다. 그래서 가격이 감정과 욕망을 계량화해 냈다는 점에서는, 광대한 공간 세계의 불균형 요인들을 정복한 미적분의 변환력에 비견된다. 한마디로 18세기에 시작된 가격에 의한 내면 생활의 세분화는 당시 사람들에게, 그보다 한

돈 201

세기 전에 이루어진 미적분에 의한 공간의 세밀한 분화에 못지않게 신비스러운 것으로 비쳤다.

우리의 가격 시스템으로 대표되는 극단적인 추상화와 분리는 모든 거래에서 나타나는 기존의 가격 흥정 드라마에 익숙한 사람들로서는 도저히 생각할 수 없고 또 그들에게 별로 소용도 없다.

지구상의 모든 사람들이 순간적인 전기에 의해 상호 의존함으로써 새로운 권력의 소용돌이가 형성되고 있는 오늘날, 사회 조직과 개인 경험에서 차지하는 시각적 요인의 비중은 줄어들고 있고, 돈은 노동과 기능을 축적하고 교환하는 수단으로서의 의미를 점차 잃기 시작하고 있다. 전자 공학에 의한 자동화는 육체적 노동이 아니라 프로그램화된 지식을 대변한다. 노동이 간단한 정보의 이동으로 대체됨에 따라 노동의 축적이었던 돈은 신용이나 신용 카드와 같은 정보 형태와 통합된다. 주화에서 지폐까지, 그리고 화폐에서 신용 카드까지 사이에는 정보의 이동 자체가 상업적 교환이 되는 쪽을 향하는 꾸준한 진전이 있었다. 포괄적 정보를 향한 이러한 경향은 신용 카드로 대표되는 것과 같은 그런 종류의 이미지이며, 다시 한번 부족의 화폐라는 성격으로 접근해 간다. 왜냐하면 직업이나 노동의 전문화를 전혀 모르는 부족 사회는 화폐 또한 전문화하지 않기 때문이다. 부족 사회의 돈은 오늘날 먹을 수 있게 설계된 신종 우주선처럼 먹을 수도 있고 마실 수도 있고 입을 수도 있다.

그러나 비문자 문화 세계에는 〈노동〉이란 존재하지 않는다. 원시 사회의 사냥꾼이나 어부는 오늘날의 화가나 시인이나 사상가들이 그런 것과 꼭 마찬가지로 노동을 하고 있는 것은 아니다. 한 사람의 전인격이 관련되는 곳에 노동이란 없다. 노동은 정착 농경 사회에서의 분업과, 기능 및 작업의 전문화와 함께 생겨난다. 컴퓨터 시대인 오늘날 우리는 다시 한번 우리의 역할에 전인적으로 관계하게 된다. 전기 시대에서의 〈직업〉은 부족 사회에서처럼 헌신과 참여이다.

  비문자 사회들에서 돈은 사회의 다른 기관들과 아주 단순하게 관계를 맺고 있다. 돈의 역할은 그것이 사회의 제반 기능들을 전문화하고 분리하는 작업을 강화하기 시작할 때 엄청나게 커진다. 사실 이렇게 되면 돈은 문자 사회의 훨씬 다양한 전문가적 활동들을 상호 연관짓는 주요한 수단이 된다. 문자가 시각을 다른 감각들로부터 분리시킴에 따라 시각의 분화력은 오늘날 전기공학 시대에는 훨씬 쉽게 알아차릴 수 있는 하나의 사실이 되었다. 컴퓨터와 전기 프로그래밍으로 무장한 현대에 정보를 축적하고 이동하는 수단은 덜 시각적이고 덜 기계적인 반면 점차 통합적, 유기적으로 바뀌어간다. 즉발적인 전기 형태들에 의해 창출되는 총체적 장(場)은 더 이상 시각화될 수 없다. 이는 전기 분자들이 움직이는 속도를 시각화할 수 없는 것과 마찬가지이다. 즉발적인 것은 시간과 공간과 인간사(人間事) 간의 상호 작용을 만들어낸다. 그리고 바로 이 때문에 낡은 형태의 통화 교환은 점차 적실성을 잃어가고 있는 것이다. 시각적인 모델들을 원자 데이터를 구성하는 데 사용하려 했던 현대 물리학자들은 자신이 다루고 있는 문제의 본질 언저리에도 다가가지 못할 것이다. (시각적으로 그리고 단위별로 측정되는) 시간과 (일양적이고 그림 같으며 닫힌) 공간은 즉각적 정보가 지배하는 전기 공학 시대에는 사라지기 때문이다. 즉각적 정보의 시대가 되면 인간은, 파편화하고 전문화하는 데 몰두하던 자신의 직업에 종언을 고하고 정보 채집자로서의 역할을 맡게 된다. 오늘날 정보 채집은 포괄적 개념의 〈문화〉를 재개시킨다. 이는 꼭 원시 시대의 식량 채집자가 자신의 모든 환경과 완전히 균형을 이룬 상태에서 일을 했던 것과 일치한다. 이 새로운 유목적이고 〈노동 없는〉 세계에서 우리가 가지게 되는 절박한 관심사는 인생과 사회의 창조적 과정들에 대한 지식과 통찰이다.

인간들은 부족의 폐쇄된 세계를 떠나, 쓰기의 기술에 의해 귀를 눈과 교환하는 〈열린 사회〉로 나아갔다. 특히 그들은 알파벳을 통해 부족 세계의 주술적인 환경과 공명하는 마술로부터 벗어날 수 있었다. 보다 최근에는 경제 분야에서도 인쇄술의 등장 및 금속 화폐에서 지폐로의 변화를 통해 중상주의와 국가 무역의 경제적 보호로부터 자유 무역주의자들의 열린 시장이라는 이상으로 변화가 이뤄졌다. 오늘날 전기 기술은 바로 이 돈의 개념을 곤란에 빠뜨리고 있다. 인간의 상호 의존성의 새로운 무게 중심이, 인쇄와 같은 파편화하는 미디어로부터 전보와 같은 포괄적인 미디어 혹은 매스 미디어로 이동하고 있기 때문이다.

모든 미디어들은 우리 자신의 확장이거나 우리의 일부를 다양한 재료를 이용해 변환시킨 것들이기 때문에 하나의 미디어에 대해 제대로 이해하게 되면 다른 모든 것들을 이해하는 데도 큰 도움이 된다. 돈도 예외가 아니다. 돈의 원시적 사용 혹은 비문자 문화적 사용은 특히 많은 것들을 깨우쳐준다. 왜냐하면 그것은 소통의 미디어로서 물품이 자연스럽게 수용되는 것을 보여주기 때문이다. 비문자 사회의 사람은 어떤 물품이건 돈으로 받아들일 수 있다. 그 이유는 부분적으로 한 공동체의 물품이란 상품인 동시에 소통의 미디어이기 때문이다. 면화, 보리, 소, 담배, 목재, 물고기, 가죽 그리고 그 밖의 다른 생산품들은 여러 문화권에서 공동체 생활을 형성하는 주요한 요인으로 작용해 왔다. 이 물품들 중 어느 하나가 사회를 결속시키는 중요한 역할을 하게 되면 그것은 동시에 부의 축적도 되고 기능이나 노동의 변환자 혹은 교환자도 된다.

손에 닿는 모든 물건을 황금으로 바꾸는 힘을 가진 미다스 왕에 대한 고전적인 매도(罵倒)는 어떤 면에서 본다면 언어를 포함한 모든 미디어가 갖고 있는 성격이다. 이 신화는 인간의 감각과 신체의 모든 확장들이 갖는 마술적 측면에 주목한다. 다시 말해 모든 종류의 기술에 주목한다. 모든 기술은 미다스의 힘을 가진다. 한 공동체가 그 자신의 확장물을 발전시키면 자연스럽게 다른 모든 기능들도 그 형태에 적응하기 위해 변화될 수 있도록 용인해 주는 경향이 있다.

언어도 통화와 마찬가지로 지각의 축적이면서 동시에 지각과 경험을 한 사람에게서 다른 사람에게로 혹은 한 세대에서 다음 세대로 전해 주는 역할을 한다. 경험의 변환자이자 저장소로서의 언어는 그러면서도 경험의 축소자이자 왜곡자이기도 하다. 학습 과정을 가속화하고 시간과 공간의 제약을 뛰어넘어 지식과 지혜를 전달할 수 있게 해 주는 바로 이 장점은 경험을 언어라는 기호로 바꿔야 하는 단점을 너무나도 쉽게 능가한다. 현대의 수학과 과학에는 경험을 기호로 바꾸는 비언어적 방식들이 점점 늘어가고 있다.

일과 경험의 저장물로서의 언어처럼 돈 또한 변환자이자 전달자로서의 역할을 한다. 특히 문자가 사회적 기능들의 분화를 촉진시켜 오고 있기 때문에 돈은 일의 저장소라는 본래의 역할로부터 벗어날 수 있게 되었다. 이런 역할은 소나 가죽 같은 물품이 화폐로 사용될 때 아주 분명해진다. 돈이 스스로 상품 형태에서 벗어나 전문적으로 교환 기능만 담당하게 되면 더 빨리 그리고 더 많은 규모로 이동하게 된다.

최근까지도 물품 화폐의 대용물로서의 지폐, 혹은 〈태환 화폐〉의 등장은 여러 가지 혼란을 일으켰다. 이와 거의 마찬가지로 구텐베르크의 인쇄 기술도 거대한 신생 문자 공화국을 창출해 내면서 문학과 인생의 경계선에 대해 엄청난 혼란을 가져왔다. 인쇄 기술을 바탕으로 하는 태환 화폐는 기동성이 떨어지는 금괴나 물품 화폐와는 비교가 되지 않는 신용이라는 새롭고 신속한 차원을 열어놓았다. 그런데도 사람들은 이 신속하고 전혀 새로운 화폐를 느려터진 금괴 마찬가럼 다루려고 온갖 노력을 다했다. 케인스는 『화폐론』에서 이 문제를 다음과 같이 지적하고 있다.

이리하여 물품 화폐의 장구한 시대는 결국 종언을 고하고 태환 화폐의 시대가 시작되었다. 금은 이제 더 이상 경화(硬貨), 축재(蓄財), 손에 잡히는 부(富)의 상징이 되기를 멈췄다. 물품 화폐 시대에는 사람들이 금만 꼭 잡고 놓지 않는 한 그 가치는 계속 유효했다. 그러나 새 시대에 황금은 보다 더 추상적인 것, 즉 가치의 척도가 되었다. 그래서 중앙 은행들 중 어느 하나가 주변국 중앙 은행들과는 균형을 맞추지 못한 채 태환 화폐를 과잉 공급하거나 혹은 부족하게 공급해, 중앙 은행들끼리 극히 적은 양의 금을 필요에 따라 돌릴 때에만 금은 명목상의 지위를 유지할 뿐이다.

지폐, 즉 태환 화폐는 노동의 저장물로서의 화폐라는 고대의 역할에서 벗어나, 마찬가지로 고대의 기본적인 기능, 다시 말해 어떤 종류의 노동을 다른 종류의 노동으로 바꿔주는 전달자 겸 노동의 촉진제로서 스스로를 전문화시켜 왔다. 이집트인들의 풍요로운 상형 문자 문화를 시각적으로 크게 추상화해서 얻은 알파벳은 동시에 이집트 문화를 그리스-로마 세계의 거대한 시각적 소용돌이로 바꿔놓았다. 알파벳은 비문자 문화들을 서구 세계의 전문화된 시각적 단편들로 환원시키는 일방적 과정이다. 화폐는 그 같은 전문화된 알파벳 기술의 부산물이다. 그래서 기계적 반복성이라는 구텐베르크적 형태를 새로운 강도로 끌어올린다. 알파벳이 원시 문화의 복잡성을 단순한 시각적 표현들로 번역함으로써 그 문화의 다양함을 중성화시켰듯이 태환 화폐도 19세기의 도덕 가치들을 축소시켰다. 종이가 알파벳의 권능을 촉진시켜 구어 전통하의 야만인들을 로마적인 문명의 일양성으로 획일화했듯이 지폐가 있었기 때문에 서구 산업이 지구를 뒤덮을 수 있었다.

지폐가 등장하기 직전 유럽의 신문에서 정보의 이동량이 엄청나게 증가하면서 〈국가 신용〉이라는 이미지와 개념을 만들어냈다. 지금과 마찬가지로 그때에도 신용의 그 같은 통합적인 이미지는, 지난 2세기 이상 동안 우리가 당연하게 생각해 오고 있는 신속하고 포괄적인 정보 이동에 바탕을 둔 것이었다. 공적 신용이라는 것이 나타나게 되는 그러한 단계에 돈은 한 지역뿐 아니라 전국에서 노동의 축적물을 한 문화에서 다른 문화로 이동 변환시키는 새로운 역할을 맡게 되었다.

정보 이동과 화폐의 변환 능력이 가속화되면서 불가피하게 생겨난 결과들 중 하나는 수시간 혹은 수년 단위로 이런 변화를 예측해 내는 사람에게 부자가 될 수 있는 기회가 생겨난 것이다. 우리는 특히 오늘날 주식, 채권, 부동산 등에서 미리 정보를 획득해 부자가 된 수많은 사례들을 알고 있다. 부가 지금처럼 명백하게 정보와 연관되어 있지 않았던 과거에는 한 특정한 사회 계급 전체가 통상적인 기술 변화에 따른 부를 독점할 수 있었다. 케인스는 「셰익스피어와 이윤의 인플레이션 Shakespeare and the Profit Inflations」이라는 연구에서 그런 경우를 설명하고 있다. 〈새로운 부와 금괴는 우선 지배 계급의 수중에 돌아가기 때문에 갑작스런 만족감과 행복감을 느끼게 되고 일상적인 스트레스와 불안에서 해방되어 번영을 만들어내게 된다. 그리고 이런 번영은 다시 다락방의 찢어지게 가난한 예술가를 고무시켜 그림과 시가(詩歌)에 새로운 승리의 리듬과 환희의 형식을 불어넣게 만든다. 이윤이 임금을 훨씬 앞질러 상승하는 한 지배 계급은 한층 고무되어 가난한 예술가들의 가슴속에서 거창한 착상들이 떠오르게 행동한다. 그러나 이윤과 임금이 상당히 접근하게 되면 지배 계급의 이 거품 같은 즐거움은 그에 상응해 사라지게 되고 따라서 예술가도 번영의 혜택을 누릴 수 없게 된다.〉

케인스는 돈이 미디어로서 갖는 역동성을 찾아냈던 것이다. 이 한 가지 미디어를 연구하는 데서 제기되는 진정한 과제는 모든 미디어를 연구하는 데서도 동일하다. 즉 케인스는 그 과제들을 이렇게 적고 있다. 〈문제를 역동적으로 다룰 것, 다시 말해 가격 수준을 결정하는 인과적 과정과, 하나의 균형 상태에서 다른 균형 상태로 옮겨가는 방법을 보여줄 수 있는 방식으로 상이한 관련 요소들을 분석할 것.〉

한마디로 화폐는 폐쇄된 체계가 아니고 따라서 독자적으로 의미를 갖지 못한다. 변환자, 증폭자로서 화폐는 한 종류의 사물을 다른 종류의 것으로 대체시키는 독특한 힘을 갖고 있다. 정보 분석가들은 하나의 자원이 다른 자원으로 대체될 수 있는 정도는 정보가 증가할 때 그만큼 늘어난다는 결론에 이르고 있다. 우리가 보다 많은 정보를 알아감에 따라 그만큼 어떤 구체적인 음식이나 연료나 원료에 덜 의존하게 된다. 의복과 가구는 이제 얼마든지 다른 재료들을 가지고도 만들 수 있다. 수세기 동안 정보의 중요한 전달자이자 교환자였던 화폐는 이제 그 기능을 점차 과학과 자동화에 넘기고 있다.

오늘날에는 천연 자원들조차도 정보로서의 측면을 갖고 있다. 그것들은 한 공동체의 문화와 기능에 의해 존재한다. 그러나 그 역 또한 참이다. 모든 미디어 혹은 인간의 확장은 한 공동체의 공유된 지식과 기능에 의해 존재하는 천연 자원이다. 이 장의 첫머리에서 인용한 바와 같이 로빈슨 크루소가 난파선을 다시 찾아갔을 때 그에게 충격을 안겨줬던 것도 다름 아닌 화폐의 이런 측면에 대한 각성이었다.

재화만 있고 화폐가 없을 경우 물물 교환과 같은 것이 생겨나야 한다. 그런데 비문자 문화의 사회들에서 재화가 물물 교환에서 매개의 역할을 할 경우 그 재화가 화폐의 기능을 포함시키려 하는 경향을 가장 쉽게 관찰할 수 있다. 먼 거리에서 재료를 가져오기만 하면 그 재료에 일정한 노동이 가해진 것이다. 따라서 그 물건은 거기에 무언가가 가해진 만큼 노동과 정보, 혹은 기술적인 지식을 축적하게 된다. 하나의 물건이 다른 것과 교환될 때 그것은 이미 다양한 사물들을 어떤 공통 분모로 변환하거나 환원시키는 것으로서 화폐의 기능을 전제하고 있다. 그러나 공통 분모는 또한 시간을 절약시켜 주고 활동을 촉진시켜 주는 것이기도 하다. 바로 그래서 돈은 시간이며 이런 작용의 측면에서 볼 때 노동 절약과 시간 절약을 분리해서 생각하는 것은 거의 불가능하다.

탐욕스런 해상 무역으로 유명한 페니키아인들이었지만 그들이 육상 교역 중심의 리디아인들보다 동전을 늦게 사용했다는 것은 하나의 수수께끼로 남아 있었다. 이처럼 지체된 이유가 페니키아인들이 어떤 문제 때문에 그렇게 됐는지는 설명해 주지 못할는지 모르지만 미디어로서의 화폐에 대한 기본적인 사실 한 가지는 명백하게 부각시켜 준다. 즉 대상(隊商)의 형태로 교역을 하고 있던 사람들에게는 가볍고 휴대하기 쉬운 지불 수단이 필요했던 것이다. 그런데 페니키아인들처럼 해상을 통해 교역을 하는 사람들에게는 그런 필요성이 훨씬 적었다. 효과적인 행동 거리를 촉진하고 확장하는 수단으로서의 간편한 휴대성은 또한 파피루스에 의해서도 입증된 바 있었다. 알파벳이 점토판이나 석판에 새겨졌을 경우와 가벼운 파피루스에 씌어졌을 경우 그것은 전혀 다른 것이었다. 여기서 생겨난 속도와 공간에서의 비약이 로마 제국을 만들어냈다.

공업 시대에 접어들어 노동을 점차 정확하게 측정하게 되면서 노동 절약의 주요 측면으로서의 시간 절약이 분명하게 드러났다. 화폐, 쓰기, 기계 등의 미디어는 다시 하나의 유기적 전체로 통합되기 시작했고 그 결과 우리는 다시 미개 사회의 원주민이나 작업실에서의 예술가처럼 노동에 대해 전인적으로 관여하는 상태에 가까이 가게 되었다.

화폐의 특징 중 하나는 자연스럽게 수(數)로 옮겨간다는 것이다.

왜냐하면 돈을 모으는 것은 군중과 상당한 유사성을 갖고 있기 때문이다. 게다가 군중의 심리적 유형들과 축재에 관련 있는 유형들은 매우 비슷하다. 엘리아스 카네티는 군중에게서 발견되는 기본적인 역동성은 신속하고 무제한적인 성장을 향한 충동이라는 점을 강조하고 있다. 그런데 이와 동일한 힘의 역학은 거대한 부나 재화의 집중에서도 그대로 나타난다. 사실 대중적으로 흔히 사용되는 현대의 재화 단위는 〈백만〉이다. 그것은 어떤 형태의 통화에도 적용할 수 있는 단위이다. 그래서 〈백만〉이란 단어는 단번에 투기에 의해 도달할 수 있다는 관념과 언제나 연결되어 있다. 카네티는 이와 마찬가지로 수의 증대를 보고 싶어하는 야심이 히틀러의 연설에서 얼마나 전형적으로 나타나는지를 잘 설명한다.

 사람들의 군집이나 돈 무더기는 증가를 향해서만 달리는 것은 아니다. 그것들은 와해나 위축에 대한 불안감도 만들어낸다. 이 확장과 위축이라는 두 방향의 운동은 군중들의 불안정성과, 부에 수반되는 불안감의 원인인 듯하다. 카네티는 제1차 세계 대전 이후 독일의 인플레이션이 미친 심리적 영향들에 관해 많은 분석을 하고 있다. 시민에 대한 평가 절하는 독일 마르크화의 평가 절하와 병행해서 일어났다. 거기서는 사람의 단위와 화폐 단위가 뒤섞이면서 체면과 가치가 함께 상실되었다.

15 시계 • 시간의 향기

레너드 둡은 『아프리카에서의 커뮤니케이션』에서 이렇게 적고 있다. 〈터번, 칼, 그리고 오늘날에 와서는 자명종 시계를 쓰거나 갖고 다니는 것이 높은 신분을 표시해 주는 것이다.〉 아마도 아프리카인들이 시간을 정확히 지키기 위해 시계를 보게 되려면 오랜 시간이 있어야 할 것이다.

(32 대신 302를 쓰는 것처럼) 자릿수를 정하는 방법을 발견하고 나서 수학에서의 대혁명이 일어났던 것과 마찬가지로 서구에서도 시간을 두 시점 사이에서 일어나는 어떤 것으로 확정하는 일이 가능해진 다음에 엄청난 문화적 변혁이 일어났다. 시간을 지속(持續)으로 보는 서구의 시간 감각은 이처럼 시각적이고 추상적이고 일양적인 단위들을 응용한 데서 나왔다. 또 시간을 이처럼 일양적이고 시각화할 수 있는 단위들로 분할함으로써 서구인들은 지속감과 함께, 두 사건 사이에 지연이 있을 때 그것을 참아내지 못하는 조급함을 갖게 되었다. 이 같은 조급함 혹은 지속으로서의 시간에 대한 감각은 비문자 문화권에

서는 생소한 것이다. 노동이 분업과 함께 시작되었듯이 지속은 시간의 분할, 특히 기계적인 시계가 시간 감각에 일양적인 연속성을 부과하게 만든 분할과 함께 시작된다.

기술의 한 단편으로서 시계는 조립 라인 유형에서 일양적인 초, 분, 시를 생산하는 기계이다. 이처럼 일양적인 방식으로 처리된 시간은 인간 경험의 리듬과 분리된다. 간단히 말해 기계적인 시계는, 계량화되고 역학적으로 구성된 우주에 대한 상(像)을 만들어내는 데 기여한다. 시계가 근대적인 발전을 시작한 것은, 공동체 생활을 인도해 줄 규칙과 통합된 질서가 필요했던 중세 수도원 세계에서였다. 개인적 경험의 고유함이 아니라 추상적이고 일양적인 단위에 의해 측정된 시간은 점차 모든 감각 생활에 침투했다. 이는 쓰기와 인쇄의 기술이 그러했던 것과 꼭 마찬가지이다. 노동뿐만 아니라 먹는 것과 자는 것까지도 유기체적인 필요가 아니라 시계에 따라 조절되었다. 임의적이고 일양적인 시간 측정 패턴은 전 사회에 확산되었고 심지어 의복조차도 의류 공업에 부합되게끔 매년 바뀌기 시작했다. 그 점에서 물론 응용 지식의 원리로서의 시간의 기계적인 측정은, 과정들을 일양적으로 세분화하는 수단인 인쇄술 및 조립 라인과 협력했다.

우리가 상상할 수 있는 한에서 가장 통합적이고 포괄적인 시간 감각은 중국과 일본 문화에서 표현된 감각이다. 17세기에 선교사들이 와서 기계적인 시계들을 소개하기 전까지 중국인과 일본인들은 수천 년 동안 향(香)의 변화를 가지고 시간을 쟀다. 시간과 날짜뿐만 아니라 계절과 12궁까지도 섬세하게 배열한 향의 움직임으로 표시했다. 오랫동안 기억의 근원이자 개체성의 통합적 기반으로 간주되어 온 후각은 와일더 펜필드 Wilder Penfield의 실험에서 다시 전면에 나서게 되었다. 뇌 수술을 하는 동안 뇌 조직을 전기로 탐색하는 작업은 환자들의 많은 기억들을 재생시켜 주었다. 이 같은 기억의 환기는 이 과거의 경험들을 구조화시킨 독특한 향기에 의해 지배되고 통합되었다. 냄새에 대한 감각은 인간 감각 중에서 가장 미묘하고 섬세할 뿐만 아니라 그것이 인간의 전체 감각 기관을 다른 어떤 감각들보다 완전하게 포괄한다는 점에서 가장 도상적(圖像的)이다. 따라서 고도의 문자 문화 사회들이 주변 환경으로부터 냄새를 줄이거나 제거하려고 조치를 취하는 것은 전혀 놀랄 일이 아니다. 인간 개체의 독특한 서명(署名)이자 선언인 체취는 문자 문화 사회에서는 좋지 않은 단어이다. 즉 그것은 매사에 거리를 두려 하고 전문가적인 관심을 쏟으려고 하는 우리에게는 너무나도 포괄적인 것이다. 시간의 향기들을 측정하는 사회는 대단한 응집력과 강력한 통일성을 갖고 있어 모든 종류의 변화에 저항하려 한다.

루이스 멈포드는 사회의 기계화에 미친 영향의 순서에 있어서 시계가 인쇄기보다 먼저라고 시사한 바 있다. 그러나 멈포드는 표음 문자인 알파벳을, 시간의 시각적이고 일양적인 세분화를 가능하게 해주는 기술로 보지 않았다. 사실 멈포드는 서구적인 메커니즘의 원천으로서의 알파벳에 대해서는 알지 못한다. 이는 그가, 사회를 청각적-촉각적 양식에서 시각적 가치 중심으로 전환시키는 것으로서의 기계화를 간과한 것과 맥락을 같이한다. 우리의 새로운 전기 기술은 그 경향 면에서 본다면 유기적이고 비기계적이다. 왜냐하면 그것은 우리의 눈이 아니라 우리의 중추신경 조직을 지구의 의복으로서 확장하기 때문이다. 그리고 전기 기술의 시간-공간 세계에서 낡은 기계적 시간은 단지 그것이 일양적이라는 이유만으로도 받아들이기 곤란한 것으로 여겨지기 시작한다.

현대의 언어학 연구는 문학적이기보다는 구조적이며, 번역을 위한 컴퓨터의 새로운 가능성들에 많이 의존하고 있다. 어떤 언어 전체가 하나의 통합된 체계로 고찰되는 순간 이상한 구멍이 나타난다. 마틴

주스 Martin Joos는 영어의 사용 규모를 고찰하면서 아주 재치 있게 〈스타일의 다섯 가지 시계〉 혹은 다섯 개의 서로 다른 영역과 그 각각의 문화적 풍토를 지적한 바 있다. 그중 하나를 예로 들자면 그것은 책임성의 영역이다. 이 영역은 얼굴까지 잉크로 범벅이 된 구텐베르크가 자신의 영토로서 지배하고 있는 동질성과 일양성의 영역이다. 그것은 중앙 표준 시간이 지배하는 표준 영어의 스타일 지역이고 이 지역 내의 주민들은 말하자면 다양한 정도로 시간의 정확성을 지키는 모습을 보여준다고 한다.

에드워드 홀 Edward T. Hall은 『침묵의 언어』에서 우리의 시간 감각과 호피 인디언의 시간 감각을 대조하면서 〈시간이 미국인의 악센트에 미친 영향〉을 논의한다. 호피 인디언들에게 시간은 일양적인 연속성이나 지속이 아니라 다양한 종류의 사물들이 공존하고 있는 복합체이다. 〈그것은 옥수수가 익어갈 때 혹은 양이 커갈 때 발생하는 것이다.······ 그것은 생명체가 삶의 드라마를 연기하는 동안 일어나는 자연스런 과정이다.〉 따라서 그들에게는 시간의 종류만큼이나 다양한 인생의 종류도 존재하게 된다. 또한 이는 현대 물리학자와 과학자들이 주장하는 것과 같은 종류의 시간 감각이다. 그들은 더 이상 사건들을 시간이라는 용기에 담으려고 애쓰지 않으며 사건들마다 각자의 시간과 공간을 만든다고 생각한다. 게다가 우리는 순간적인 세계에서 전기적으로 살고 있기 때문에 시간과 공간은 시간-공간의 세계 속에서 전면적으로 서로에게 침투한다. 이와 마찬가지 방식으로 세잔 이후의 화가들은 모든 감각들이 하나의 통합된 유형으로 공존하는 조소적(彫塑的) 이미지를 회복해 오고 있다. 각각의 물체 혹은 물체들의 집합은, 다른 물체 혹은 물체들의 집합과 시각적으로 혹은 음악적으로 맺는 관계들을 통해 각각의 고유한 공간을 만들어낸다. 이 같은 인식이 서구 세계에서 다시 일어났을 때 사람들은 그것이 만물을 하나의 흐름 속에 몰아넣어 버리는 것이라 해서 비난했다. 그러나 이제 와서 우리는 이런 불안감이 새로운 비시각적 기술의 등장에 대한 자연스러운 문학적이고 시각적인 반응이었다는 것을 깨닫는다.

영 J. Z. Young은 『과학에서의 의심과 확신 Doubt and Certainty in Science』에서 전기가 어떻게 해서 어떤 물체에 의해 전달되거나 어떤 물체에 포함되어 있는 것이 아니라, 둘 이상의 물체가 특별한 위치에 있을 때 발생하는 무엇인지를 설명하고 있다. 표음 문자 기술에서 나온 영어는 이 새로운 지식관에 제대로 대처할 수 없다. 지금도 우리는 전기가 〈흐른다〉든가, 총알이 직선으로 날아가듯이 전기 에너지를 〈발사한다〉는 등의 이야기를 한다. 그러나 화가의 능력이 가진 미적 마력과 마찬가지로 〈전기는 사물들 사이에 일정한 공간적 관계가 성립할 때 우리가 관찰하게 되는 조건이다〉. 화가는 새로운 지각을 해방시키기 위해 사물들 사이의 제반 관계에 적응하는 법을 배우고 화학자나 물리학자는 다른 관계들이 다른 종류의 힘을 어떻게 해방시키는지를 배운다. 전기 시대에 접어들면서 우리는 모든 종류의 대상이나 대상들의 집단을 동일한 관계들의 집단으로 볼 수 있는 적당한 이유를 점점 찾을 수 없게 된다. 하지만 고대 세계에서는 힘을 얻는 유일한 수단은 천여 명의 노예를 한 사람처럼 행동하게 하는 것이었다. 중세 시대에는 종(鐘)으로 확장된 공동의 시계가 소공동체들의 에너지를 효과적으로 집약시켜 주었다. 르네상스 시대 들어 시계는 새로운 인쇄 기술의 일양적인 탁월함과 결합해 사회 조직의 힘을 거의 전국적인 규모로 확장시켰다. 19세기경이 되면 시계는 산업이나 수송과 불가분한 응집의 기술을 제공했다. 그 결과 거대 도시 전체가 하나의 자동 기계처럼 작동할 수 있게 되었다. 이제 힘과 정보가 분산되는 전기 시대에 우리는 시계-시간의 일양성 아래에서 초조해하기 시작했다. 공간-시간의 이 시대에 우리는 리듬의 반복성보다는 다양성을 추구한다. 이는 행진하는 병사와 발레와의 차이이다.

다음과 같은 사실, 즉 장비의 주술이나 우리 신체의 확장이 새로울 때 새롭게 증폭된 영역에는 마비 현상이 오게 된다는 사실을 깨닫는 것은 미디어와 기술을 이해하는 데 필수적인 절차이다. 시계에 대한 불만이 생겨난 것도, 전기 시대에 이르러 기계적 종류의 시간이 더 이상 정확하지 않다는 게 드러나고 나서부터이다. 전기 시대인 20세기에는, 기계 시계에 의해 유지되는 도시가 마치 엘리엇의 『황무지』 앞부분에 나오는 몽유병 환자나 주술에 의해 되살아난 사람들의 무리처럼 보인다.

새로운 미디어에 의해 촌락의 규모로 작아진 지구라는 행성에서 도시들은 이미 새로운 유형의 문화에 압도된 고대 도시들처럼 기이한 모습들을 드러내고 있다. 그러나 기계적인 시계들이 기계 문자(인쇄가 처음에는 이런 식으로 불렸다)에 의해 엄청난 새 힘과 실용성을 부여받았을 때 새로운 시간 감각에 대한 반응은 대단히 모호했고 심지어 우스꽝스럽기까지 했다. 셰익스피어의 소네트들은 인쇄라는 엔진에 의해 추진되는 명성의 불멸성과, 시계에 의해 측정되는 일상적 실존의 하찮음이라는 대조적 주제들로 가득 차 있다.

> 시간을 알려주는 시계 소리를 셀 때
> 멋진 낮이 소름 끼치는 밤 속으로 가라앉는 것을 볼 때……
> 그때 나는 당신의 아름다움에 대해 이렇게 묻노라
> 그대도 시간이라는 황야 속으로 사라져야 하는가.
> ——「소네트 10」

『맥베스』에서 셰익스피어는 맥베스의 세계가 허물어지는 것을 보여주기 위해 우리에게 친숙한 한 독백에서 인쇄와 기계적 시간이라는 쌍둥이 기술을 연결시키고 있다.

> 내일 그리고 내일 그리고 또 내일
> 하루하루 이 보잘것없는 걸음으로
> 기록된 시간의 마지막 음절을 향해 간다.

시계와 인쇄술에 의해 일양적인 연속적 단위로 분할된 시간은 르네상스기 신경증의 주요한 테마가 되었는데 이는 과학에서의 정밀한 측정이라는 새로운 움직임과 분리시켜 생각할 수 없다. 셰익스피어는 「소네트 60」에서 그 시작하는 부분에는 기계적 시간을 두고, 끝에는 불멸의 새로운 엔진, 즉 인쇄술을 위치시킨다.

> 파도가 조약돌 해변으로 밀려들듯이
> 우리의 시간도 그 종국을 향해 서둔다.
> 매번의 시간은 앞의 시간이 머물던 자리를 차지하면서
> 앞으로 앞으로 괴로워하며 경쟁하듯 나아간다……
> 그러나 나의 시는 영원 속에 남아
> 시간의 잔인한 손에도 굴하지 않고 그대의 가치를 찬양하리

영국의 대표적인 형이상학파 시인인 존 던 John Donne의 시 「일출 The Sun Rising」은 귀족의 시간과 부르주아의 시간을 대조시킨다. 가장 심하게 비난받던 19세기 부르주아의 특징 중 하나는 그들의 시간 엄수, 즉 기계적 시간과 계열적 질서에 대한 현학적인 집착이었다. 시간-공간이 새로운 전기 기술로부터 의식의 문들을 통해 홍수처럼 밀어닥치자 모든 기계적인 관습은 혐오와 조롱의 대상으로 바뀌어버렸다. 던 역시 시계-시간의 무의미함에 대해 냉소적인 생각을 갖고

있었고 사랑의 왕국에서는 시간의 거대한 우주적 순환조차 시계의 사소한 측면에 불과한 것인 양 가장하고 있다.

> 분주한 늙은이, 이 무례한 태양이여
> 왜 그대는 창문과 커튼을 지나 우리를 방문하는가.
> 연인들의 계절이 그대들의 움직임에 따라야 한다는 말인가.
> 뻔뻔하고 잘난 척하기 좋아하는 그대여, 어서 가서 지각한 학생과
> 빗나간 제자들이나 꾸짖으라.
> 궁정의 사냥 담당관에게 가서 왕이 사냥하러 갈 시간이 되었다고 말해 주라
> 개미에게 곳간으로 갈 때가 되었다고 말해 주라.
> 하지만 그대는 알아야 한다. 사랑에는 계절도 없고 기후도 없다는 사실을.
> 당연히 시간도 날도 달도 없다.
> 그건 그저 시간의 누더기일 뿐.

던이 20세기에 다시 인기를 누리게 된 주요한 이유는 그가 새롭게 등장한 구텐베르크 시대의 권위에 맞서 인쇄를 획일적이고 반복 가능한 활자라고 낙인찍고, 그 속에는 시각적으로 사물을 측정하려는 동기가 숨어 있다고 정밀하게 지적했기 때문일 것이다. 이와 비슷하게 앤드루 마블Andrew Marvell의 「수줍음 많은 연인에게To his Coy Mistress」도 시간과 덕성을 측정하고 계산하려는 새로운 정신에 대한 경멸로 가득 차 있다.

> 우리가 충분한 세계와 시간을 갖고 있다면
> 여인이여, 이 수줍음은 죄가 되지 않을 것이오.

우리는 가만히 앉아 어디를 산책할까를 생각하면서
우리의 오랜 사랑의 날들을 보낼 것이오…….
그대의 눈과 이마를 찬양하는 데만
1백 년은 보내리다.
그대의 가슴을 찬양하는 데
2백 년은 보내리다.
이렇게 당신의 나머지를 찬양하는 데
3만 년은 걸릴 것이오.
마지막으로 당신의 마음을 노래하리다.
당신은 그럴 만한 연인이오,
그러고도 나는 당신을 제대로 사랑했다 말할 수 없을 겁니다.

마블은 관습적이고 유행에 의해 단편화된 연인의 모습을 노래하는 데 알맞은 찬양의 비율과, 1백 년 같은 교환의 비율을 섞어놓고 있다. 매사를 인기라는 관점에서 접근하는 그녀의 태도를 그는 또 하나의 시간 구조와 지각 모델로 대체하고 있는 것이다. 그것은 햄릿의 〈이 그림을 보라, 그리고 저 그림을〉과 전혀 다를 바 없다. 중세풍의 사랑의 규약을 새로운 중산층 상인의 언어로 조용히 그리고 부르주아적으로 번역하는 대신, 왜 이상적인 사랑의 피안을 향한 바이런 같은 광기를 부리지 않는가.

그러나 나의 등뒤로 나는 언제나
시간의 날개를 단 마차가 달려오는 소리를 듣는다.
그리고 저 멀리 내 앞에는
거대한 영원의 사막이 자리하고 있다.

여기에는 구텐베르크와 더불어 회화에 도입된 새로운 선적(線的) 원근법이 있다. 그러나 그것은 밀턴의 『실낙원』에 이르러서야 비로소 언어의 세계 속으로 들어온다. 심지어 말이 아닌 글조차도 선적인 연속성과 소실점을 바탕으로 하는 추상적이고 시각적인 질서에 대해 2세기 넘게 저항했었다. 그러나 마블 이후의 시대는 서경시에 관심을 갖게 되었고 언어는 각별한 시각적 효과를 내는 데 몰두하게 되었다.

그러나 마블은 다음과 같은 통찰을 통해 부르주아적인 시계-시간을 정복하기 위한 대응 전략을 제시했다.

> 그래, 우리가 우리의 태양을 만들 수는 없다,
> 그러나 기다려라, 우리가 그것을 움직이겠노라.

그는 자신의 연인과 자기가 스스로 포탄이 되어 태양을 향해 발포함으로써 그것을 움직여보겠노라고 말하고 있는 것이다. 말하자면 그것을 충분히 가속시킬 수만 있다면 시간의 특성을 역전시킴으로써 시간은 패배할 수 있다. 이 사실의 체험은 전기 시대에 와서 이뤄졌다. 전기 시대란 다름 아닌 즉시성이 시간과 공간을 제거하고 사람들에게 통합적이고 원시적인 지각을 되돌려준 시대이기 때문이다.

오늘날에는 점점 더 빠른 속력을 요구하는 충동으로 인해 시계-시간뿐만 아니라 바퀴 자체도 시대에 뒤떨어져 동물적 형태로 후퇴하고 있다. 위의 시에서 시계-시간이 속도에 패할 수도 있다는 마블의 직관은 지극히 옳은 것이었다. 현재 기계적인 것은 전기적인 속도의 조건하에서 유기적인 통합체에 굴복하기 시작했다. 우리 인간은 이제 2, 3천 년에 걸친 다양한 정도의 기계화를 두 개의 위대한 유기적 문화기 사이에 끼어든 막간으로, 다시 말해 기계적인 것을 제대로 통찰할 수 있는 안목을 갖고 돌아볼 수 있게 되었다. 1911년 이탈리아의 조각가 보초니 U. Boccioni는 이렇게 말했다. 〈우리는 미지의 문화를 사는 미개인이다.〉 반세기가 지난 지금에 와서야 우리는 전기 시대의 새로운 문화에 대해 좀더 많이 알게 되었고 그런 지식은 기계를 둘러싼 신비를 제거하고 있다.

단순한 도구와 달리 기계는 한 과정의 확장 혹은 외화(外化)이다. 도구는 손, 손톱, 이, 팔을 확장한다. 바퀴는 발을 회전 운동이나 연속 운동의 형태로 확장한다. 수작업을 최초로 완전하게 기계화시킨 인쇄는 손의 운동을 일련의 구분되는 단계들로 분할한다. 그리고 이런 단계들은 바퀴가 회전하듯이 반복될 수 있는 것이다. 이 분석적인 연속으로부터 조립 라인의 원리가 생겨났다. 하지만 이제 조립 라인은 전기 시대를 맞아 진부한 것이 되었다. 왜냐하면 동시성은 더 이상 연속적이지 않기 때문이다. 전자기 테이프의 등장으로 인해 수많은 서로 다른 행위들의 동시화가 가능하게 되었다. 따라서 계열에 따른 기계적 분석의 원리는 종말을 고해 가고 있다. 심지어 바퀴조차도 이제는 원칙적으로 종말을 고해 가고 있다. 다만 현대 문화의 기계적인 층위(層位)에서는 여전히 그것을 축적된 운동량의 일부로서, 즉 낡은 질서의 일부로서 담고 있을 뿐이다.

원칙적으로 기계적일 수밖에 없는 근대의 시계는 바퀴를 구체화한 것이다. 시계는 더 이상 과거와 같은 의미와 기능을 갖지 못한다. 시간들이라는 복수성이 시간의 일양성을 대체한다. 오늘날 뉴욕에서 저녁 식사를 하고 파리에서 소화를 시키는 일은 너무나 쉬운 일이다. 또 여행자들은 기원전 3천 년의 문화에서 한 시간을 보내고 다음 한 시간은 19세기 문화를 체험하는 일이 얼마든지 가능하게 되었다. 북미인들 대부분의 생활은 외면상 19세기의 선상에서 이루어지고 있다. 그러나 그들의 내면은 점차 19세기의 기계적인 패턴과 다양한 차이를 보이게 되고 그 양식은 전기적이고 포괄적이며 신화적이다. 신화적인 혹은 도상적인 지각의 양식이 일개인의 관점을 내몰고 그 자리에 다면성을 앉히고 있다.

역사가들은 수도원 생활에서 인간사(人間事)를 동시적으로 처리하는 데 있어 시계가 한 기본적 역할에 대해서는 동의한다. 생활을 그처럼 분과 시간 단위로 쪼개는 것을 받아들이는 풍토는 고도로 문자 문화적인 공동체가 아니고서는 도저히 생각할 수 없는 것이었다. 인간이라는 유기체를 기계 시간이라는 낯선 양식에 기꺼이 맞출 수 있었다는 것은 오늘날과 마찬가지로 여러 세기에 걸친 초기 기독교 시대가 문자 문화에 그만큼 의존하고 있었다는 뜻이다. 시계가 지배하기 위해서는 그에 앞서 표음적인 문자 문화와 떼려야 뗄 수 없는 시각적인 것이 강조되어야 한다. 문자 문화는 그 자체가, 인간 공동체에서 끝없는 결핍의 유형들을 위한 길을 준비하는 추상적인 금욕주의이다. 문자 문화가 보편화되면서 시간은 분할되고 또 다시 세분될 수 있는 닫힌 공간 혹은 회화적 공간의 성격을 띨 수 있게 된다. 그래서 시간은 공간과 흡사하게 채울 수 있는 것이 된다. 〈내 스케줄은 꽉 찼다.〉 마찬가지로 시간은 텅 빌 수도 있다. 〈나는 다음달에는 일주일이 빈다.〉 그리고 세바스찬 데 그라치아 Sebastian de Grazia가 『시간, 일 그리고 여가에 관하여』에서 보여준 것처럼 세상의 모든 자유 시간이 곧 여가는 아니다. 왜냐하면 여가는 〈일〉을 구성하는 노동 분할, 즉 분업을 받아들이지도 않고, 또 〈꽉 찬 시간(풀 타임)〉이나 〈빈 시간(자유 시간)〉을 만들어내는 시간 분할도 받아들이지 않기 때문이다. 여가란 용기(容器)로서의 시간 개념을 배제한다. 시간이 일단 기계적으로 혹은 시각적으로 닫혀서 분할되고 채워지면 시간을 효율적으로 사용하는 일이 가능해진다. 즉 시간은 파킨슨 Parkinson이 그의 유명한 〈파킨슨의 법칙〉에서 보여준 바와 같이 노동을 절약하는 기계로 변형될 수 있게 되는 것이다.

시계의 역사를 공부해 보면 누구든지 기계적인 시계의 발명과 함께 완전히 새로운 원리가 도입되었다는 사실을 발견하게 될 것이다. 가장 초기의 기계 시계는, 물시계나 수차에 사용된 것과 같은 추진력의 연속적 작용이라는 낡은 원리를 그대로 담고 있었다. 봉(棒)과 평형 바퀴에 의해 회전 운동을 일시적으로 차단하는 방법이 사용된 것은 서기 1300년경의 일이었다. 이런 기구를 〈탈진기(脫進機)〉라고 불렀는데 그것은 말 그대로 바퀴의 연속적인 운동력을 일양적이면서도 분절된 연속이라는 시각적 원리로 전환하는 수단이었다. 탈진기는 주축(主軸)을 앞뒤로 순환 운동시키는데, 이는 두 손을 서로 뒤집는 운동을 도입한 것이었다. 기계 시간에서, 손 운동의 이 같은 고대적인 확장과 바퀴의 전방을 향한 회전 운동이 만났다는 것은 사실상 손이 발로, 발이 손으로 변환되는 것이었다. 아마도 신체 사지(四肢)를 서로 확장시키는 기술로서 이만큼 어려운 것도 없을 것이다. 이리하여 시계의 에너지의 원천은 기술적인 변환에 의해 손, 다시 말해 정보의 원천과 분리되었다. 일종의 바퀴 공간을 일양적이고 시각적인 공간으로 변화시키는 것으로서의 탈진기는 따라서 어떤 종류의 공간이나 운동이건 일양적이고 연속적이고 시각적인 공간으로 번역하는 미적분학의 등장을 직접적으로 예상케 해준다.

파킨슨은 일과 시간의 기계적인 사용과 전기적인 사용의 경계선에 있었기 때문에 우리에게 일과 시간의 모습을 어떤 때는 이 눈으로 또 어떤 때는 다른 눈으로 볼 수 있는 즐거운 안목을 줄 수 있다. 서구와 같은 문화는 변형의 분기점에 있기 때문에 비극적 의식과 희극적 의식을 모두 풍부하게 만들어낸다. 기원전 5세기, 기원후 16세기 그리고 20세기의 문화를 위대하게 만들어낼 수 있었던 까닭은 다름 아닌 다양한 형태의 지각과 경험이 최대한 상호 작용을 했기 때문이다. 그러나 친숙함과 안정감을 보장해 주는 모든 것이 와해되고 불과 몇 십 년 만에 재편되는 이런 강렬한 시기에 삶을 향유할 수 있었던 사람은 얼마 되지 않는다.

추상적인 시간을 만들어내고 사람들로 하여금 배고파서가 아니라 〈먹을 시간〉이 되어서 먹게끔 만든 것은 시계 자체가 아니라 시계가 강화시켜 준 문자 문화였다. 루이스 멈포드는, 르네상스 시대의 추상적인 기계적 시간 감각으로 인해 당시 사람들이 그들 자신의 현재로부터 떨어져 나와 고전적인 과거 속에서 살 수 있었다고 말했는데 이는 설득력 있는 통찰이다. 여기서도 고대의 문학과 문헌들을 대량 생산함으로써 고전적인 과거, 즉 고대 그리스-로마 문명을 재창조할 수 있게 해주었던 것은 인쇄술이었다. 대량 생산이 신문과 잡지의 정기적인 간행으로 확장되는 것과 마찬가지로 기계적이고 추상적인 시간 패턴의 확립은 곧바로 의상 스타일의 주기적인 변화로 확장된다. 오늘날에 와서 우리는, 《보그 Vogue》의 업무는 그 잡지가 인쇄되는 과정의 일부로서 옷의 스타일을 바꾸는 것이란 점을 당연하게 받아들인다. 어떤 것이 유통되기 시작하면 그것은 통화를 만들어낸다. 유행은 섬유를 이동시켜 그것을 더욱 빈번하게 유통시킴으로써 부를 창출하는 것이다. 우리는 이런 과정을 14장 「돈」에서 살펴본 바 있다. 시계는 인간적 유대의 속도를 가속시킴으로써 직무를 변형시키고 새로운 일과 부를 창출해 내는 기계적인 미디어이다. 사람들의 만남과 행동을 조정하고 촉진시킴으로써 시계는 인간의 교환 활동의 양을 증대시킨다.

따라서 멈포드가 르네상스가 이룩한 거대한 혁신으로 〈시계와 인쇄기와 용광로〉를 꼽은 것은 전혀 부적절한 것이 아니다. 용광로와 마찬가지로 시계도 사회 생활에서 소재들을 융합시키고 부드럽게 적응시키는 촉진제 역할을 한다. 그래서 18세기 말 산업 혁명이 일어나기 훨씬 전부터 사람들은 사회가 〈산문적인 기계〉가 되어버려 눈이 핑핑

돌아갈 정도로 생활이 빠르게 돌아간다고 불평했던 것이다.

시계는 사람들을 계절적 리듬과 반복의 세계로부터 끄집어냈다. 이는 알파벳이 구어의 마술적인 반향과 부족의 구속으로부터 사람들을 해방시킨 것에 비견될 수 있다. 우리에 대한 자연의 장악과 부족의 구속으로부터 이처럼 이중적으로 변환시킨 일이 아무런 벌도 받지 않고 이루어진 것은 아니었다. 그러나 자연과 부족으로의 복귀는 전기의 시대에는 너무나도 간단하게 이루어진다. 우리는 인간을 원초적인 상태와 원초적인 언어로 복귀시키겠다는 계획을 설파하는 사람들에 대해 주의할 필요가 있다. 사명감에 불타는 이 십자군은 인간의 삶의 차원을 바꿔놓는 데 있어 미디어와 기술이 하는 역할을 전혀 검토하지 않는다. 그들은 등에 자명종을 둘러맨, 몽유병에 걸린 아프리카의 추장과 같다.

비교종교학 교수 미르치아 엘리아데는 대표작 『성과 속』에서 자신이 말하는 〈성스러운〉 우주가 바로 음성 언어와 청각 미디어에 의해 지배되는 세계라는 점을 깨닫지 못하고 있다. 따라서 〈속된〉 세계란 시각에 의해 지배되는 세계라는 점도 깨닫지 못한 것 같다. 우주를 시각적인 단편들로 분절하는 시계와 알파벳이 상호 관계의 음악에 종지부를 찍었다. 시각적인 것이 우주를 탈신성화(脫神聖化)했고 〈현대 사회의 비종교적 인간〉을 만들어냈다.

그러나 역사적으로 볼 때 엘리아데의 설명은, 시계와 시간을 준수하는 도시의 시대가 탄생하기 전에 부족적 인간에게 우주적 시계란 어떤 것이었고 또 천지 창조론 자체의 성스러운 시간은 무엇이었던가를 새롭게 조명하는 데는 유용하다. 부족적 인간이 도시나 집을 짓고 싶었을 때 혹은 질병을 치료하려 했을 때 그는 최초의 천지 창조 과정을 정성 들여 재현하거나 노래함으로써 우주적인 시계의 태엽을 감았다. 엘리아데는 피지 제도에서는 〈새로운 통치자의 즉위식을 천지 창조라고 부른다)고 말하고 있다. 마찬가지의 드라마는 곡물의 생장을 돕기 위해서도 공연된다. 현대인은 시간을 잘 지켜야 한다는 의무감 같은 것을 갖고 있는 반면 부족적 인간은 우주적인 시계에 에너지를 채워야 한다는 책임감을 갖고 있다. 그러나 전기적인 인간 혹은 생태적인 인간(총체적 장(場)의 인간)은 아프리카의 내면에 관한 옛 부족의 우주적 관심을 훨씬 능가할 것이다.

원시적인 인간은 서구의 문자 문화적인 인간이 창안한 것보다 훨씬 압도적인 우주적 기계 속에서 살았다. 귀는 초감각적이다. 귀의 세계는 눈의 세계에 비해 훨씬 더 포용력이 있고 포괄적이다. 눈은 냉정하고 거리를 둔다. 귀는 인간으로 하여금 우주적인 공황에 처하도록 하는 반면 문자 문화와 기계적인 시계에 의해 확장된 눈은 쉼 없는 음향의 압력과 반향으로부터 자유로운 일정한 간격과 섬들을 남겨둔다.

16 인쇄 • 그것을 어떻게 이해할 것인가

정확하고 반복 가능한 형식으로 회화적인 진술들을 하는 기술은 서구에서는 오랫동안 당연하게 생각해 온 것이다. 그러나 인쇄와 청사진이 없었다면, 그리고 지도와 기하학이 없었다면 근대 과학과 기술의 세계는 존재하기 힘들었을 것이라는 사실은 흔히 망각한 채 지나친다. 페르난도 2세와 이사벨 1세를 비롯한 해상 군주들의 시대에는 지도가 마치 오늘날의 새로운 전자 발명품처럼 1급 기밀이었다. 선장들이 항해에서 돌아오면 궁정의 관리들은 항해 동안 얻은 지도의 원본과 복사본을 얻기 위해 갖은 노력을 쏟았다. 그 결과 잘만 하면 큰돈을 벌 수 있는 암시장이 생겨났고 비밀 지도는 널리 팔려나갔다. 그러나 당시의 지도는 그 이후에 만들어진 제대로 된 지도와는 별로 공통점이 없었다. 그것들은 사실 각종 모험과 체험들을 기록한 일기에 더 가까웠다. 왜냐하면 공간을 일양적이고 연속적인 것으로 파악했던 후세인들의 지각을 중세의 지도 작성자들은 갖고 있지 않았기 때문이다. 오히려 그들의 작업은 현대의 비구상 미술에 가까운 것이었다. 르네상스가 만들어낸 새로운 공간은 지금까지도 그것을 처음으로 접하는 원주민들에게 충격으로 다가간다. 모듀프 왕자는 자서전 『나는 야만인이었다 I Was a Savage』에서 그가 학교에서 어떻게 독도법(讀圖法)을 배웠는지, 그리고 그의 아버지가 여러 해 동안 상인으로 항해했던 강의 지도를 갖고 고향에 돌아왔을 때 어떤 인상을 받았는지를 이렇게 이야기한다.

나의 아버지는 그런 생각 자체가 도대체 말이 안 된다고 생각했다. 아버지는 자신이 보마코에서 건넜던, 사람 키보다도 깊지 않은 하천이 거대한 니제르 삼각주의 광대한 강과 동일하다는 것을 인정하려 들지 않았다. 마일로 측정된 거리는 아버지에게 아무런 의미도 없었다.…… 아버지는 나에게 지도란 거짓말쟁이라고 간단하게 말했다. 아버지의 목소리 톤으로 볼 때 아마도 그때 나는 아버지의 심기를 건드렸던 것 같다. 우리에게 고통을 주는 일들이 지도상에는 존재하지 않는다. 어떤 장소의 진실은 거기로부터 오는 기쁨과 고통에 있다. 아버지는 내가 지도처럼 그릇된 것에 큰 신뢰를 줘서는 안 된다고 가르쳤다.…… 그때는 몰랐지만 이제 와서 나는 내가 지도상에서 가볍게 다뤘던 거리가 아버지가 몸소 지친 발을 끌고 걸었던 여행을 왜소하게 만들었다는 사실을 이해하게 되었다. 내가 거창하게 지도만으로 이러쿵저러쿵할 때 나는 아버지가 무거운 짐을 진 채 더위에 시달려야 했던 여행의 의미를 미미하게 만들고 있었던 것이다.

물통을 어떻게 만드는지에 대해서는 몇 마디 단어로 이야기할 수 있지만 그 사물을 묘사하는 일은 세상의 모든 단어들을 동원한다 해도 불가능하다. 사물들에 관한 시각적 정보를 전달하는 데 있어 단어들이 갖는 이 같은 부적절함은 그리스와 로마의 과학들이 발전하는 데 결정적인 장애 역할을 했다. 가이우스 플리니우스 세쿤두스Gaius

Plinius Secundus는 그리스와 라틴의 식물학자들이 식물과 꽃에 관한 정보를 전달하는 수단을 고안해 낼 수 없었던 이유에 대해 이렇게 보고하고 있다.

이리하여 다른 저술가들은 자신의 역할을 식물들을 언어로 묘사하는 것으로 한정하였다. 실제로 그들 중 일부는 그것들을 묘사하지 못하고 다만 대부분 식물들의 이름을 부르는 것으로 만족하였다.

우리는 여기서 다시 한번 정보를 축적하고 전파하는 미디어의 기본적인 기능과 직면하게 된다. 간단히 말해 축적하는 것은 전파하는 것이다. 왜냐하면 축적된 것은 앞으로 수집되어야 할 것에 비해 훨씬 더 접근이 용이하기 때문이다. 꽃과 식물에 관한 시각적 정보가 언어적으로 축적될 수 없다는 사실은 또한 서구에서의 과학이 오랫동안 시각적 요인에 의존해 왔다는 점을 환기시켜 준다. 또한 이런 일은 알파벳의 기술에 바탕을 두고 있는 문자 문화, 즉 음성 언어조차도 시각적 양태로 환원시켜 버리는 문화에서는 그리 놀랄 만한 것이 아니다. 전기의 등장으로 정보를 축적하고 활용하는 다양한 비시각적 수단들이 생겨난 결과, 문화뿐만 아니라 과학도 그 전반적인 토대와 성격을 바꾸어가고 있다. 철학자뿐만 아니라 교육자를 위해서 이런 변화가 학습과 정신적 과정에서 의미하는 바에 대해 굳이 정밀하게 따질 필요가 없을 정도다.

구텐베르크에 의한 활자 인쇄 발전이 있기 전에는 목판으로 종이에 인쇄를 하는 작업들이 상당히 많이 이뤄졌다. 텍스트와 화상을 이런 식으로 목판 인쇄했던 것 중에서 가장 인기를 끌었던 것은 아마도 〈가난한 자의 성서〉로 불렸던 『비블리아 파우페룸 Biblia Pauperum』일 것이다. 비록 정확히 얼마 동안 그러했는지를 확정하기는 어렵지만 이러한 목판 인쇄공들의 감각이 활자 인쇄공들에 비해 앞서 있었다: 왜냐하면 식자층으로부터는 경멸을 당했던 이 값싸고 통속적인 인쇄물들이 오늘날의 만화책처럼 보존되지 않았기 때문이다. 다시 말해 서지학에는 〈과거에 더 많이 있었던 것일수록 오늘날에는 덜 남아 있다〉라는 대원칙이 있는데, 이는 구텐베르크 이전의 이 같은 인쇄 문제에서 중요한 역할을 한다. 그리고 이 원칙은 인쇄 문제뿐만 아니라 우표나 초기의 라디오 수신기 등 수많은 항목들에도 적용된다.

중세인과 르네상스인은 그 후에 등장하는 예술들의 분리와 전문화에 대해서는 아는 바가 거의 없었다. 필사본과 초창기의 인쇄된 책은 큰소리를 내며 읽었고 시는 노래로 불리거나 낭송되었다. 웅변, 음악, 문학, 그림은 서로 밀접하게 연결되어 있었다. 무엇보다도 채색된 필사본의 세계는 글자 새기기 자체가 조각에 가까울 정도로 조소성(彫塑性)이 강조되는 그런 책이었다. 밀러드 마이스Millard Meiss는 필사본의 채색가인 안드레아 만테냐Andrea Mantegna의 기술에 관한 연구에서, 꽃과 잎사귀로 장식한 각 페이지의 테두리 속에 있는 만테냐의 문자들에 대해 이렇게 말하고 있다. 〈마치 돌로 된, 안정되고 세련되게 다듬어진 기념비처럼 두드러진다.…… 단단하게 배접하고 무게가 나가는 그 문자들은 채색된 바탕 앞에 당당히 서 있다. 그리고 그 위에 그 문자들은 종종 그림자를 드리운다.〉

조각한 도상들로서의 알파벳 문자들에 대한 이와 같은 느낌은 오늘날에 와서 그래픽 아트와 광고 전시물에서 다시 갖게 된다. 아마도 독자들은 시시각각 다가오고 있는 이 변화에 대한 감각을 모음에 관한 랭보의 소네트나 브라크의 회화들에서 만날 수 있을 것이다. 그러나 오늘날 일반적인 신문의 헤드라인 스타일은 문자들을 도상의 형태쪽으로 밀어붙이는 경향이 있다. 이런 형태는 촉각적이고 조각적인 성질을 가진 것 못지않게 청각적인 반향에 매우 근접해 있다.

아마도 인쇄의 가장 두드러진 성질은 이미 우리에게 전혀 영향을 미치지 않을 것이다. 왜냐하면 그런 성질은 이제 너무나 흔하고 명백하기 때문이다. 아주 분명한 것은 적어도 인쇄 면이 존속하는 한 정확하게 그리고 무한정으로 반복될 수 있는 것은 그림과 같은 진술이라는 점이다. 반복 가능성은 구텐베르크 기술의 등장 이후 서구 사회를 지배해 온 역학적 원리의 핵심이다. 인쇄와 활자의 메시지는 일차적으로 반복 가능성이다. 활자와 함께 활자 인쇄의 원리는 통합된 행위를 세분화하는 과정에 의해 그 어떤 수작업도 기계화하는 수단을 도입했다. 음성 언어에서의 다양한 동작과 장면들, 그리고 소리들을 분리시키는 알파벳과 함께 시작된 이 일은 무엇보다도 목판과 활자에 의해 새로운 차원의 강도에 도달했다. 알파벳은 시각적 요소를 단어에서 가장 두드러진 것으로 남겨두고 음성 언어의 다른 모든 감각적 사실들을 이런 형태에 환원시켜 버렸다. 이는 목판 인쇄 심지어 사진이 왜 문자 문화권에서 그렇게 열렬히 환영받았는지를 설명하는 데 도움을 준다. 이런 형태들은 말이 아닌 글에서는 필연적으로 생략되는 포괄적인 동작과 극적인 자세의 세계를 제공해 주기 때문이다.

인쇄는 경건함과 명상을 위한 자극제일 뿐만 아니라 정보를 나누는 수단으로 열렬히 사랑받아 왔다. 1472년 볼투리우스 Volturius의 『전쟁의 기술』이 베로나에서 인쇄되었는데 여기에는 전쟁에 사용되는 각종 무기들을 설명하는 목판화가 담겨 있다. 그러나 성무일과서(聖務日課書), 우의화집(寓意畵集), 양치는 목동의 달력 등에서 명상을 위한 보조 수단으로 목판화를 활용하던 관행은 2백 년 동안 널리 보급되었다.

여기서 옛날의 인쇄나 목판이 현대의 만화책처럼 한 대상의 시간상의 특정 순간 혹은 공간상의 한 지점에 대해 거의 아무런 정보도 제공해 주지 않는다는 사실을 고려하는 일은 매우 중요하다. 보는 사람, 즉 읽는 사람은 윤곽선이 제공하는 극소수의 힌트를 완성하고 해석하는 데 참여하지 않으면 안 된다. 텔레비전 영상은 목판화나 만화와 마찬가지로 대상에 대해 아주 낮은 정도의 데이터만을 제공해 주고, 그 결과 시청자는 모자이크 같은 그물눈으로만 암시되어 있는 것을 완성하기 위해 적극적으로 참여하지 않으면 안 된다. 그래서 텔레비전이 등장한 이후 만화책은 점차 시들고 있다.

아마도 차가운 미디어가 보는 사람으로 하여금 상당 부분 참여하도록 하는 데 반해, 뜨거운 미디어가 그렇지 못하다는 것은 아주 분명한 사실일 것이다. 뜨거운 미디어로서의 활자본이 필사본보다 독자의 참여도가 훨씬 낮다고 말하거나 차가운 미디어로서의 만화책과 텔레비전이 이용자를 만드는 사람 겸 참여자로서 상당 정도 참여케 한다고 지적하는 것은 통념과는 모순될 것이다.

서구 세계는 그리스-로마 시대의 노예 노동 집단이 소진된 이후 고대 세계보다 훨씬 강도 높은 기술화를 추진하지 않을 수 없었다. 이와 마찬가지로 새로운 과업과 기회들에 직면하게 되면서 인적 자원이 절대적으로 부족한 상황에 직면한 미국의 농부들은 노동을 절약할 수 있는 기구와 장치들을 고안해 내는 데 골몰했다. 이 사안에 관한 한 성공의 논리란 결국 인간 노동을 고된 노역(勞役)으로부터 궁극적으로 해방시키는 것이었다. 한마디로 자동화였다. 그렇지만 비록 이것이 우리의 모든 인간적 기술들의 배후에 있는 동기였다 하더라도 자연스럽게 우리가 그 결과물들을 받아들일 준비가 되는 것은 아니었다. 그러나 일은 전문가주의적인 고역을 의미했고 여가 생활만이 인간적으로 존엄한 생활과 총체적 인간의 관여를 의미했던 옛날에 일어났던 그 과정을 보는 것은 현재 자신의 위치를 이해하고 받아들이는 데 도움을 준다.

어설픈 목판 인쇄는 언어의 주요한 측면을 드러내준다. 그것은 다름 아니라 일상적으로 사용되는 말이 명확한 정의(定義)를 갖고 있지 않다는 점이다. 데카르트는 17세기 초에 철학계를 살펴보고 나서 말의 혼란에 기겁을 하고 철학을 정밀한 수학적 형식으로 환원시키려는 노력을 시작했다. 불필요할 정도로 정밀성에 집착한 결과 철학의 중요한 문제들 대부분이 철학에서 추방되고 말았다. 그리고 철학의 위대한 왕국은 오늘날 우리가 알고 있는 바와 같이 서로 소통이 불가능한 과학과 전문 분야들로 뿔뿔이 해체되었다. 시각적인 청사진과 정밀성에 대한 지나친 강조는 권력과 지식 모두를 파편화시키는 외파적 힘이다.

시각적 정보의 늘어가는 정밀성과 양은 인쇄를, 원근법과 고정된 시점으로 구성되는 3차원의 세계로 변형시켰다. 히에로니무스 보스 Hieronymus Bosch는 르네상스 공간에 중세적인 형식들을 혼합시킴으로써, 이 혁명이 진행되는 동안 낡은 것의 세계와 새로운 것의 세계 사이에 양다리를 걸치고 산다는 게 어떤 것인지를 보여주었다. 동시에 보스는 더 오래된 조소적(彫塑的)이고 촉각적인 이미지를 제공하긴 했지만, 이는 강렬하고 새로운 시각적 원근법 속에서 이루어진 것이다. 그는 일양적이고 연계된 공간이라는 새로운 개념 위에 독특하고 불연속적인 공간이라는 보다 낡은 중세적인 관념을 그렸던 것이다. 이 일을 그는 정말 악몽을 겪듯이 강렬하게 해냈다.

루이스 캐럴은 19세기 사람들을 꿈의 세계로 이끌었다. 그것은 보스의 그것만큼이나 놀라운 것이었다. 그러나 그 세계가 딛고 선 바탕의 원리는 정반대였다. 그의 작품 『이상한 나라의 앨리스 Alice in Wonderland』는, 르네상스기에 경악을 자아냈던 연속적인 것으로서의 시간과 공간을 규범으로 제시한다. 캐럴은 이 친숙한 시간-공간의 일양적인 유클리드적 세계에 파고들어 가면서 카프카, 조이스, 엘리엇 등을 예감케 하는 비연속적인 시간-공간의 환상을 지어냈다. 수학자로서의 캐럴은 클럭 맥스웰 Clerk Maxwell과 동시대인이었고 그 시대에 유행하기 시작했던 비유클리드 기하학에 대해 알고 있을 만큼 대단히 전위적인 인물이었다. 『이상한 나라의 앨리스』를 통해 그는 자신감이 가득했던 빅토리아조 사람들이 아인슈타인적인 시간-공간을 즐겁게 예감할 수 있도록 해주었다. 보스는 그가 살았던 시대의 사람들에게 일양적인 관점의 새로운 연속적 시간-공간에 대한 예감을 준 바 있었다. 보스는 셰익스피어가 『리어 왕』에서 그랬고 포프가 『바보 열전 The Dunciad』에서 그랬던 것처럼 공포를 느끼며 근대 사회를 미리 내다보았지만 루이스 캐럴은 즐거운 기분으로 전기적인 시간-공간의 시대를 맞이했던 것이다.

미국의 대학에서 유학하고 있는 나이지리아 학생들은 종종 공간 관계를 이야기해 보라는 질문들을 받는다. 이럴 때 그들은 햇빛을 받고 있는 대상을 보면서 종종 그림자가 어느 방향으로 생기는지를 지적하지 못하곤 한다. 왜냐하면 이를 위해서는 3차원의 원근법을 필요로 하는데 이런 사고 방식에 익숙지 못하기 때문이다. 그래서 태양, 대상, 관찰자는 각기 분리된 것으로 체험하고 서로 독립적인 것으로 간주한다. 원주민들과 마찬가지로 중세인들에게 공간은 동질적이지 않았고 또한 대상을 담고 있지 못했다. 각각의 사물은 그 자신만의 공간을 갖고 있었다. 이는 지금도 원주민들에게는 그러한데 현대의 물리학자들도 마찬가지이다. 물론 이렇게 말한다고 해서 원주민, 예술가들이 사물들의 관계를 전혀 설정하지 못한다는 뜻은 아니다. 그들은 종종 대단히 복잡하고 정교한 공간 형태를 고안하기도 한다. 예술가나 관찰자 모두 패턴을 인식하고 해석하는 데는 사소한 어려움도 겪지 않는다. 그러나 그 패턴이 전통적인 것일 때는 예외다. 만일 그것을 변형시키기 시작하거나 다른 미디어(예를 들면 3차원)로 변환할 경우 원주민은 그것을 인식하지 못한다.

한 인류학 필름은 멜라네시아 사람이 뛰어난 솜씨로 서로 협동하면서, 장식이 요란한 북을 아주 간단하게 깎아 만드는 것을 보여주었다. 그것을 본 청중들은 여러 차례 열광하며 박수를 쳤다. 그것은 노래이고 춤이었다. 그러나 한 인류학자가 부족민에게 이 북을 옮길 바구니를 만들어달라고 하자 그들은 두 장의 판자를 90도로 맞추는 데 사흘이나 걸리는 등 애를 썼지만 결국 실패하고 말았다. 그들은 자신들이 만든 것을 바구니에 담을 수 없었던 것이다.

낮은 수준의 정밀도를 요구하는 중세 목판의 세계에서는 각각의 사물이 그 자신의 공간을 창조하기 때문에 그것들을 연결짓는 합리적이고 상호 연결된 공간은 없었다. 망막 상의 인상이 강해질 때 대상들은 그 자신이 만들어낸 공간에 밀착하는 것을 중단하고, 대신에 일양적이고 연속적이며 〈합리적인〉 공간 속에 담기게 된다. 1905년에 나온 상대성 이론은 일양적인 뉴턴의 공간이 그 유용성에도 불구하고 환상이나 허구에 불과한 것이라며 그 해체를 선언했다. 아인슈타인은 연속적인 혹은 〈합리적인〉 공간의 운명을 알려줬고 이에 따라 피카소와 마르크스 브라더스, 그리고 《매드 Mad》를 위한 길이 분명하게 드러났다.

17 만화 • 《매드》: 텔레비전에 이르는 길목

디킨스가 코믹한 작가가 된 것은 인쇄 덕택이었다. 그는 인기 만화가를 위한 이야기 제공자로서 작가 생활을 시작했다. 〈인쇄〉를 다룬 장 바로 다음에 만화를 고찰하는 이유는 20세기 만화가 가진 끈질긴 인쇄적 성격, 심지어 조잡하기까지 한 목판화적 성격에 주목하기 위해서이다. 그런데 인쇄나 목판과 동일한 성질들이 어떻게 텔레비전 영상의 모자이크적인 그물눈에서 다시 나타날 수 있었는지를 파악하는 일은 결코 쉽지 않다. 텔레비전은 문자 문화의 인간들에게는 대단히 어려운 물체여서 정면보다는 비스듬한 시각에서 접근해야 한다. 텔레비전에서는 1초에 3백만 개의 점들이 나타나는데 시청자는 이중 70개 남짓만을 도상의 형태로 받아들여 하나의 상을 만들어낸다. 이렇게 해서 만들어진 상은 만화의 상만큼이나 조잡하다. 인쇄와 만화가 텔레비전 화면을 이해하는 데 유용한 접근법을 제공하는 것은 바로 이런 이유 때문이다. 즉 그것들은 대단히 적은 양의 시각적 정보나 관련된 세부 사항들을 전해 준다. 반면에 화가나 조각가들은 텔레비전을 아주 쉽게 이해할 수 있다. 왜냐하면 그들은 조형 미술을 이해하기 위해서는 얼마나 많은 촉각의 관여가 필요한지를 알고 있기 때문이다.

오늘날 우리가 경험하는 여러 미디어의 특질들과 마찬가지로, 인쇄와 목판은 참여를 유도하고, 수용자가 스스로 하게 하는 성격을 가지고 있는데 이는 만화에서도 나타난다. 그래서 만화가 텔레비전 영상을 이해하는 단서인 것과 마찬가지로 인쇄는 만화를 이해하는 단서가 된다.

지금 중년이 된 사람들은 10대였을 때 만화에 대한 자랑스러움을 느끼면서 리처드 아웃콜트Richard F. Outcault의 만화「옐로 키드Yellow Kid」에 빠져들었던 기억을 가지고 있다. 처음에 그 만화는 뉴욕의 《선데이 월드Sunday World》에 〈호건의 뒷골목Hogan's Alley〉이라는 제목으로 실렸다. 그 만화는 매기와 지그스라는 아이들이 사는 싸구려 아파트의 아이들 이야기를 사실적으로 그렸다. 이 만화는 1898년 이후 많은 신문들에 팔렸는데, 허스트W. R. Hearst는 곧바로 그것을 사들여 대형 만화 부록을 시작했다. (이미 16장「인쇄」에서 설명한 바 있듯이) 만화는 정밀도에서는 떨어지지만 고도의 참여적 형태를 가진 표현이므로 신문의 모자이크적 형태에 완벽하게 적응했다. 만화는 또한 하루하루의 연속성에 대한 감각을 제공했다. 개개의 신문 기사는 정보의 양이 적었기 때문에 텔레비전 영상이나 전송 사진처럼 독자에 의해 보완되거나 완성될 필요가 있었다. 텔레비전이 만화책의 세계에 그처럼 심대한 타격을 가한 것도 이 때문이다. 텔레비전은 만화에게 보완물이 아니라 살벌한 경쟁자였다. 그러나 텔레비전은 그림 광고에 훨씬 심각한 타격을 주었다. 거칠고 조각적이고 촉각적인 것을 선호하면서, 예리한 것과 매끄러운 것은 물리쳤다. 이렇게 해서 사진, 라디오, 영화 등과 같은 뜨거운 미디어의 형태들을 우스꽝스럽게 그리고 냉랭하게 재연할 뿐인 《매드》가 갑작스레 등장하게 되었던 것이다. 《매드》는 오늘날 다양한 미디어에서 반복되는 낡은 인쇄와 목판이다. 그런 식의 편성 방식은 이후 인기를 끌게 될 모든 텔레비전 프로그램을 만드는 전범이 될 것이다.

텔레비전이 준 충격의 가장 큰 피해자는 앨 캡의 「릴 애브너 Li'l Abner」였다. 앨 캡은 18년 동안이나 릴 애브너를 곧 결혼한 듯한 인물로 남겨두었다. 그가 주인공들을 등장시켜 사용한 교묘한 공식은 프랑스 작가 스탕달이 사용했던 공식과는 정반대의 것이었다. 스탕달은 이렇게 말했다. 〈나는 그저 등장 인물들을 자신들이 저지른 우행의 결과들에 던져넣은 다음 그들에게 지능을 주어 고통을 겪을 수 있게 한다.〉 반면 앨 캡의 공식은 이렇다. 〈나는 그저 등장 인물들을 자신들이 저지른 우행의 결과들에 던져넣은 다음 지능을 빼앗아버림으로써 아무것도 할 수 없게 만들어버린다.〉 그들이 스스로를 위해 아무것도 할 수 없다는 사실은 여타의 모든 서스펜스 만화에 대한 일종의 패러디를 창조해 냈다. 앨 캡은 서스펜스를 부조리까지 밀고 나갔다. 그러나 오랫동안 독자들은 릴 애브너의 무대였던 도그패치의 사람들이 빠진 무력감이라는 곤경이 인간적 상황 일반의 표본이었다는 사실을 즐겼다.

텔레비전과 그에 따른 도상적이고 모자이크적인 영상이 등장하면서 일상 생활의 상황들이 아주 딱딱한 것처럼 느껴지기 시작했다. 앨 캡은 갑작스레 자신만의 왜곡 기법이 더 이상 소용없다는 것을 알게 됐다. 그는 미국인들은 스스로를 웃길 수 있는 힘을 상실해 버렸다고 생각했다. 그러나 그의 생각은 틀렸다. 텔레비전은 전보다 훨씬 깊숙하게 모든 사람들을 차례차례 집어삼킬 뿐이었다. 깊은 개입을 요구하는 이 차가운 미디어의 등장으로 인해 캡은 릴 애브너의 이미지를 다시 조정해야 했다. 그가 느낀 혼란과 불안감은 모든 주요 미국 기업인들의 감정과 완벽하게 부합되는 것이었다. 《라이프》에서 제너럴 모터스General Motors 사에 이르기까지 혹은 교실에서 중역실에 이르기까지 보다 많은 관객들을 참여토록 목적과 이미지를 재조정하는 일은 불가피한 것이었다. 캡은 말했다. 〈그러나 이제 미국은 변했다. 어느 누구보다도 만화가들이 그 변화를 느끼고 있다. 이제 우리가 놀릴 수 없는 것들이 미국에 생겨났다.〉

깊은 관여는 모든 사람이 자신을 그 어느 때보다 진지하게 받아들이도록 고무하는 경향이 있다. 텔레비전이 새로운 기호(嗜好)들과 새로운 경향의 시각, 청각, 촉각, 미각들을 제공하면서 미국의 시청자들을 식혀놓자 앨 캡의 뛰어난 양조주(釀造酒)도 그 맛을 완화하지 않을 수 없었다. 이제 더 이상 딕 트레이시를 비웃거나 서스펜스의 상투성을 조롱할 필요가 없었다. 《매드》가 발견한 바와 같이 새로운 관객들은 일상 생활의 장면과 주제들이 자신들과 동떨어진 도그패치에서의 일 못지않게 재미있다는 것을 알고 있었다. 《매드》는 광고의 세계를 그저 만화책의 세계로 바꿔놓았을 뿐이다. 그런데 바로 이런 사건은 텔레비전 영상이 직접적인 경쟁자로서 만화책을 제거하기 시작하던 시점에 일어났다. 동시에 텔레비전 영상은 예리하고 명확한 사진의 이미지를 흐리고 희미한 것으로 만들어버렸다. 텔레비전은 광고와 오락의 끊임없는 맹렬함이 《매드》의 세계의 프로그램에 딱 들어맞게 될 때까지 광고의 청중들을 식혀놓았다. 사실 텔레비전은 사진, 영화, 라디오 등과 같은 이전의 뜨거운 미디어들을, 그것들이 과열된 상태에 있다는 것을 그저 보여주기만 함으로써 만화의 세계로 전환시켰다. 오늘날 열 살짜리 아이들은 《매드》를 꼭 움켜쥐고 있다. 이는 마치 소련의 비트족이 미군 방송에서 녹음한 프레슬리의 오래된 테이프를 보물처럼 갖고 있는 것과 똑같다. 만일 〈보이스 오브 아메리카 Voice of America〉 방송이 재즈를 내보낸다면 크렘린은 상당한 혼란을 일으킬 것이다. 그것은 마치 소련 시민들이 미국의 생활 방식에 관한 지루한 선전물 대신 시어스 로벅 Sears Roebuck 사의 통신 판매용 카탈로그를 보고서 눈이 휘둥그래지는 것과 같은 효과가 있을 것이다.

피카소는 미국 만화의 오랜 팬이다. 제임스 조이스에서 피카소에 이르기까지 고상한 지식층은 오랫동안 미국의 대중 예술에 몰두해 왔다. 왜냐하면 그들은 거기서 공식 행위에 대한, 진정으로 상상력이 풍부한 대응을 발견하기 때문이다. 다른 한편으로 고상한 예술은 권력을 가진 고도의 정밀성, 다시 말해 〈틀에 박힌〉 사회에서 소란스러운 행위 양식들을 그저 회피하거나 인정하지 않으려는 경향을 보인다. 고상한 예술은 산업화된 세계의 전문화된 곡예들을 반복하는 것이다. 대중 예술은 우리가 일상 생활에서 빠뜨린 모든 삶과 기능을 우리에게 상기시켜 주는 어릿광대다. 대중 예술가는 통합적인 인간으로 연기를 하면서 그 사회의 전문화된 일상 행위들을 수행하려고 한다. 그러나 통합적 인간은 모든 것이 전문화된 상황에서는 전혀 무력하다. 적어도 이는 만화의 예술, 어릿광대의 예술을 이해하는 하나의 길이다.

《매드》를 지지하는 오늘날의 열 살짜리 아이들은 텔레비전 영상이 미국 문화의 소비자적 단계에 종지부를 고하고 있음을 우리에게 보여 주고 있다. 그 아이들은 10년 전에 18세였던 비트족들이 처음 말하고자 했던 바를 지금 우리에게 말해 주고 있는 것이다. 회화와 같은 소비자 시대는 끝났다. 이제는 도상의 시대다. 이제 미국인들은 1922년부터 1952년까지 그들의 관심을 끌었던 대량 생산이라는 물건을 유럽인들에게 물려주고 있다. 이제 유럽인들은 표준화된 상품들로 구성된 소비자 시대에 첫발을 내딛고 있다. 우리 미국인들은 처음으로 예술-과-제작자 성향을 가진 심층의 시대로 접어들고 있다. 유럽이 미국화하고 있는 것만큼이나 그 패턴에 있어서 미국은 광범위하게 유럽화하고 있다.

이렇게 되면 옛날에 인기를 끌었던 만화가 설 자리는 어디인가? 예를 들어 「블론디 Blondie」나 「브링 업 파더 Bring Up Father」와 같은 만화들은 어떻게 되는가? 그것들은 분명 신세대 미국인들은 분명히 졸업해 버린 참으로 순진한 목가적 세계였다. 물론 그때도 청춘 시절이 있었고 머나먼 이상과 개인의 꿈들, 그리고 눈으로 그려볼 수 있는 목표들이 있었다. 그러나 오늘날에는 집단적 참여를 위한 열성적이고 끊일 줄 모르는 공동의 자세만이 있을 뿐이다.

16장 「인쇄」에서 나는 만화가 어떻게 해서 전기 시대가 진전됨에 따라 보다 역동적인 생활을 발전시켜 가는지, 그리고 그것이 모든 것을 스스로 하게 한다는 식의 경험 형태인지를 보여준 바 있다. 따라서 모든 전기 기구는 결코 노동을 절약하기 위한 장치들이 아니라 전혀 새로운 형태의 노동, 즉 탈집중화되고 누구나 접근할 수 있는 그런 노동을 위한 장치이다. 그리고 라디오나 영화에 비해 이용자들의 참여 정도를 훨씬 강하게 요구하는 전화나 텔레비전 영상의 세계도 마찬가지이다. 전기 기술의 이 같은 참여적이고 스스로 하게 하는 식의 측면이 가져온 당연한 결과로서 텔레비전 시대의 모든 엔터테인먼트는 동일한 종류의 개인적 개입을 유인한다. 이리하여 텔레비전 시대에, 평균적인 미국인은 자신이 일상적으로 교육받아 온 독서가 너무나 피상적이고 소비자적인 행동이기 때문에 진정한 독서를 할 수 없게 된다는 역설이 생겨난다. 그래서 고급한 내용을 담고 있는 페이퍼백은 깊이 있다는 그 특성 때문에, 평범한 이야기를 비웃는 젊은이들에게 호소력을 갖는 것인지도 모른다. 오늘날 교사들은 역사책 단 한 줄도 읽을 수 없는 학생들이 코드와 언어 분석의 전문가가 되는 일들을 수시로 목격한다. 따라서 문제는 평균적인 미국인들이 독서를 할 수 없다는 사실이 아니라 깊이 있는 관여를 요구하는 시대에 그들이 머나먼 목표들을 시각화할 수 없다는 데 있다고 봐야 할 것이다.

1935년 처음 만화책들이 출현했는데 당시에는 그것들에 관한 문헌이나 관련 자료들이 하나도 없었다. 오히려 그것들은 『켈스의 책 Book of Kells』처럼 해독하기가 어려웠기 때문에 젊은이들을 사로잡았다. 일상의 신문이 초현실주의 미술 전시만큼이나 광적이었다는 점을 알아차리지 못했던 당시 연장자들은 따라서 만화책이 8세기의 채색 사본만큼이나 색다르다는 사실을 알아차리기는 힘들었을 것이다. 결국 그들은 〈형식〉에 관해 아무것도 알아차리지 못했기 때문에 〈내용〉에 대해서도 식별력을 가질 수 없었다. 그들이 주목한 것이라곤 상처와 폭력이 전부였다. 따라서 소박한 문자 문화의 논리에 따라 그들은 세상이 곧 폭력으로 흘러 넘치게 될 것이라고 생각했다. 그렇지 않을 경우에도 그들은 현존하는 모든 범죄가 만화 탓이라고 단정했다. 정말 바보 같은 범죄자라야 〈내가 이 짓을 저지른 것은 만화 때문〉이라고 말할 것이다.

이러는 사이에 산업과 기계 환경의 폭력은 젊은이들의 신경과 내장 속에서 생존하며 의미와 동기를 부여받아야 했다. 어떤 것을 생생하게 체험한다는 것은 직접적인 충격을 수많은 간접적 형태의 삶으로 번역한다는 것이다. 우리는 젊은이들에게 날카로운 소리를 내며 귀에 거슬리는 아스팔트 정글을 물려주었다. 이 정글에서 적도의 정글은 토끼 우리만큼이나 조용하고 유순한 것이었다. 우리는 이 상태를 정상적이라고 불렀다. 우리는 그것이 최고도의 긴장 상태를 유지하도록 사람들을 투입했다. 왜냐하면 그것은 돈벌이가 되었기 때문이다. 오락 산업이 일상적인 도시의 격렬함을 그럴듯하게 모방하려 했을 때 사람들은 분노했다.

적어도 텔레비전이 등장하기 전까지 「릴 애브너」에 나오는 스크래 그 Scragg식 파괴나 포그바운드 Phogbound식 윤리가 어느 정도까지는 재미로 받아들여졌다는 것을 발견한 것은 앨 캡이었다. 그 자신은 그것이 재미있다고 생각지 않았다. 그저 자신이 주변에서 보는 것들을 그대로 만화 속에 반영했을 뿐이다. 그러나 하나의 상황을 다른 상황과 제대로 연결짓지 못하는 우리의 훈련된 무능함으로 인해 우리는 그의 냉소적인 리얼리즘을 유머스러운 것으로 착각했다. 그가 스스로를 위해서는 전혀 손 쓸 능력도 없으면서 자신들을 곤란한 상황으로 몰아넣는 사람들의 능력을 더 많이 보여줄수록 그들은 기뻐했던 것이다. 스위프트의, 〈풍자란 자신의 얼굴을 제외한 모든 얼굴을 보는 거울이다〉라는 말처럼 말이다.

따라서 만화와 광고는 게임의 세계, 다시 말해 상황들을 모사하고 확장하여 다른 곳으로 옮기는 것으로 보이는 세계에 속한다. 《매드》는 목판과 과거의 인쇄, 그리고 만화의 세계이며 그것들을 그 이외의 오락의 세계의 게임과 모델들과 함께 어울리도록 만들었다. 《매드》는 오락으로서 광고의 신문 모자이크이며 광기의 한 형태로서 오락이다. 무엇보다도 《매드》는 그것의 갑작스런 호소력이 우리 문화 저 깊은 곳에서 일어나는 변화를 보여주는 지표인, 그런 인쇄 형태와 목판 형태의 표현과 체험이다. 이제 우리는 영화, 사진, 신문이라는 소비자 문화에 도전하고 변화를 주는 것으로서 인쇄와 만화를 이해할 필요가 있다. 이런 과제를 해결하는 데 유일한 접근법이 있을 수는 없다. 또 인간 지각이 변화하고 있는 상황에서 그처럼 복잡한 문제를 단번에 해결할 수 있는 통찰이나 구상은 있을 수 없다.

18 인쇄된 말 • 내셔널리즘의 건축가

존슨 박사는 미소를 지으면서 〈이미 느끼셨겠지만, 부인, 나는 제대로 교육을 받으면서 성장해 불필요할 정도로 꼼꼼한 면이 있습니다〉라고 말했다. 흰 와이셔츠를 단정하게 차려입으라는 시대의 요구에 존슨 박사가 얼마나 순응했는지는 알 수 없지만, 그는 시각적 외관에 대한 사회적 요구가 점차 커가고 있다는 것은 아주 분명하게 알고 있었다.

활자에 의한 인쇄는 복잡한 수작업을 최초로 기계화한 것이었고 이후 이루어진 모든 기계화 작업의 원형이 되었다. 라블레 Rabelais와 모어 More에서 밀 Mill과 모리스 Morris에 이르기까지 활자 인쇄의 폭발은 사람들의 정신과 목소리를 확장시켜 인간의 대화를 세계적 규모로 재구성함으로써, 시대와 시대를 잇는 가교 역할을 하도록 했다. 왜냐하면 만일 활자 인쇄를 그저 정보의 축적이나 지식을 신속하게 복원하기 위한 수단 정도로 본다면, 그것은 시간과 공간 양면에서 심리적으로나 사회적으로 지역주의나 부족주의에 종지부를 찍었기 때문이다. 실제로 활자 인쇄가 시작된 처음 2세기 동안을 움직인 동기는 새로운 책들을 읽고 쓰기 위한 것이라기보다는 고대와 중세의 책을 보기 위한 것이었다. 인쇄된 말을 읽는 최초의 독자들에게는 고대 그리스-로마뿐만 아니라 중세도 관심의 대상이었다. 그리고 중세의 텍스트들은 그 당시 가장 인기를 끌었다.

다른 인간의 확장물들과 마찬가지로 활자 인쇄도 다양한 심리적-사회적 영향을 끼쳤다. 그래서 그전까지 존재했던 문화의 경계와 유형들이 갑작스레 바뀌어버렸다. 고대 세계와 중세 세계를 혼합함으로써──혹은 일부 사람들이 말하듯이 혼동시킴으로써──인쇄된 책은 제3의 세계, 즉 근대 세계를 만들어냈다. 그리고 이 근대 세계는 이제 인간의 새로운 확장인 새로운 전기 기술과 직면하고 있다. 전기를 통해 정보를 이동하는 수단은, 인쇄가 중세의 필사본과 스콜라 문화를 변형시킨 것처럼 첨예하게 현대의 인쇄 문화를 바꿔놓고 있다.

베아트리체 워드Beatrice Warde는 최근 『알파벳』에서 빛으로 채색된 문자들을 전기에 의해 전개하는 것에 대해 서술한 바 있다. 그는 노먼 맥래런Norman McLaren의 한 영화 광고에 대해 이렇게 묻고 있다.

안장 다리같이 생긴 이집트 문자 A 두 개가……마치 뮤직홀의 코미디언들이 팔짱을 끼고 걷고 있는 것같이 보여 거기에 정신이 팔려 그날 밤 내가 극장에 늦었다고 말한다면 당신은 수긍할 것이다. A자 아래에 있는 작은 받침은 마치 발레 슈즈를 신은 듯해 문자들은 말 그대로 발끝으로 춤을 추고 있었다.……알파벳이 필연적으로 정태적일 수밖에 없었던 4천 년이 지난 후 나는 그 구성원인 문자들이 시간의 4차원에서 무엇을 할 수 있는지를 보았다. 당연히 나는 전기에 감전된 것 같았다.

〈모든 것에 장소를 그리고 그 장소에 모든 것을〉이라는 활자 문화의 구호로부터 이처럼 멀리 떨어져 있는 것도 없을 것이다.

워드 여사는 인쇄 연구에 자신의 생애를 바쳐왔고 그가 활자에 의해 인쇄된 것이 아니라 빛에 의해 채색된 문자들을 보고서 놀라는 반응을 보인 것은 대단한 일이다. 아마도 표음 문자들에서 시작된 외파(카드모스 왕이 씨를 뿌린 〈용의 이빨〉)는 전기의 순간 속도에 힘입어 〈내파〉로 바뀌어갈 것이다. 알파벳(과 활자 인쇄로의 확장)은 지식, 즉 힘의 확장을 가능하게 해주었고 부족민들의 유대감을 산산조각 냈으며 부족민을 개인들의 결사체 속에 집어넣어 버렸다. 전기에 의한 글쓰기와 속도는 부족민에게 모든 다른 사람들의 관심사를 순간적으로 그리고 계속해서 쏟아 붓는다. 그는 다시 한번 부족적으로 된다. 인류의 가족이 다시 하나의 부족이 되는 것이다.

인쇄된 책의 사회사를 공부하는 사람들은 아마도 인쇄의 심리적, 사회적 영향을 잘 이해하지 못해 상당한 혼란을 겪을 수 있다. 지난 5세기 동안 인쇄가 인간 감성에 미친 영향들에 관한 명확한 설명이나 인식은 지극히 드물었다. 그러나 의복이건 컴퓨터건 관계없이 인간의 모든 확장물들에서도 동일한 관찰을 할 수 있다. 확장물은 하나의 기관 혹은 감각 혹은 기능을 증폭시킨 것처럼 보인다. 그리고 이 같은 증폭으로 인해 중추신경계는 확장된 영역을 지각하지 못하는 자기 방어 작용을 일으킨다. 적어도 이런 영역을 직접 조사하거나 인식하려는 한에서는 특히 그렇다. 인쇄된 책의 영향들에 관한 간접적인 언급은 라블레, 세르반테스, 몽테뉴, 스위프트, 포프, 조이스 등의 작품들에서 풍부하게 발견할 수 있다. 그들은 새로운 예술 형식들을 창조하기 위해 인쇄를 활용했다.

사회적으로 볼 때 인간의 인쇄적 확장은 내셔널리즘, 산업주의, 대량 시장, 보편적 교양과 교육 등을 가져왔다. 왜냐하면 인쇄는 반복 가능한 정확성이라는 상(像)을 제시했고 그 결과 전혀 새로운 형태로 사회적 에너지들을 확장시킬 수 있게 만들었기 때문이다. 인쇄는 개인을 전통적 집단으로부터 떼어냄과 동시에 개인들의 힘을 모아 대량의 힘을 만들어내는 모델을 제시함으로써 마치 오늘날의 일본이나 러시아에서처럼 서양에서는 르네상스 시대에 엄청난 정신적-사회적 에너지를 발산시켰다. 작가와 예술가들로 하여금 자기 표현을 계발토록 대담성을 부여해 준 개인적 진취의 정신으로 인해 다른 사람들도 군사적이건 상업적이건 간에 거대한 조직체를 만들어낼 수 있었다.

아마도 인쇄가 인간에게 부여한 선물 중에서 가장 중요한 것은 거리 두기와 비관여성(非關與性)일 것이다. 이는 곧 반응 없이 행동하는 힘을 인간에게 부여했다. 르네상스 시대 이래 과학은 이 선물을 높이 찬양해 왔다. 그러나 전기 시대가 되면서 그것은 오히려 곤혹스러운 선물이 되고 있다. 왜냐하면 전기 시대에는 모든 사람들이 언제든지 다른 모든 사람들에게 관여하기 때문이다. 인쇄형 인간의 가장 고결한 거리 두기와 윤리적인 순수함을 표현하는 말이었던 〈공평무사하다 disinteressed〉는 말이 지난 10년 동안에는 점차 〈전혀 알 바가 아니다〉는 뜻으로 사용되어 오고 있다. 문자 문화가 지배하는 계몽된 사회의 과학적이고 학자적인 성품의 징표처럼 여겨지던 그 단어가 시사하는 순수성은 이제 점차 〈전문화〉, 즉 지식과 감성의 세분화라 하여 거부당하고 있다. 우리의 정신 생활에서 인쇄된 말이 주는 세분화하고 분석하는 힘은 우리에게 〈감성의 분열〉을 가져왔다. 이 같은 감성의 분열은 미술에서는 세잔 이래 그리고 문학에서는 보들레르 이래 취향과 지식을 개혁하기 위한 모든 프로그램에서 배척 대상 1호였다. 전기 시대 들어 〈내파〉가 진행되자 사고와 감정의 분리는 학교와 대학에서의 지식의 분과화만큼이나 이상한 일로 여겨지게 되었다. 그러나 문자 문화적 인간을, 개인 생활과 사회 생활 모두가 친밀한 가족적 유대로 이뤄진 부족적 세계로부터 분리시켜 준 것이 다름 아닌 사고와 감정을 분리하는 힘, 즉 반응 없이 행동할 수 있는 힘이었던 것이다.

　인쇄란 글 쓰는 기술에 대한 하나의 첨가물이 아니다. 이는 자동차가 말에 이어 추가된 또 하나의 탈 것에 그치지 않는 것과 같다. 인쇄도 처음 등장한 몇 십 년 동안은, 자동차가 〈말〔馬〕 없는 마차〉로 간주되었던 것처럼 잘못 이해되기도 했다. 그 시기에는 인쇄된 책의 구입자가 그것을 필경사에게 들고 가 베껴쓰게 하는 일이 당연한 것으로 여겨졌다. 18세기 초반까지도 교과서는 〈교사가 구술한 해석을 글자의 행간에 써넣을 수 있도록 여백을 두고 학생들에 의해 널리 필사된 고전〉(옥스퍼드 영어 사전)으로 정의되었다. 인쇄가 등장하기 전 학교와 대학의 교실에서는 수업의 상당 시간을 그 같은 텍스트를 만드는 데 할애했다. 교실은 주석을 달기 위한 〈사자실(寫字室)〉이 되어 버렸다. 거기서 학생은 편집자이자 발행인이었다. 마찬가지 이유로 인해 책 시장은 비교적 희귀한 물품들을 사고 파는 일종의 중고 시장이었다. 인쇄는 학습 과정과 마케팅 과정을 함께 바꾸어놓았다. 책은 최초의 교육 기계였고 또한 최초로 대량 생산된 상품이었다. 인쇄는 씌어진 말을 증폭시키고 확장함으로써 쓰기의 구조를 드러내 보여주고 크게 확장시켰다. 오늘날 전기에 의한 정보 이동의 가속화와 영화의 등장으로 인해 인쇄된 말의 형식적 구조는 기계 일반의 구조와 마찬가지로 해변에 떠밀려온 한 개의 나뭇가지와 같은 양상을 드러내고 있다. 새로운 미디어는 결코 낡은 미디어에 또 하나가 추가된 것이 아니며 낡은 미디어를 평화롭게 그냥 내버려두지도 않는다. 새로운 미디어는 낡은 미디어가 그에 맞는 새로운 형태와 자리를 발견하는 순간까지 쉬지 않고 압박을 가한다. 수기(手記) 문화는, 그것이 정점에 이를 때 스콜라 철학이라 불린 구술에 의한 교육 방식을 존속시켜 왔다. 그러나 인쇄는 동일한 텍스트를 수많은 학생이나 독자들 앞에 내놓음으로써 구두 토론으로 이루어진 스콜라 시대를 신속하게 종식시켰다. 인쇄는 개인적인 기억들을 무력화시킬 만큼 과거의 기록들에 대한 광대하고 새로운 기억을 제공해 주었다.

마거릿 미드는 자신이 똑같은 책의 여러 가지 복사본을 태평양의 한 섬에 갖고 갔을 때 현지인들이 대단히 놀랐다는 보고를 한 바 있다. 그들도 책을 본 적이 있었지만 그들은 각각의 복사본들을 다 다른 것으로 간주했다. 여러 권의 책이 가진 동일한 성격에 대해 그들이 보여준 경악은 결국 인쇄와 대량 생산의 가장 마력적이고 강력한 측면에 대한 자연스러운 반응이었다고 할 수 있다. 그것은 서구 문화의 힘을 이해하는 데 결정적인 단서가 되는 동질화에 의한 확장 원리를 담고 있다. 열린 사회가 열린 까닭은 어떤 집단이건 수량적으로 추가될 경우 무한히 팽창할 수 있도록 해주는 일양적 인쇄에 의한 교육이 이뤄지기 때문이다. 시각적 질서에 따른 인쇄상의 일양성과 반복성에 바탕을 둔 인쇄된 책은, 활자 인쇄가 수작업을 최초로 기계화한 것이었듯이 최초의 가르치는 기계였다. 하지만 인쇄된 말을 얻는 데 필수적인 인간 행동의 극단적 세분화와 전문화에도 불구하고 인쇄된 책은 그 이전까지의 문화적 발명품들의 풍부한 복합체였다. 삽화가 들어 있는 인쇄된 책에 들어간 일체의 노력은, 새로운 기술적 성과를 낳는 데에는 각기 구별되는 다양한 발명 행위들이 있어야 한다는 점을 확연히 보여주는 사례이다.

인쇄가 초래한 심리적-사회적 결과들에는, 다양한 영역들의 점진적인 동질화에 대해 그것이 가진 분열적이고 획일적인 성격의 확대도 포함된다. 그 같은 동질화는, 우리가 흔히 새롭게 등장한 내셔널리즘들과 연결짓는 권력, 정력, 침략욕 등을 증폭시킨다. 심리적 차원에서 보자면 인쇄에 의한 개인의 시각적 확장과 증폭은 다양한 영향들을 미쳤다. 아마도 E. M. 포스터의 다음과 같은 언급은 이 점을 가장 분명하게 보여줄 것이다. 그는 르네상스의 유형들에 관해 이야기하면서 이렇게 말했다. 〈인쇄술은 발명된 지 1세기밖에 되지 않았는데 사람들은 그것을 불멸의 엔진으로 착각했다. 그리고 미래의 혜택을 볼 요량으로 행동과 열정을 쏟아 부으면서 서둘러 인쇄에 몰두했다.〉 사람들은 마치 인쇄의 마술적인 반복성과 확장물들에 영원불멸성이 내재해 있는 양 행동하기 시작했던 것이다.

인쇄된 지면의 일양성과 반복성이 갖는 또 하나의 중요한 측면은 그것이 〈정확한〉 맞춤법, 구문, 발음에 대해 행사한 압력이었다. 심지어 노래에서 시를, 웅변에서 산문을 그리고 교양인의 화법에서 보통 사람의 화법을 분리하는 데서도 인쇄는 주목할 만한 역할을 했다. 시에 관해 이야기하자면 시는 더 이상 낭송이 없어도 읽을 수 있게 되었고 반대로 악기도 운문을 동반하지 않고서 연주할 수 있게 되었다. 음악은 발성된 말에서 벗어나 다시 한번 바르토크와 쇤베르크의 음악을 수렴했다.

인쇄와 더불어 기능들의 분리(혹은 외파) 과정은 신속하게 모든 수준에서 그리고 모든 영역에서 진행되었다. 이 문제가 셰익스피어의 희곡들에서처럼 그렇게 신랄하게 관찰되고 해석된 적은 없었다. 특히 그는 『리어 왕』에서 정치와 가정 생활의 세계에서 일어나는 계량화와 세분화의 과정에 대한 이미지 혹은 모델을 제시했다. 희곡의 서두에서 리어 왕은 권력과 의무의 위임이라는 계획이 〈우리 마음속에 있는 목적〉임을 보여준다.

    우리가 갖게 되는 것은 기껏해야
    왕이라는 이름과 그에 부수되는 것뿐.
    그 밖의 주권(主權), 수입, 집행권 등은

사랑하는 자식들아 모두 너희 것이다.
그 점을 확인키 위해
이 왕관을 너희 둘이 나누도록 하라.

이 같은 분할과 위임의 행위는 리어 왕, 그의 왕국 그리고 그의 가족들을 풍비박산 내고 만다. 하지만 분할하여 지배하는 것은 르네상스 시대에 등장한 권력 조직의 지배적인 새 관념이었다. 〈우리 마음 속에 있는 목적〉은 바로 마키아벨리와 연관을 맺는다. 그는 권력에 대한 개인주의적이고 계량적인 관념을 발전시켰는데 그 당시 사람들이 그것에 대해 지녔던 공포는 오늘날 사람들이 마르크스에 대해 갖는 공포감에 비할 바가 아니었다. 따라서 인쇄는 중세 조직이 갖는 통합적 성격에 도전장을 던진 것이었다. 이는 마치 오늘날 전기가 기존의 세분화된 개인주의에 대해 도발하고 있는 것과 비슷한 것이었다.

인쇄의 일양성과 반복성은 연속적이고 측정 가능한 양(量)으로서의 시간과 공간이라는 관념과 힘을 합쳐 르네상스에 스며들었다. 이 관념의 직접적 효과는 자연 세계와 권력 세계 모두를 탈신성화(脫神聖化)시키는 것이었다. 세분화와 단편화에 의해 물리적 과정을 제어하는 새로운 테크닉은 결국 신과 자연, 인간과 자연, 나아가 인간과 인간을 분리시켜 놓았다. 전통적인 견해와 포괄적인 인식으로부터의 이탈에 충격을 받는 사람은 그 책임을 종종 마키아벨리라는 사람에게서 찾았다. 그러나 그는 단지 힘에 대한 새로운 계량적이고 중성적인 혹은 과학적인 관념들을 왕국들의 통제와 조작에 적용한 데 불과했다.

셰익스피어의 모든 작품은 그것이 왕의 것이건 일개인의 것이건 간에 권력의 새로운 경계 설정이라는 테마와 직결되어 있다. 그 시대에 가장 무서운 일은 성스러운 왕 리처드 2세가 겪어야 했던 치욕스런 투옥과 왕권 박탈의 사건이었다. 그러나 『트로일러스와 크레시다』에서, 공적인 것이건 개인적인 것이건 관계없이 깨지기 쉽고 무책임한 권력에 대한 새로운 열광은 개인 중심의 경쟁을 냉소적으로 모사하려는 목적에서 등장한다.

> 즉각적인 수단을 강구하라.
> 명예란 두 사람이 나란히 지나갈 수 없는
> 좁은 해협을 지나가는 것. 그러니 길을 장악하라.
> 경쟁에는 천 명의 자식들이 있어
> 한 명 한 명이 서로 앞을 다툰다. 일단 길을 비키거나
> 똑바른 길에서 물러서게 되면
> 그들은 밀물처럼 밀어닥치고
> 그러면 너는 맨 뒤에 처지게 된다.
>
> ──3막 3장 중에서

사회란 계량화된 욕망들의 균질적인 덩어리로 세분화된 것이라는 견해는 후기 희곡들에서 셰익스피어의 세계관에 그림자를 드리우게 된다.

활자 인쇄가 초래한 예상치 못한 수많은 결과들 중에서 내셔널리즘의 등장은 아마도 가장 잘 알려져 있을 것이다. 방언이나 언어 집단들에 의한 주민들의 정치적 통일은, 인쇄를 통해 각각의 방언이 거대한 매스 미디어로 바뀌기 전까지는 생각도 할 수 없는 것이었다. 확대된 형태의 혈족인 부족은 인쇄로 인해 외파를 일으키고 동질적인 개인화 훈련을 받은 사람들의 결사체로 대체된다.

내셔널리즘 자체는 집단 운명과 지위에 관한 강렬하고도 새로운 시각적 이미지로서 출현했고, 인쇄가 등장하기 전까지 전혀 몰랐던 정

보 이동의 속도라는 것에 바탕을 두고 있다. 오늘날 하나의 이미지로서 내셔널리즘은 여전히 인쇄에 크게 의존하고 있는데 오늘날의 전기 미디어들은 활자에 대립한다. 정치에서와 마찬가지로 비즈니스 분야에서도 제트기의 등장과 더불어 과거의 낡은 국가 단위의 사회 조직은 무의미하게 되었다. 르네상스 시대에 내셔널리즘이 출현했을 때 사람들은 그것에 대해 신기해하면서도 자연스럽게 받아들였는데 그 이유는 인쇄의 속도와 그에 따른 시장과 상업의 눈부신 발달 때문이었다. 내셔널리즘이란 동질적 공간에서의 연속성과 경쟁이다. 마찬가지로 중세기들과 가족 조직의 이질적이고 경쟁이 없는 불연속적 요소들은, 보다 많은 기능의 세분화와 일양성을 요구하는 인쇄를 통해 정보의 속도를 높이는 데 장애물이 되었다. 대장장이요 화가요 조각가요 작가요 용병대장인 벤베누토 첼리니 Benvenuto Cellini 같은 인간형은 아무짝에 쓸모 없어진 것이었다.

새로운 기술이 일단 한 사회적 환경 속에 들어오면 그것은 모든 제도가 포화 상태에 빠지기 전에는 그 환경에 침투하는 것을 멈출 수 없다. 인쇄는 지난 5백 년 동안 모든 국면의 예술과 학문에 스며들었다. 연속성, 일양성, 반복성 등의 원리가 공업, 생산, 오락, 과학의 기초인 것과 마찬가지로 계산과 마케팅의 기초가 되는 과정을 실증해 보이는 일은 그리 어렵지 않다. 반복성의 경우 인쇄된 책에 일양적으로 값이 매겨진 상품이라는 아주 신기한 성격을 부여했는데 이것이 가격 체계에 이르는 문을 열었다는 점을 지적하는 것만으로도 충분할 것이다. 게다가 인쇄된 책은 필사본에서는 기대할 수 없는 용이한 휴대성과 손쉬운 입수 가능성이라는 특징을 갖고 있었다.

이런 확장적인 성질들과 직접 관련을 갖는 것은 다름 아닌 표현에서의 혁명이었다. 필사본이라는 조건하에서는 저자 혹은 작가라는 역할이 음유 시인의 그것만큼이나 모호하고 불확실한 것이었다. 그러나 인쇄는, 그전까지 수도원 창고의 다원적인 세계에 갇혀 있던 책들의 세계를 주유(周遊)하는 것을 가능하게 해줄 뿐만 아니라 세계 자체에 대해 대담하게 큰소리로 자기 이야기를 하는 것을 가능하게 해주는 미디어를 만들어내었다. 활자의 대담성이 표현의 대담성을 만들어낸 것이다.

일양성은 또 말하기와 쓰기의 영역들에까지 영향을 미쳐 독자와 주제에 대한 단일한 톤과 태도가 저술 전체를 일관하도록 했다. 〈문자의 인간〉 혹은 〈문인〉이 태어났다. 이 문자 문화적인 〈동일한 톤〉은 음성 언어에까지 확장되어 교양인들로 하여금 지겹기 한량없는 담화에서 단조로운 〈높은 톤〉을 유지할 수 있도록 해주었고 19세기의 산문 작가들로 하여금 오늘날에는 누구도 따르려 하지 않는 도덕적인 특질들을 갖도록 만들었다. 문자 문화의 일양적인 성질들을 가진 구어의 침투는 교양인의 말하기도 평준화시켰다. 왜냐하면 그것은 인쇄의 일양적이고 연속적인 시각적 효과들이 음향상으로 나타난 것이기 때문이다. 이런 기술적인 영향으로 인해 미국식 영어의 유머, 속어, 극적인 활력 등은 준(準)교양인의 독점물이 되어버렸다.

많은 사람들에게 이 같은 인쇄상의 문제들은 논란의 여지를 남긴다. 하지만 인쇄를 이해하려는 그 어떤 접근 방법에 있어서건 그것의 전형적인 압력과 생명력을 관찰하려면 문제가 된 그 형태에서 한걸음 비켜설 필요가 있다. 오늘날 보다 새로운 미디어의 위협에 대해 그리고 그 규모에 있어 구텐베르크 혁명보다 훨씬 더 거대한 혁명에 대해 공포심을 갖고 있는 사람들은 문자 문화와 인쇄가 서구인에게 부여한 가장 강력한 선물에 대해 냉철한 시각적 거리 두기와 감사하는 태도를 분명 결여하고 있다. 서구인은 문자 문화와 인쇄로 인해 반응하거나 관여하지 않고 행동할 수 있는 힘을 얻었던 것이다. 서구의 힘과 효율성을 만들어낸 것도 이런 식의 분리에 의한 전문화이다. 이처럼 행위를 감정과 정서로부터 분리시키지 않았다면 사람들은 결단을 하지 못하고 계속 주저하는 태도를 보였을 것이다. 인쇄는 사람들에게 이렇게 말하도록 가르쳤다. 〈어뢰 따위가 무슨 상관이냐, 전속력 전진!〉

19 바퀴, 자전거, 비행기

〈바퀴, 자전거, 비행기는 어떻게 상호 작용하는가?〉라는 물음은 그것에 관해 생각해 본 적이 없는 사람들에게는 놀라운 이야기이다. 학자들은 흔히 사물은 따로따로 연구될 필요가 있다는 고고학적 가정하에서 일하곤 한다. 이것은 인쇄 문화에서 자연스레 파생한 〈전문주의〉의 습성이다. 린 화이트Lynn White와 같은 학자 역시 자신의 전공인 역사 연구 분야에서라 하더라도 모종의 상호 관계를 밝혀 내려고 하면, 자신의 〈전문가〉 동료들과 불편한 관계가 되는 형편이다. 『중세의 기술과 사회 변화Medieval Technology and Social Change』라는 저서에서 그는 봉건 제도가 등자(鐙子)[1]의 사회적 확장이라고 말하면서 그 이유를 설명하고 있다. 등자는 동양에서 도입되어 서구에서는 8세기에 처음 나타났다. 등자의 출현으로 말을 타고 싸우는 돌격전이 생겼고, 그 결과 새로운 사회 계층이 생겨나게 되었다. 유럽에는 이

---

1) 기수가 말을 탈 때 디디고 올라서는, 말안장에 달려 있는 금속 고리이다.

미 기사 계급이 존재하고 있었는데 완전 무장을 한 한 명의 기사를 말에 태우려면 열 명 이상의 농부를 소유할 정도의 재원이 있어야 했다. 샤를마뉴 대제(742-814)는 넉넉지 못한 자유민에게 전쟁에 대비하여 사유 농지를 모아서 한 명의 기사를 마련해 놓을 것을 요구했다. 새로운 전쟁 기술의 압력은 점차적으로 중장비를 갖춘 기사들을 많이 마련할 수 있는 계층과 경제 제도를 발전시켰다. 결국 10세기에 이르러 〈병사〉를 의미하는 고어인 〈miles〉의 뜻이 〈기사〉로 바뀌었다.

린 화이트는 또한 말의 편자와 목사리에 대해서도 의미심장한 의견을 진술한다. 즉, 말의 편자와 목사리가 중세 초기 인간의 행동 범위와 속도를 확대시키고 힘을 증대시킨 혁명적 기술이라는 것이다. 그는 기술에 의한 인간 확장이 내포하는 심리적, 사회적 의미에 세심하게 주의를 기울이고 있는데, 예를 들어 무거운 쟁기가 그 시대의 음식 재료뿐만 아니라 농업 제도에 새로운 질서를 부여한 과정을 분명하게 밝힌 바 있다. 〈중세 시대에는 활기가 넘쳐흐르고 있었다.〉

우리의 주제인 바퀴에 직접 관련시켜, 린 화이트는 중세의 바퀴의 진화가 말의 목사리와 마구의 발전과 어떠한 관련이 있는지를 설명하고 있다. 보다 빠른 말의 속도와 인내성을 운반에 이용하는 것은 말의 목사리의 발견 이전에는 불가능한 일이었다. 그러나 일단 이것이 개발되자 마구는 선회하는 앞 차축과 브레이크를 가진 마차로 발전해 간다. 13세기 중엽에 이르러서는 무거운 짐을 운반하는 사륜 마차를 흔히 볼 수 있게 되었다. 그리고 이 사륜 마차가 도시 생활에 미친 영향은 굉장한 것이었다. 농부들은 도시에 살면서 매일 밭으로 나갈 수 있게 되었는데 그것은 자동차로 왕래하는 (캐나다 서부의) 서스캐처원 주 농민의 생활과 거의 같았다. 서스캐처원 농민들은 주로 도시에 사는데 농장에는 트랙터와 농기구를 두는 헛간 이외의 집은 짓지 않는다.

승합마차와 철도마차의 등장으로 미국의 도시는, 상점과 공장에서 멀리 떨어진 곳에 있는 주택 지대로 발전했다. 이어서 철도가 생기자 역에서 걸어갈 수 있는 거리 내에 주택 지대가 형성되고, 교외의 발전이 이루어졌다. 철도 주변의 상점과 호텔은 교외에 특정한 종류의 집중화를 이루게 하였다. 그러나 자동차와, 그 뒤를 이은 비행기의 출현은 이러한 집중화를 무너뜨리고, 결국 보행자 즉 인간 신체로 도달하는 교외라는 개념은 끝이 났다. 루이스 멈포드는 자동차 때문에 교외에 사는 주부들이 전업 운전수가 되어버렸다고 주장한다. 바퀴가 변형을 거듭하면서, 새로운 일의 공급자 그리고 끊임없이 새로운 인간 관계의 설계자로서 떠맡았던 역할이 아직 결코 끝나지 않았다는 것은 분명하다. 그러나 그 영향력은 전기에 의한 정보 시대 속에서 차차 약해지고 있으며, 바로 그러한 사실 때문에 지금 쇠퇴해 가는 그 특징적 형태를 우리가 지금보다 잘 인식할 수 있는 것이다.

바퀴 달린 수레가 있기 전에는 단순히 끌어서 움직인다는 원리만 이용되었다. 즉 굴림대, 미끄럼 판, 스키 등은 바퀴 이전의 운반 도구에 이용되었다. 이러한 현상은 도공(陶工)의 녹로의 경우와 비슷하다. 도공의 녹로의 경우, 완전하고 자유로운 회전 운동이 있기 전에 손으로 움직이는 굴대와 송곳의 마찰이 있는 반회전 운동이 이용되었던 것이다. 그런데 손의 교호 운동과 바퀴의 자유로운 운동을 분리하기 위해서는 변환, 또는 〈추상(抽象)〉이라는 계기가 필요하다. 루이스 멈포드는 『기술과 문명 Technics and Civilization』에서 〈의심할 여지없이 바퀴의 개념은 '통나무를 미는 것보다 굴리는 것이 쉽다'는 것을 알게 된 것에서 비롯되었다〉라고 쓰고 있다. 어떤 사람들은 통나무를 굴리는 것이 발의 회전 운동보다는 손의 회전 운동에 더 가까운 것이며 바퀴의 기술로 변환할 필요가 없었다고 반론할 수도 있을 것이다. 그러나 필요할 경우, 외부 물질의 어떠한 운동을 또다른 소재로 변환시키기보다는 우리 자신의 몸의 형태를 단편화하여 그 부분들을 다른 소재로 적응시키는 것이 훨씬 자연스러울 것이다. 증폭이라는 방법을 통하여 우리 몸의 자세와 운동을 새로운 소재로 확대시키는 것은 보다 큰 힘을 끊임없이 추구하는 동인(動因)이 되는 것이다. 대부분 우리 몸의 스트레스는, 말을 하거나 돈을 모으거나 글을 쓸 때 일어나는 것과 같은 축적 및 이동 기능을 확장시키기 위한 욕구로 해석된다. 모든 용구는 신체의 확장이라는 방법에 의해 이러한 몸의 스트레스에서 생겨난 것이다. 저장이나 휴대의 필요성 때문에 꽃병이나 항아리 그리고 (불을 저장하고 있는) 〈도화선〉과 같은 것이 생겨난 것은 쉽게 알 수 있는 일이다.

아마도 동작을 절약하려는 모든 도구와 기계의 주요한 특징은 언어에서든 바퀴에서든 우리를 바깥으로 향하게 하거나 우리 자신을 확장시키게 하는 육체적 압력의 직접적인 표현일 수 있다. 그리고 그것을 꽃이나 쟁기 또는 기관차로 표현할 수 있다. 만화 「크레이지 캐트 Krazy Kat」에서 이그내츠Ignatz는 그것을 벽돌로 표현하고 있다.

바퀴를 가장 진보된 복잡한 방법으로 사용하고 있는 것은 영화의 촬영기와 영사기이다. 이렇게 아주 민감하고 복잡한 바퀴들의 결합이, 달리는 말의 네 다리가 동시에 땅에서 떨어질 수 있는가 하는 내기에서 발명되었다는 사실은 매우 중요한 일이다. 이 내기는 1889년에 사진의 선구자인 에드워드 마이브리지Edward Muybridge와 말의 소유자인 릴랜드 스탠퍼드Leland Stanford 사이에서 생긴 일이었다. 처음에는 여러 대의 카메라를 나란히 세워놓고 각각의 카메라가 움직이는 말의 발굽의 순간을 포착하려고 하였는데, 촬영기와 영사기는 이러한 발의 움직임을 기계적으로 재구성하려는 생각에서 발전된 것이었다. 〈확장된 발〉의 형태로서 시작된 바퀴는 굉장한 진보의 단계를 거쳐서 영화관이 생겨나게 한 것이다.

촬영기는 조립 라인식 작업의 각 부분을 무척 빠른 속도로 처리함으로써, 실제 세계를 필름에 감아서 후에 다시 펼쳐 스크린 위에 옮겨 담을 수 있게 한다. 영화가 기계적 원리를 그것이 역전되는 지점까지 밀고 감으로써 유기적 과정과 움직임을 재현하게 하는 것은 모든 인간 확장의 형태가 절정에 이를 때 나타나는 하나의 양상이다. 비행기는 속도를 가속화시킴으로써 고속도로를 자신 속으로 감아버린다. 도로는 이륙할 때 비행기 속으로 사라지고 비행기는 자체 내에 모든 것이 갖추어진 수송 체제인 미사일이 된다. 이 시점에서 바퀴는 비행기가 공중에 날 때, 변화하는 새나 물고기의 형태 속으로 다시 흡수되는 것이다. 스킨 다이버는 자신들이 길을 필요로 하지 않고 물속에서의 그들의 움직임은 나는 새와 같으며, 그들의 다리는 바퀴의 회전 운동의 기원인 점진적이고 연속적인 운동 상태로는 존재하지 않는다고 주장한다. 날개와 지느러미와 달리 바퀴는 선형(線形)적인 것으로, 그 움직임의 완성을 위해서는 도로가 필요한 것이다.

이와 같이 바퀴가 앞뒤로 수직으로 나란히 세워진 것이야말로 속보기[2]에 이어서 현재의 자전거까지 탄생시킨 시발점이 되었다. 왜냐하면 동선이 보여주는 시각적 원리와 결합하여 속도가 가해짐으로써 바퀴는 새로운 차원의 힘을 획득하였기 때문이다. 그러한 자전거는 바퀴를 기체 역학적 평형의 수준까지 끌어올려 결국 비행기를 탄생시키는 일에 관여하게 되었다. 라이트 형제가 자전거 기계공이었다는 사실이나 또 초기 비행기가 어떤 면에서 자전거와 비슷했다는 사실은 결코 우연이 아니었다. 모든 기술은 우리의 물리적 존재의 확장이기 때문에 기술이 가져오는 변형은 유기적인 진보의 특성을 가지고 있다. 사무엘 버틀러는 진보의 과정이 기계적 양상으로 옮겨짐으로써

---

2) 페달 달린 초기 자전거 형태로서, 앞바퀴를 페달로 회전시키게 된 이륜차이다.

놀라울 정도로 가속화되었다고 본 버나드 쇼의 통찰력에 탄복하였다. 그러나 쇼는 그 문제를 애매한 상태로 두는 것에 만족했다. 그러나 버틀러는 적어도 다음과 같은 지적을 하였다. 기계는, 확장을 통해 그들을 존재하게 만들어낸 인간들의 몸, 바로 그것에 결과적으로 강한 영향을 줌으로써 재생산의 대리적 힘을 얻게 된다는 것이다. 우리 자신의 확장된 신체가 증가된 힘과 속도에 반응을 보임으로써 새로운 확장을 만들어내는 것이다. 모든 기술은 그 기술을 만들어낸 인간 마음속에 새로운 스트레스와 욕구를 일으킨다. 새로운 욕구와 새로운 기술에 의한 반응은, 우리가 기존의 기술을 기꺼이 받아들임으로써 탄생하는 것과 같이, 끊임없는 되풀이 과정이다.

베케트의 소설과 희곡을 잘 아는 사람들은 자전거를 이용하여 그가 보여준 풍부한 어릿광대짓을 잘 기억하고 있을 것이다. 그에게 자전거는 불안정한 균형 속에 있는 마음과 육체의 관계를 데카르트식으로 표현하는 주요 상징이다. 이런 불안정한 처지는, 목적이 있고 재치가 있는 독립된 행동의 형태를 그대로 모방하는 선적(線的)인 진행에 따라다니는 것이다. 베케트에게 통합적인 존재는 곡예사가 아니라 광대이다. 곡예사는 단지 자신의 능력 가운데에 특정 부분만 이용하는 〈전문가〉로서 행동한다. 그러나 무능력함을 표현하는 정교한 극 속에서 광대는 곡예사를 무언의 몸짓으로 흉내내는 통합적인 사람이다. 베케트는 자전거를 현대의 전기 시대에서 전문가의 쓸모없음을 표상하는 기호와 상징으로 보았다. 이 시대에는 사람들의 모든 능력을 사용하는 동시에 지속적으로 상호 작용하고 반응하는 일이 필요한 것이다. 새로운 욕구와 새로운 기술에 의한 반응은, 우리가 기존의 기술을 기꺼이 받아들임으로써 탄생하는 것과 같이 끊임없는 반복 과정이다.

작은 곡예에도 실패하는 어릿광대 이야기로 우리에게 친숙한 험프티 덤프티를 보자. 동요에서 불려지고 있는 것처럼 왕의 말과 신하들을 모두 모으더라도 깨진 달걀인 험프티 덤프티를 원래대로 돌릴 수 없었다. 그렇다고 해서 전자기의 힘에 의한 자동 조작으로도 그것을 원상태로 돌릴 수 없을 것이라고 단언할 수는 없다. 총체적이고 통합된 존재인 달걀은 어쨌든 벽 위에 앉을 필요도 없었던 것이다. 여기서 벽은 전문주의와 관료주의에 의해 높아지는 획일적으로 단편화된 벽돌로써 이루어진다. 그것들은 달걀과 같은 총체적인 존재에게는 치명적인 것이다. 험프티 덤프티는 화려하게 부서짐으로써 벽의 도전에 훌륭하게 맞섰다.

이 동요는 험프티 덤프티가 쓰러진 뒤의 결과에 대해서도 언급하고 있다. 이것이 왕의 말과 신하들에 관련된 중요한 점이다. 그들 또한 단편화되고 전문화되어 있다. 전체를 통찰하는 시각을 가지지 못하기 때문에 그들은 무력할 수밖에 없다. 험프티 덤프티는 통합된 전체를 분명하게 나타내는 좋은 예이다. 벽이 존재한다는 것만으로도 그가 쓰러질 것이라는 점은 이미 예정되고 있는 것이다. 제임스 조이스는 『피네건의 경야』[3]에서 이러한 주제들을 끊임없이 엮어내고 있다. 그리고 그는 작품의 제목을 통해서, 결국 〈석기 시대로 되돌아 갈〉 전기 시대가 마음대로 형을 뜰 수 있고 만들어낼 수 있는 공간적 조화를 회복해 내어 험프티 덤프티를 다시 본래대로 되돌려 놓고 있음을 보여주고 있다.

도공의 녹로는 다른 모든 기술과 마찬가지로 기존의 과정을 가속화시켰다. 유목민의 단순한 식량 수집이 정착 농업으로 바뀐 뒤로 음식 저장에 대한 욕구는 더 커졌다. 단지가 더 많은 목적을 위해 필요하게 되었다. 경작을 통해 사람은 자신의 힘을 사물의 형태를 변화시키는 데로 돌렸다. 특정 지역에서 특별한 생산물을 만들어내는 식으로

---

3) 원제 〈Finnegans Wake〉에서 〈wake〉는 각성(覺醒)을 뜻한다.

사회가 변화되었고 그러한 변화는 교환과 운송을 필요하게 만들었다. 이러한 목적을 위해 북유럽에서는 썰매가 기원전 5천 년 이전에 사용되었고, 짐꾼과 짐을 싣는 동물들은 당연히 그 이전부터 존재했던 것이다. 썰매 아래의 바퀴는 손이 아니라 발의 가속을 위한 것이었다. 이러한 발의 가속을 위해 도로에 대한 필요가 생겨났는데, 이는 우리 등의 확장인 의자의 형태가 탁자의 필요성을 가져온 것과 같은 것이다. 문법 용어로 말하자면 의자가 등의 탈격 독립어구인 것처럼, 바퀴는 발의 탈격 독립어구이다. 그런데 이러한 탈격이 생기면 사회라는 문장 구조는 변화를 입게 된다. 미디어나 기술 세계에는 〈다른 사정이 같다면〉이라는 말이 있을 수 없다. 모든 확장과 가속은 전체적인 상황을 새로운 구조로 동시에 바꾸어놓는다.

바퀴는 도로를 만들었고, 생산물을 밭에서 거주지로 보다 빨리 이동시켰다. 가속은 더욱 큰 중심을 만들었고, 더 많은 전문화, 더 강도 있는 자극, 더 큰 집합, 그리고 침략을 만들어냈다. 그리하여 바퀴가 달린 수레는 전쟁용 이륜 전차를 만들어냈다. 이것은 마치 바퀴에 의해 생겨난 도시의 중심이 공격적 요새의 모습을 띠는 것과 같은 이치다. 높아가는 인간의 창조성과 파괴성은, 바퀴에 의해 생겨난 가속화가 전문가적 기술들을 합성하고 강화한다는 사실만으로도 충분히 설명 가능하다.

루이스 멈포드는 이 도시화를 〈내파〉라고 부르고 있으나 그것은 사실 〈외파〉였다. 도시들은 전원 생활 양식의 분화로 생겨났다. 바퀴와 길은 〈중심-주변〉의 구조로 이 〈외파〉를 추진하였다. 중앙집중화는 길과 바퀴로 접근 가능한 주변에 따라 만들어진다. 그러나 해상 권력은 이러한 〈중심-주변〉의 구조의 양상을 띠지 않고 사막이나 초원의 문화도 이러한 구조를 갖지 않는다. 제트기와 전기를 가진 오늘날, 도시 중앙집중화와 전문주의는 거꾸로 분산화된다. 그리고 사회적 기능들은 이전에는 없던 비전문가적 형태로 상호 작용한다.

바퀴와 길은, 선박으로서는 할 수 없는 정도까지 가속화시키기 때문에 중앙집중화를 일으킨다. 그러나 어느 일정한 지점을 넘어선 가속이 자동차나 비행기에 의해 일어날 때, 그 가속은 오랜 중앙집중화의 한가운데에 분산화의 상황을 만들어낸다. 이것이 우리 시대의 도시 혼란의 원천이 된다. 일정한 강도의 움직임을 넘은 상태에서 밀리고 있는 바퀴에 의해서는 더 이상 중앙집중화가 일어나지 않는다. 전기의 모든 형태는 교향곡 속에 끼여든 풍적처럼 이전의 기계적 패턴들 모두를 방해하며 분산화를 일으킨다. 멈포드가 도시적인 전문가적 파열에 대해 〈내파〉라는 용어를 사용한 것은 유감스러운 일이다. 〈내파〉는 선사 시대의 문화에 속해 있었던 것처럼 전자 시대에도 속해 있다. 모든 원시 사회는 음성 언어와 마찬가지로 내파적이었다. 반면에 라이먼 브라이슨이 말한 것처럼 〈기술은 명확성이다〉. 명확성, 즉 기능의 전문가적 확장은 중앙집중화, 기능의 외파이지 내파나 응축, 동시성이 아니다.

세계 항공 여행이 내파적 성격을 띠고 있다는 것을 잘 알고 있는 한 항공사 중역이 세계 각국 항공사의 중역들에게 사무실 밖에 있는 조약돌을 자신에게 하나씩 보내달라고 요청한 일이 있다. 세계 각국에서 온 조약돌로 돌무덤을 만들려는 생각에서였다. 〈왜 그러느냐?〉라는 질문을 받았을 때, 그는 항공 여행 덕분에 사람들이 한 장소에서 전 세계와 접촉할 수 있게 된다고 말했다. 요컨대 그는 비행기의 내파적 속도 속에 내재되어 있는 동시 접촉과 상호 작용이라는 사실에서 모자이크적이거나 아이콘적인 원리를 생각해 내었던 것이다. 이 내파적 모자이크의 원리야말로 비행기 이상으로 전기에 의한 모든 종류의 정보 이동의 특색을 형성하는 것이다.

바퀴나 문자 언어에 의하여 제국의 변경 지역까지 미치는 힘의 중앙집중화와 확장은 외부에서 사람들에게로 미치는 직접적인 힘을 만들어내지만, 사람이 반드시 그 힘에 자신의 정신까지 내주지는 않는다. 그러나 내파는 부족이나 가족의 마법 주문이기 때문에 사람은 내파에 쉽게 복종한다. 기술적 명확성을 가진 도시 집중적 구조 사회에 속해 있으면서도 어떤 사람들은 부족 마술의 테두리로부터 빠져나오는 데 무척 힘이 들었을 정도였다. 멈포드는 이러한 상황의 예로, 중국의 철학자 맹자의 말을 인용한다.

사람이 힘에 억눌릴 때, 마음까지 복종하는 것은 아니다. 단지 그들의 힘이 충분하지 못할 뿐이다. 그러나 사람이 인격의 힘에 복종하고 있을 때는 그들의 마음속 깊이 기뻐하며 진실로 복종한다.

우리 육체의 새로운 전문가적인 확장의 표현인, 바퀴와 길에 의해 중심에 모이게 된 인간과 물체들은 끌어들이고 토해 내는 스펀지 같은 움직임 속에서 끊임없는 상호 작용적 확대를 필요로 했다. 그리고 그것은 장소와 시간을 초월해 모든 도시 구조를 덮쳤다. 멈포드는 이렇게 말했다. 〈만약 나의 해석이 정확하다면, 도시의 공동체적인 형태는 처음부터 파괴적이고 '죽음을 향하는 신화'에 의해 침식되고 손상되었다. 그 신화는 물리적 힘의 엄청난 확장과 기술의 능숙함을 따라다니는 것이었다.〉 신체의 확장을 통해서 그러한 힘을 가지려면 인간은 자기 존재의 내적 통일을 외파시켜 명확성을 가진 단편으로 만들어야만 한다. 내파의 시대인 오늘날 우리는 영화의 필름을 거꾸로 돌리듯, 고대로부터 진행되어 온 외파를 거꾸로 더듬어가고 있는 것이다. 그리고 오늘날 우리는 인간 존재의 단편들이 결합되어 가는 것을 볼 수 있다. 인간 존재가 가진 힘은 너무나 커서, 그것을 파괴적으로 사용하는 일은 어리석은 사람들에게도 무의미해 보일 정도이다.

역사가들은 고대 세계의 거대한 도시 형태들이 인간 성격의 모든 단면들을 표현하고 있다고 보고 있다. 우리 신체의 확장인 건축과 행정의 여러 제도들이 필연적으로 전 세계적으로 비슷해져 가는 경향이 있다. 도시의 중추 신경 역할을 하는 기관은 성(城)인데, 그 성에는 갖가지 차원의 권력과 위신을 가진 거대한 신전과 왕의 궁전이 있었다. 그리고 이 성이라는 중심 핵이 권력을 안전하게 확대시킬 수 있는 범위는, 그것이 얼마나 멀리까지 행동 범위를 확대할 수 있는가에 달려 있었다. 파피루스와 함께 알파벳이 출현하고 나서야 비로소 성은 공간적으로 아주 멀리까지 그 힘을 확대시킬 수 있었다(10장 「도로, 그리고 종이의 경로」를 참고하라). 그러나 전문가적 인간이 자신의 내적 기능을 공간과 건축의 형태로 분리해 내자, 곧 고대 도시는 그만큼 빨리 출현할 수 있었다. 아즈텍과 페루의 도시가 유럽의 도시를 닮은 것은 그들이 양 지역에서 모두 같은 기능을 가지고 있었고 또 그것을 확장했기 때문이라고 말할 수 있다. 〈전파〉와 같은 직접적인 물리적 영향과 모방이 양 도시 사이에서 있었느냐 하는 문제는 아무런 의미가 없는 것이다.

20 사진 • 벽 없는 매음굴

「역사적 순간의 성 베드로 성당 St. Peter's at a Moment of History」이라는 사진 작품은 1963년 6월 14일 《라이프》의 표지였다. 시간의 흐름 속에서 하나의 순간들을 분리해 낸다는 것은 사진만이 가지는 독특한 성격 중 하나이다. 텔레비전 카메라는 그러한 특성을 가지고 있지 않다. 끊임없이 주사선(走査線)을 보내는 텔레비전 카메라가 보여주는 것은 단절된 순간이나 국면이 아니라 윤곽, 유사함 그리고 명료함이다. 이집트의 예술은 오늘날의 구식 조각처럼 시간의 한 순간과는 아무런 관련이 없는 의미 있는 윤곽을 표현했다. 조각은 〈시간의 초월〉을 지향한다.

사진이 변형하는 힘을 가지고 있다는 것은 다음과 같은 흔한 이야기 속에서 구체적으로 잘 나타난다. 〈참 아이가 잘생겼구나!〉라고 칭찬하는 친구에게 아이의 엄마는 다음과 같이 말한다. 〈아니야. 사진을 보면 이 애가 얼마나 잘생겼는지 알 수 있어.〉 모든 곳에서 사물들을 서로 연관시키는 카메라의 힘은 패션 잡지 《보그》(1953년 3월 15일)가

자랑하는 말 속에 잘 나타나 있다. 〈이제 여성들은 외국으로 나가지 않고도 자신의 옷장 속에 다섯 아니 그보다 많은 나라의 훌륭한 의상들을 갖출 수 있게 되었습니다. 정치가의 꿈처럼이나 아름다운 옷들을 말입니다.〉 이것은 사진의 시대에 패션이 그림에서의 콜라주 기법처럼 되었기 때문이다.

1세기 전에 영국인들 사이에서는 외알 안경이 크게 유행했다. 그 이유는 그 안경이 그것을 눈에 대고 보는 사람에게, 높은 위치에 서서 인간을 사물로 바라보는 카메라와 같은 힘을 주었기 때문이다. 에릭 폰 슈트로하임[1]은 배우에게 그 외알 안경을 쓰게 하여 거만한 프러시아 관리라는 인물을 훌륭하게 만들어냈다. 외알 안경이나 카메라는 모두 인간을 사물로 만들어버리는 경향이 있다. 또한 사진은 인간의 이미지를 마치 대량 생산되는 상품처럼 확대하고 다량으로 만들어낸다. 영화나 연극의 스타와 우상들은 사진에 의해 대중의 것이 된다. 그들이 돈으로 살 수 있는 꿈이 되는 것이다. 그들을 창녀들보다도 더 쉽게 살 수 있고, 껴안을 수 있고 자꾸 만져 더럽힐 수도 있다. 대량 생산된 상품이 창녀적인 측면을 가지고 있다는 사실 때문에 어떤 사람들은 불안해하기도 했다. 장 주네 Jean Genet의 「발코니 Le Balcon」는 사회를 폭력과 공포로 둘러싸인 매음굴로 보고 그것을 주제로 삼은 연극이었다. 자신을 팔고 싶어하는 인류의 탐욕스러운 욕구는 혁명이라는 혼란에 저항한다. 매음굴은 극도로 맹렬한 변화 가운데서도 굳건히 계속해서 남아 있다. 한마디로 주네는 사진이 벽 없는 매음굴이라는 영감을 얻어, 그 주제를 다루어온 것이다.

사진을 혼자 다룰 수 있는 사람은 없다. 독서와 글쓰기의 경우엔

---

1) Eric von Stroheim. 한때 인기가 대단했던 미국의 영화 감독으로, 미국 영화에 리얼리즘을 도입하였다.

혼자 할 수 있다는 환상을 가질 수 있으나, 사진은 그런 태도를 허용하지 않는다. 영화나 출판물과 같은 집단적인 예술 형태의 성장을 개탄하는 일이 어떤 가치를 가지고 있다면, 그것은 분명 이러한 새로운 형태들이 이전의 개인주의적 기술들을 잠식해 버린 것과 관계되어 있을 것이다. 그러나 만약 인쇄나 목판, 조판(彫版) 같은 것이 없었다면 사진은 생겨날 수 없었을 것이다. 수세기 동안 목판과 조판은 아주 정교한 문장 구성법을 갖는 선과 점의 배열로 세상의 윤곽을 그려왔다. 곰브리치와 윌리엄 아이빈스William M. Ivins처럼 시각적 문장 구성법을 연구하는 여러 역사가들은 망판 제판술(網版製版術)이 생겨나 점과 선이 갑자기 정상적인 시계(視界) 아래로 가려지기 전까지, 손으로 원고를 쓰는 기술이 목판과 조판 예술에 어떻게 침투하였는지 설명하려고 애써 왔다. 합리성의 그물인 문장 구성은, 전보의 메시지와 인상파의 그림에서 사라졌던 것처럼, 후일의 인쇄에서도 사라져 버렸다. 그리고 마침내 쇠라의 점묘주의 속에서 세계는 갑자기 그림을 〈통하여〉 나타났다. 그림의 바깥에서 그림 〈위로〉 문장 구성법적인 시점(視點)을 취하는 경향은, 문자 문화적 형태가 전신(電信)의 등장으로 차차 쇠퇴하여 큰 기사의 〈표제〉로 전락한 것처럼 끝이 났다. 마찬가지로 사진의 등장 이후 사람들은 문장 구성법 없이 시각적으로 전달하는 방법을 터득하였다.

1839년에 윌리엄 헨리 폭스 톨벗William Henry Fox Talbot은 영국 학사원에서 논문 한 편을 발표하였는데 그 제목은 〈사진적 묘사술, 즉 예술가의 붓을 빌리지 않고 자연의 대상이 묘사되는 과정에 관하여〉였다. 톨벗은 사진을 〈붓〉의 문장 구성적 과정을 없앤 일종의 자동화로 잘 인식하고 있었다. 그러나 그는 자신이 그림의 세계를 새로운 산업적 진전의 선상으로 몰고 왔다는 사실을 아마 잘 인식하지 못한 듯하다. 왜냐하면 사진은 외부 세계를 자동적으로 찍고 똑같은 반복 가능한 시각적 이미지를 만들어내기 때문이다. 구텐베르크가 중세와 르네상스를 구분했던 아주 중요한 특성은 바로 이러한 획일성과 반복성이었다. 사진 기술은 단순한 기계적 산업화와 전자(電子)적 인간의 그래픽 시대를 구분짓는 거의 결정적인 계기가 되었다. 사진술의 발명으로 인해 활자적 인간의 시대가 화상(畵像)적 인간의 시대로 변천하였다. 옛날의 은판(銀板) 사진도, 현대의 사진도 처리 과정에 빛과 화학 물질을 도입했다. 자연 속의 대상물들은, 렌즈에 의해 강화되고 화학 물질에 의해 정착된 노출을 통하여 스스로의 윤곽을 드러냈다. 은판 처리 과정에서도 마찬가지로 아주 작은 점으로 상(像)이 그려졌다. 그리고 후에 그 방법은 쇠라의 점묘화에 영향을 미쳤고, 오늘날에는 신문에 사진을 싣는 방법인 〈전송 사진〉의 망점 인쇄술에까지 이어지고 있다. 다게르Daguerre가 은판 사진법을 고안한 지 1년도 되지 않았을 때 사무엘 모스Samuel F. B. Morse는 뉴욕에서 부인과 딸의 사진을 찍고 있었다. 이리하여 눈에 보이는 점(사진)과 귀에 들리는 점(전신)이 초고층 빌딩에서 만나게 된 것이다.

  은판 사진과 전신의 만남과 같은 서로 다른 분야의 교류는 톨벗의 사진 발명에서 더욱 두드러지게 되었다. 톨벗은 사진을 16세기 이탈리아인들이 카메라 옵스큐라Camera obscura(〈어두운 작은 방〉 속의 그림)라고 이름 붙인 그림 상자의 확장이라고 생각했다. 활자의 출현으로 기계에 의한 표기가 가능하게 된 바로 그 무렵에 사람들은 움직이는 상(像)을 어두운 방 벽에 비추어 볼 수 있게 되었다. 바깥에 태양빛이 있고 한쪽 벽에 아주 작은 구멍이 있으면, 외부 세계의 상이 반대쪽 벽에 나타난다는 것이다. 이러한 새로운 발견은 화가들에게는 아주 흥분되는 일이었다. 왜냐하면 인쇄된 말과 아주 밀접한 관계를 가지고 있는 3차원과 원근법에 관한 새로운 환상을 강력히 불러일으켰기 때문이다. 그러나 처음으로 16세기에 움직이는 상을 보았던 사람들은 거꾸로 된 상을 보았다. 그리하여 그림의 상을 바로잡기 위해 렌즈가 도입되었다. 우리가 가지고 있는 정상적인 시계(視界) 또한 거꾸로 되어 있다. 우리는 망막의 상을 시각적인 것에서 촉각적이고 동적인 것으로 바꿈으로써 우리가 체험하는 시각 세계를 정상으로 놓을 수 있다. 우리가 보고 있는 시각 세계가 거꾸로가 아니라는 것은 분명 우리가 느낄 수는 있어도 직접 볼 수는 없는 일이다.

〈정상적인〉 상이 하나의 감각을 다른 감각으로 바꾼 것이라는 사실은, 미디어 연구자로 하여금 어떠한 언어나 문화가 우리에게 가져다 줄 수 있는 왜곡과 대체 같은 것을 이해하게 하는 데 도움이 된다. 이글루의 벽에 붙은 잡지의 그림들을 백인들이 목을 쭉 빼고 들여다보는 것처럼 에스키모인들을 즐겁게 하는 일은 없다. 왜냐하면 마치 글자를 한 줄로 쓰는 법을 배우기 이전의 아이들처럼, 에스키모인들은 그림을 똑바른 위치에 놓고 볼 필요가 없기 때문이다. 서구인들은 자신들이 글자를 읽는 방식대로 원주민들이 그림을 읽지는 못한다는 사실을 발견하면 왜 당혹해하는가라는 문제를 우리는 한번 생각해 보아야 한다. 기술 때문에 생긴 우리 감각 생활의 극단적인 편견과 왜곡은, 우리가 일상 생활에서는 무시해 버리려고 하는 하나의 사실처럼 보일 수도 있다. 오하이오 주립 대학의 에임스 지각 연구소 Ames Perception Laboratory를 방문한 많은 사람들이 발견한 것처럼, 원주민들이 사물을 원근법에 의하여 지각하지 않거나, 3차원을 느끼지 않는다는 증거는 서구인이 자아에 대해 가지고 있는 이미지와 체계를 위협하는 것처럼 보인다. 이 연구는 우리가 〈정상적〉이라고 믿고 있는 우리의 시각 속에 얼마나 많은 환상이 있는가를 보여주기 위한 것이다.

인류 역사를 통해 우리가 잠재 의식하에서 그러한 편견과 오류를 받아들여 온 것은 분명하다. 왜 인간은 자신들의 경험을 이러한 무의식적 상태에 두는 것에 만족하지 않는가, 그리고 왜 많은 사람들이 그 무의식에 대해 이렇게 의식하기 시작하였는가는 고찰해 볼 만한 가치가 있는 문제이다. 현대인들은 집안을 정리하는 일에 마음을 많이 쓰는데 이것은 사진 기술로부터 커다란 힘을 받아 이루어진 자아의식의 한 과정이다.

스위스의 경치를 즐기던 중에 윌리엄 헨리 폭스 톨벗은 카메라 옵스큐라에 관해 깊이 생각하고 나서 다음과 같이 적었다. 〈'이러한 자연의 이미지를 그대로 영구히 담아 종이 위에 보존하는 일이 가능하다면 얼마나 멋질까!' 라고 생각하다가 사진기에 대한 아이디어를 얻었다.〉 르네상스 시대에 발명된 인쇄술 또한 일상의 느낌과 경험을 영구히 하려는 유사한 욕구에서 비롯되었다.

톨벗이 고안해 낸 방법은, 화학적으로 음화(陰畵)를 양화(陽畵)로 프린트하여 정확하게 반복 가능한 상(像)을 만들어내는 것이었다. 그리하여 그리스의 식물학자와 그 계승자들을 곤궁에 빠뜨렸던 장애물——자연의 모습을 간직할 수 없다는 것——은 제거되었다. 초창기부터 대부분의 과학이 언어말고는 정보를 전달할 수 있는 적절한 방법을 찾지 못해 그때까지 크게 지장을 받아왔던 것이다. 오늘날의 아원자 물리학(亞原子物理學)[2]조차도 사진이 없었다면 발전하지 못했을 것이다.

《뉴욕 타임스》 1958년 6월 15일자 일요일 판은 다음과 같은 기사를 실었다.

> 미소 세포를 〈볼 수 있는〉 있는 새로운 기술
> 1천조분의 1그램을 포착할 수 있는 마이크로포레틱 Microphoretic 방법
> ——런던의 연구자가 말한다

▪▪▪▪▪
[2] 원자보다 작은 양자, 전자 등의 역학적 운동, 현상, 구조를 연구하는 학문이다.

1천조분의 1그램 이하의 무게를 가진 물질도 새로운 영국의 현미경 기술로 분석할 수 있게 되었다. 이것이 바로 런던의 생화학자이며 기계 설계자이기도 한 버나드 터너 Bernard M. Tuner에 의한 〈마이크로포레틱 방법〉이다. 이 방법은 뇌와 신경조직 세포의 연구, 암 조직을 포함하는 세포 복사에 응용될 수 있다. 그리고 먼지에 의한 공기의 오염을 분석하는 데도 도움을 줄 것이라 믿어진다.……간단히 말한다면 이 현미경으로, 전류에 의하여 표본의 여러 가지 구성 물질이 당겨지거나 밀리거나 하여 이전에는 눈에 보이지 않는 것으로 여겨졌던 범위까지 볼 수 있게 된 것이다.

그러나 〈카메라는 거짓말을 할 수 없다〉라고 말하는 것은, 지금 카메라라는 이름 아래에서 저질러지고 있는 수많은 속임수를 강조하는 것에 지나지 않는다. 사진으로 만들어지는 영화의 세계는 실로 꿈과 환영이란 말과 동의어가 되어서 조이스가 말한 대로 〈심야 흥행의 연속 뉴스 영화〉로 사회를 바꾸어버렸다. 거기에서 현실은 릴의 세계로 대체된다. 조이스는 사진이 우리의 감각, 언어, 사고 과정에 미치는 효과를 누구보다도 잘 파악하고 있었다. 사진이라는 이름의 〈자동 기술〉을 평하여 그는 〈진실의 공허화〉라고 부른다. 적어도 그가 보기에 사진이란 문자 언어든 음성 언어든 언어의 적대자요, 혹은 언어를 앗아간 부당한 강탈자인 것이다. 하지만 만일 진실(어원)이 언어에 의해 파악되는 존재의 심장, 핵심, 그리고 혈육을 의미한다고 하면, 앞서 조이스가 붙인 명칭에 비추어볼 때 사진이란 무에서 새로운 무언가를 창조해 내는 것, 아니 창조를 사진의 음화에 환원시키는 것이라고 받아들일 수 있다. 만약에 정말로 사진에 끔찍한 니힐리즘이 있고 그것이 실체를 그림자로 바꾸어놓은 것이라면, 우리가 그 사실을 안다고 해서 상황이 더 나빠질 것은 없다. 사진 기술은 우리 자신의 존재 확장이다. 그리고 만약 우리가 그것에 독이 있다고 판단하면, 다른 기술과 마찬가지로 그것이 퍼지는 것을 막을 수 있다. 그러나 이러한 우리 육체적 존재의 확장을 절단해 버리려면, 다른 신체 수술을 할 때 필요한 것과 같은 많은 지식과 기술이 요구된다.

만약 표음 알파벳이 음성 언어에서 소리와 동작이라는 측면을 절단하는 수술이라면, 사진과 그것의 발달 형태인 영화는 경험을 기록하는 인간의 기술에 동작까지 담게 한 것이라고 할 수 있다. 사실 사진 기술로 인간 자세의 스냅 사진을 찍게 된 후부터 사람들은 그 어느때보다 육체적, 정신적 자세에 주의를 기울이게 되었다. 〈사진의 시대〉는 그 어느때도 볼 수 없었던 〈동작의 시대〉, 〈마임 mime의 시대〉, 〈춤의 시대〉가 되어버렸다. 프로이트와 융은 꿈과 일상 생활의 평범한 행위와 관련하여 개인적, 집단적 자세와 동작이 표현해 내는 언어를 해석하는 데에 관찰의 토대를 두었다. 그들이 대상으로 연구했던 육체적, 정신적 〈형태 gestalts〉, 즉 〈스틸 still〉 샷 shots(영화의 한 장면의 사진)은 사진에 의하여 나타난 자세의 세계 덕분에 가능했다. 글로 씌어진 말과 인쇄된 말이 사적이고 개인적 자세만을 나타내는 것으로 치우치는 데 반하여, 사진은 개인적인 자세와 동작을 나타내는 데 유용한 만큼 집단적인 자세와 동작에도 도움이 된다. 결국 청중과의 관계라는 면에서 볼 때 수사학의 전통적인 표현들이 화자 개인의 사적인 정신적 자세라고 한다면, 반면에 신화와 융의 원형 archetype은 글로 씌어진 형태가 마임이나 동작을 지배할 수 없는 것처럼, 그것이 또한 맞설 수 없는 정신의 집단적 자세인 것이다. 더욱이 사진이 어디에 사용되든지간에 자세와 구조를 자유자재로 포착하여 나타낼 수 있다는 사실은 수많은 예에서 찾아볼 수 있다. 새가 나는 모습의 분석도 그 한 예이다. 새의 비행에 숨겨진 비밀을 알아내고 인간의 이륙을 가능하게 한 것도 바로 사진이었다. 새의 비행을 포착하면서, 사진은 그것이 날개의 고정성(固定性)의 원리에 바탕을 두고 있음을 보여주었다. 날개의 움직임은 앞으로 나아가기 위한 것이지 날기 위한 것이 아니라는 사실이 밝혀졌다.

사진은 아마도 전통 예술에 가장 커다란 변혁을 가져다주었을 것이다. 화가는 이제 더 이상 사진에 몇 번이나 찍힌 적이 있는 세계를 그릴 수 없게 되었다. 대신 화가는 인상주의와 추상주의를 통해 창조의 내적 과정을 표현하는 쪽으로 눈을 돌렸다. 마찬가지로 소설가도 사진, 출판물, 영화, 라디오 등을 통하여 독자가 이미 알고 있는 대상이나 사건들을 더 이상 묘사할 수 없게 되었다. 시인과 소설가들은, 우리가 통찰력을 얻을 수 있고 우리 자신과 우리 세계를 만들게 하는 정신 내면의 움직임으로 눈을 돌렸다. 그리하여 예술은 외부 세계를 모사하는 것에서 내면을 창조해 내는 것으로 방향을 돌렸다. 우리가 이미 알고 있는 세계를 그대로 묘사하는 대신, 예술가들은 대중들의 참여를 위해서 창조적 과정을 보여주는 방향으로 전환하였다. 예술가는 이제 우리에게 그 과정에 참여하는 방법을 제시하였다. 전기 시대의 발전은 사람들로 하여금 제작자를 지향하도록 강력히 이끌고 또 그렇게 되도록 요구하고 있다. 결국 가공되고 포장된 상품을 소비하는 시대는 현재의 전기 시대가 아니라 그 이전 단계인 기계 시대이다. 그러나 불가피하게도 기계 시대와 전기 시대에는 겹치는 부분이 있었다. 그것은 내연 기관의 실린더를 작동시키려면 전기 스파크로 점화, 폭발 단계를 거치지 않으면 안 되는 것과 마찬가지이다. 전신은 전기의 한 형태이지만, 활자, 윤전기와 결합해 현대의 신문을 만들어낸다. 그리고 사진은 기계가 아니라 화학 물질과 빛이 만들어낸 과정이지만 기계와 결합하여 영화를 탄생시킨다. 그러나 이러한 혼합된 형태에는, 말하자면 스스로 빚을 청산해야 하는 구속력과 충돌이 있다. 왜냐하면 라디오나 텔레비전같이 기계적 원리가 배제된 순수한 전기적 형태에서 미디어는 그 사용자와 전혀 새로운 관계를 맺기 때문이다. 좋건 나쁘건 간에 이것은 지금까지 기계가 가져오지 못했던 높은 참여와 개입을 요하는 관계인 것이다.

교육은 미디어라는 방사선 물질이 낙하하지 못하게 하는 민방위대의 역할을 한다. 그러나 서구인들은 지금까지 자신들의 방식대로 새로운 미디어에 대항할 수 있는 교육이나 장비들을 가져보지 못했다. 문자 문화적인 인간은 영화와 사진이라는 존재 앞에서 마비되어 멍청히 있을 뿐만 아니라 〈대중 문화〉와 〈대중 오락〉에 대해서 방어적으로 오만하게 얕보는 태도를 취함으로써 스스로의 어리석음을 더 크게 드러내고 만다. 16세기 스콜라 철학자가 인쇄된 책의 도전에 무릎을 꿇은 것도 이런 불독 같은 우둔함 때문이었다. 이미 얻은 지식이나 인습적인 학문 같은 이미 확립되어 있는 이권은 항상 새로운 미디어에 의해 무시되거나 삼켜져 왔다. 그러나 〈고정성〉을 위해서든 아니면 〈변화〉를 위해서든 이러한 과정은 거의 연구되지 않았다. 사적인 이익이 개입되어 있으면 변화의 과정을 빨리 포착하고 지배할 수 있는 날카로운 눈을 갖게 된다는 견해도 있으나, 자동차 산업의 예에서도 알 수 있듯이 이것은 매우 근거 없는 이야기이다. 자동차 산업의 세계는 1915년경의 마차 제조업계와 마찬가지로 빠르게 침식되어 갈 운명에 처한 〈쇠퇴해 가는 세계〉이다. 예를 들어 제너럴 모터스 사는 텔레비전 영상의 효과가 자동차 이용자에게 미치는 영향에 대해서 알고 있는가? 아니 영향이 있을 것이라는 의심을 조금이라도 하고 있는가? 잡지업계도 이와 유사하게 텔레비전 영상과, 그것이 광고 아이콘에 미치는 영향에 침식되어 가고 있다. 새로운 광고 아이콘의 의미는 모든 것을 잃게 될 처지에 있는 사람들에게조차 아직 파악되지 못하고 있다. 영화 산업 전반의 실정도 마찬가지이다. 이러한 기업들은 자신들의 미디어가 아닌 다른 미디어에 대해서는 전혀 〈문맹〉이어서 미디어의 새로운 변종 형태가 가져오는 그 놀라운 변화를 전혀 인식하지 못하고 있는 것이다.

미디어의 구조를 연구하는 사람들은 모자이크적인 현대 세계의 모든 상세한 부분들이 의미로 가득 차 있다는 것을 생생하게 느낄 것이다. 1953년 3월 15일 《보그》는 사진과 항공 여행의 결합으로 생긴 새로운 변종을 발표하였다.

이 《보그》 최초의 국제 패션 특집은 새로운 시점을 기록하는 것이다. 우리는 이제까지 이런 특집호를 발행할 수가 없었다. 패션이 국제화를 겨냥하는 잡지를 갖게 된 것은 최근의 일이다. 우리는 처음으로 한 권의 책 속에 다섯 나라 패션 디자이너의 컬렉션을 실을 수 있게 되었다.

마치 미디어 연구자들의 연구실에서 만들어낸 순도 높은 귀금속과 같은 이런 광고 카피의 우월성은, 시각의 언어와 조형 미술 전반의 언어에 익숙한 사람들에게 감지될 수 있을 것이다. 카피라이터는 관람객이 순간순간 가지는 마음 상태에 자신의 감정을 이입시킬 수 있는 스트립 쇼의 무용수가 되어야만 한다. 그것은 대중 소설 작가나 유행가의 작사가, 작곡가의 경우에도 마찬가지이다. 따라서 널리 대중들의 인기를 얻고 있는 소설가나 연예인들은 정신분석가가 드러낼 수 있는 일련의 태도를 아주 구체적으로 표현하며 보여주고 있다. 〈내 말의 의미를 이해할 수 있어요?〉 그러나 우리가 《보그》의 말을 단지 표현의 문제 또는 편집상의 기술로만 생각한다면, 그 의미를 놓치게 될 것이다. 이것은, 그림 광고의 카피를 문학적 표현으로 생각해서는 안 되고 일상 생활의 정신 병리학을 모방한 것으로 생각해야 되는 것과 마찬가지이다. 〈사진의 시대〉에 언어는 그래픽이나 아이콘적 성격을 띠는데, 그것의 〈의미〉는 〈의미론적 세계〉에 거의 속하지 않는다. 〈문자 문화적 세계〉에 속하는 것은 더욱 아니다.

  1938년 《라이프》를 펼쳐보면, 그 당시 자연스러워 보이던 그림이나 자세들은 이제는 진짜 골동품보다도 더 분명하게 훨씬 먼 옛날의 느낌을 준다. 이제는 어린아이들도 얼마 전의 모자와 덧신을 〈구식〉이라고 부르면서, 계절에 따라 패션계에서 일어나는 시각적인 모습의 급격한 변화에 아주 민감하게 동조하고 있다. 대부분의 사람이 〈어제의 신문〉에서 경험하게 되는 느낌은 그 어떤 것도 〈어제의 신문〉만큼 더 케케묵은 것은 없다는 것이다. 재즈 연주자들은 녹음된 재즈에 대해 〈어제의 신문처럼 곰팡내 난다〉라고 말하면서 거부감을 표시한다.

  너무나 빨리 한 순간의 세계를 만들어내는 사진의 의미를 파악하는 가장 손쉬운 방법은 아마 지금까지 말해 온 것과 같은 방법으로 생각하는 것일 것이다. 왜냐하면 〈오늘 신문〉이나 재즈 보컬 verbal jazz에 대한 우리의 태도는 사람들이 패션에 대해서 느끼는 그것과 같기 때문이다. 패션이란 우리가 알고 의식하는 상태가 아니라, 우리가 그것과 함께 존재하기 때문에 생기는 상태인 것이다. 그러나 이런 방식은 단지 사진의 소극적인 면에 주목하는 데 지나지 않는다. 적극적인 면에 주목해 볼 때, 사진은 일회성을 가속화시켜, 전신이나 전보가 공간을 없애 버린 것처럼, 시간을 없애 버린다. 물론 사진은 시간과 공간 모두를 없애 버린다. 국가간의 경계선과 문화의 장벽 또한 없애 버리고, 어떤 특정한 견해를 가지고 있든 말든, 사람들을 하나의 〈인간 가족〉 속으로 끌어들인다. 어떤 피부색을 가진 인간이든, 몇 명의 사람들을 찍은 사진은 〈인간의 사진〉일 뿐, 〈유색인〉의 사진이 아니다. 이것은 정치의 맥락에서 보는 사진의 논리이다. 더 깊이 있게 보면 사진의 논리는 언어의 논리도, 문장 구성의 논리도 아니다. 결국 사진과 대적하려는 문자 문화는 상당히 무력해지게 된다. 그 증거로, 사진의 형태가 인간 감각 의식을 변형(變形)시켜, 사진(공적인 사진이든 사적인 사진이든)을 찍을 때 신체의 위치를 바꾸는 것 못지않게 빨리 얼굴의 표정과 화장을 고치는 자아 의식의 발달에 관여한다는 것을 들 수 있다. 이러한 사실은 15년 전의 어느 잡지나 영화에서도 찾아볼 수 있다. 그러므로 사진이 우리 외면의 모습뿐 아니라, 우리 내면의 모습과 자신과의 대화에도 영향을 미쳤다고 말해도 지나치지 않을 것이다. 무엇보다도 융과 프로이트의 시대는 사진의 시대이며, 자기 비판적 태도가 널리 퍼진 시대인 것이다.

새로운 〈사진의 형태적 gestalt 문화〉는 우리가 내적 생활을 대폭 단장(端裝)하게끔 자극하고, 이와 병행하여 우리의 집과 정원, 도시를 다시 정돈하도록 시도를 하게 한다. 슬럼 지역의 사진을 보면, 우리는 그런 상태를 견딜 수 없게 된다. 사진을 현실과 결부시키는 것만으로도 변화를 향한 새로운 동기가 생기게 되는데, 이는 우리가 사진을 볼 때 여행하고 싶은 새로운 동기를 느끼는 것과 같은 것이다.

부어스틴은 『이미지 : 아메리칸 드림에 무슨 일이 생겼나』에서 여행이라는 새로운 사진적 세계를 문자 문화적으로 이해하는 것이 어떤 것인지 보여준다. 그러나 그렇게 보는 것이 전혀 의미가 없다는 것을 발견할 것이다. 한가롭게 유럽에 가보고 싶다는 기대 속에서, 유럽에 관한 글을 읽은 적이 있는 문자 문화적 인간에게 〈세계에서 가장 빠른 배 위에서 당신은 유럽에서 온 열다섯 가지 미식을 즐기게 됩니다〉라고 속삭이는 광고는 조잡하고 비위에 거슬리는 것이다. 〈뉴욕에서 한 식사가 다 소화되지 않은 채 파리에 도착한다〉는 비행기 여행 광고는 더욱 심하다. 더욱이 사진은 새롭고, 알지 못했던 것과의 만남이라는 지금까지의 여행의 목적을 바꾸어놓았다. 17세기 초 데카르트는 여행이란 다른 시대의 사람들과 대화를 나누는 것이라고 말하였는데, 이와 같은 견해는 데카르트 이전에는 전혀 없었던 것이다. 이런 색다른 경험을 소중히 여기는 사람들은 예술이나 고고학적 경로를 따라 수세기 전으로 거슬러 올라갈 필요가 있다. 부어스틴 교수는 그렇게 많은 미국인들이 그렇게 자주 여행을 하고서도 여행을 통해 조금도 변하지 않는 것을 불만스럽게 생각하는 것처럼 보인다. 그는 모든 여행 경험이 〈심심하고, 부자연스럽고, 틀에 박힌〉 것이 되었다고 느낀다. 그러나 그는 왜 사진이 우리에게 이러한 영향을 주었는가를 알아내려는 데에는 관심이 없다. 마찬가지로 과거의 지식인들도 책이 질문, 대화, 성찰을 대신하게 되었다고 탄식했을 뿐 인쇄된 책의 본질을 검토하려 하지 않았다. 독자들은 항상 수동적 성향을 띠었다. 왜냐하면 그것이 책을 읽는 가장 좋은 방법이기 때문이다. 오늘날, 여행자들은 수동적으로 되었다. 여행자 수표와 여권, 그리고 칫솔만 있으면 세상이 쉽게 손에 들어오기 때문이다. 포장도로, 철도 그리고 증기선 등이 여행의 수고를 없애 주었다. 이제 사람들은 어리석은 순간적인 기분으로 외국으로 달려간다. 여행은 영화 보러 가는 것이나 잡지의 페이지를 넘기는 것과 조금도 다를 바가 없게 되었기 때문이다. 〈출발은 지금, 지불은 돌아와서!〉라는 여행사의 상투적인 광고 문구를 다음과 같이 읽어보자. 〈출발은 지금, 도착은 다녀온 후에!〉 왜냐하면 우리는 그런 유형의 사람이란 무의식적으로 갔던 길을 한 번도 벗어나 본 적이 없다고, 즉 새로운 장소에 도착해 본 적이 없다고 말할 수 있기 때문이다. 상하이든 베를린이든 베네치아든 패키지 여행으로 가는 곳은 자유자재이지만 그 패키지를 열어볼 필요는 없는 것이다. 1961년에 TWA 항공 회사는 대서양 횡단 비행기에 새로운 영화들을 제공하기 시작했는데, 예를 들어 네덜란드로 가는 도중에 영화로 포르투갈이나 캘리포니아 어디든 방문할 수 있게 된 것이다. 그리하여 세계는 어떤 다른 미디어를 통해 미리 만나본 적이 있는 것을 모은 일종의 박물관이 되었다. 심지어 박물관장 중에는 종종 여러 진품들보다 그 컬러 사진들을 갖고 싶어하는 사람이 있다는 것은 잘 알려진 사실이다. 마찬가지로 피사의 사탑이나 애리조나의 그랜드캐니언에 도착한 관광객은 오랫동안 익숙했던 것이 바로 이것이구나 하는 반응만 보이고 자신도 그 사진을 찍으면 되는 것이다.

사진과 마찬가지로 패키지 투어가, 우리로 하여금 어디든 쉽게 접근할 수 있게 만들면서 그 장소의 가치를 떨어뜨렸다고 한탄하는 것은 문제의 핵심을 놓치는 것이다. 그것은 문자 문화의 단편적 견지에만 고정시켜 가치 판단을 하는 것이다. 이는 또한 글로 묘사한 풍경이 기행(紀行) 영화보다 훌륭하다고 여기는 것과 같은 일이 될 것이다. 정신적으로 아무런 훈련을 받지 않은 사람에게, 어떤 독서나 영화 여행과 마찬가지로 진부할 뿐 아니라 별 도움도 주지 못하는 경험이다. 접근하기 어렵다는 사실이 보석이나 스타 배우 또는 16-17세기의 대화가(大畵家)처럼 어떤 사물을 의사적(擬似的) 가치의 후광(後光) 속에 넣어버릴지도 모르지만, 그 사물을 적절하게 인식할 수 있는 힘을 주는 것은 아니다. 이제 이러한 사실들을 통해 우리는 〈의사 이벤트pseudoevent〉의 핵심에 접근할 수 있다. 〈의사 이벤트〉라는 말은 일반적으로 새로운 미디어에 붙는 꼬리표인데, 새로운 미디어는 이전의 양식patterns을 가속화시켜 우리의 삶에 새로운 양식을 가져다주는 힘이 있기 때문이다. 이런 숨겨진 힘은 언어를 포함한 이전의 미디어에서도 한 번은 느낀 적이 있는 힘이라는 것을 생각해 둘 필요가 있다. 모든 미디어는 우리의 삶에 인위적인 지각력과 변하기 쉬운 가치를 부여한다.

모든 의미는 가속적으로 변화한다. 왜냐하면 개인적 상호 관계와 정치적 상호 관계의 모든 양식은 정보가 촉진되면 변화하기 때문이다. 어떤 사람들은 〈가속〉이 인간 관계의 본연의 형태를 바꾸어놓음으로써 자신들이 알고 있던 세계를 허약하게 만들어버렸다고 예민하게 느끼고 있다. 금세기 전기 혁명 직전에도 사회 구조 속으로 들어오게 된 의사 이벤트를 편협하게 애호하는 일이 있었으나 그 현상에는 조금도 새롭거나 이상할 것이 없다. 어느 시대의 것이든, 어떠한 것이든 간에 새로운 미디어는 이전 미디어의 양식에 익숙해 있던 사람들에 의해 〈의사(擬似, pseudo)〉로 분류된다는 것은 미디어 연구자라면 쉽게 이해할 수 있는 부분이다. 이러한 사실은 변화와 혁신 가운데에서 사회적 연속성과 영구성을 최대한 확보하려는 정상적이고도 사랑할 만한 특징으로 보일 수 있다. 그러나 세상의 모든 보수주의도 새로운 전기 미디어의 생태학적 엄습에는 조금도 저항하지 못한다. 달리는 고속도로에서 후진하는 자동차는 고속도로라는 상황과 관련지어 볼 때 변화의 속도를 가속하고 있는 셈이 된다. 이러한 것은 문화적 반동의 아이러니컬한 모습처럼 보일 것이다. 추세가 한쪽을 향하고 있을 때, 그것에 저항하는 것은 변화의 속도를 가속화시킨다. 변화를 조절하는 것은 함께 움직이는 가운데 있는 것이 아니라 변화보다 앞서 움직이는 데 있다. 앞질러 감으로써 힘을 피하거나 제어할 수 있는 것이다. 이리하여 우리는 야구장에서 자기가 좋아하는 자리에 앉아 좋아하는 경기를 보다가, 영화 스타가 도착하는 것을 보려는 열광적인 팬들에게 밀려나는 사람 같다고 느낄 수도 있을 것이다. 우리는 한 사건을 보는 위치에 서자마자 다른 사태에 의해 밀려나게 된다. 이는 마치 원시 문화의 사람들에게는 서구적 생활이, 오랫동안 〈생활을 위해 준비〉하는 기간처럼 보이는 것과 같다. 그러나 문자 문화적 인간이 오랫동안 선호해 온 입장은, 무슨 일이 일어나고 있는지 철저히 무시하면서 〈불안한 마음으로 관망하거나〉 〈자부심을 가지고 지적하는〉 일이었다.

사진이 우리 생활에 커다란 영향을 미친 한 분야는 상품 포장과 진열의 세계, 일반적으로 말하면 모든 종류의 상점의 조직 분야이다.

한 면에 모든 종류의 상품을 광고할 수 있게 하는 신문은, 한 지붕 아래에서 모든 종류의 상품을 제공하는 백화점이 빠른 속도로 생기게 한다. 오늘날 이러한 백화점과 같은 시설이 쇼핑 플라자의 다양한 작은 상점으로 확산되어 중앙으로부터 이탈해 가고 있는 원인은 자동차와 텔레비전의 영향에서 찾아볼 수 있다. 그러나 사진은 통신 판매의 카탈로그에서처럼 여전히 어느 정도의 중앙집중주의의 압력을 행사하고 있다. 통신 판매하는 상점은 원래 철도와 우편의 중앙집중적 세력의 영향 아래 있었을 뿐만 아니라, 동시에 전신이라는 반(反)중앙집중적이며 확산적인 힘의 영향 아래에도 있었던 것이다. 시어스 로벅 사의 사업은 역장이 전신을 이용한 것에 힘입은 바가 컸다. 이들은 전신의 속도를 이용해 물품들을 수송하고 집중시키면 철도의 대피선에 쓸데없이 쌓여 있는 물품들을 처리할 수 있다고 보았다.

상업의 세계에서의 사진은 차치하고라도, 미디어들 사이의 복잡한 네트워크는 스포츠의 세계에서 쉽게 관찰할 수 있다. 예를 들어 신문사의 카메라는 미식 축구 경기의 급격한 변화를 가져오는 데 공헌하였다. 1905년에 열린 펜실베이니아와 스워드모어의 경기에서 심하게 얻어맞는 선수들을 찍은 신문사의 사진 한 장이 루스벨트 Theodore Roosevelt 대통령의 주의를 끌게 되었다. 그는 스워드모어의 봅 맥스웰이 심하게 맞은 사진을 본 후 몹시 화가 나서, 거친 게임이 계속된다면 행정 명령을 통해 미식 축구를 폐지시키겠다는 최후 통첩을 보냈다. 그 사진은 처참한 크림 전쟁의 모습을 전하여 플로렌스 나이팅게일의 이미지와 역할을 만들어낸 러셀의 전보와 같은 효과를 낸 것이다.

미식 축구의 사례가 보여준 현저히 드러나는 영향이란 것은 부자들의 생활을 전하는 사진 섞인 신문 기사의 경우에서도 볼 수 있다. 지위와 재력을 과시하기 위한 〈과시적 소비〉를 보여주는 데에는 미국의 경제학자 베블렌[3]의 진술보다는 신문사 카메라맨의 역할이 더 컸다. 그들은 대부호의 레저 스포츠에 촉수를 뻗치기 시작했다. 남자들이 말에 올라탄 채 클럽의 바에서 술을 주문하는 사진은 대중의 반감을 초래했고, 그로 인해 부유층은 아주 평범하고 알려지지 않은 사람들의 생활 속으로 도망쳐야 했다. 그리고 다시는 그 생활 속에서 벗어나지 않게 되었다. 이처럼 사진은 자멸을 가져올 정도로 요란한 힘도 발휘하기 때문에 부유층 사람들이 세상에 화려하게 나타나 즐기는 것을 위험스럽게 만들었다. 반면에 사진의 한 단면인 영화는 영화 배우라는 새로운 귀족층을 만들어냈는데, 이들은 스크린 안팎에서 보통의 부자들도 도달할 수 없는 환상적인 소비의 세계를 극화(劇化)하였다. 영화는 사진의 마술적인 힘을 이용함으로써, 세상의 모든 신데렐라들을 위해 귀족 사회의 영역을 일반 소비자를 위한 규격품으로 만들어낸 것이다.

『구텐베르크 은하계』 중에서 나는 활자 인쇄의 탄생 이후 새로운 시각적 가치가 급속히 높아진 것에 대한 연구의 필요성과 그 의미를 진술했다. 〈모든 사물에 자리를, 모든 것을 제자리에〉[4]라는 말은 식자공이 활자 조판을 배열하는 경우에만이 아니라 16세기 이후 인간이 모든 분야의 지식과 활동을 조직하는 경우에 타당한 특성을 가리킨 것이다. 감정이나 정서와 같은 내면 생활조차도 각 회화적 풍경에 따라 구성되고 질서가 잡히고 분석되기 시작하였던 것이다. 이는 크리스토퍼 허시 Christopher Hussey가 자신의 뛰어난 연구서 『회화적인 것

---

3) Thorstein Veblen (1857-1929). 노르웨이 가문 출신의 미국 경제학자이다. 경제 제도 연구에 진화론과 동적인 접근 방법의 적용을 시도했다. 저서『유한 계급론』(1899)으로 학계에서 널리 인정받았으며, 오늘날까지도 부자의 생활상을 묘사할 때 널리 사용되고 있는 〈과시적 소비〉, 〈금전상의 경쟁〉 등의 말을 만들어냈다.
4) 영국의 사회 개량가 사무엘 스마일스 Samuel Smiles의 말.

The picturesque』에서 설명하였다. 내면 생활의 회화적 분석은 1839년 톨벗의 사진술 발견보다 1세기 이상이나 앞선 것이다. 사진은 물감이나 언어보다 훨씬 더 회화적으로 자연 대상물을 묘사함으로써 오히려 〈역〉효과를 내었다. 사진은 〈자기 묘사〉, 즉 〈논리에 구애받지 않는 자유로운 표현statement without syntax〉을 할 수 있는 수단을 부여해, 반대로 내면 세계를 묘사하려는 자극을 불러일으킨 것이다. 〈논리에 구애받지 않는 자유로운 표현, 또는 언어화가 없는 표현〉이란 동작, 마임, 형태에 의한 표현이다. 이 새로운 차원의 표현은 보들레르나 랭보와 같은 시인들에게 〈내면의 풍경 le paysage intérieur〉과 같은 인간 내면의 세계를 살필 수 있는 길을 열어주었다. 시인과 화가는, 프로이트나 융이 내면의 세계를 포착하기 위해 카메라와 노트를 가지고 왔을 때보다 훨씬 전에 이러한 내면의 풍경에 침입했던 것이다. 아마 그중 가장 놀라운 것은 클로드 베르나르Claude Bernard의 『실험의학 연구 서설』일 것이다. 이 책은 과학을 육체의 내부 환경 속으로까지 안내한 것인데, 그 시기는 시인들이 과학을 지각과 감정의 생활 속으로 안내한 시기와 일치했다.

회화화(繪畵化, pictorialization)의 궁극적 단계는 양식pattern의 반전(反轉)에 있었다는 것에 유의할 필요가 있다. 보들레르와 베르나르에 의해 관찰된 육체와 정신의 세계는 전혀 사진적인 것이 아니었다. 그것은, 예를 들면 물리학자가 새로운 수학이나 통계학을 통해 마주쳤던 것과 같은 일련의 비시각적 관계들이었다. 또 사진은, 분개한 동료들이 루이 파스퇴르를 의학계에서 추방하게끔 한 박테리아라는 눈에 보이지 않는 세계에 인간이 주목하도록 만들었다고 말할 수 있다. 화가였던 사무엘 모스가 뜻밖에도 전신이라는 비시각적 세계로 자신을 던진 것처럼, 사진은 육체와 정신의 내적 동작과 자세를 포착함으로써 회화적 세계를 초월하여 내분비학과 정신병리학이라는 새로운 세계를 낳았다.
 옛 미디어든 새 미디어든 간에 다른 미디어와의 관계를 파악하지 않고 사진이라는 미디어를 이해하는 것은 불가능한 일이다. 왜냐하면 우리 육체와 신경 조직의 확장인 미디어는 새로운 확장이 일어날 때마다 새로운 균형을 이루어야만 하는 생화학적 상호 작용의 세계를 구성하기 때문이다. 미국에서 사람들은 거울과 사진에 나타난 자신의 이미지에는 관대하지만, 녹음된 자신의 목소리는 불쾌하게 여긴다. 그만큼 사진과 시각적 세계는 마취에 걸려 있는 사람들에게 안전한 세계인 것이다.

21 신문 • 누설(漏泄)에 의한 정치

1963년 2월 25일 AP통신의 뉴스 헤드라인은 다음과 같았다.

성공에 대한 신문의 책임——케네디의 뉴스 조작은 대담하고 냉소적이고 교묘하다라고 크로크 씨가 주장

이 기사에 의하면, 아서 크로크는 다음과 같이 기술하고 있다. 〈근본적인 책임은 인쇄뿐만 아니라 전자 공학에 의한 정보 처리 과정에 있다.〉 이는 달리 〈역사에 책임이 있다〉라는 말로 당연시될 수 있다. 하지만 뉴스의 배열과 취급에, 신중한 예술적인 조작이 필요하게 된 것은 전기로 전달되는 정보가 즉각적인 영향을 불러일으킨 탓이었다. 외교 부문에서도 전기의 속도에 의해 여러 가지 사안들이 아직 결정되기도 전에 미리 발표되는데, 이는 그러한 결정들이 실제로 이루어질 때 나타날 수 있는 다양한 반응들을 확인하기 위해서이다. 이와 같은 절차는 의사 결정에 전 사회를 끌어들이기 위해 전기의 속도를

이용하는 불가피한 것이지만, 그러한 절차가 명확한 모든 견해를 포기하게 만들기 때문에 구식 신문인들에게는 상당한 충격을 준다. 정보의 속도가 빨라짐에 따라, 정치는 대표를 선출하여 결정권을 위탁하는 경향에서 벗어났다. 전 사회 공동체가 의사 결정이라는 중추적 행위에 직접적으로 관여하게 된 것이다. 정보의 속도가 느려지면 대리자나 대표자가 필요할 수밖에 없다. 그러한 대리자들을 내세움으로써, 사회의 다른 사람들이 처리되고 고려되기를 바라는 공공의 관심사에 대한 여러 분야의 견해들을 내세울 수 있게 되는 것이다. 그러나 전기의 속도가 이러한 대리, 대표 조직에 도입될 때, 이미 구식이 되어버린 이러한 조직은 속임수와 임시변통이라는 방법으로 간신히 그 기능을 유지할 수밖에 없다. 이것은 이미 확립된 형식의 본래 의도와 목적이 그 뿌리에서부터 뒤엎어지는 것으로, 이 사실을 목격한 이들에게는 상당한 충격을 준다.

신문이라는 커다란 주제는, 우리가 그 공식적인 패턴을 직접 검토해야만 다룰 수 있다. 먼저 〈인간적 흥미 위주의 기사〉라는 말은, 책의 많은 페이지 또는 여러 종류의 많은 정보를 한 지면(紙面)에 모자이크 식으로 배열하는 것을 의미하는 기술적 용어라는 것을 말해 둘 필요가 있다. 책은 하나의 〈견해〉를 제공하는 개인적인 고백의 형태이다. 그러나 신문은 공공의 참여를 제공하는 집단적 고백의 형태이다. 신문은 사건을 이용해서, 또는 전혀 이용하지 않고도 사건들을 채색할 수 있다. 그러나 신문에 복잡한 〈인간적 흥미 위주의 기사〉적인 성격이 나타나는 것은 매일 다양한 기사들이 배열되어 대중 앞에 제공되기 때문이다.

책의 형식은 공공의 모자이크 즉 집단적인 이미지가 아니라 사적인 소리이다. 텔레비전이 신문에 미친 아주 뜻밖의 효과 중 하나는 《타임》과 《뉴스위크 News week》의 인기가 놀라울 정도로 높아졌다는 것이다. 당사자들도 설명할 길이 없었고 구독을 권유하는 노력을 한 것도 아니었지만, 텔레비전이 생기고 나서 발행 부수가 두 배로 늘어났다. 이 뉴스 잡지들의 형식은 아주 뚜렷하게 모자이크적인데, 이는 그 잡지들이 사진이 들어 있는 이전의 잡지들처럼 세상 사람들에게 창문을 제공하는 것이 아니라, 움직이고 있는 사회의 집단적인 이미지를 제공하고 있기 때문이다. 사진이 든 잡지를 보는 사람들은 수동적이지만, 뉴스 잡지를 보는 독자는 집단적 이미지의 의미를 이해하기 위하여 많이 관여하게 된다. 그리하여 텔레비전을 통해서 모자이크 이미지에 관여하게 된 습관은 이런 뉴스 잡지들의 매력을 강화시켰고, 반면에 사진이 든 이전의 읽을거리 잡지의 매력을 약화시켰다.

책이나 신문은 둘 다 그 내용에 관계없이 단순히 그 형태상 〈뒷이야기〉의 효과를 만들어낸다는 점에서 고백적 성격을 지닌다. 책이 작가의 정신적 모험의 뒷 이야기를 만들어내는 것처럼, 신문은 행동하고 상호 작용하는 공동체의 뒷 이야기를 만들어낸다. 신문이 사회의 어두운 면을 파헤칠 때 그 기능을 가장 잘 발휘하는 것처럼 보이는 것은 바로 이러한 이유 때문이다. 진정한 뉴스는 나쁜 소식이다. 그것은 누군가에 관한 나쁜 소식이거나 누군가에게 나쁜 소식이다. 1962년 미니애폴리스에서 수개월 동안 신문이 없었던 적이 있었을 때, 당시 경찰서장은 다음과 같이 말했다. 〈확실히 신문이 그립다. 그러나 나의 직업상 신문이 영원히 없어지기를 바란다. 신문이 아이디어를 내지 않으면 주변의 범죄는 줄어든다.〉

전신에 의한 가속이 생기기 전에도 19세기의 신문은 상당히 모자이크적 형태로 향하고 있었다. 증기 윤전기는 전기 윤전기가 출현하기 수십 년 전에 사용되고 있었던 것이다. 그러나 손으로 하는 식자(植字)는 1890년 라이노타이프가 개발되기 전까지는 그 어떤 기계보다도 만족스럽게 사용되었다. 라이노타이프의 개발로 신문은 전신에 의한 뉴스 취재와 윤전기에 의한 뉴스 인쇄라는 형식을 점차 취하게 되었다. 라이노타이프가 오랫동안 계속되었던 식자의 느린 속도를 해결하게 되었지만, 그 기계가 그 문제를 해결하기 위해 직접적으로 관여한 사람들에 의해서 생겨난 것이 아니라는 사실은 상징적이고도 중요한 의미를 가진다. 제임스 클리페인 James Clephane이 등장하기 전에 막대한 돈이 식자 기계의 개량에 투입되었다. 그러나 새로운 식자 기계를 만든 것은 바로 제임스 클리페인이었다. 그는 속기의 기록을 완전히 고쳐 쓰고 똑같은 사본을 만드는 빠른 방법을 모색하던 중에 타자기와 식자기를 결합하는 방법을 발견하였다. 〈타자기〉가 전혀 성격이 다른 〈식자〉의 문제를 해결한 것이다. 오늘날 책과 신문의 인쇄는 모두 타자기에 의존하고 있다.

정보 수집과 인쇄의 가속으로 인해, 독자들을 위한 소재를 편집 정리하는 새로운 형태가 자연스럽게 생겨났다. 1830년대 초 프랑스 시인 라마르탱 Lamartine은 〈책이 너무 더디게 만들어진다〉라고 말했는데, 이 말은 책과 신문이 상당히 다른 형태라는 사실에 주목하게 한다. 식자의 속도와 정보 수집의 속도를 느리게 하면 신문의 외관뿐 아니라 신문에 글을 쓰는 사람의 문체에도 변화가 일어난다. 문체에서의 첫번째 가장 큰 변화는 18세기 초기에 일어났다. 당시에 꽤 유명했던 애디슨 Addison과 스틸 Steele의 《태틀러 Tatler》와 《스펙테이터 Spectator》[1]는 인쇄 문자의 형태에 어울리는 새로운 산문 기법을 발견하였다. 그것은 바로 〈동일조 equitone〉라는 기법이다. 즉, 산문에서 처음부터 끝까지 독자에 대하여 단일한 논조와 태도를 유지하는 것이다. 이러한 기법을 통하여 애디슨과 스틸은, 구어나 손으로 쓴

---

1) 《태틀러》는 애디슨의 기고와 협력으로 스틸이 경영했던, 3주마다 한 번씩 발행된 영국의 잡지이다. 1709년부터 1711년까지 발행되었다. 《스펙테이터》는 애디슨과 스틸의 합작으로 발행된 일간지이다. 1711년부터 1712년까지 발행되었다.

글에 나타나는 다양한 논조와는 구별되는 문어체를 인쇄된 글에다 도입하였다. 이런 식으로 언어가 인쇄된 글에 맞춰지게 되었다는 사실은 명확히 이해되어야만 한다. 그리고 전신을 통해 언어가 〈인쇄된 언어〉로부터 다시 한번 분리되어 표제어조(標題語調)라든가 신문조(新聞調), 전문체(電文體)라 불리는 별난 것으로 만들어지기 시작했다. 그리고 이러한 문체들은 인쇄의 획일성을 모방하는 거만한 동일조의 매너리즘에 빠져 있는 문자 문화적 교양인들을 아직도 당혹스럽게 만들고 있다. 표제어조를 그 예로 들면 다음과 같은 식이다.

    이발사, 목을 제거하다─── OB 행사에 모여서

  이것은 이전의 브루클린 다저스 Brooklyn Dodgers에서 커브볼의 명수로 유명했던 까무잡잡한 샐 매글리 Sal Maglie(통칭 이발사)가 야구 클럽의 만찬회에서 초대 연설자가 되었을 때를 언급한 기사이다. 이 기사를 쓴 문자 문화의 신봉자들은 르네상스 시대에 활약했던 아레티노, 라블레, 내시[2] 같은 작가들의 다채로운 논조와 활력을 찬양하고 있는데, 인쇄의 강력한 압력이 언어 습관을 획일적인 선형적 형태로 바꿔버리기 이전에 그들이 산문을 썼다는 점을 잊고 있다. 실업대책위원회에서 일하고 있던 한 경제학자와 대화하면서 나는 그에게, 신문을 읽는 것을 〈임금이 지불되는 고용의 상태〉로 볼 수 있느냐는 질문을 했다. 그가 그렇게 보지 않을 것이라는 나의 예상은 틀리지 않았다. 그렇지만 광고를 프로그램 편성과 함께 짜는 모든 미디어는 일종의 〈유급 학습〉이다. 머지않아 아이들은 학습의 대가로 돈을 받게 될 것이고, 교육가들은 선풍적인 신문이 〈유급 학습〉의 선두 주자였

▪▪▪▪
2) 세 사람 모두 16세기에 활약한 문학가이다.

음을 알게 될 것이다. 이러한 사실을 좀더 일찍 발견하기 어려웠던 이유 가운데 하나는 정보의 처리와 이동이 기계 공업적 세계에는 주요한 사업이 아니었기 때문이다. 그러나 그것은 전기 시대에는 눈에 쉽게 띄는 사업이요, 부의 수단이다. 기계 시대가 끝날 무렵까지도 사람들은 신문과 라디오, 그리고 텔레비전조차도 자동차나 비누, 휘발유처럼 그 〈하드웨어〉[3] 제조자나 사용자가 돈을 내는 정보의 형태에 지나지 않는다고 생각했다. 사회 내에서 자동화가 지배적일수록, 〈정보〉가 중요한 상품이라는 점과 형태를 갖춘 상품은 정보 이동에 뒤따르는 것일 뿐이라는 점이 분명해진다. 정보 그 자체가 전기 시대의 기초적 경제 상품이었던 초기 단계에는 광고나 오락이 사람들의 정신을 뺏는 바람에 그러한 사실이 불분명했다. 광고주는 신문, 잡지, 라디오, 텔레비전에서 시간과 공간을 산다. 즉 우리 가정을 공적인 만남의 장소로 빌리듯이 분명히 그들은 독자나 청취자나 시청자의 일부를 사는 것이다. 그들은 그 방법만 안다면 기꺼이 독자, 청취자, 시청자에게 시간과 주의를 기울여준 대가를 직접 지불할 것이다. 지금까지 찾아낸 유일한 방법은 무료로 쇼를 보여주는 것이다. 다시 말해 미국에서 영화가 단지 소비 제품을 광고하는 데 가장 좋은 형태이기 때문에 영화 중간중간에 들어가는 광고 시간을 개발해 낸 것은 아니었다.

   신문과, 그것의 당연한 형식인 집단 노출 및 공동체 정화라는 측면을 하찮은 것이라 개탄하는 사람들은 미디어의 본질을 무시하고 유럽에서처럼 신문이 책이 되어야 한다고 요구하고 있다. 서유럽에서 책은 신문보다 훨씬 빨리 생겨났다. 그러나 소련과 중유럽에서는 책과 신문이 거의 동시에 생겼는데, 그렇기 때문에 그곳 사람들은 그 두

---

[3] 여기서는 단순히 구체적 상품을 일컫는다.

가지 형태를 제대로 구별해서 생각한 적이 없었다. 그들의 언론에는 문자 문화의 배후 실력자가 가진 사적 견해가 스며 나오고 있다. 그러나 영국과 미국의 언론은 일상 생활의 비연속적인 다양성과 부조화를 나타내기 위하여 신문의 틀인 모자이크 형태를 항상 이용해 왔다. 〈신문은 그 모자이크적인 특성을, 한 가지 측면의 시각을 바탕으로 고정된 견해를 표하기 위하여 사용해야 한다〉는 문자 문화적 사회의 계속되는 요구는 신문의 형태를 전혀 이해하고 있지 못함을 나타내는 것이다. 이는 마치 대중들이 백화점은 한 가지 매장만 가지고 있어야 한다고 갑작스레 요구하는 것과 같다.

광고란(그리고 주식 시세란)은 신문의 기초를 지탱하고 있다. 만약 다른 방법으로 이와 같은 다양한 일상 생활의 정보에 쉽게 접근할 수 있다면 신문은 망하게 될 것이다. 라디오와 텔레비전은 스포츠, 뉴스, 만화, 영화를 다룰 수 있다. 신문이 책과 비슷한 특성을 갖게끔 하는 유일한 부분인 사설은, 그것이 뉴스의 형식을 띠지 않거나 광고로 처리되지 않는 한, 수년 동안 무시되고 있다.

대체로 서구의 신문이 독자를 사기를 원하는 광고주에 의해서 운영되는 무료 오락 서비스라고 한다면, 소련의 신문은 전체적으로 산업 진흥을 기본 방식으로 삼고 있다. 우리가 정치적인 뉴스 그리고 개인적인 뉴스를 광고 독자들을 사로잡기 위한 오락으로 사용한다면, 소련인들은 뉴스를 그들의 경제를 장려하기 위한 수단으로 사용하고 있는 것이다. 그들의 정치적 뉴스는 미국의 한 광고에 실린 광고주의 목소리만큼이나 적극적인 진지함과 입장을 가지고 있다. 산업화가 늦어진 것과 같은 이유로 신문이 늦게 발달한 문화와, 그리고 신문을 책의 한 형태로 받아들이고 산업을 집단적 정치 행위로 간주하는 문화는 신문에서 오락을 추구할 것 같지는 않다. 심지어 미국에서도 교양인들은 광고의 세계가 가지는 도상학적(圖像學的) 다양성을 이해하는 데 별로 익숙하지 못하다. 광고를 무시하거나 개탄의 대상으로 삼을 뿐, 연구하거나 즐기려 하지 않는다.

신문이 미국과 소련에서 또는 프랑스와 중국에서 똑같은 기능을 한다고 생각하는 사람은, 진정으로 미디어에 접하지 않은 사람이다. 그렇다면 이와 같은 미디어 문맹은 서구 사회만의 특성이고, 소련은 미디어를 올바르게 읽어내기 위하여 미디어가 갖는 편향을 수정하는 방법을 알고 있다고 생각해야 할까? 그리고 세계 각국의 수뇌들이, 문화가 다르면 신문이 미치는 영향력도 아주 다양하다는 사실을 알고 있다고 희미하게나마 추측해 볼 수 있는가? 이러한 추측에 대한 근거는 없다. 신문의 잠재 의식적 작용의 본질에 대하여 정치학자만큼이나 정치가들도 일반적으로 주의를 기울이지 않는다. 예를 들어 구술 문화적인 소련에서는 《프라우다 *Pravada*》와 《이즈베스타 *Isvestia*》 모두가 국내 뉴스를 다루고, 국제적인 화제는 모스크바 라디오 방송을 통해 서방에 알려진다. 시각 문화적인 미국에서는, 라디오와 텔레비전은 국내 뉴스를 다루고 국제적 사건들은 《타임》과 《뉴욕 타임스》를 통해 공식적으로 다루어진다. 대(對) 외국 방송인 〈보이스 오브 아메리카〉의 촌스러움은 BBC나 모스크바 라디오 방송의 세련됨과는 거의 비교가 되지 않는다. 그러나 〈보이스 오브 아메리카〉의 이러한 내용상의 부족함은 그 방송이 내보내는 아메리칸 재즈의 오락적 가치로 보충된다. 이러한 강조점의 차이는, 시각적 문화와는 대비되는 의미로서의 구술 문화 안에서 자연스럽게 생기는 다양한 의견과 결정을 이해하는 데 중요하다.

중등학교에서 미디어의 형태에 관해 좀 가르치려고 했던 한 친구는 학생들의 한결같은 반응에 놀라워했다. 학생들은 신문이나 어느 다른 대중 통신 수단이 야비한 의도로 사용될 수 있다는 가정을 조금도 받아들이지 못했다. 그들은 이 같은 가능성에 대해 마치 공기나 수질을 오염시키는 일과 같을 것이라 느끼고 있었고, 미디어에 종사하는 그들의 친구나 친척들이 그렇게 타락할 수 있으리라고는 생각하지 않았다. 이러한 잘못된 생각은, 미디어가 라디오든 인쇄물이든 또는 영어라는 언어 자체이든 간에 미디어의 형태는 무시하면서 그 프로그램의 〈내용〉에만 초점을 맞출 때 일어난다. 〈미디어의 황무지〉에 대해서 말하는 수많은 뉴턴 미노Newton Minow(전직 연방통신위원회 FCC 위원장) 같은 사람들이 있었다. 그들은 미디어의 형태에 대하여 아무것도 모르고 있다. 그들은 보다 진지한 태도를 가지고 엄숙한 주제를 다룬다면 책, 신문, 영화 그리고 텔레비전의 수준을 끌어올릴 수 있다고 상상한다. 그러나 이것은 우스울 정도로 말도 안 되는 소리다. 자신들이 영어라는 대중 미디어를 가지고 50개의 단어를 나열하여 자신들의 이론을 한번 시험해 보기만 하면 알 수 있을 것이다. 미노 씨든 광고주든 간에, 오랫동안 흔히 쓰여온 잘 짜여진 케케묵은 상투어를 사용하지 않고 도대체 무슨 일을 할 수 있다는 말인가? 진실되고 엄숙한 감정을 가진다고 해서 몇 개의 문장으로 일상적인 대화의 수준을 높일 수 있을 것인지 생각해 보라. 과연 이것이 미디어를 개선하는 문제를 해결해 줄 수 있는 방법인가? 만약 영어가 한결같이 우아하고 경구를 즐겨 쓰는 도학자 수준의 말이 된다면, 그것이 영어와 영어 사용자들에게 더 도움이 되는 일인가? 이 시점에서 아티머스 워드Artemus Ward의 말이 떠오른다. 〈셰익스피어가 훌륭한 희곡을 쓰긴 했지만 그가 뉴욕 신문의 워싱턴 주재 기자였다면 성공하지 못했을 것이다. 그에게는 기자에게 필요한 공상력과 상상력이 없었다.〉

책 지향적인 사람은 신문이 광고와 광고주로부터 압력을 받지 않으면 더 좋아질 것이라는 환상을 가진다. 그러나 신문을 훑어보는 독자의 눈에 광고나 뉴스 기사가 똑같은 만족도로 비춰지고 있다는 독자 조사의 결과는 발행자조차도 놀라게 하였다. 제2차 세계 대전중에 미군위문협회는 특별히 광고를 뺀 미국 주요 잡지들을 군인들에게 전달했다. 그러나 군인들은 다시 광고를 실어줄 것을 고집했다. 당연한 일이다. 잡지나 신문에서 광고는 지금까지도 가장 훌륭한 부분이다. 신문이나 잡지의 그 어떤 읽을거리보다 광고를 만들 때 더 많은 수고와 생각, 더 많은 기지와 예술이 투입된다. 광고는 뉴스다. 여기서 문제가 되는 것은 광고가 언제나 〈좋은〉 뉴스라는 점이다. 균형을 맞춰 효과를 내고 좋은 뉴스를 팔기 위해서는, 많은 나쁜 뉴스들이 필요하다. 게다가 신문은 뜨거운 미디어이다. 강도를 높이고 독자의 참여를 높이려면 나쁜 소식이 있어야만 한다. 이미 언급한 바와 같이 진정한 뉴스는 나쁜 뉴스인데, 이는 인쇄 기술이 생긴 이래로 어떤 신문에서든 입증되는 사실이다. 홍수, 화재 그리고 땅 위, 바다, 하늘에서 일어나는 모든 사회적 재난은 그 어떤 개인적인 공포나 악행들보다도 뉴스로서 우위를 차지한다. 반면에 광고는 나쁜 뉴스의 침투력에 맞서기 위하여 행복한 메시지를 소리 높여 명확히 노래해야만 한다.

신문과 미국 상원을 관찰해 온 사람에 따르면, 불미스러운 사건들을 들추어내기 시작한 이후로 상원은 하원보다 더 중요한 역할을 감당하는 것으로 여겨져 왔다. 사실 여론과 관련지어 볼 때 대통령과 행정부는 좋은 뉴스의 출처, 고귀한 지령탑이 되려고 하기 때문에 불리한 입장에 처할 수밖에 없다. 반면에 하원과 상원은 신문의 생명력에 필수적인 사회의 어두운 면을 파고들 자유를 가지고 있다.

표면적으로 볼 때 이러한 이야기는 냉소적으로 들린다. 특히 미디어의 내용은 그것을 운용하는 방법의 문제이며 개인적인 선호의 문제라고 생각하는 사람들과, 또한 라디오와 신문뿐만 아니라 일상의 흔히 쓰는 말을 포함한 모든 집합적인 미디어는 저속한 형태의 인간 표현과 경험이라고 여기는 사람에게는 더욱 그러할 것이다. 이 시점에서 신문이란 애초부터 책의 형태를 목표로 한 것이 아니라 모자이크적 형태, 즉 참여를 요하는 형태를 지향해 왔다는 사실을 다시 강조하지 않을 수 없다. 인쇄와 취재의 가속으로 인해 이러한 모자이크적 형태는 인간 공동 사회의 지배적 양상이 되어버린 것이다. 왜냐하면 모자이크적 형태란 〈분리된 견해〉를 의미하는 것이 아니라 과정에의 참여를 의미하는 것이기 때문이다. 이런 이유 때문에 신문은 민주주의적 과정에서 분리될 수 없는 것이다. 하지만 문자 문화적 견해, 또는 책의 견해에서 신문을 보면 소모품으로 여겨지는 것이다.

또한 신문이 사회의 겉모습 속에 가려져 있는 어두운 면을 계속해서 기사로 삼고 있다고 불평하는 책 지향적인 사람들은 신문의 모자이크적 형태를 오해하고 있는 것이다. 그 형태상으로 볼 때, 책과 신문은 모두 뒷 이야기를 밝히는 일에 전념하게 되어 있다. 개개의 독자에게 미묘한 마음의 움직임을 전달하는 몽테뉴이건, 또는 세상 곳곳에 야만스럽게 외쳐대는 허스트와 휘트먼이건 간에 마찬가지이다. 책이나 신문이 똑같이 공공 고백의 특성을 갖게 만드는 것은 바로, 반복이라는 정확한 획일성을 가지고 강도 높게 대중에게 외치는 인쇄라는 형태이다.

모든 사람들이 가장 먼저 시선을 가져가는 대목은 그들이 이미 알고 있는 것과 관계 있는 내용이다. 야구나 주식 폭락이나 눈사태 등 그 어떤 것이든 사람은 자신이 목격한 것에 관한 기사를 가장 먼저 펼쳐보게 된다. 왜 그럴까? 그 이유는 모든 미디어를 이해하는 데 중요한 해답이 된다. 왜 아이들은 아무리 단편적으로라도 그 날의 사건에 대해 재잘거리기를 좋아할까? 왜 우리들은 익숙한 장면이나 인물들이 나오는 소설이나 영화를 더 좋아하는 것일까? 왜냐하면 이성을 가진 우리 인간들은, 경험을 새로운 구체적인 형태 속에서 보고 재인식하는 일이 돈을 주고 살 수 없는 인생의 기쁨이라고 생각하기 때문이다. 새로운 매체를 통해 문자적으로 전환된 경험은 우리가 이전의 인식을 재생해 볼 수 있게 하는 즐거움을 준다. 신문은 우리가 이성을 사용할 때 갖는 흥분을 반복시켜 주고, 우리는 우리의 이성을 사용하여 외부 세계를 우리 자신의 존재 속으로 옮길 수가 있다. 이러한 전환의 기쁨은, 왜 사람들이 매우 자연스럽게 그들의 감각을 항상 사용하기를 원하는지에 대해 설명해 준다. 우리가 미디어라 부르는 이들 〈감각과 기능의 외부 확장〉을 우리는, 눈과 귀를 사용하는 것처럼 끊임없이 같은 동기를 가지고 사용한다. 한편, 책 지향적인 사람들은 미디어를 이와 같이 끊임없이 사용하는 것을 품위 없는 일로 여기는데, 이는 책의 세계에 있는 그들에게는 그런 일이 생소하기 때문이다.

이제까지 우리는 신문을 책의 형태를 계승하는 모자이크적 계승자로 논의해 왔다. 모자이크적이라는 것은 집단적 이미지의 형태이고, 깊은 참여를 요하는 것이다. 이러한 참여는 개인적이라기보다는 공동체적이며, 배타적이라기보다는 포괄적인 성격을 띠는 것이다. 모자이크적 형태가 지니는 그 밖의 특색은, 오늘날의 신문과는 다른 형태를 가진 신문을 검토해 보면 가장 잘 이해될 수 있다. 예를 들어 신문의 역사를 살펴보면 신문이 뉴스가 오기를 기다리던 시절이 있었다. 1620년 9월 25일에 벤자민 해리스Benjamin Harris가 발행한 미국 최초의 신문은 다음과 같이 공표했다. 〈한 달에 한 번 신문을 내겠습니다(만약 많은 뉴스거리가 생기면 더 자주 내겠습니다).〉 뉴스가 신문 밖에 존재하는 것이고 신문으로서는 어찌할 수 없는 것이라는 생각을 이만큼 잘 표현해 낼 수 있는 것은 없다. 이렇게 인식하고 있는 초기 상태에 신문이 하는 주요 기능은 풍문과 구전되는 이야기를 바로잡는 정도였다. 이는 마치 사전이 오랫동안 존재해 왔던 말에 〈정확한〉 철자와 의미를 부여해 준 것과 같은 것이다. 이윽고 신문은 뉴스거리가 단지 알려질 수 있을 뿐만 아니라 모아질 수도 있고 또한 정말 만들어질 수도 있다는 사실을 감지하기 시작했다. 신문에 실리는 것만이 뉴스이고 실리지 못한 것은 뉴스가 아니었다. 〈뉴스가 되었다〉라는 표현에는 조금 미묘한 부분이 있다. 신문에 실렸다는 것은 뉴스가 되기도 하고 뉴스를 만들었다는 것도 되기 때문이다. 이와 같이 〈뉴스가 된다〉는 말은 〈진실을 입증한다〉는 말처럼 〈행위〉와 〈픽션〉의 양면 세계를 의미한다. 게다가 신문은 매일의 행위이면서, 픽션, 즉 만들어진 것이며 그것은 대체로 공동체 안에 존재하는 모든 것을 재료로 한다. 모자이크적인 수단으로 신문은 공동체의 이미지, 다시 말해 그 한 단면을 완성시켜 보여준다.

부어스틴과 같은 상투적인 평론가가 현대의 대리 집필과 텔레타이프와 통신 사업이 실체가 없는 〈의사(擬似) 이벤트〉의 세계를 만들어내고 있다고 비판하는 것은, 사실상 자신이 전기 시대 이전의 어느 미디어의 본질에 대해서도 전혀 검토하지 않았다는 것을 스스로 공표하는 것이나 다름없다. 왜냐하면 의사적(擬似的)이고 허구적인 성격은 그 어느 시대의 미디어에도 항상 스며들어 있었고, 최근에 생겨난 특성이 아니기 때문이다.

대기업과 그 밖의 회사들은 그들의 사업 이미지를, 조심스럽게 대중들의 감각 중추에 심어 넣어야 하는 하나의 허구로 인식했다. 그런데 그보다 훨씬 전부터 신문은 날짜란dateline을 통해 통합되는 일련의 진행중인 행위로 공동체의 이미지를 창조해 내었다. 신문에서 사용되는 지방어를 제외하면, 날짜란은 신문에서 공동체의 이미지를 만들어내는 유일한 원리이다. 신문의 날짜란을 없애버리면 어느 날의 신문이든 다 똑같아진다. 오늘 신문이 아닌 줄 모른 채 일주일 전의 신문을 읽으면 혼란에 빠지게 되는 것이다. 뉴스를 제공하는 일이 단순히 사건을 반복하여 싣는 것이 아니라 사건을 만드는 직접적인 원인이 된다는 것을 신문이 깨닫자마자 많은 일들이 일어나기 시작했다. 그때까지 제한되고 있었던 광고와 판촉이 바넘 Barnum[4]의 도움을 받아 선풍적인 이야깃거리로 신문의 제1면에 나타났다. 오늘날의 신문을 만드는 사람은 마치 복화술사가 자신의 인형을 보듯이 신문을 바라보고 있다. 그는 자신이 원하는 바를 그것을 통해 말할 수 있다. 그는 화가가 팔레트와 물감을 보듯이 신문을 바라본다. 그리고 이용 가능한 사건이라는 끊임없는 뉴스거리를 가지고 무한히 많은 종류의 모자이크적 효과를 얻어낼 수 있다. 어떠한 종류의 독자라도 공적인 사건, 인간적 흥미 위주의 기사적 사건, 깊이 있는 기사 같은 패턴과 논조가 있으면, 어딘가에서 마음에 드는 기사를 발견할 수 있을 것이다.

신문이 모자이크적이며 참여적인 것이고 〈스스로 해라〉라는 식의 세계라는 사실에 조심스럽게 주목해 본다면, 우리는 신문이 민주 정치에 왜 그렇게 필요한가를 알 수 있다. 『제4의 권부』중 신문에 관한 연구 전체에 걸쳐 더글러스 케이터는, 정부 기관과 부서가 극도로 분산되어 있는 가운데 신문이 그것들간의 관계를 가까스로 연결시키고 또한 그것들과 국민과의 관계도 유지시키고 있다는 사실에 당혹해하고 있다. 그는, 신문이 공표를 통해 사회를 정화시키는 과정에 참여하고 있기도 하지만 사건의 이음매가 없는 전자 세계의 통신망 속에서 대부분의 사건들이 비밀에 붙여지지 않으면 안 된다는 모순을 강조하고 있다. 뉴스를 조심스럽게 누설하여 마술을 부리듯 조절함으로써, 최고의 기밀을 대중의 참여와 책임으로 전환시키는 것이다.

서구인이 상호 의존적 관계에 있는 전기적 세계에 스스로를 적응시키기 시작한 것은 바로 이러한 매일매일의 교묘한 적응에 의해서이

---
4) 19세기 미국의 흥행사로, 서커스를 처음 만들었다.

다. 신문에서 우리는 이런 적응의 변용 과정을 가장 분명히 볼 수 있다. 신문은 본질적으로 집단의 태도를 형성하고 밝히는 일에 전념하고 있으면서도 개인주의적인 기법을 사용한다는 모순을 나타내고 있다.

이 시점에서 신문이 전화, 라디오 그리고 텔레비전에 의해 어떻게 수정되어 왔는지 살펴보는 것이 좋겠다. 이미 우리는 전신이 수없이 많은 비연속적, 비연관적 특질들로 현대 신문의 모자이크적 이미지를 만들어낸 주된 요인이 되었다는 사실을 살펴보았다. 이처럼 어떤 미디어를 참가자로 만들어내는 것은 어떤 편집 방침이나 경향이 아니라, 공동 생활의 집단 이미지이다. 고립된 개인 문화를 가진 책 지향적인 인간에게는 이것이 신문의 추문, 즉 〈수치심도 모른 채 인간적인 흥미와 감상이 지나치게 관여하는 것〉으로 보인다. 뉴스 전달에서 시간과 공간을 제거함으로써 전신은 책의 형태가 가지는 사적 성격을 희박하게 하고 대신 신문이 가진 새로운 대중적 이미지를 부각시켰다.

모스크바를 방문하는 신문인이 제일 먼저 체험하는 고통은 전화 번호부가 없다는 것이다. 더욱 끔찍한 것은 정부 부서에 중앙 전화 교환대가 없다는 것이다. 전화 번호를 모르면 그것으로 그만인 것이다. 미디어 연구자가 백 권의 책을 읽고 이런 두 가지 사실을 발견한다면 다행이다. 그러한 사실을 통해, 신문의 광대한 어두운 세계를 비추어 보고, 다른 문화 속에서 드러나는 전화의 역할을 조명해 볼 수 있다. 대부분의 미국 신문인은 말의 속도와 직접성 때문에 전화를 통해 자료를 모으고 처리한다. 미국의 인기 있는 신문은 구술적인 것에 매우 가깝다. 이것에 비해 소련이나 유럽의 신문인은 문인(文人)이다. 모순된 상황이지만, 문자 문화적인 미국의 신문은 상당히 구술적인 특성을 가지고 있는 반면에 구술 문화적인 소련이나 유럽의 신문은 아주 강한 문자 문화적 특성과 기능을 가지고 있다.

영국인은 전화를 매우 싫어하여 수많은 우편물로 전화를 대신하고 있다. 소련인들은 마치 아프리카에서 추장이 옷차림 중 하나로 자명종 시계를 달고 다니는 것처럼, 전화를 지위의 상징으로 사용한다. 반면에 신문 이미지가 가진 모자이크성은 소련에서는 부족적 통일과 참여를 위한 직접적인 형태로 생각되고 있다. 문자 문화 속에서 얻어지는 엄격한 개인주의와는 전혀 조화를 이루지 못하는 것으로 생각되는 이러한 신문의 특성 때문에 공산당이 신문을 추천하게 되는 것이다. 한때 레닌은 이와 같이 선언하였다. 〈신문은 집단적 선전가이며 선동자일 뿐만 아니라 집단적 조직자이다.〉 스탈린은 신문을 〈우리 당의 가장 강력한 무기〉라고 불렀다. 흐루시초프는 신문에 대해 〈우리의 주요한 이데올로기적 무기〉라고 말했다. 이들은 개인적 견해를 표현하는 인쇄 문자보다는, 그것 자체의 입장을 강요하는 마력을 가진 신문 모자이크의 집단적 형태에 더 유의하고 있다. 구술 문화를 가진 소련에서 정부 권력의 세분화는 알려진 바 없다. 세분화된 정부의 여러 기관을 통일하는 것은, 그들의 신문이 아니라 우리 신문의 기능이다. 하나의 완전한 통일체인 소련은 신문 모자이크를 전혀 다르게 사용한다. (우리가 전에 책을 필요로 했던 것처럼) 소련은 이제 부족적·구술적 공동 사회를, 시장 조직을 유지할 수 있을 정도의 시각화된 단일 문화 사회로 전환시키기 위해 신문을 필요로 한다.

  사람들이 지역적인 부족 패턴에서 벗어나는 시각적 통일성을 갖는 민족주의를 이루기 위해 이집트는 신문을 필요로 한다. 역설적으로 라디오는 이집트에서 고대 부족을 부활시키는 역할을 해왔다. 낙타 등 위에 싣고 다니는 건전지 라디오가 지금껏 존재하지 않았던 힘과 생명력을 베드윈 Bedouin 부족에게 주긴 한다. 하지만 라디오를 통해 나오는 음성적 선동에서 아랍인들이 느껴왔던 분노를 〈민족주의〉 세계라고 말하는 것은 진정한 사태를 은폐해 버리는 것이다. 아랍어를 사용하는 국가들의 통일은 신문에 의해서만 이루어질 수 있다. 르네상스 시대에 구텐베르크가 획일적인 옷을 입은 모국어가 가능하도록 하기 전에는 서구 세계에 민족주의가 알려지지 않았다. 민족주의에 이처럼 필요한 단일화된 시각적 통일성에 라디오가 기여하는 바는 전혀 없다. 자국의 방송 프로그램만을 듣도록 라디오 청취를 제한하기 위해 몇몇 아랍 정부는 헤드폰의 개인적 사용을 금하는 법을 통과시켰고, 그 결과 라디오 청취자 사이에서는 부족적 집단주의가 강화되었다. 라디오는 부족적 감수성을 회복시키고 사람들이 배타적으로 혈연의 그물 속에서 관여하도록 만든다. 이에 반해 신문은, 시각적이고 지나치게 뒤얽히지 않는 통일성을 창조하여 많은 부족을 포괄하고 다양한 사적 견해도 포용한다.

전신이 문장을 짧게 만들었다면, 라디오는 뉴스를 짧게 하였고 텔레비전은 언론계에 〈의문형〉을 집어넣었다. 사실 신문은 이제 인간 사회의 모습을 시시각각 찍어 보내는 전송 사진의 모자이크일 뿐만 아니라, 그 기술 또한 공동체가 갖고 있는 모든 기술의 모자이크이기도 하다. 보도 가치가 있는 것을 선택할 때에도 신문은 영화, 라디오, 텔레비전, 또는 연극 등에서 이미 어느 정도 알려져 있는 인물을 선호한다. 이러한 사실에서 우리는 신문이라는 미디어의 본질을 분석해 볼 수 있는데, 이때 신문에만 나오는 인물은 하나의 평범한 시민인 것이다.

벽지 제조업자들이 최근에 프랑스 신문 지면을 모방한 벽지를 만들어내기 시작했다. 에스키모인들은 물방울이 떨어지는 것을 막기 위하여 이글루의 천장에 잡지를 뜯어 붙인다. 그러나 부엌 바닥에 있는 평범한 신문지에서조차도 우리는 미처 읽지 못하고 놓친 기사들을 발견한다. 우리가 신문을 대중 교통 수단 안에서 프라이버시를 얻기 위해 이용하든 또는 프라이버시를 누리면서 공동체적인 것에 관여하기 위해 신문을 읽든, 신문의 모자이크성은 책이 결코 이루어낼 수 없었던 집단 의식과 참여라는 복잡하고 다양한 차원의 기능을 수행해 내고 있는 것이다.

신문의 체제, 즉 그 구성상의 특성은 포괄적 의식을 불러일으키고자 한 보들레르 이후의 시인들에 의해 아주 자연스럽게 이어졌다. 오늘날 보통의 신문 지면은 〈전위파의 방식 avant-garde way〉을 취하는 상징주의자이며 초현실주의자일 뿐만 아니라, 플로베르와 랭보의 작품을 읽으면 누구나 쉽게 발견할 수 있듯이 시와 예술에서의 상징주의와 초현실주의의 초기적 영감이었다. 신문의 형태를 통해 접근해 가면 조이스의 『율리시스』나, 엘리엇의 「사중주」 이전 시 같은 작품을 보다 쉽게 즐길 수 있다. 그러나 책 문화는 매우 준엄한 속성을 고집한다. 그렇기 때문에 미디어간의 〈위험한 관계〉, 특히 라이노타이프와는 다른 세계에서 온 전자 산물인 신문과의 이상한 관계에 대해 인정하는 것을 수치로 여기는 것이다.

신문이 공표를 통해 개인적 견해를 일소하는 것에 깊은 관심을 가진다는 점을 생각해 볼 때, 책이라는 미디어와 불가피하게 충돌을 일으키지는 않을까 하고 생각하는 것은 당연하다. 집단적이고 공동체적인 이미지인 신문이 모든 사적인 책동과 대립하는 태도를 취하는 것은 자연스런 일이다. 자신이 마치 사회적 인사라도 되는 것처럼 소란을 피우는 사람은 모두 신문에 실리게 된다. 사리사욕을 위해 대중을 조종하려고 하는 사람도, 공표를 통해 정화하는 신문의 힘을 알게 될 것이다. 그리하여 이 눈에 보이지 않는 공정한 견해라는 망토를, 신문을 소유하고 있거나 신문을 상업적으로 널리 이용하고자 하는 사람들이 입고 있는 것처럼 보이는 것도 당연하다. 이러한 사실은, 신문 소유자들은 본질적으로 타락한 사람이라는 이상 강박 관념을 출판업자가 지니게 된 이유를 밝혀주는 것은 아닐까? 책의 독자와 작가가 가지는 사적이고 단편적인 견해는 신문의 거대한 공동체적 힘에 대항하는 적대감의 자연스런 기초가 된다. 형태로서, 미디어로서 책과 신문은, 두 가지의 다른 미디어가 그러한 것처럼, 도저히 양립할 수 없는 것처럼 보인다. 미디어의 소유자들은 항상 대중에게 대중이 원하는 것을 주려고 노력한다. 왜냐하면 미디어의 소유자들은 자신들의 힘이 미디어가 주는 메시지나 프로그램에 있는 것이 아니라, 미디어 자체에 있다는 것을 알고 있기 때문이다.

22 자동차 • 기계의 신부(新婦)

다음 기사는 자동차가 사회 생활에서 갖는 의미를 상당히 잘 포착하고 있다.

나는 기분이 최고였다. 나는 흰색 콘티넨털을 운전하고 있었고, 장식이 달린 순 실크의 새하얀 카우보이 셔츠와 검은 개버딘 바지를 입고 있었다. 내 옆에는 유럽에서 수입한 새까만 개 그레이트 데인Great Dane이 있었고 그 이름은 다나 폰 크루프이다. 그 누구도 나만큼 멋있을 수는 없다.

미국인이 바퀴 네 개의 노예이며, 미국 젊은이들이 투표할 수 있는 나이에 이르는 것보다 운전 면허를 딸 수 있는 나이에 이르는 것에 더 중요한 의미를 둔다는 것은 모두 틀림없는 사실이겠지만, 도시 생활에서 자동차가 없으면 의복이 없을 때처럼 불편하고 발가벗고 있는 듯 불완전하게 느껴지는 것 또한 사실이다. 어떤 이들은 최근에는 자동차보다 집이 지위의 상징이 되었다고 주장하기도 한다. 만약 그것이 사실이라면, 자동차를 타고 돌아다니던 생활에서 잘 다듬어진 아담한 집 속에 정착하는 생활로의 전환은 미국인의 생활 방향에 나타난 중대한 변화를 예시하는 일이 아닐 수 없다. 말하자면 자동차가 사실상 도시 주민이 되었다는 사실과, 그 결과 힘이나 거리에 있어서 인간 본래의 척도가 상실되었다는 사실에 대한 불안감이 점차 커지게 되었다. 그래서 도시 계획자들은 보행자들을 위해 거대한 운송업자들로부터 도시를 되사려고 여러 가지 방법과 수단을 구상하고 있다.

린 화이트는 『중세의 기술과 사회 변화』에서 등자(鐙子)와 중무장한 기사에 대한 이야기를 쓰고 있다. 중세에는 급습을 위해 중무장한 기수를 둘 수밖에 없었지만 너무 큰 비용이 들었기 때문에, 장비 조달을 위해 협동체적인 봉건 제도가 등장하게 되었다. 르네상스 시대에 나타난 화약과 대포는 기사의 군사적 역할에 종지부를 찍고 도시를 다시 보행 시민에게 돌려주었다.

만약 자동차 운전자가 기술적으로나 경제적으로나 무장한 중세 기사보다 훨씬 우위에 있다 할지라도 테크놀러지상의 전기적 변화는 운전자를 자동차에서 내리게 하여 우리를 다시 보행자의 위치로 복귀시킬 수도 있을 것이다. 〈일하러 간다〉는 것은 〈물건 사러 간다〉는 것과 마찬가지로 일시적 상태일지 모른다. 식료 잡화 관계자는 오랫동안 송수신할 수 있는 텔레비전과 화상 전화로 쇼핑이 가능하게 될 것이라고 예견했다. 윌리엄 프리맨 William M. Freeman은 《뉴욕 타임스》의 1963년 10월 15일 화요일자 통신 기사에서 다음과 같이 보도하고 있다. 〈오늘날의 유통 방식에 결정적인 변화가 있을 것이다.……물건을 사는 부인은 다양한 가게에 채널을 맞출 수 있게 될 것이다. 신용 카드는 텔레비전을 통하여 자동으로 조회될 것이다. 물품은 원래 색깔대로 화면에 나타날 것이다. 거리는 문제되지 않을 것이다. 20세기 말에는 소비자가 아무리 멀리 있어도 텔레비전으로 직접 연결될 것

이다.〉

이러한 예언의 잘못은, 대개는 가장 먼저 사라질 수 있는 것들(이 경우에는 집과 가게)을 사실이라는 고정된 틀로 보는 데에 있다. 고객과 가게 주인 사이의 변화하는 관계는 자동화 시대의 일의 패턴 그 자체가 변화하는 것에 비하면 아무것도 아니다. 현재처럼 직장을 오고 가는 식의 일은 그 성격이 완전히 달라질 것임에 틀림없다. 그런 의미에서 보면, 운송 수단으로서의 자동차는 이전에 말이 걸었던 것과 같은 길을 가게 될 것이다. 말은 운송 수단으로서의 역할을 잃은 대신 오락용으로 다시 힘차게 나타났다. 자동차의 경우도 마찬가지일 것이다. 자동차의 미래는 운송 수단의 분야에 속하는 것이 아니다. 만약 탄생한 지 얼마 안 되는 자동차 산업이 말의 미래에 대해 검토하기 위해 회의를 열 필요가 있다고 생각했다면, 아마도 그 토론은 말에게 새로운 일감을 주거나 말의 쓰임새를 확장하기 위해 새로운 훈련 방법을 찾아내는 일에 관한 것이었을 것이다. 수송과 주거와 도시 구조의 완전한 변혁 같은 내용은 논의되지 않았을 것이다. 또한 우리 경제의 방향을 자동차를 만들고 공급하는 쪽으로 전환한다든지, 새로운 거대한 고속도로를 만들어 많은 여가 시간을 자동차에 할애하도록 하는 등의 논의는 생각조차 하지 못했을 것이다. 다시 말하면 새로운 기술로 인해 변화하는 것은 단지 틀 속의 그림이 아니라 그 틀 자체라는 것이다. 텔레비전을 통해 물건을 사게 될 것이라고 생각하는 대신에, 텔레비전을 통한 상호 커뮤니케이션이 현재 우리가 알고 있는 쇼핑이나 일의 종말을 의미한다는 것을 깨달아야 한다. 우리는 텔레비전과 교육의 문제에서도 똑같은 잘못을 범하게 된다. 우리는 텔레비전을 부수적 교재로 생각한다. 그러나 사실 텔레비전은 가정과 학교 각각에서 따로따로 아이들의 학습 과정을 이미 변형시켜 버렸다.

1930년대에는 수백만의 잔혹한 만화책이 젊은이들 사이로 쇄도하였다. 하지만 거리에 있던 수많은 자동차의 폭력이 인쇄된 그 어떤 것과도 비교할 수 없을 정도로 심한 히스테리컬한 영향을 사람들 마음에 미쳤는데, 그 사실은 아무도 알아차리지 못했던 것 같다. 전 세계의 모든 코뿔소와 하마와 코끼리를 한 도시에 모아놓는다 할지라도 내연 기관이 매일 매시 뿜어내는 그 위협적이고 폭발적인 폭력을 일으킬 수는 없을 것이다. 그렇다면 사람들은 정말 이러한 힘과 폭발적인 폭력을 자신의 일부로 삼은 채 그것과 더불어 살아가야만 하는가? 그 힘과 폭력을 빨아내어 심리적 배상과 안정을 얻을 수 있는 어떤 형태의 공상도 시도하지 않는가?

　1920년대 무성 영화의 많은 장면에 자동차와 경찰이 등장했다. 그 당시 영화는 하나의 시각적 환상으로 받아들여졌는데, 경찰은 환상의 게임 속에도 기본 규칙이 존재한다는 것을 상기시켜 주는 중요한 역할을 하였다. 그런 입장에서 경찰은 끊임없이 영화 속에 등장했다. 우리 눈에 1920년대의 자동차는 공구 파는 가게에 있는 급히 조립된 기묘한 기계처럼 보인다. 그 당시에는 자동차와 마차의 유사점이 여전히 뚜렷하게 남아 있었다. 그 후 공기가 든 타이어와 튼튼한 내장(內裝), 그리고 불룩한 흙받기가 생겼다. 어떤 사람들은 그러한 대형 자동차를, 미국과 자동차가 서로 첫 이성 관계를 가진 어리벙벙한 시기 이후에 접어들게 된 음탕한 중년기 같은 것으로 보기도 한다. 자동차를 성(性)의 대상으로 생각해 온 빈 Vien의 심리 분석가들은 좀 우스꽝스럽기는 하다. 하지만 그들은 이러한 생각을 고집함으로써 식물 세계에서의 꿀벌처럼, 기술 세계에서의 인간이 언제나 성기(性器)였다는 사실에 대한 주의를 불러일으켰다. 자동차는 바퀴나 해머와 마찬가지로 성의 대상이다. 그러한 동기를 조사했던 사람들이 완전히 놓친 것은, 공간적 형태에 대한 미국인의 감각이 라디오가 출현한 이후 많이 변화하였고 텔레비전이 출현한 이후에는 더 급격히 변화하였다는 사실이다. 그러나 이 변화를 중년 남자가 소녀 롤리타[1]에게 손을 뻗치는 것으로 파악하는 것은 무해하기는 하지만 그릇된 생각이다.

확실히 최근에 자동차는 그 몸을 날씬하게 하려고 애써 왔다. 그러나 만약에 누군가가 〈자동차가 앞으로도 계속 존재하게 될 것인가〉라든지, 〈자동차가 지금 상태대로 머물러 있어야만 하는가〉라는 질문을 한다면, 혼란과 의혹이 동시에 일어날 것이다. 이상스러운 일이지만, 오직 우리 생활에서 변화만이 계속되는 진보의 시대에 우리는 〈자동차가 지금 상태대로 머물러 있어야만 하는가〉라는 식의 질문은 하지 않게 된다. 그 대답은 말할 것도 없이 〈아니오〉이기 때문이다. 전기 시대에 바퀴 자체는 퇴화해 가고 있다. 자동차 산업의 중심에 있는 사람들은, 여자 타자수가 비즈니스의 세계에 나타난 뒤부터 타구(唾具)가 없어졌듯이 자동차도 확실히 사라져가고 있다는 것을 알고 있다. 그들은 무대의 중심에서 사라져가는 자동차 산업을 위해 어떠한 준비를 해왔는가? 바퀴가 퇴화하고 있다는 사실이 바퀴가 사라질 것임을 의미하지는 않는다. 그것은, 손으로 글을 쓰는 일이나 인쇄술처럼, 바퀴도 문화 속에서 부수적 역할을 맡게 될 것이라는 것을 의미할 뿐이다.

19세기 중엽에 증기 엔진 자동차는 넓은 도로에서 대성공을 거두었다. 지방의 도로 관계 당국이 높은 통행세를 부과하였기 때문에 단지 고속도로에서는 충분히 활약하지 못했다. 압축 공기 타이어가 1887년 프랑스에서 처음으로 증기 엔진 자동차에 부착되었다. 아메리칸 스탠리 스티머 American Stanley Steamer 사는 1899년부터 번창하기 시작했다. 포드 Ford는 1896년에 이미 그의 최초의 자동차를 만들었고 포

──────────
1) 나보코프 Nabokov의 동명 소설에 등장하는 인물이다.

드 자동차 회사를 설립한 것은 1903년이었다. 가솔린 엔진이 증기 엔진을 대신할 수 있었던 것은 전기 점화 덕분이었다. 그러나 생물학적인 형태라고도 할 수 있는 전기와 기계적인 형태의 교배에서 그보다 더 큰 힘은 나오지 않았다.

미국 차에 커다란 타격을 준 것은 텔레비전이었다. 자동차와 조립라인은 구텐베르크 시대 기술의 궁극적인 표현이었다. 그것은 일과 생활의 모든 국면에 걸쳐 적용되는 획일적이고 반복적인 과정의 기술이었다. 텔레비전의 등장으로 인해 획일성과 표준화에 관한 모든 기계적인 전제가 의문시되었는데, 동시에 모든 소비자 가치에 대해서도 같은 의문이 제기되었다. 또 텔레비전의 등장으로 인해 사람들은 심층 심리의 연구와 정신 분석에 열을 올리게 되었다. 광고와 자아의 본능적 충동 id의 관계를 연결하는 동기 조사는 미친 듯이 날뛰는 중역들의 세계에서 곧 받아들여졌다. 텔레비전의 타격을 받았을 때 중역들은, 앨 캡이 약 5천만 명의 그의 독자에게서 받았던 것과 같은 느낌을 미국인의 새로운 기호(嗜好)에서 느꼈다. 어떤 새로운 일이 일어난 것이었다. 미국은 달라졌다.

40년 동안 자동차는 물리적 공간과 사회적 거리를 평준화하는 큰 힘이 되었다. 미국의 자동차가 지위의 상징이라고 이야기하는 사람들은, 모든 사회적 거리를 평준화시키고 보행자를 한 계급 아래의 시민으로 만든 것이 바로 자동차의 〈힘〉이라는 기본적 사실을 간과하고 있다. 남부에서 백인과 흑인의 차별을 없애고 양자를 평등하게 만든 것은 자가용 자동차와 트럭이지, 그런 현상이 도덕적인 견지에서 나온 것이 아니라는 사실을 많은 사람들이 목격했다. 자동차에 관한 단순하고 명백한 사실은 자동차가 어떤 말보다도 기수를 슈퍼맨으로 만드는 인간 확장의 형태라는 것이다. 그것은 폭발적이고 뜨거운 사회적 커뮤니케이션 미디어이다. 그리고 텔레비전은 미국 대중의 기호에 대한 열정을 식혔고, 또 대중들이 자신을 싸 넣어줄 독자적인 공간을 새로이 요구하게 만들었다. 유럽의 자동차는 즉시 그러한 공간을 제공하였는데, 미국의 자동차를 타고 다니던 현대의 기사(騎士)들은 텔레비전 때문에 말에서 떨어지는 쓰라림을 맛보았던 것이다. 유럽의 작은 자동차는 운전자를 또다시 보행자에 가까운 지위로 환원시켰다. 어떤 사람들은 보행자 전용 도로 위에서 작은 차를 운전하려고까지 할 정도이다.

자동차는 그 마력(馬力)만으로도 사회의 동등화를 이룩하였다. 자동차는 어느 지역에서나 거의 같을 뿐만 아니라, 누구나 평등하게 이용할 수 있는 고속도로와 휴양지를 만들어내었다. 텔레비전이 출현한 이후로, 같은 자동차를 타고 같은 휴양지에서 보내는 이러한 획일성에 대한 불만의 소리가 당연히 빈번하게 들렸다. 존 키츠 John Keats는 자신의 「오만한 4륜 마차 The Insolent Chariots」에서 자동차와 자동차 산업을 공격하는데, 한 대의 자동차가 갈 수 있는 곳에 모든 자동차가 가고, 자동차가 가는 곳 어디에서나 자동차적 문명이 생기는 것을 그리고 있다. 이제 반(反)자동차, 반(反)표준화는 물론, 반(反)구텐베르크, 결국 반(反)미국인적인 것이 텔레비전 지향적 정서가 되었다. 물론 존 키츠가 이와 같은 의미를 말하려고 한 것은 아니다. 그는 미디어에 관해서도, 구텐베르크가 헨리 포드나 조립 라인, 그리고 표준화된 문화를 만들어낸 방식에 대해서도 생각해 본 적이 없었다. 다만 획일적인 것, 규격화된 것, 그리고 달아오르고 있는 커뮤니케이션의 형태 일반을 비난하는 것이 널리 퍼져 있었음을 그가 알고 있었던 것뿐이다. 그런 이유로 밴스 패커드 Vance Packard는 『숨은 설득자 The Hidden Persuaders』를 통하여 세상을 떠들썩하게 만들 기회를 잡을 수 있었던 것이다. 그는 마치 《매드》가 그랬던 것처럼, 늙은 세일즈맨과 당시의 뜨거운 미디어에 야유를 보냈다. 텔레비전이 있기 전에는 그러한 행위가 아무런 의미가 없었을 것이다. 아무런 성과도 거두지 못했을 것이다. 이제는 기계적인 것 단지 규격화된 것에 지나지 않는 것을 비웃는 것은 이득이 된다. 키츠는 다음과 같이 말함으로써 계층 없는 미국 사회라는 큰 영광에 의문을 제기할 수 있었다. 〈당신이 미국의 일부분을 본 적이 있다면, 그것은 미국 전부를 본 것과 같다. 그리고 자동차는 미국인에게 여행을 통해 모험을 경험할 기회를 준 것이 아니라, 자신을 점점 일반화된 인간이 되게 하는 기회를 주었을 뿐이다.〉 텔레비전 시대가 되고 나서부터는 획일적인, 반복 가능한 공업 생산물을 점점 많이 만들어내는 것을 경멸감을 가지고 바라보는 것이 일반화되었고, 그것은 헨리 제임스 Henry James와 같은 오만한 지식 계급이 1890년경에 침실용 변기에 대하여 가졌음직한 느낌이다. 자동화로 인해 독특하고 맞춤 같은 생산품을 조립 라인의 속도로 값싸게 만들어내게 된 것은 사실이다. 그리고 자동화 때문에 우리는 개인이 주문하는 자동차와 의류를, 이전에 우리가 표준화된 것을 만들 때보다도 법석을 떨지 않고 만들어낼 수 있다. 그러나 독특한 상품은 우리 시장과 유통 조직에서는 나돌 수 없다. 그 결과 우리는 다른 모든 경우에서와 마찬가지로 마케팅 분야에서도 최대의 혁명적인 시대에 돌입하고 있는 것이다.

제2차 세계 대전 이전에 미국을 자주 방문하던 유럽인들은 다음과 같이 말하곤 했다. 〈이 나라에도 공산주의가 있는 것이 아닌가!〉 그들이 의미하였던 바는 미국의 상품들이 규격화되어 있을 뿐만 아니라 누구나 규격화된 상품들을 가지고 있다는 것이었다. 백만장자들도 콘플레이크와 핫도그를 먹을 뿐만 아니라 스스로를 중산 계급이라고 생각하고 있었다. 어떻게 다른 계급일 수 있겠는가? 스스로 독특한 삶을 살 수 있는 예술가의 창조적 상상력을 가지고 있지 않는 한, 백만장자라 하더라도 〈중산 계급〉을 벗어날 수는 없는 일이 아닌가? 유럽인들이 주변 환경과 일상용품의 획일성을 공산주의와 연관지어 생각한 일이 어찌 이상스러운 일이겠는가? 그리고 로이드 워너 Lloyd Warner와 그의 동료들이 자신들의 미국 도시 연구에서, 수입(收入)과 관련해서 미국의 계급성을 이야기한 것 또한 이상한 일이겠는가? 북미에서는 최고의 수입을 가진 사람도 〈중산 계급〉에서 벗어날 수 없고, 반대로 최저의 수입을 가진 사람도 상당한 정도까지 중산 계급의 생활을 실현할 수 있다. 다시 말해 우리는 학교, 공장, 도시, 오락을 상당히 동질화해 온 것이다. 그것은 바로, 우리가 문자 문화적 인간이고 또 구텐베르크의 기술에 내재하는 획일성과 동질성의 논리를 받아들이고 있기 때문이다. 아주 최근까지도 유럽에서 받아들인 적이 없는 이러한 논리는, 촉각적인 텔레비전 모자이크의 그물눈이 미국인의 감각 중추에 침투하기 시작하자 갑자기 미국 사회에서 문제시되었다. 대중 작가조차도 여행할 때 자동차를 이용하는 것이 운전자를 〈점점 통속적〉으로 만들어버린다고 확신을 가지고 비난할 수 있을 때, 그때 이미 미국 생활의 구조는 문제시되고 있던 것이다.

불과 몇 년 전, 캐딜락 Cadillac 사는 〈엘 도라도 브로엄 El Dorado Brougham〉이라는 차를 내놓았다. 이 자동차에는 급출발 방지 장치, 차체 안정용 받침쇠들이 있었는데, 기둥이 없었다. 그리고 로켓 형의 갈매기 날개 같은 범퍼, 차 밖으로 난 배기구, 그리고 자동차 이외의 세계에서 빌려온 다양한 색다른 장식이 붙어 있었다. 그것은 우리로 하여금 하와이에서 파도 타기를 즐기는 사람을, 그리고 18인치 폭탄처럼 하늘을 나는 갈매기를, 또 루이 15세의 애인인 마담 드 퐁파두르 Madame de Pompadour의 내실(內室)을 연상하게 하였다. 《매드》도 이 이상은 할 수 없을 것이다. 텔레비전 시대에 동기 조사를 하는 사람들이 만들어낸 「비엔나 숲 속의 이야기」와 같은 이러한 이야기는, 《매드》에 실릴 수 있는 이상적인 희극 대본이 될 수 있음직하다.

사실 이러한 대본은 항상 있었다. 다만 텔레비전의 등장 이전에는 그것을 즐길 만한 조건이 성숙되지 못했을 뿐이었다.

단지 자동차가 자동차 그 자체로만 받아들여져서는 안 된다고 해서 그것을 지위의 상징으로 오해하기도 한다. 그런데 이는, 이제 전기적 기술에 의해 그 형태를 바꾸어야만 하는 가장 최근의 기계적 산물인 자동차의 전체적인 의미를 오해하는 것이 된다. 자동차는 획일화와 규격화의 메커니즘이 낳은 하나의 뛰어난 작품이며, 그것은 세계에서 처음으로 계급이 없는 사회를 만든 구텐베르크 시대의 기술과 문자 문화에 일치하는 것이다. 자동차는 현대의 민주주의적 기사인 시민에게 하나의 패키지 상품으로 말과 갑옷과 오만함을 주면서, 그 기사를 잘못 유도된 미사일처럼 위험한 존재로 만들어버렸다. 사실 미국의 자동차는 수준이 떨어지게 한 것이 아니라 귀족적인 이상(理想)을 향하게끔 향상시킨 것이었다. 이와 같은 힘의 대폭적인 증가와 보급은 문자 문화적 교양과 다양한 형태의 기계화를 평준화하는 원동력이 되었다. 자동차를 지위의 상징으로 받아들이고 보다 개발된 차종을 높은 지위에 있는 사람들만이 사용하도록 제한하는 것은 자동차와 기계 시대의 특징이 아니다. 이 획일성과 규격화의 기계 시대에 종지부를 찍고 지위와 역할의 기준을 새로이 만들어가고 있는 전기 시대의 특징인 것이다.

등장한 지 얼마 안 되었을 때 자동차는 여러 기능을 분리하고 파괴하는 전형적인 기계의 힘을 발휘하였다. 즉, 1920년대에 자동차는 가정 생활을 파괴하였다. 아니 그렇게 보였다. 또 전례가 없을 정도로 직장과 거주지를 분리시켰다. 그리고 자동차는 각각의 도시를 파괴하여 여러 개의 교외 지구를 만들어냈고, 도시 생활의 여러 가지 형태들이 고속도로를 따라 확대되게끔 하였다. 그리하여 넓은 도로들은 끊임없이 펼쳐지는 도시처럼 보이게 된 것이다. 그리고 자동차는 도시에 아스팔트 정글을 만들었고, 4만 평방 마일의 멋진 녹지대를 시멘트로 덮어버렸다. 또 비행기 여행 시대가 되자, 자동차와 트럭은 한 팀이 되어 철도를 파괴했다. 오늘날 어린아이들은 기차가 이전의 역마차나 말, 말 썰매나 되는 듯이 기차에 태워달라고 애원한다. 〈아빠, 기차가 없어지기 전에요〉라고 말하면서.

자동차는 전원의 풍경을 없애 버렸다. 그 대신 자동차가 마치 장애물 경마처럼 달리는 새로운 풍경을 만들어냈다. 동시에 자동차는 가족이 성장할 수 있는 일상적인 환경으로서의 도시를 파괴하였다. 도로, 아니 보도조차도 아이들이 자라면서 일상적인 상호 작용을 하기에는 너무도 긴장에 찬 장소가 되어버렸다. 도시는 자동차로 이동하는 낯선 사람들로 가득 찼고, 이웃도 누군지 모르는 상황이 되었다. 이것이 이제까지의 자동차의 모습인데, 그것은 앞으로 그다지 오래 계속되지는 않을 것이다. 텔레비전의 출현 이후 사람들의 기호(嗜好)와 내성(耐性)의 흐름은 변해, 뜨거운 자동차는 점점 따분한 것이 되고 있다. 작은 아이들이 시멘트 트럭을 멈추게 할 수 있는 횡단보도에서 그 조짐을 목격할 수 있다. 사람들의 기호와 기분에 나타난 이러한 변화 때문에 대도시의 사람들은 자신들이 살고 있는 도시를 견딜 수 없게 되었다. 그들은 겨우 10년 전만 해도 《매드》를 읽은 적도 없고, 읽으려는 마음조차도 갖지 않은 사람들인 것이다.

자동차가 여전히 거주 생활의 패턴을 바꾸는 힘을 갖고 있다는 것은, 새로운 도시형 부엌이 오래된 농가의 부엌과 마찬가지로 중심적, 복합적인 사회적 성격을 지니고 있는 것에서 잘 나타난다. 농가의 부엌은 농장의 가장 중요한 입구인 동시에 사람들이 모이는 중심지였다. 새로운 교외의 집은 부엌을 또다시 중심에 두고, 또 자동차를 타고 내리기에도 가장 이상적인 곳에 두고 있다. 자동차는 도시와 교외에 사는 사람들의 방어와 공격을 위한 거북이의 등딱지가 되었다. 폴크스바겐이 나오기 전부터 자동차를 높은 곳에서 본 사람은 자동차가 반짝이는 등을 가진 딱정벌레와 유사하다는 것을 느꼈다. 촉각 지향성을 가진 스킨 다이버 시대에, 이런 딱딱하고 반짝이는 등딱지는 자동차의 어두운 운명을 상징하는 흑점이 되는 것이다. 쇼핑 플라자가 생긴 것은 자동차를 타는 사람들을 위해서였다. 그것은 보행자들이 외로움을, 그리고 현실과 유리되었다는 소외감을 느끼게 하는 이상한 섬이다. 자동차는 보행자를 화나게 만들고 있다.

 요컨대 자동차는, 인간을 결합하고 분리하는 모든 공간을 전면적으로 바꾸어놓았다. 그리고 자동차는 앞으로 10년 동안, 전자 시대의 자동차 후계자가 새로이 나타날 때까지 그러한 일을 계속해 나갈 것이다.

23 광고 • 사람들에게 안 지려고 야단법석

광고는 수용자의 동기와 욕구에 점점 적합하게 만들어지도록 계속 압력을 받고 있다. 수용자의 참여가 높아짐에 따라 상품 자체의 중요성은 점점 감소된다. 그 극단적인 예로 한 코르셋 광고를 들 수 있다. 〈당신이 느끼는 것은 코르셋이 아닙니다.〉 필요한 것은 수용자의 경험을 포함하게끔 광고를 만드는 것이다. 상품과 대중의 반응은 하나의 복합적 양상을 이루게 되었다. 광고의 기술은 이상스럽게도 인류학의 초기 정의, 즉 〈여성을 껴안는 남성에 관한 과학〉을 충족하는 것이 되어버렸다. 광고의 변하지 않는 경향은 상품이, 커다란 사회적 목적과 그 실현 과정에서 절대 없어서는 안 될 부분임을 입증하는 것이다. 상업 미술가들은 막대한 경비를 들여서 광고를 아이콘으로 전개시켜 왔는데, 아이콘이란 전문화된 단편이나 국면(局面)이 아니라 통일되고 응축된 복잡한 종류의 이미지를 의미한다. 아이콘은 작은 범위 속에 경험의 커다란 영역을 집중시킨다. 그리하여 광고의 경향은 완성 상품을 소비하는 소비자의 이미지를 그리는 것에서 벗어나 제조 과정에 참여하는 제작자의 이미지를 그리는 것으로 변하고 있다. 공동 제조 과정의 이미지에는 제작자 역할까지 하는 소비자 이미지 또한 포함되어 있는 것이다.

아이콘적 이미지로 향하는 광고의 이런 강력하고도 새로운 경향은 전반적인 잡지 산업, 특히 사진이 든 잡지의 위상을 상당히 약화시켰다. 오랫동안 잡지의 기사는 주제와 뉴스를 사진으로 다루어왔다. 그런데 사진과 단편적 견해를 나타내는 이러한 잡지 기사와 나란히, 엄청난 양의 아이콘적 광고가 새로이 나타난 것이다. 이런 광고는 잡지의 기사를 창백하고 연약하고 빈혈기 있는 것처럼 보이게 한다. 잡지의 기사는 텔레비전의 모자이크적 영상이 나오기 이전의 옛 화보의 세계에 속한 것이기 때문이다.

한편 역설적으로 《타임》과 《뉴스위크》가 대공세를 펴게 된 상황은, 텔레비전의 출현 이후 우리의 경험 속에 들어온 강력한 모자이크적, 아이콘적 힘 때문이라고 설명할 수 있다. 이러한 잡지들은 광고의 세계와 정말 대등할 정도로 압축된 모자이크적 형태의 뉴스를 제공한다. 모자이크적 뉴스란 서술적인 것도 아니고, 견해의 표현도 아니며, 설명이나 논평도 아니다. 그것은 움직이고 있는 공동체의 심층에서 끌어낸 집단적 이미지이며, 사회적 과정에 최대한 참여하라고 독자에게 요청하는 것이다.

광고는, 시끄럽고 과다한 연발 사격이 반복적으로 가해지면 하나의 작은 총알, 즉 패턴이 점차 뚜렷해진다는 매우 진보된 원리에 따라 작용하는 것처럼 보인다. 광고는 시끄러움의 원리를 끝까지 밀고 나가 결국 설득의 차원에까지 이르게 하는 것이다. 그것은 마치 세뇌시키는 과정과 흡사하다. 무의식을 향해 맹공격을 퍼붓는 이러한 심층적 원리를 이용한다는 점에서 공통적이다.

많은 사람들이 오늘날의 광고업계에 대해 불안감을 표해 왔다. 단적으로 말해서 광고 산업이란 자동화의 원리들을 사회의 모든 분야로 확장시켜 나가려는 미숙한 시도라고 할 수 있다. 광고는, 이상적으로는, 모든 인간의 충동과 열망과 노력 사이의 잘 짜여진 조화를 이루는 것을 목표로 삼고 있다. 광고는 손 작업의 방법을 이용하여, 하나의 집단적 의식이라는 전자 세계의 궁극적 목표를 향하여 뻗어간다. 모든 생산과 소비가, 모든 욕망, 노력과 예정된 조화의 상태를 이루게 될 때, 광고는 성공을 이루고 스스로 사라져버릴 것이다.

텔레비전의 출현 이후, 광고주들이 무의식을 이기적으로 이용하던 것은 좌초되고 말았다. 텔레비전을 경험하는 사람들은 신문, 잡지, 영화 또는 라디오에서 볼 수 있는 끈질긴 강매를 접할 때보다도 〈무의식적인 것〉을 훨씬 더 의식하게 된다. 사람들의 감각적 허용 한도가 변화했기 때문이다. 따라서 광고주의 호소하는 방법 또한 변화한 것이다. 새롭고 신선한 텔레비전 세계에서, 끈질긴 강매와 열심히 설득하는 세일즈맨의 뜨거운 구식 세계는 1920년대의 노래와 옷처럼 구식의 매력밖에 가질 수 없는 것이다. 모트 살 Mort Sahl과 셸리 버만 Shelley Berman은 광고의 세계를 풍자하는 경향을 만들어내고 있는 것이 아니라, 그러한 대세를 따라가고 있는 데 지나지 않는다. 그들은 손님들을 웃기려면 광고와 신문 기사를 계속 지껄여대기만 하면 된다는 것을 알아차렸다. 그리고 그보다 몇 년 전에 윌 로저스 Will Rogers는, 극장 무대에서 어느 신문이든 큰 소리로 읽기만 해도 그것이 우스꽝스럽게 들린다는 것을 알고 있었다. 오늘날의 광고에서도 마찬가지이다. 어떤 광고든 다른 새로운 환경에 옮겨지면 우습게 보인다. 의식적으로 주목해 보면 광고란 희극적인 것이라고 말할 수 있다. 광고는 의식적인 소비를 겨냥하는 것이 아니다. 광고는 사람들에게, 특히 사회과학자들에게 최면술을 걸기 위해 잠재 의식에 작용하는 약과 같은 것이다. 그리고 그런 작용은 우리가 광고라 부르는 거대한 교육 사업——국가 교육 예산과 맞먹는 연간 2백억 달러라는 막대한 경비를 들이는——의 가장 교화적인 측면 중 하나인 것이다. 경비가 많이 든 광고는 여러 사람의 수고, 주의, 검증, 지혜, 예술과 기술을 나타내는 것이다. 신문이나 잡지의 뛰어난 광고 제작에는, 그곳에 실린 기사와 사설의 집필 과정에 들어간 것보다 훨씬 많은 생각과 배려가 들어간다. 돈을 들이는 광고는, 고층 건물이 잘 다져진 기초 위에 세워지는 것처럼, 검증을 마친 대중들의 상투적인 생각 또는 기존 태도의 틀이라는 기반 위에 조심스럽게 세워진다. 무엇을 광고하든지간에 대기업 상품의 광고를 하나 제작할 때에는 최고의 기술과 능력을 지닌 앞을 내다볼 줄 아는 팀들이 협력하여 참여하기 때문에, 훌륭한 광고라면 공통된 경험을 활기 있게 극화시키고 있는 것이 분명하다. 어떤 사회학자 그룹도 이용할 수 있는 사회적 데이터를 수집하고 처리하는 일에서는 광고 제작팀을 따라갈 수 없다. 광고 제작팀은 해마다 엄청난 돈을 조사와 반응 분석에 사용하고 있는데, 그것을 통해 그들이 만들어낸 것은 공동체 전체의 공통적인 경험과 감정에 관한 자료들의 거대한 집약물이라 할 수 있다. 물론 이러한 공통적인 경험의 중심에서 벗어난다면, 광고는 우리 감정과의 관련성을 상실하여 즉시 무너질 것이다.

광고가 공동체의 가장 기초적이고 검증된, 인간의 경험을 기괴한 방법으로 사용하는 것도 물론 사실이다. 의식적으로 들여다보면, 광고는 마치 스트립 쇼용 반주 음악으로「황금 속의 은실 Silver Threads among the Gold」을 연주하는 것만큼이나 조화를 이루지 못하고 있다는 것을 알 수 있다. 그러나 광고는, 매디슨가[1]의 〈마음속을 들여다보는 잠수부들〉이 반쯤 깨어 있는 의식 상태를 향하여 조심스럽게 고

---

1) 광고 업자들이 모이는 곳으로 광고 업계를 상징하는 말이다.

안하는 것이다. 광고가 존재한다는 그 사실이 지쳐 있는 대도시의 몽유병적 상태를 실증하는 것이며, 또 그것에 일조(一助)하고 있는 것이다.

제2차 세계 대전 후, 광고에 관심을 갖고 있던 한 이탈리아 주둔 미군 장교가 불안한 마음으로 이렇게 언급한 적이 있다. 〈이탈리아인은 정부 각료의 이름은 잘 기억하고 있지만, 자기 나라 명사들이 선호하는 일상용품의 이름은 모르고 있다.〉 게다가, 그에 의하면, 이탈리아 도시의 벽은 광고 슬로건보다 정치 슬로건을 위한 공간으로 이용되고 있다. 또 그는 이탈리아인들이 관료의 역량보다 콘플레이크나 담배 등 여러 제품의 좋고 나쁨에 신경을 쓰기 전까지는, 국내의 번영이나 안정을 실현할 수 있을 것이라는 희망이 적다고 예견했다. 사실 그는 정치를 무시하고, 그 대신 벗겨진 머리와 털 많은 다리, 약해진 대장(大腸), 늘어진 가슴, 나빠진 잇몸, 비만, 그리고 순환이 나쁜 혈액 등에 대하여 걱정하는 데에 민주주의적 자유가 존재한다고까지 말하였다.

이 장교의 말은 아마도 옳다. 상품과 서비스의 교류를 촉진하고 극대화하기를 원하는 공동체는 그 사회 생활을 동질화시키기만 하면 된다. 이 동질화하려는 결정은 영어권의 고도로 문자 문화화된 집단은 쉽게 할 수 있다. 그러나 구술적 문화가 이러한 동질화의 프로그램에 동의한다는 것은 어려운 일이다. 왜냐하면 그들은 라디오의 메시지를 캐딜락을 팔기 위한 새로운 수단으로 바꾸기보다는, 부족적 정치의 수단으로 바꾸려는 경향을 훨씬 강하게 띠기 때문이다. 이것은 다시 부족화된 나치가 자신들이 미국의 소비자보다도 더 우수하다고 쉽게 느낄 수 있었던 한 가지 이유이다. 부족적 인간은 문자 문화적인 심리 속에 있는 결함을 아주 쉽게 찾아낼 수 있다. 한편, 자신들이 고도로 깨어 있는 의식을 가지고 있고 개인주의적이라고 생각하는 것은 문자 문화적 사회 특유의 환상이다. 수세기 동안 인쇄 문화는 선형적 획일성과 단편화가 되풀이되는 패턴을 가지고 사람들을 길들여왔는데, 이는 전기 시대에 이르러 예술의 세계로부터 점차 비판을 받아왔다. 이미 선형적 과정은 산업계에서 내몰리고 있다. 경영과 생산에서 뿐만 아니라 오락에서도 구텐베르크적 구조가 취했던 전제들은 영상이 가진 새로운 모자이크적 형태로 대체되었다. 윌리엄 버로스 William Burroughs의 『발가벗은 점심 The Naked Lunch』에 대한 평을 쓴 사람들은 그의 소설 속에 나타난 〈모자이크적〉 용어와 방법의 두드러진 사용에 대해 언급한 적이 있다. 텔레비전 영상은 규격 상표와 상품의 세계를 단지 보기에 즐거운 것으로 만들었다. 근본적으로, 텔레비전 영상의 모자이크적 그물눈은 시청자의 적극적 참가를 너무도 강력히 요구함으로써 사람들이 소비자 시대 이전의 생활에 대한 향수를 느끼게 만들기 때문이다. 루이스 멈포드는 중세 도시의 응집성을 우리 시대의 욕구와 관련시켜 찬양하고 있는데, 이는 진지한 관심을 불러일으킨다.

광고는 사진 제판술의 발명으로 19세기 말에야 비로소 본궤도에 올랐다. 그러자 광고와 사진은 상호 교환 가능한 것이 되었고, 오늘날까지 그런 단계에 있다. 더욱 중요한 것은 사진이 신문과 잡지의 발행 부수를 크게 늘렸고 그 결과 광고의 양과 수익성 또한 두드러지게 높아진 것이다. 오늘날에 일간이든 월간이든, 한 간행물이 사진 없이 수천 명 이상의 독자를 확보한다는 것은 도저히 생각할 수 없는 일이다. 사진 광고나 사진이 든 읽을거리는, 현대 문화에 뒤떨어지지 않는 데 필요한 즉각적인 정보와 즉각적인 인물을 대량으로 공급해 준다. 그렇다면, 젊은이들이 그들이 활자에 익숙해지기 위해 받은 만큼의 훈련을 이 그래픽과 사진의 세계를 인식할 수 있기 위해 받아야 한다는 것은 당연하고도 필요한 일로 보이지 않는가? 사실 그들에게는 그래픽 예술에 대한 훈련이 더 많이 필요하다. 왜냐하면 광고라는 무대 안에 배우를 정해서 배치하는 기술은 복잡하고, 또 강한 주의력을 요하는 일이기 때문이다.

어떤 사람들은 그래픽 혁명이 우리의 문화를 개인의 이상적 이미지에서 공동체적 이미지로 옮겨놓았다고 주장한다. 이 말은 사진과 텔레비전이 우리를 문자 문화적인 개인적 〈견해〉에서 꾀어내어, 복잡하고 포괄적인 집단적 아이콘의 세계로 이끌었다는 것이다. 이것이 바로 틀림없이 광고가 하는 일이다. 광고는 개인적 논쟁이나 전망을 제시하는 대신, 모든 사람을 위한 삶의 방식이나 아무에게도 쓸모 없는 삶의 방식을 제공한다. 그러기 위해서 광고는, 단지 엉뚱해 보이는 사소한 문제와 관련된 논의만을 보여준다. 예를 들어, 어떤 호화로운 자동차 광고는 뒷좌석의 값비싼 깔개 위에 놓인 아기의 딸랑이를 부각시킨 후, 그 차의 사용자가 아기의 딸랑이를 아주 쉽게 치울 수 있는 것처럼 그 차가 귀에 거슬리는 자동차 소음을 아주 간단히 제거하였다라고 선전하는 것이다. 이러한 광고 문안은 사실 딸랑이와는 아무런 관계가 없다. 이 문안은, 자동차의 이미지가 최면에 걸린 상태의 사람 속으로 들어가 작용하는 동안, 사람들의 비판력을 흩뜨러드리는 익살스런 말장난일 뿐이다. 〈허위와 기만인 광고 카피〉라고 이야기하면서 광고를 공격하는 사람들은 광고주에게는 하늘이 내린 선물이다. 이는 금주주의자(禁酒主義者)와 양조업자, 검열자와 책·영화의 관계와 같다. 반대자야말로 최대의 환영자이며, 촉진자인 것이다. 사진이 출현한 후부터, 광고 카피는 부수적이고 잠재적인 것이 되었다. 마치 시와 시의 〈의미〉가 가지는 관계, 노래와 노래 가사가 가지는 관계와 같은 것이다. 매우 문자 문화적인 사람은 사진과 같은 비언어적인 예술과는 겨룰 수 없어서 무의미한 비난만 하며 참을성 없이 미친 듯이 날뛰기만 한다. 그리고 이러한 사실로 인해 그들은 무력해지고 반대로 광고는 새로운 힘과 권위를 얻는다. 무의식중에 사람의 심층에 전달되는 광고의 메시지는 문자 문화적 인간이 결코 공격할 수 있는 것이 아니다. 그들에게는 비언어적 형태의 구조와 의미를 인식하고 논의할 수 있는 능력이 없기 때문이다. 그들은 그림에 대해 논의할 수 있는 기술을 가지고 있지 않다. 텔레비전 방송 초기에 잠재 의식에 호소하는 광고가 시도되었을 때, 문자 문화적 인간은 그 광고가 끝날 때까지 크게 당황하였다. 활자 자체는 그 효과가 상당히 잠재적이며, 사진 또한 마찬가지라는 사실은 책 지향적인 사람들은 알지 못하는 비밀이다.

영화가 등장했을 때, 미국 생활의 전체 패턴은 연속적인 광고처럼 스크린에 나타났다. 영화 배우들이 입고 사용하고 먹는 것은 지금까지 한 번도 꿈꿔 보지 못했던 광고가 되었던 것이다. 미국의 욕실, 부엌, 자동차 등은 『아라비안 나이트』처럼 다루어졌다. 그 결과 잡지와 신문 속의 모든 광고는 영화의 장면처럼 보여야만 했다. 오늘날에도 그 사실에는 변함이 없다. 그러나 텔레비전의 등장 이후 그 관심을 끄는 초점의 강도는 좀더 누그러져야 했다.

라디오의 등장과 함께 광고는 노래하는 상업적 주문(呪文)으로 바뀌었다. 기억 속에서 잊혀지지 않게 하는 기술로서의 소음과 역겨움은 일반적인 것이 되었다. 광고와 이미지 조성은 경제 분야에서 유일하게 역동적이고 성장을 이룩하는 부분이 되었고, 오늘날에도 마찬가지이다. 영화와 라디오는 둘 다 뜨거운 미디어인데, 그것의 등장은 사람들을 대단히 활기 넘치게 만들었고 〈법석대는 1920년대〉를 가져왔다. 또 그 결과 대대적이고도 강압적인 판촉이 생활 수단으로 번성하였지만 이는 「어느 세일즈맨의 죽음 The Death of a Salesman」과 텔레비전의 출현으로 끝나버렸다. 이 두 가지 사건이 같은 시기에 일어난 것은 우연이 아니다. 텔레비전은 그 〈심층의 경험〉과 〈스스로 한다〉는 식의 생활 패턴을 도입하여, 개인 대 개인으로 끈질긴 판매를 강요하는 세일즈맨과 온순한 소비자의 이미지를 파괴했다. 텔레비전은 그때까지 명확했던 영화 스타의 이미지를 흐릿하게 만들었다. 그런데 그 사실이, 아서 밀러Arthur Miller가「어느 세일즈맨의 죽음」을 통해 텔레비전의 등장 직전에 미국인에게 텔레비전을 설명하려고 했다는 것을 뜻하는 것은 아니다. 아마 그가 이 연극의 제목을 〈PR맨의 탄생 Birth of PR Man〉이라고 붙였다면 더 적절했을 것이다. 해럴드 로이드 Harold Lloyd의 영화「희극의 세계 World of Comedy」를 본 사람들은 자신들이 얼마나 1920년대를 잊고 있었는가를 발견하고 놀랐던 것을 기억할 것이다. 또 1920년대가 얼마나 소박하고 단순한 시대였는가에 다시 한번 놀랐을 것이다. 요부, 뭇 여자를 호리는 사내, 여성에게 난폭한 사람이 존재하던 그 시대는, 어린아이가《매드》를 읽고 킬킬거리며 웃는 우리 시대에 비한다면 아직 시끄러운 유아원 정도이다. 그 당시는 확장과 확산, 헤어지는 것, 졸라대는 것, 찢어버리는 일에 순진하게 열중하던 세계였다. 오늘날 우리는 텔레비전의 등장을 맞아, 결코 순진하지 않은 통합이나 상호 관계라는 완전히 상반된 과정을 경험하고 있다. 자신의 분야(설득과 상품 둘 다)에 관해 절대적이라고 믿고 있던 세일즈맨의 단순한 신념은 집단적 자세, 과정, 조직의 복잡한 공동성 앞에 굴복하고 있다.

지금까지 광고는 사람들에게 오락을 제공하면서 스스로를 청산하는 형태로 발전해 왔다. 광고는 일을 신조로 삼던 빅토리아 왕조 직후에 출현했고, 〈남편의 셔츠를 다림질하면서도 남편을 미워하지 않을 수 있는〉 완전한 행복의 땅을 약속했다. 그리고 이제 광고는 개인적인 소비 상품 광고에서 벗어나, 모든 대기업의 〈이미지〉인 전체 포괄적이고 무한히 계속되는 과정에 참여하려고 하고 있다. 미국의 용기(容器) 제조 회사인 아메리칸 컨테이너 The Container Corporation of America

사는 광고에서 종이 봉지나 종이 컵을 직접 보여주지 않고, 예술적인 방법으로 그 용기들의 〈기능〉을 특징적으로 보여준다. 언젠가 역사가와 고고학자는, 그 어느 시대의 사회보다도 우리 시대의 광고가 사회의 모든 일상의 활동 범위를 풍부하고 성실하게 반영했다는 것을 발견하게 될 것이다. 이집트의 상형 문자도 이 점에서는 훨씬 뒤떨어진다. 영리한 광고주들은 텔레비전을 가지고 모피이든 면피이든, 희미하게 들리는 소리든 소음이든 자유자재로 이용하게 되었다. 한마디로, 그들은 인간의 마음속에 스킨 다이빙해 들어간 것이다. 왜냐하면 시청자들이 하고 있는 일이 바로 그것이기 때문이다. 시청자들은 스킨 다이버이며, 그들은 딱딱한 피부 같은 지면에서 반짝이는 햇빛을 더 이상 좋아하지 않는다. 비록 그들이, 고통스럽고 시끄러운 라디오 소리는 들어야 하지만 말이다.

24 게임 • 인간의 확장

 술과 도박은 각 문화에서 서로 매우 다른 의미를 가지고 있다. 매우 개인주의적이고 단편화된 서구 세계에서 〈술자리〉는 사회적 연대감을 유지하고 축제에 참여하는 수단이다. 대조적으로 아주 가깝게 밀착되어 있는 부족 사회에서 〈술자리〉는 모든 사회적 패턴을 파괴하는 것이며, 신비적 경험을 얻기 위한 수단으로 이용되기도 한다.
 한편, 부족 사회에서 도박은 기업가적 노력과 개인의 독창력을 발휘하는 것으로 환영받는다. 그러나 그 도박이 개인주의적 사회에서는 다르게 대접받는다. 놀음과 경마가 전 사회 질서를 위협하는 것처럼 생각하는 것이다. 도박은 개인주의적 사회 구조를 우롱하는 정도까지 개개인의 독창력을 몰고 간다. 부족 사회의 덕이 자본주의 사회의 악덕인 셈이다.
 1918년과 1919년 사이에 진흙과 피로 범벅이 되어 유럽 전선에서 돌아왔을 때 소년들은 볼스테드 금주법 Volstead Prohibition Act에 부닥쳤다. 이 법률은, 전쟁이 우리를 동족애로 부족 사회화시켜서 술이 개인주의적 사회에 위협이 되는 상태에 이르렀다는 사회적, 정치적 인식에서 나온 것이었다. 우리가 또한 도박을 합법화하게 된다면, 우리도 영국과 마찬가지로 개인주의적 사회의 종말과 부족적 생활로의 힘든 복귀를 세계를 향하여 선언하게 될 것이다.

우리가 유머를 건전한 정신의 표시로 생각하는 데에는 그만한 이유가 있다. 무미건조한 세계 또는 직업 세계에서 단지 존재의 일부분만을 사용할 수 있는 우리가 놀이를 통해 총체적인 인간으로 회복될 수 있기 때문이다. 필립 딘Philip Deane은 『한국에서의 포로 생활Captive in Korea』에서 끊임없이 세뇌를 받으면서 했던 게임에 관해 이야기하면서 이 점을 적절하게 지적하고 있다.

내가 그러한 책을 읽는 것과 러시아어 연습을 그만두어야만 하는 때가 왔다. 러시아어를 공부하는 동안 그들의 계속되는 어리석은 주장이 머리에 남아 영향을 미치기 시작했고 동조의 울림이 일어나는 듯했고, 나의 사고가 혼란스러워져 비판 능력이 흐려짐을 느꼈기 때문이다.……그러던 때에 그들은 실수를 했다. 그들은 우리에게 영어로 된, 스티븐슨의 『보물섬』을 주었던 것이다.……그 후 나는 마르크스를 다시 읽고, 아무런 두려움 없이 스스로에게 정직하게 질문할 수 있었다. 스티븐슨은 우리의 마음을 가볍게 만들어주었고, 그 덕분에 우리는 댄스 교육까지 받게 되었다.

게임은 대중 예술이며, 어떤 문화의 주요한 움직임에 대한 집단적, 사회적 〈반응〉이다. 게임은 제도와 마찬가지로 사회적 인간과 국가의 확장 형태이다. 이는 기술이 인간이라는 동물 유기체의 확장 형태인 것과 같다. 게임과 기술은 둘 다, 어느 사회 집단에서든 발생하는 전문화된 행동이 주는 스트레스에 적응하는 방법 또는 반대 자극제이다. 게임은 일에서 오는 스트레스에 대한 대중의 반응의 확장 형태로서, 한 문화의 충실한 모델이다. 게임은 모든 주민의 행위와 반응을 하나의 역동적인 이미지 속으로 통합시키는 것이다.

1962년 12월 13일, 도쿄 발(發) 로이터 통신은 다음과 같은 기사를 냈다.

비즈니스는 전쟁터이다
　최근 일본의 비즈니스맨들 사이에서는 고전적인 군사 전략과 전술을 연구하여 사업 경영에 적용하려는 경향이 유행하고 있다.……일본에서 가장 큰 광고 회사 중 하나는 전 사원의 필독서로 이러한 책을 지정하였다.

오랫동안 계속되어 온 긴밀한 부족적 사회 조직은 지금 일본에서 전기 시대의 무역과 상업 면에 매우 큰 도움이 되고 있다. 몇 십 년 전 일본인은 문자 문화와 공업적 단편화를 충분히 경험하여 공격적인 개인 에너지를 방출하였다. 전기의 상호 커뮤니케이션을 위해 지금 필요한 긴밀한 팀워크와 부족적 충성심은 일본이 다시 한번 그들의 옛 전통과 분명한 관계를 맺게끔 하였다. 반면 우리 서구의 부족적 방식은 너무 먼 옛날 것이어서 사회적으로 도움을 주지 못한다. 우리는 문자 이전의 사회가 읽고 쓰고 자신들의 생활을 3차원 공간에서 시각적으로 조직하기 시작한 것과 같이, 힘들게 탐색하면서 재부족화하기 시작했다.

마이클 록펠러 Michael Rockefeller를 찾다가 작년에 《라이프》는 뉴기니의 부족 생활에 대하여 크게 다루는 관심을 보였다. 그 기사는 다음과 같이 이 부족들의 전쟁 게임을 설명하였다.

　윌리기만 왈랄루아 Willigiman-Wallalua족의 오랜 적은, 자신들과 언어와 의복과 관습이 거의 같은 위타이아 Wittaia족이다.……매주 또는 격주로 윌리기만 왈랄루아족과 그들의 적은 전통으로 내려오는 싸움 장소에서 정식으로 싸울 것을 협의한다. 〈문명〉 국가에서의 파국적인 충돌과 비교하면, 이들의 싸움은 전쟁이라기보다 위험한 야외 스포츠처럼 보인다. 전쟁은 단 하루 동안 벌어지는데, 어두워지거나(유령이 나올까 봐 두려워서) 비가 오기 시작하면(아무도 그들의 머리와 장식이 젖는 것을 원치 않으므로) 끝이 난다. 그들은 아주 어렸을 때부터 전쟁 게임을 해왔기 때문에 아주 정교하게 무기를 다루지만 양측 모두 피하는 데 능숙해서 상처를 입는 일은 드물다.

이 원시 전쟁에서 정말 치명적인 부분은 정식 싸움이 아니라 기습 공격이나 매복에 있다. 이 경우에는 남자뿐만 아니라 여자와 아이들까지도 무자비하게 살해당한다.……이러한 유혈은 전쟁이 일어나는 일반적인 이유들 때문에 일어나지는 않는다. 영토를 빼앗거나 잃는 경우는 없다. 물품을 빼앗거나 포로를 잡는 경우도 없다.……그들이 싸우는 것은 그 싸움이 한없이 즐겁기 때문이다. 그리고 그들에게 싸움은 완전한 남성의 중요한 직분이며, 살해당한 동료의 유령을 달래기 위해 스스로 해야만 하는 일이라고 느끼기 때문이다.

간단히 말해서 이들은 이 게임에서 일종의 우주의 모델을 발견하는 것이며, 전쟁 게임이라는 의식을 통해 죽음의 춤에 참여하는 것이다.

게임은 특정한 긴장에서 해방시켜 주는, 인간의 심리적 생활의 극적 모델이다. 그것은 놀이의 엄격한 약속들을 가진 집단적이고 대중적인 예술 형태이다. 고대 그리고 문자 이전의 사회는 당연히 게임을 우주의 또는 우주권 밖의 살아 있는 드라마라고 생각했다. 올림픽 게임은 아곤agon, 즉 태양신의 싸움을 직접 재연하는 것이었다. 주자(走者)들은 태양이 매일 뜨고 지는 것을 본떠, 황도대(黃道帶)의 12개 별자리로 장식한 트랙을 달렸다. 우주의 싸움을 극으로 재연한 게임과 연극에서 관객이 하는 역할은 다분히 종교적인 것이었다. 이러한 종교 의식에 참여함으로써, 우주는 올바른 궤도에 유지될 수 있고 또 한 부족들은 효능을 보강시켜 주는 주사(注射)를 맞게 되는 것이다. 부족이든 도시든 모두 우주의 어렴풋한 복사품인데 게임과 춤과 아이콘도 마찬가지이다. 예술이 마술적 게임과 의식의 문명화된 대체물들 가운데 한 종류가 된 경위는, 문자 문화의 등장과 함께 탈부족화가 나타난 경위와 같다. 게임과 마찬가지로, 예술은 전체적인 관여를 특색으로 하는 옛 마술의 모방에서 나타난 결과인데, 동시에 그것으로부터의 탈출구도 되었다. 마술적 게임과 연극의 관중이 점점 개인주의적으로 바뀜에 따라, 예술과 제사의 역할은 그리스 연극에서 볼 수 있었던 것처럼, 우주적인 것에서 인간 심리적인 것으로 바뀌었다. 제사도 점점 언어 중심적으로 바뀌어갔고, 흉내 내거나 춤을 추는 것은 점점 사라져갔다. 그리하여 마침내 호머와 오비디우스는 집단적 예배식과 집단 참여 대신에, 로맨틱한 언어적 이야기를 제공하게 되었다. 지난 세기 동안 수많은 분야에서, 원시 예술과 제사의 조건을 상세하게 재구성하려는 학문적인 노력이 있어왔다. 이러한 과정이야말로 원시적 인간의 마음을 이해하는 열쇠가 된다고 생각했기 때문이다. 그런데 이러한 이해를 위한 열쇠는, 우리 자신 속에 있는 원시 부족인의 조건과 태도를 아주 빠르게 착실히 바꾸어 재창조하는 전기 테크놀러지에도 쓸 수 있는 것이다.

최근에 이르러 게임——야구, 미식 축구, 아이스 하키 같은 대중 스포츠——을 많은 사람들이 좋아하게 되었는데, 이런 현상을 우리 내부의 심리적 생활이 밖으로 드러난 모델이라고 생각하면 쉽게 이해할 수 있다. 그 게임들은 모델로서, 내적 생활을 개인적으로 극화(劇化)시켰다기보다는 집단적으로 극화시킨 것이다. 모든 게임은 우리의 모국어처럼 인간 상호간의 커뮤니케이션 미디어이고, 우리가 당면한 내적 생활의 확장으로서만 존재한다. 그리고 그때에만 그 의미를 가질 수 있는 것이다. 우리가 한 손에 테니스 라켓을 쥐고 있거나 열세 장의 카드를 쥐고 있다면, 이는 인공적으로 만들어진 상황 속에 놓인 역동적인 메커니즘의 일부분이 되는 것을 우리 스스로 승낙하는 것으로 볼 수 있다. 이것이, 우리가 일이나 사회적 생활의 여러 가지 상황을 모방한 게임을 가장 즐기는 이유가 아닐까? 우리가 좋아하는 게임은, 우리를 사회적 기계의 독점적인 횡포로부터 해방시켜 주는 것이 아닌가? 한마디로 말해, 〈연극이란 우리를 괴롭히는 곤경의 모방적 재연이며, 또 재연을 통한 곤경으로부터의 해방이다〉라고 한 아리스토텔레스의 개념이 모든 게임, 춤, 놀이에 그대로 적용되는 것이 아닐까? 사람들의 환영을 받으려면 게임과 놀이는 우리의 일상 생활을 모방한 내용을 담고 있어야 한다. 한편, 게임이 없다면 사람이나 사회나 자동 기능 속에 무기력하게 정신 못 차리고 빠져 있게 된다. 예술과 게임을 통해 우리는 틀에 박힌 일상과 관습에서 오는 현실의 압력에서 벗어나 그것을 객관적으로 보고 의문을 제기할 수 있는 능력을 가질 수 있게 되는 것이다. 대중적인 예술 형태로서의 게임은 모든 사람들에게 사회의 어느 생활에든 참여할 수 있는 직접적 수단을 제공해 주는데, 그 어느 역할이나 직업도 그러한 것을 인간에게 제공해 주지는 못한다. 그러므로 〈프로〉 스포츠의 모순이 생긴다. 자유로운 생활로 이끌어주는 게임이 단지 전문적인 직업 선수에게만 국한된다면, 누구나 앞뒤가 안 맞는 일이라고 느낄 것이다.

한 국민의 게임은 그 국민에 대해 많은 것을 보여준다. 게임은 디즈니랜드나 유토피아와 같은 일종의 인공 낙원이다. 그것을 통해 우리는 우리의 일상 생활의 의미를 해석하고, 또 그 의미를 완전한 것으로 만든다. 게임 속에서 우리는 우리 시대의 큰 드라마에 비전문적으로 참여할 수 있는 수단을 만들어낸다. 그러나 문명인의 경우에, 참여라는 관념은 극히 제한되어 있다. 인도의 〈다르샨darshan〉이라는 제례에서는 수많은 사람들이 한데 모여 신비한 경험을 하는데, 이와 같이 개인적 의식(意識)의 경계를 사라지게 할 정도의 깊은 참여는 문명인에게는 불가능한 일이다.

게임이란, 참여하는 사람들이 일시적으로 꼭두각시가 되는 데 동의할 때 비로소 움직이는 기계이다. 개인주의적인 서구인들에게, 사회에의 〈순응〉이란 다분히 집단적 요구에 개인이 굴복하는 성격을 띤다. 게임은 우리에게 이러한 순응을 가르쳐주는 동시에, 우리가 그러한 순응으로부터의 해방을 얻을 수 있게 도와준다. 게임의 결과가 확실하지 않기 때문에 그 게임의 규칙과 절차가 기계처럼 엄격해야만 된다는 합리적인 이유도 생긴다.

사회의 규칙이 갑자기 변화하면, 그 이전에 받아들여졌던 사회적 관습과 의식(儀式)은 갑자기 게임이 가진 딱딱한 형식과 독단적인 패턴을 갖게 될 수 있다. 스티븐 포터 Stephen Potter는 『게임즈맨십 Gamesmanship』에서 영국에서의 사회적 변혁에 대해 이야기하고 있다. 영국인은 사회적 평등과, 그 평등에 따르는 개인간의 심한 경쟁을 향해 나아가고 있다. 오랫동안 계급적 행위로 받아들여져 온 의식(儀式)은 이제 우스꽝스럽고 비합리적이며 게임의 속임수인 것처럼 보인다. 데일 카네기 Dale Carnegie의 『어떻게 친구를 얻고 사람에게 영향을 미칠 수 있는가 How to Win Friends and Influence People』는 처음 출판되었을 때 사회적 지혜에 대한 엄숙한 입문서처럼 보였지만, 세상사에 닳은 사람들에게 그 책은 참으로 우스꽝스러운 것으로밖에 보이지 않았다. 카네기가 심각한 발견이나 한 것처럼 이야기한 것은, 일상 생활의 정신병리학으로 가득 찬 프로이트적 의식(意識) 세계에서 살기 시작한 사람들에게는 이미 소박한 기계적 의식(儀式)처럼 보였을 뿐이다. 그리고 그 프로이트식 지각 패턴도 벌써 낡은 기호가 되었고, 생활의 안내자가 되기보다는 게임이 줄 수 있는 카타르시스적 즐거움만 주고 있을 뿐이다.

한 세대의 사회적 관습은 다음 세대의 〈게임〉 속에 기호화되는 경향이 있다. 그리하여 마침내 게임은, 살이 벗겨진 해골처럼, 하나의 농담 joke이 되어 후세 사람들에게 전해진다. 이런 일은 특히 세태가 갑작스럽게 변화하는 시기에 일어나는데, 이는 급진적일 정도로 새로운 테크놀로지가 출현한 결과이다. 적어도 한동안 야구의 운명이 주춤하는 것은 특히 텔레비전 영상이 가진 포괄적 그물눈의 탓이다. 야구는 〈한 번에 한 가지씩〉 일어나는 게임인데, 포지션이 정해져 있고 뚜렷하게 임무가 맡겨지는 게임이다. 이것은 세분화된 일과 전문 직원과 계통이 있는 경영 조직과 같은 것으로, 오늘날 사라져가고 있는 기계 시대에 속하는 것이다. 전기 시대의 새로운 공동체적, 참가적 생활 방식의 이미지 그 자체인 텔레비전은 통일된 의식(意識)과 사회적 상호 의존의 관습을 만들어나간다. 그렇기 때문에 우리는, 고정된 포지션에서 오는 스트레스를 가진 전문가적인 야구의 스타일에서 멀어지게 되는 것이다. 문화가 변하면 게임도 변한다. 순간의 정확성을 요하는 산업 사회의 우아한 추상적 이미지가 되었던 야구는, 텔레비전 시대라는 새로운 생활 방식 앞에서 그 정신적, 사회적 관련성을 잃었다. 야구는 사회의 중심에서 내몰리어 미국 생활의 주변으로 쫓겨난 것이다.

이와 대조적으로 미식 축구에서는 포지션이 고정되어 있지 않다. 그리고 모든 선수들은 시합중에 어떠한 역할이든 바꾸어 맡을 수 있다. 그리하여 오늘날 미식 축구는 일반적으로 받아들여지는 스포츠로서, 야구를 대신하고 있다. 이것은 전기 시대의 탈중심적 팀플레이라는 새로운 욕구와 잘 맞아떨어지는 것이다. 쉽게 생각하면 미식 축구는 긴밀한 부족적 통일성을 가지고 있어서 소련인이 즐길 듯한 게임으로 여겨질지 모르겠다. 그러나 실제로 그들은 아이스 하키나 축구 같은 매우 개인주의적인 형태의 게임에 열중하고 있는데, 이는 집단주의적 사회의 정신적 욕구에는 맞지 않는 것처럼 보인다. 그러나 소련은 아직도 거의 구술적인 부족적 세계이며, 조금씩 탈부족화를 겪고 있는 단계에 있다. 이제 막 개인주의를 진기한 것으로 발견하고 있는 것이다. 결국 그들에게 축구와 아이스 하키는, 서구 세계에서와는 달리, 이국적이고 유토피아적인 미래를 약속하는 것으로 여겨진다. 우리는 곧잘 그런 태도를 〈신사인 척하는 것〉이라 부르지만, 우리 서구인들도 마찬가지로 경마용 말과 폴로polo 경기용 망아지 또는 12미터의 요트를 소유함으로써 비슷한 자기 만족에 빠질 수 있지 않겠는가?

이처럼 게임은 다양한 만족감을 제공한다. 이제는 게임이 사회 전체 속에서 커뮤니케이션의 미디어로서 어떤 역할을 수행하는지 살펴보자. 포커는 복잡한 태도와 무언(無言)이 경쟁 사회에서 가지는 가치를 표현하는 것으로 종종 인용되었다. 포커를 하기 위해서는 빈틈이 없어야 하고, 공격적이어야 하고, 속임수를 써야 하고, 냉철한 판단력을 가지고 있어야 한다. 여자는 포커를 잘할 수 없다고들 하는데 이는 포커가 여자들의 호기심을 자극하기 때문이다. 포커에서 호기심은 금물이다. 포커는 극도로 개인주의적인 게임이며, 타인에 대한 친절과 배려는 허락하지 않는다. 단지 가장 높은 수——즉 제일 위——가 얼마나 많은 점수를 내는가가 있을 뿐이다. 이러한 관점에서 본다면 왜 전쟁이 왕들의 스포츠라 불려왔는지 쉽게 알 수 있다. 왜냐하면 왕국에 대한 국왕의 관계는, 세습 재산과 개인 수입에 대한 시민의 관계와 같기 때문이다. 장군이 군대를 사용하여 포커를 하는 것과 마찬가지로, 국왕은 왕국을 사용하여 포커를 하는 것이다. 국왕들은 적에게 허세를 부리거나 속임수를 써서 자신의 전략과 의도를 감출 수도 있다. 하지만 전쟁이 진정한 게임의 자격을 갖지 못하는 것은 아마도 주식 매매와 비즈니스가 게임의 자격을 갖지 못하는 것과 마찬가지일 것이다. 그 규칙들이 게임에 참가하는 모든 선수들에게 완전히 알려져 있지 않거나, 받아들여지고 있지 않기 때문인 것이다. 더구나 전쟁과 비즈니스에서는 관객이 너무 전면적으로 참가하고 있다. 그것은, 〈모든 사람들〉이 예술 창조에 관여하기 때문에 원시 사회에는 진정한 예술이 없는 것과 같다. 예술과 게임에는 규칙, 약속, 관객이 필요하다. 플레이의 본질이 유지되기 위해서는 이 세 가지가 전체 상황의 모델이 되어 상황 자체로부터 떨어져 있어야 한다. 생활에서든, 바퀴에서든 〈플레이〉는 〈상호 작용〉의 뜻을 담고 있기 때문이다. 둘 이상의 사람과 집단 사이에는 주고받음, 즉 대화가 있어야만 한다. 그러나 이러한 성질은 어떠한 상황 속에서는 희미해지거나 사라지기도 한다. 많은 팀들이 종종 관객 없이 연습 게임을 한다. 이것은 스포츠로 볼 수 없다. 왜냐하면 상호 작용이 갖는 성격의 대부분은, 다시 말해 상호 작용의 미디어는 관객의 감정이기 때문이다. 캐나다의 아이스 하키 선수인 로켓 리처드Rocket Richard는 몇몇 경기장의 음향이 좋지 않다고 지적하곤 했다. 그는 자신이 스틱으로 친 퍽puck이 떠서 관중의 고함소리를 타고 가는 것처럼 느꼈다. 대중적인 예술의 한 형태로서 스포츠는 단지 자기 표현인 것만은 아니다. 전체 문화 내부에서 없어서는 안 될 뿐 아니라 깊이 뿌리 내린, 상호 작용의 수단인 것이다.

예술은 단순한 놀이가 아니다. 그것은 인간이 고안한 약속의 패턴 아래에서 인간의 의식을 확장하는 것이다. 대중적인 예술로서의 스포츠는 그 사회의 전형적인 행위에 대한 심층적 반응이다. 그러나 고급 예술은 반응이 아니다. 그것은 복잡한 문화적 상황을 재평가하는 것이다. 장 주네의「발코니」는 자기 파괴적 방탕의 술잔치를 벌이는 인간의 광기를 철저히 논리적으로 평가해 일부 사람들의 관심을 끌고 있다. 주네는 인간 생활의 포괄적 이미지로, 전쟁과 혁명이라는 대파괴에 휩싸인 매음굴을 제시한다. 〈주네는 히스테리컬한 사람이다, 그리고 미식 축구는 주네보다 더 심각한 인간 비판을 한다〉라고 주장하는 것이 쉬운 일일지도 모르겠다. 복잡한 사회적 상황이라는 살아 있는 모델을 가지고 본다면, 게임은 윤리적인 진지함을 가지고 있지 않다는 사실을 인정하지 않을 수 없다. 아마도 바로 이러한 이유 때문에, 고도로 전문화된 산업 사회에서 게임에 대한 욕구가 더 절실해지는 것이라 볼 수 있다. 왜냐하면 게임은 많은 사람들이 쉽게 접할 수 있는 예술 형태이기 때문이다. 일이 위탁되고 단편화된 전문화의 세계에는 진정한 상호 작용이 있을 수 없다. 뒤떨어진 사회 또는 부족적 사회가 갑자기 기계화를 거쳐 산업화되고 전문화된 형태로 바뀌면, 그것에 대항하는 효과를 지닌 스포츠와 게임이라는 해독제를 쉽게 만들어낼 수 없게 된다. 그렇게 되면 그들은 꼼짝할 수 없게 되고 결국 불쾌할 만큼 진지하게 된다. 예술을 갖지 않는 인간, 그리고 게임이라는 대중적인 예술을 갖지 않는 인간은 기계적 성향으로 기울게 된다.

여기서 내가 영국 의회와 프랑스 하원에서 행해지는 몇 가지 다른 종류의 게임에 대하여 한마디 언급하면, 여러 독자들은 이미 갖고 있는 정치적 경험을 떠올리게 될 것이다. 영국은 다행히도 두 패로 나누어지는 형태의 의석 배치를 채택했다. 반면에 프랑스는 의장석을 향하도록 의석들을 반원형으로 배치해 중앙집중화를 시도하였지만, 결국에는 갖가지 팀이 갖가지 게임을 하게 되는 상황을 맞고 말았다. 프랑스는 통일을 시도했으나 오히려 무정부 상태를 초래하고 말았던 것이다. 영국이 다양성을 설정하여 혹시 얻은 것이 있다면, 그것은 지나친 통일성일 것이다. 영국의 의원은 자기〈측〉에서만 경기하기 때문에 공이 자기 팀에 넘어오기 전까지는 개인적, 정신적 노력을 기울이려는 생각을 전혀 하지 않게 된다. 그리고 토론을 이해할 필요성도 느끼지 않는다. 어느 비평가가 말한 것처럼, 의석이 서로 마주보고 있지 않으면 영국인은 논의를 전부 듣지 않는 한 진실과 거짓, 현명함과 어리석음을 구별할 수 없다. 그리고 대부분의 논의가 난센스일 것이므로, 그것을 전부 다 듣는 것 또한 어리석은 일일 것이다.

어떠한 게임이든 그 형태가 가장 중요하다. 게임에 대한 이론은, 정보에 대한 이론과 마찬가지로, 게임과 정보 이동의 이러한 측면을 무시해 왔다. 두 이론 모두 시스템의 정보 내용을 다루어왔고, 데이터를 잘못 이용하게 하는 〈잡음〉과 〈속임〉의 요인을 관찰해 왔다. 이는 그림이나 음악 작품을 내용이라는 관점으로부터 접근해 가는 것과 같다. 다시 말한다면, 이 경험에서 중심이 되는 구조적 핵(核)이 반드시 빠지게 되는 것이다. 왜냐하면 게임이 우리의 내면적 생활과 관련을 가질 수 있게 해주는 것은 게임의 패턴이지, 게임을 하고 있는 사람이나 게임의 결과가 아니기 때문이다. 그리고 이는 정보 이동에서도 마찬가지이다. 우리의 감각 중 어느것이 선택되었는가에 따라, 이를테면 사진과 전신의 차이가 생기게 된다. 예술에서는, 채택된 미디어 속에서 우리의 감각을 어떻게 특별하게 혼합하느냐가 무엇보다도 중요하다. 표면상의 프로그램 내용은, 그 구조 형식이 의식적 주의(注意)라는 관문을 통과하는 데 필요한 것이다. 마음을 달래는 기분 전환 거리인 셈이다.

모든 게임은, 모든 정보 매체와 마찬가지로, 개인과 집단이 확장된 형태이다. 집단과 개인에게 영향을 미쳐, 아직 그다지 확장되지 않은 부분의 배치를 바꾸는 것이다. 예술 작품은 그것을 보는 사람에게 영향을 미치지 못하면 존재할 수도, 그 기능을 발휘할 수도 없다. 게임 또는 대중적인 예술, 그리고 커뮤니케이션과 마찬가지로, 예술은 공동체를 새로운 관련, 새로운 상태로 밀어넣어 원래의 의도를 구현하는 힘을 지니고 있다.

게임과 마찬가지로 예술은 경험을 바꾸는 역할을 한다. 어떤 상황에서 우리는 이미 보고 느낀 바를, 갑자기 전혀 새로운 소재 속에서 다시 경험하게 된다. 마찬가지로 게임은 익숙한 경험을 새로운 형태로 바꿈으로써 사물의 어둠침침한 부분에 새로운 빛을 비추어준다. 전화 회사는, 조잡한 말을 하여 무방비의 교환수를 괴롭히는 얼뜨기들의 말소리를 테이프에 녹음한다. 교환수들이 이것을 재생하여 들으면, 건강에 좋은 즐거움을 얻을 수 있다. 그리고 교환수들이 마음의 평정을 얻는 데도 도움이 된다.

과학의 세계는 다른 방법으로는 관측 불가능한 상황의 모델들을 끊임없이 실험하다가 놀이 요소에 의식적으로 주의를 기울이게 되었다. 오래전부터 경영연수원에서는 새로운 비즈니스 감각을 계발하기 위한 수단으로 게임을 이용하고 있다. 존 케네스 갤브레이스는, 이제 비즈니스는 예술을 연구해야 한다고 주장한다. 예술가는 사회라는 커다란 모체 위로 아직 떠오르지 않은 문제들과 상황들의 모델을 만들어나가기 때문에 감각 있는 사업가는 그것을 통해 자신의 계획 속에서 10년간의 방향을 잡아나갈 수 있다는 것이다.

전기 시대에 예술과 비즈니스, 대학과 사회 사이의 간격이 사라지고 있고, 이러한 현상은 모든 면에서 전문가의 지위에 종지부를 찍게 하는 전체적인 내파의 일부분이다. 19세기 프랑스 소설가 플로베르는 사람들이 자신의 『감정 교육』에 주목하였다면 프러시아와 프랑스 간의 전쟁은 일어나지 않았을 것이라고 생각했다. 그 후 유사한 생각들이 예술가들 사이에 널리 퍼지게 되었다. 그들은 자신들이 하는 일이, 사회 전반에서 아직 성숙되지 않은 상황의 산 모델을 만드는 것임을 알고 있다. 예술을 만드는 과정을 통해 그들은 실제로 무엇이 일어나려고 하는지를 발견한다. 그래서 그들은 〈시대에 앞서〉 있는 것처럼 보인다. 예술가가 아닌 사람들은 언제나 지나간 시대의 안경을 통해 현재를 바라본다. 군의 참모들은 항상, 이미 지나간 전쟁을 하려고 대단한 준비를 하고 있는 것이다.

그렇다면 게임은 고안되고 통제된 상황이다. 그리고 습관화된 패턴에서 벗어나 잠시 쉴 수 있도록 허용하는 집단 의식의 확장이다. 게임은 전체로서의 사회가 자기 자신에게 말하는 것과 같다. 그리고 자신에게 말하는 것은 어떤 놀이에서든 볼 수 있는 형태이며, 그것 없이는 자기 확신이 배양되지 못한다. 최근에 영국인과 미국인은 놀이와 게임의 유희 정신에서 생긴 커다란 자신감을 누려왔다. 그들은 상대국에서 이러한 정신을 느끼지 못할 때 당혹스러워한다. 단지 세속적이기만 한 것을 너무 진지하게 받아들이는 것은 동정할 만한 의식상의 결함이다. 기독교 초기에서부터 어떤 지역에서는 종교적 광대짓, 또는 성 바울의 말대로 〈그리스도 안에서 광대 짓을 하는〉 습관이 생겨났다. 바울은 종교적 신념과 기독교 제의를 당시의 게임과 스포츠에 연관시키고 있다. 놀이에는, 표면적 상황과 현실의 진짜 도박 사이에 놓인 커다란 불균형을 느끼는 의식이 함께 따라다닌다. 게임에서도 마찬가지이다. 다른 예술 형태와 마찬가지로 게임은 쉽게 접근하기 어려운 상황을 구체적으로 표현한 모델이기 때문에, 게임과 놀이에는 흥분시키는 재미가 있다. 그리고 이러한 재미는 매우 진지하고 심각한 사람이나 사회를 우스꽝스럽게 만든다. 빅토리아 시대의 영국인이 진지함 쪽으로 기울어지기 시작했을 때, 오스카 와일드, 버나드 쇼, 그리고 체스터턴 G. K. Chersterton과 같은 사람들은 그러한 흐름의 반동 세력으로서 재빨리 움직였다. 학자들은, 플라톤이 신에게 바쳐지는 놀이를 인간의 종교적 충동 중 가장 고귀한 것으로서 생각했다고 종종 지적했다.

베르그송은 웃음에 관한 유명한 논문에서, 익살맞은 것이 되기 위한 열쇠로서, 기계적 가치가 〈생명력의 가치〉를 인수해 버리는 것을 보여주었다. 바나나 껍질 위에서 미끄러지는 사람을 보는 것은, 이성적인 존재가 갑자기 재빨리 돌아가는 기계로 바뀌는 것을 보는 것이다. 그의 시대에 산업주의가 유사한 상황을 만들었기 때문에 베르그송의 생각은 쉽게 받아들여졌다. 그는 반(反)기계적인 것, 즉 웃음 또는 윈덤 루이스의 말을 빌리면 〈재채기하는 정신 상태〉를 설명하기 위해서 기계적 시대에 기계적 은유를 기계적으로 사용했다는 것을 의식하지는 못했던 것 같다.

게임 정신은 몇 년 전 텔레비전의 조작된 퀴즈 쇼에게 패배를 맛보았다. 우선 막대한 상금은 화폐를 조롱하는 것처럼 보였다. 권력과 기량의 축적이요, 교환의 촉진자인 돈은 아직도 많은 사람들이 굉장히 진지하게 열중하게끔 하는 능력을 가지고 있다. 영화도 어떤 의미에서는 조작된 쇼다. 연극도, 시도, 소설도 〈영향력을 발휘하기 위하여〉 속임수를 쓰는 것이다. 그러나 텔레비전의 영향이 있는 곳에는 청중의 깊은 〈참여〉가 있다. 영화와 연극은 텔레비전 영상의 모자이크적 그물눈만큼 많은 참여를 가능케 하지는 못한다. 퀴즈 쇼에서 시청자의 참여가 너무 대단하였기 때문에 프로그램 제작자는 결국 사기꾼으로 기소되었다. 게다가 새로운 텔레비전 미디어의 성공을 증오하던 신문과 라디오의 광고 담당자들은 경쟁자의 살점이 찢기는 것을 보며 기뻐하였다. 물론 그 프로그램 제작자들은 경솔하게도 텔레비전 미디어의 본질을 파악하고 있지 못했다. 그리하여 텔레비전에 맞는 보다 부드러운 가상적 상황에 초점을 맞추지 않고, 영화처럼 그 사건을 강렬한 리얼리즘으로 다루었던 것이다. 결국 죄 없는 방관자였던 찰스 밴 도런은 호되게 당하였고, 어떤 조사도 텔레비전 미디어의 본질과 효과에 대한 아무런 통찰력도 이끌어내지 못했다. 유감스럽게도 그것은 고지식한 도덕가들에게 환호의 순간을 제공한 것으로 끝나버렸다. 종종 도덕적인 견해가 테크놀러지 문제를 제대로 이해하지 못하게 하는 역할을 한 것이다.

게임이 우리의 사적인 자아가 아니라 사회적 자아의 확장이며, 또한 커뮤니케이션 미디어임이 이제는 분명해졌을 것이다. 마지막으로 〈게임이 매스 미디어인가〉라는 질문을 해본다면, 그 대답은 〈그렇다〉여야 한다. 게임이라는 것은 사람들을 사회 생활의 어떤 중요한 패턴 속에 동시에 참여시키기 위하여 만들어진 상황이기 때문이다.

25 전신 • 사회의 호르몬

무선 전신은 1910년에 놀라우리만큼 대중의 관심을 많이 모았다. 왜냐하면 런던에서 개업한 미국인 내과 의사 크리픈 crippen이 아내를 살해한 후 자택의 지하실에 그 시체를 묻고 자신의 비서와 함께 몬트로즈 Montrose 호에 승선하여 도망쳤으나 무선 전신 덕분에 선상에서 체포되었기 때문이다. 비서가 소년으로 변장해, 그 두 사람은 로빈슨과 그 아들로 행세하며 여행을 했다. 그러나 몬트로즈호 선장 조지 켄들 George Kendall은 영국 신문을 통하여 크리픈 사건을 알고 있었기에 그들을 의심하게 되었던 것이다.

몬트로즈호는 당시로서는 드물게 마르코니 Marconi 무선기를 비치하고 있었다. 켄들 선장은 무선 기사에게 비밀리에 연락한다는 다짐을 받은 후 런던 경찰국에 통신을 보냈고, 경찰국은 듀스 Dews 경위를 몬트로즈호보다 빠른 배에 태워 대서양을 달리게 하였다. 듀스 경위는 수로 안내인으로 변장하고 몬트로즈호가 항구에 도착하기 전에 그 배에 타서 크리픈을 체포하였다. 크리픈이 체포되고 18개월이 지나서 영국 의회는 모든 여객선에 무선 시설을 갖출 것을 의무화하는 법률을 통과시켰다.

크리픈 사건은 순식간에 정보의 이동이 이루어졌을 때, 조직체 내의 아무리 용의주도한 계획에도 어떤 일이 생기는지를 잘 보여주고 있다. 그것은, 조직의 세계에서는 흔히 그러듯이, 업무 분담의 권위가 붕괴하고 경영 구조의 피라미드가 무너지는 것이다. 기능의 분리, 활동 범위와 공간과 일의 분할은 문자 문화적인 시각적 사회의 특징이며, 또한 서구 세계의 특징이다. 이러한 분할은 전기의 즉각적이고 유기적인 상호 작용을 통해 없어지는 경향이 있다.

전(前) 독일 군수상 알베르트 슈페르Albert Speer는 뉘렘베르크 재판에서 전기 미디어가 독일인의 생활에 미친 영향에 관하여 신랄한 언급을 하였다. 〈전화, 전신 타자기, 전신으로 인해 명령이 최고위층에서 최하위층으로 직접 하달되는 것이 가능하게 되었는데, 그 명령 뒤에 숨어 있는 절대적인 권위 때문에 아무런 비판 없이 그 명령이 수행된다〉는 것이었다.

전기 미디어는 사회의 모든 제도 사이에 일종의 유기적 상호 의존의 관계를 만들어내는데, 이는 전자기의 발견을 〈놀라운 생물학적 사건〉으로 받아들여야 한다는 드 샤르댕de Chardin의 견해를 뒷받침해 준다. 만약 정치적, 상업적 제도가 전기 커뮤니케이션 수단에 의하여 생물학적 성격을 띤다면, 한스 셀리에와 같은 생물학자들이 유기체를 커뮤니케이션 네트워크로 생각하는 것은 당연한 일이라 하겠다. 〈호르몬은 내분비선에 의해서 만들어지며, 멀리 떨어진 기관의 기능을 규제하고 조정하기 위하여 혈액 속에 분비되는 특수한 화학적 전달 물질이다.〉

개별적인 단계와 전문가적 기능의 기계 시대를 종결시킨다고 하는 이 전기 형태의 특수성은 그 형태의 본질을 그대로 설명해 준다. 이전의 모든 테크놀러지(말 그 자체는 제외하고)는 사실상 우리 몸의 어느 부분의 확장인 반면에, 전기는 뇌를 포함한 중추신경 조직 자체를 밖으로 드러냈다고 말할 수 있다. 우리의 중추신경 조직은 단편적인 부분을 갖지 않는 통일된 하나의 장(場)이다. 영은 『과학에서의 의심과 확신』에서 이렇게 쓰고 있다.

> 뇌가 지니고 있는 능력의 큰 비밀은, 수용 기관의 부분을 자극했을 때 생기는 효과가 상호 작용할 수 있게 하는 굉장한 기회를 제공하는 데 있다고 할 수 있다. 우리가 대부분의 다른 동물보다 훨씬 높은 정도로 전체로서의 세계에 반응할 수 있는 것은 이러한 상호 작용, 또는 혼합 작용을 할 장소가 있기 때문이다.

우리가 전기 테크놀러지의 유기체적 성격을 이해하지 못하고 있다는 사실은, 세계를 기계화시킬지도 모른다는 위험을 우리가 계속 염려하고 있는 것을 보면 분명해진다. 그러나 오히려 전기 에너지의 무분별한 사용으로 인해 우리는 문자 문화적이고 기계적인, 전기 이전의 기술에 우리가 투자한 모든 것을 완전히 없애 버릴 위험에 처해 있는 것이다. 기계화는 우리 몸의 여러 부분인 손, 팔, 다리가 펜이나, 망치, 바퀴로 분리, 확장됨으로써 이루어진다. 그리고 일의 기계화는 행위의 각 부분을 획일적이고, 반복 가능하고, 움직일 수 있는 일련의 여러 부분으로 분할함으로써 이루어진다. 이것과 정반대가 되는 것이, 행위의 방식뿐만 아니라 사고의 방식으로 생각되어 왔던 사이버네이션 cybernation 또는 자동화 automation이다. 사이버네이션은 개개의 기계에 관심을 갖지 않고 생산의 문제를 정보 처리의 통합된 체제로 바라본다.

오늘날 우리가 전체로서의 세계에 반응하지 않을 수 없는 것은 전기 미디어가 이와 같은 상호 작용의 장소를 제공하고 있기 때문이다. 그러나 사적인 의식, 공적인 의식 모두의 통합적 전체를 만들어내는 것은 무엇보다도 전기적 개입의 속도이다. 오늘날 우리는 〈정보의 시대〉, 〈커뮤니케이션의 시대〉에 살고 있다. 전기적 미디어가 모든 사람들이 참여하는 상호 작용의 전체 장(場)을 즉시 그리고 끊임없이 만들어내고 있기 때문이다. 이제 대중적 상호 작용의 세계는, 이제까지 우리의 개인적 신경 조직만의 특성이었던 통합적 상호 작용이라는 포괄적인 영역을 갖게 되었다. 이것은 전기가 그 특성상 유기적이고, 또 전신, 전화, 라디오, 그리고 그 밖의 것을 기계적으로 사용함으로써 유기적인 사회적 유대감을 굳건히 해주기 때문이다. 전기 커뮤니케이션이 갖는 동시성은 또한 우리의 신경 조직의 특성이기도 한데, 이러한 특성 때문에 우리는 세계의 모든 사람들과 함께 있을 수 있고 또 그들에게 가까이 갈 수 있는 것이다. 전기 시대에 우리가 동시에 모든 곳에서 함께 있을 수 있다는 것은 적극적 경험이라기보다는 소극적 경험이라 할 수 있다. 신문을 읽거나 텔레비전 쇼를 봄으로써 우리는 이러한 의식의 경험을 보다 적극적으로 할 수 있을 것이다.

 기계 시대에서 전기 시대로의 변화를 감지할 수 있는 한 가지 방법은 문자 문화적 신문과 전신적 신문의 레이아웃(지면 배정)을 비교해 보는 것이다. 예를 들어 런던의 《타임스》와 《데일리 익스프레스 Daily Express》, 《뉴욕 타임스》와 뉴욕의 《데일리 뉴스 Daily News》의 레이아웃을 비교해 보면 알 수 있다. 견해를 표명하는 신문인가, 아니면 날짜로 통일된 한 지면 속에 상호 관련이 없는 단편적인 기사들이 모자이크 상태를 이루고 있는 신문인가로 그 차이를 구별할 수 있다. 그 밖의 다른 어떠한 차이가 있는가와는 관계없이, 동시적으로 존재하는 모자이크적 기사에는 견해라는 것이 존재하지 않는다. 19세기 후반의 그림과 관련이 있는 인상파의 세계에서 가장 극단적인 형태는 쇠라의 점묘주의와, 모네Monet, 르누아르Renoir의 세계에 있어서의 빛의 굴절에서 찾아볼 수 있다. 쇠라의 점묘법은 전신으로 화상(畵像)을 보내는 오늘날의 전송 사진 기술에 가깝고, 또한 주사선(走査線)으로 만드는 텔레비전 영상, 즉 텔레비전 모자이크에 가깝다. 이러한 화가들의 방법이, 〈예〉와 〈아니오〉라는 두 점과 선을 겹쳐가는 디지털 컴퓨터와 마찬가지로 수많은 점들을 찍어서 모든 존재하는 것들의 모습을 포괄할 수 있었기 때문에, 후일의 전기적 형태를 예견한 것이다. 뇌처럼 전기는 존재하는 것의 모든 국면을 동시에 접할 수 있게 하는 수단을 제공한다. 전기가 시각적이고 청각적인 성격을 갖는 것은 부수적인 것이며, 본질적으로 전기는 촉각적이다.

19세기 후반에 전기 시대가 그 모습을 확립하기 시작했을 때, 예술의 모든 세계는, 그림에 있어서나 시에 있어서 다시 촉각의 아이콘적 성격과 감각의 상호 작용(공감각이라 불렸던)을 지향하게 되었다. 독일의 조각가 아돌프 폰 힐데브란트Adolf von Hildebrand는 베렌손 Berenson이 다음과 같은 말을 할 수 있도록 그에게 영감을 불어넣었다. 〈화가는 망막의 인상에 촉각적 가치를 부여할 때만 자신의 작업을 완성할 수 있다〉는 것이다. 그러기 위해서 각각의 조형물에 각각의 신경 조직을 부여하는 일을 해야만 하는 것이다.

퍼져나가는 인상의 전기 형태는 매우 촉각적이고 유기적인 것으로 각각의 대상물에 통일된 감수성을 부여하는데, 이는 동굴 벽화가 그랬던 것과 유사하다. 새로운 전기 시대에 화가들은, 그들 자신이 의식하지는 못했으나 이 사실을 뚜렷이 표현하게 되었다. 이 시기 이후로 모든 분야의 단순한 전문가들은 아무런 소득 없이 공허감에 빠져, 떠나가는 기계 시대의 낡은 형태를 단순히 되풀이하는 운명에 빠졌다. 오랫동안 분열된 상태에 있던 감각은 현대의 의식 속에서 다시 한번 통합적, 포괄적으로 되지 않을 수 없었다. 바우하우스 학교는 인간의 전체 포괄적 의식을 지향하려는 노력의 중요한 중심지가 되었다. 그러나 같은 과제가 음악, 시, 건축 그리고 그림의 거장들에 의해서도 다루어졌다. 그들에게 20세기의 예술은, 우리가 현대 과학에 대하여 그렇게 인정하고 있는 것처럼, 다른 시대의 예술보다 우위를 점했던 것이다.

성장 초기에 전신은, 산업적 생산과 마케팅의 직접적인 확장인 철도와 신문보다 하위에 있었다. 그러나 일단 철도가 대륙을 횡단하여 뻗어나가기 시작하자, 각 부분이 조화롭게 움직이기 위해서 전신에 크게 의존하지 않을 수 없었다. 그리하여 역장의 이미지와 전신 기사의 이미지는 미국인의 마음속에서 쉽게 겹쳐지게 된 것이다.

1844년에 새뮤얼 모스는 의회로부터 3만 달러를 얻어내어 워싱턴에서 볼티모어까지의 전신용 회선을 개설하였다. 대개의 경우 사기업은 관청이 새로운 일의 이미지와 목표를 명백히 할 때까지 기다렸다. 하지만 사기업의 선전과 추진력은 대단한 것이어서, 일단 새로운 사업이 이익이 되리라는 것이 증명되자 몇 가지 대단한 에피소드를 만들어내었다. 어떠한 새로운 테크놀러지도, 기차조차도, 전신보다 빠른 성장을 이루지는 못했다. 1858년까지 대서양을 횡단하는 해저 케이블이 처음으로 가설되었고, 1861년 미국 대륙을 횡단하는 전신용 회선이 완성되었다. 상품 또는 정보를 수송하는 새로운 테크놀러지가 기존에 존재하던 것과의 치열한 싸움을 하면서 존재할 수 있었다는 것은 그다지 놀라운 일이 아니다. 기술 혁신이란 상업적으로 분열을 일으킬 뿐만 아니라 사회적으로, 그리고 심리적으로도 침식해 들어가기 때문이다.

인쇄든 자동차든 또는 텔레비전이든 간에 그 새로운 것의 발전 초기를 살펴보는 일은 유익할 것이다. 왜냐하면 이 단계에 많은 오해가 있게 마련이기 때문이다. 사람들이 처음에는 그 본질을 뚜렷이 파악하지 못하므로, 새로운 형태는 얼빠진 눈을 한 구경꾼들에게 각성의 일격을 가한다. 볼티모어와 워싱턴 사이의 최초의 전신 회선은 그것을 통하여 두 도시의 체스 전문가들이 게임을 벌이게 하였다. 그 밖의 회선은 복권 추첨과 놀이에 널리 이용되었다. 그것은 라디오가 초기에는 상업적 관심의 대상이 되지 않고 대기업의 관심을 얻을 때까지 오랫동안 아마추어 〈햄 ham〉에 의해 육성된 것과 아주 비슷하다.

수개월 전 기자인 존 크로스비 John Crosby는 파리에서 《뉴욕 헤럴드 트리뷴 New York Herald Tribune》에 다음과 같은 기사를 보냈는데, 그것은 인쇄 문화적 인간이 〈내용〉에 집착함으로써 새로운 미디어의 〈형식〉에 관한 어떠한 사실도 인식하기 어렵다는 것을 잘 나타내주고 있다.

누구나 아는 바와 같이, 텔스타는 우주 공간을 돌면서 텔레비전 방송, 전화 메시지 등, 상식을 제외한 어떠한 것도 전달할 수 있는 복잡한 구형체(球形體)이다. 텔스타가 처음 쏘아 올려졌을 때, 트럼펫 소리가 울려 퍼졌다. 세계의 대륙들이 서로의 지적인 기쁨을 나눌 수 있게 될 것이다. 미국인들은 브리지트 바르도 Brigitte Bardot를 즐길 수 있을 것이고, 유럽 사람들은 〈벤 케이시 Ben Casey〉의 분별력 있는 지적 자극에 동참할 수 있을 것이다.······이러한 커뮤니케이션 기적의 근본적인 결함은, 인간이 석판 위에 상형 문자를 새겨 넣은 이래 모든 커뮤니케이션의 기적을 괴롭혀온 것과 같은 것이다. 거기에서 무엇을 말할 것인가? 8월부터 텔스타가 사용되기 시작했는데, 당시 유럽 어느 곳에서도 중요한 일이 일어나지 않았다. 모든 네트워크는 이 기적의 도구를 이용하여 어떤 말이든 하도록 명령받았다. 〈이것은 새로운 장난감이다. 어쨌든 사용해야만 한다〉라고들 말한다. CBS는 핫 뉴스를 찾기 위해 유럽을 샅샅이 훑었고, 결국 소시지 먹기 경기를 찾아내었다. 그 경기는 기적의 공을 통해 충실히 미국으로 보내졌다. 사실 그 뉴스거리를 낙타 등에 실어 보냈더라도 그 본질을 손상시키는 일은 없었을 것이다.

모든 혁신적인 일은 기존 조직의 균형을 위협한다. 대기업에서는 새로운 아이디어를 내놓도록 권장한다. 그러나 내놓은 즉시 혹평을 받고 만다. 큰 회사에서 아이디어를 다루는 부서는 위험한 바이러스를 분리해 내는 실험실과 같다. 바이러스 하나가 발견되면, 한 무리의 사람들의 손에 넘겨져 중화되고 면역 조치를 당한다. 그러므로 누군가 대기업에서 눈부신 〈생산과 판매의 증가〉를 가져올 새로운 아이디어를 내놓는다면, 그것은 우스꽝스런 일이 될 것이다. 그러한 증가는 기존의 경영진에게는 커다란 재난이 될 것이다. 그들은 새로운 경영진에게 자신들의 자리를 내주어야 할 것이기 때문이다. 따라서 큰 조직의 내부로부터는 새로운 아이디어가 생기지 않는다. 새 아이디어는 작지만 경쟁 관계에 있는 조직으로부터 그들을 습격해 오지 않으면 안 된다. 마찬가지로, 〈새로운 발명〉 속의 우리 몸과 마음의 〈외재화(外在化)〉 또는 확장은, 신체와 감각 전체를 새로운 위치로 이동시켜 균형을 유지하도록 만든다. 개인의 경우든, 공동체의 경우든 새로운 발명에 의한 새로운 〈폐쇄〉가 우리의 모든 기관과 감각에 나타난다. 시각과 청각은, 다른 모든 기관과 마찬가지로 새로운 자세를 취한다. 전신의 출현으로, 뉴스를 취재하고 제공하는 모든 방법에 변혁이 일어났다. 그리고 당연히 언어와 문체, 주제에도 커다란 변화가 생겼다.

1844년 사람들이 미국 최초의 전신 회선으로 체스와 복권 추첨을 하고 있었을 때, 키르케고르는 『불안의 개념』을 출간하였다. 〈불안의 시대〉가 시작되었던 것이다. 왜냐하면 전신의 출현으로 인간은 중추 신경 조직의 외재화 또는 확장을 시작하였고, 그것은 이제 위성 통신을 통하여 의식의 확장에까지 접근해 가고 있기 때문이다. 우리의 신경은 밖에 두고 육체의 기관은 신경 조직 내부 또는 뇌의 내부에 둔다는 것은, 불안의 개념은 아닐지라도 불안한 상황을 만들어내는 것이 된다.

전신이 인간의 의식(意識) 생활에 미친 중요한 정신 외상(外傷)에 관해서 살펴보았고, 그것이 우리에게 〈불안의 시대〉를 가져왔음을 언급했다. 이제 이러한 불안과 초조의 몇 가지 실례를 검토해 보기로 하자. 새로운 미디어 또는 인간의 확장이 생길 때마다, 중요한 인물과 함께 새로운 신화가 탄생한다. 아레티노[1]의 경우 〈군주의 재난과 활자의 꼭두각시〉, 나폴레옹의 경우 〈공업 사회적 변화의 충격〉, 채플린의 경우 〈영화에 있어서의 대중의 양심〉, 히틀러의 경우 〈라디오의 부족적 토템〉, 그리고 플로렌스 나이팅게일의 경우 〈전신으로 인간의 비탄을 노래한 최초의 인물〉 등이 그러하다.

플로렌스 나이팅게일은 공업적 힘에 의하여 새로 생긴, 세력이 당당한 영국 계층 내의 유복하고 세련된 가정 출신이었는데, 젊은 시절에 조난 신호 수신법을 공부하기 시작했다. 처음에는 그 신호를 전혀 해독할 수 없었다. 하지만 그 일은 그녀의 삶의 방식을 완전히 바꾸어놓았고 그것은 그녀의 부모나, 친구 그리고 구혼자들의 어느 이미지에도 부합될 수 있는 것이 아니었다. 그녀가 새로이 퍼진 이 인간의 불안과 끔찍한 공포를 모든 사람들의 깊은 관심으로 바꾸어놓고 또한 병원 개혁의 아이디어를 가질 수 있었던 것은 그녀의 타고난 재능 때문이었다. 그녀는 자신의 시대를 새로이 살기 시작했을 뿐 아니라 그녀의 시대에 대해 잘 생각해 보았다. 그리고 전자 시대를 위한

---

1) Aretino. 16세기 이탈리아의 시인이다. 당시 사회의 난맥상을 폭로하는 통렬한 풍자로써 군주들을 경악시켰으며, 그리하여 〈군주의 재난〉이라는 별명을 얻게 되었다.

새로운 처방, 즉 의료를 발견하였다. 인간의 역사상 처음으로 스스로의 신경 조직을 밖으로 확장시킨 시대에 육체를 돌보는 것은 그 신경의 고통을 진정시켜 주는 것이었다.

나이팅게일의 이야기를 새로운 미디어적 용어로 바꾸어 말하는 것은 아주 간단한 일이다. 그녀는 먼 장소(싸움터)에 도착하였다. 그곳은 아직도 전기 이전의 계급 제도적 패턴을 갖고 있던 런던으로부터 통제를 받고 있었다. 기능의 세분화와 위임, 권한의 분리라는 것은 당시 그리고 그 후에도 오랫동안 군대와 산업 조직에서는 흔한 일이었는데, 그 때문에 낭비와 비능률적인 조직이 생겼다. 그리고 그 실태가 처음으로 매일 전신으로 보고되었다. 문자 문화와 시각적 단편화의 전승물이 전신을 타고 매일 고향으로 되돌아오고 있었던 것이다.

> 영국에서는 분노가 계속되었다. 1854년과 그 다음해에 걸친 끔찍한 겨울 내내 격노와 굴욕과 절망의 폭풍우가 일고 있었다. 러셀의 통신문을 읽고 역사상 처음으로 사람들은 〈영국 병사들이 얼마나 장엄하게 싸우고 있는지〉를 깨달았다. 그리고 이러한 영웅들은 죽어갔다. 알마Alma의 언덕을 습격한 병사들, 발라클라바Balaclava에서 라이트Light 여단에 돌격한 병사들은…… 굶주림과 무관심으로 전멸하였던 것이다. 라이트 여단 공격에 참가한 말까지도 굶어 죽었다.
> ──세실 우덤스미스, 『고독한 십자군』중에서

윌리엄 하워드 러셀William Howard Russell이 전신으로 런던의 《타임스》에 전한 공포의 상황은 영국 군대 생활에서는 일상적인 것이었다. 그는 최초의 종군 기자였다. 왜냐하면 전신이, 하나의 〈견해〉가 아니라 〈인간 관심사〉라는 직접적이고 포괄적인 차원의 뉴스를 가능하게 하였기 때문이다. 전신에 의한 뉴스 보도가 시작되어 1세기 이상이나 지났음에도, 〈인간 관심사〉를 다루는 기사가 전자적 차원이나 심층 차원에서 직접적으로 뉴스에 개입하는 일이라는 것을 아무도 이해하지 못했는데, 이는 우리의 방심과 무관심을 나타내는 것일 뿐이다. 전신의 등장으로 여러 가지 능력의 분할과 관심의 분리는 끝났다. 물론 이러한 분할과 분리가 그 나름대로의 굉장한 수고와 독창력의 성과를 거두지 못한 것은 아니다. 그러나 전신과 함께, 디킨스, 플로렌스 나이팅게일 그리고 헤리엇 비처 스토 Harriet Beecher Stowe의 일관된 통합성과 전체성이 실현된 것이다. 전기는 약한 자, 고통받는 자에게 강력한 목소리를 가져다주고, 입문서에 얽매이는 인간의 관료적 전문주의와 일의 등급을 없앤다. 〈인간 관심사〉의 차원이란 즉시적인 정보에 의해 알게 된 다른 사람들의 경험에 즉각 참여하는 것을 말한다. 사람은 중추신경의 확장을 온 인류와 더불어 나누지 않을 수 없을 때, 동정 또는 분노와 같은 반응에도 즉각적이 된다. 이와 같은 조건 아래서는 〈과시적 낭비〉와 〈과시적 소비〉가 의미를 상실하며, 냉혹한 부자들마저도 위축되어 인류에 대한 겸허한 봉사를 하게 되는 것이다.

아직도 몇몇 사람들은 왜 전신이 〈인간 관심사〉를 만들어내고, 전신 이전의 신문은 그것을 만들어내지 못했는가 하고 질문할 수 있을 것이다. 이에 대해서는 21장 「신문」이 도움이 될 것이다. 그러나 또한 바른 이해를 방해하는, 눈에 보이지 않는 장애가 있을지도 모른다. 전신이라는 형태의 순간적인 즉시성과 전체적인 개입은 아직도 문자 문화적 교양인의 반발을 낳고 있다. 그들은 자신들이 가지고 있는 시각적 연속성과 고정된 〈견해〉 때문에, 즉시적인 미디어가 요구하는 즉각적인 참여를, 대중 스포츠와 마찬가지로 혐오하게 되는 것이다. 이들은 빅토리아 시대에 어두운 공장에서 일한 어린이들처럼 자기도 모르는 사이에 공부와 노고로 인해 불구자가 된 미디어의 희생자라

볼 수 있다. 그리하여 감수성은 고칠 수도 없이 비뚤어지고, 기계적인 글과 인쇄의 고정된 자세로 굳어져버린 많은 사람들에게 전기 시대의 아이콘적 형태는 육안으로 호르몬을 보는 경우처럼 희미하게 보이든가, 또는 전혀 보이지 않는다. 이미 존재하는 미디어를 새로운 위치로 옮겨, 새로운 미디어로 눈을 돌리게 하는 것이 예술가의 일이다. 이러한 목적을 위하여 예술가는 경험을 다시 배치하는 새로운 방법을 추구해 가야 한다. 대부분의 그의 애호자들이 기존의 인식 태도 속에 그대로 머물러 있기를 바란다 할지라도 말이다. 산문 비평가가 할 수 있는 최고의 일은, 특징적이고 폭로하는 여러 자세를 취하고 있는 미디어를 가능한 한 많이 파악하는 일이다. 우리는 여기서 전신이 책, 신문 같은 다른 미디어와 마주칠 때 취하는 자세에 대해 검토해 보기로 하자.

 1848년에 겨우 4년밖에 되지 않았던 전신은, 미국의 주요한 신문들이 뉴스를 취재하기 위해 공동 조직을 만들지 않으면 안 되게 만들었다. 이러한 노력으로 연합 통신사가 생겨나게 되었고 그 통신사는 뉴스를 계약자에게 팔았다. 전기에 의하여 보도가 즉각적으로 널리 파급되는 이러한 형태의 진정한 의미가, 어떤 의미에서는 활자와 인쇄의 시각적, 공업적 패턴이라는 기계적 덮개에 가리어 숨겨져 있었던 것이다. 이 경우 특별히 전기의 효과는 중앙 지향적인 압축력으로 나타나는 것처럼 보일지 모르겠다. 많은 연구자들에게 전기 혁명은 인류의 기계화 과정의 연속으로 파악되어 왔다. 그러나 잘 검토해 보면, 이것은 전적으로 틀린 것이다. 예를 들어, 지방 신문은 전신이 등장하기 전까지는 우체국을 통한 우편 서비스와 정치적 통제에 의존해야만 했다. 그러나 전신 서비스라는 수단이 생기자 이 독점적인 〈중심-주변〉 패턴으로부터 급속히 탈피하게 되었다. 거리가 짧고 인구의 집중도가 높았기 때문에 영국에서도 철도가 강력한 중앙집중화의 기능을 수행했었으나, 런던의 그러한 독점은 전신의 발명으로 인해 무너지고 지역 경쟁이 장려되었다. 전신 덕분에 변두리의 지방 신문은 대도시의 중앙 신문에 대한 의존으로부터 해방되었다. 이러한 탈집중화의 패턴은 전기 혁명의 모든 영역에서 다양한 모습으로 나타났다. 루이스 내이미어 Lewis Namier 경(卿)은 전화와 비행기가 오늘날 세계의 골치 아픈 문제의 최대 원인이라고 말하고 있다. 이양된 권한을 갖는 전문 외교관들의 일은 모든 중요한 문제의 협의를 스스로 할 수 있다고 생각하는 수상, 대통령, 외무부 장관에 의해 대신 행해졌다. 이것은 대기업이 직면하고 있는 문제이기도 하다. 대기업에서도 전화의 사용으로 이양된 권한의 행사가 불가능해진 것이다. 모든 미디어처럼 전화가 지니고 있는 본질은 이제까지 분리되고 전문화된 것을 응축시키고 통일하는 데 있다. 전화의 스피드는 관계들을 전체적이고 포괄적인 하나의 장(場)으로 만들어내므로 전화로써 행사할 수 있는 권위란 〈지식의 권위〉뿐인 것이다. 빠른 속도를 내기 위해서는, 내리는 결정들이 단편적이거나 부분적인 것이 아니라 전체 포괄적인 것이 되어야 한다. 그러므로 문자 문화적 인간이 전화에 저항하는 것은 당연한 일이다. 그러나 라디오, 텔레비전 또한 구술적 조직의 힘과 마찬가지로 전체 포괄적인 질서를 강요하는 힘을 지니고 있다. 이는 시각적, 문자 기술적(記述的) 권위의 〈중심-주변〉 구조의 형태와는 아주 대조적인 것이다.

언뜻 보면 전기 미디어가 인간의 공간적인 조직의 힘을 확장하는 능력을 지니고 있는 것처럼 보인다. 그렇기 때문에 많은 연구자들은 전기 미디어를 잘못 이해해 왔다. 그러나 전기 미디어는 공간 차원을 확장하기보다는 오히려 그 차원을 폐지해 버린다. 전기에 의하여 우리는 작은 규모의 촌락에서처럼 인간 상호간의 깊은 관계를 어디에서든지 되찾게 된 것이다. 그것은 기능과 힘의 이양이 없는 친밀한 관계인 것이다. 모든 곳에서 유기적인 것이 기계적인 것을 대신하게 된다. 대화가 강의를 대신하게 된다. 최고의 지위를 가진 자도 젊은 사람과 어깨를 두드리면서 술을 마신다. 옥스퍼드의 재학생들은 루디어드 키플링 Rudyard Kipling이 자신이 쓰는 말 한마디 한마디마다 10실링을 받고 있다는 소리를 듣고 어느 회합 때 그들은 전신으로 10실링을 보내면서 이렇게 부탁하였다. 〈당신의 최고의 한마디 말을 우리에게 보내주십시오.〉 몇 분 후 그 한마디가 도착하였다. 〈고맙소〉라는 말이었다.

전기와 그 이전 기계의 혼합종은 얼마든지 있었다. 축음기와 영화에 관해서는 뒤에서 다루기로 하겠다. 이제는 텔레비전이 영화를 대신하고 텔스타가 바퀴를 위협하고 있는 시대이며, 기능적인 테크놀러지와 전기 테크놀러지의 결합은 끝나가고 있다. 1세기 전에 전기 스파크의 응용으로 내연 기관이 빠르고 정확하게 움직이게 되었던 것과 마찬가지로, 전신으로 인해 신문의 발은 빨라졌다. 그러나 그것이 더욱 추진되자, 전기의 원리는 기능의 시각적 분리와 분해를 가져오는 기계적 테크닉을 도처에서 와해시켜 버렸다. 정확한 동시적 정보를 갖는 전자 테이프는 조립 라인 작업의 오랜 선형적(線型的)인 연속성을 대신하게 되었다.

가속화라는 것은 어떤 조직에서든 해체와 붕괴를 가져오는 하나의 공식이다. 서구 세계의 모든 기계적 테크놀러지가 전기와 하나가 된 이래, 그 속도가 빨라지기 시작했다. 우리 세계의 모든 기계적인 분야가 자기 와해를 향해 돌진하고 있는 듯이 보인다. 미국은 철도, 우편, 그리고 신문의 상호 작용을 통하여 대규모적인 정치적 중앙 통제를 확립해 왔다. 1848년에 한 우체국장은 보고서에서 이렇게 썼다. 〈신문은 언제나 정보를 넓히는 최고의 수단으로서 대중에게 아주 중요한 것으로 평가되어 왔다. 그러므로 신문의 유통을 촉진할 목적으로 가장 적은 우편 요금이 매겨져 왔다.〉 전신은 이 〈중심-주변〉 패턴을 급속히 약화시켰고, 더욱 중요한 사실은 뉴스의 양을 늘림으로써 사설(社說)적 의견의 역할을 대폭 약화시켰다는 것이다. 영국 사회에서 플로렌스 나이팅게일의 이미지가 갑자기 커진 것만큼 그렇게 두드러진 것은 아니었지만, 대중의 태도를 형성하는 사설적 견해를 뉴스가 꾸준히 압도해 나간 것은 이러한 변화의 한 예이다. 그러나 이와 관련해서 전신의 힘은 무엇보다도 많은 오해를 받았다. 아마 가장 결정적인 요인은 다음과 같은 점일 것이다. 책과 신문이 그 특질상 지니고 있는 역동적인 힘은 중앙집중화된 패턴 위에 통일된 국가적인 견해를 만들어내는 것이다. 그리하여 모든 문자 문화적인 인간은 가장 진보된 의견이 획일적, 수평적, 동질적인 패턴을 가지고 〈가장 진보가 늦은 지역〉과 문자 교양이 적은 사람들에게 확장되기를 원한다. 전신은 이러한 희망을 깨뜨렸다. 전신은 신문의 세계를 너무나 완전하게 분산시켜서 획일적인 국가적 견해를 갖는 것이 불가능하도록 만들었다. 이는 남북 전쟁이 있기 전부터 그랬던 사실이다. 아마 전신의 더욱 중요한 영향은, 미국에서 문학적 재능을 가진 사람이 책 미디어보다 저널리즘에 끌리게 되었다는 사실일 것이다. 에드거 앨런 포, 마크 트웨인, 그리고 헤밍웨이는 신문 기자가 됨으로써 문학적 수련의 기회와 자기 표현의 돌파구를 발견할 수 있었던 작가의 예이다. 한편 유럽에서는, 수많은 작은 국가 집단이 전신으로 강화된 비연속적인 모자이크를 제공하였다. 그 결과 유럽에서의 전신은 오히려 책의 지위를 강화시켰고 신문까지도 문학적인 성격을 띠게 되었다.

전신의 출현 이래, 일기 예보 또한 적지 않은 발전을 가져왔다. 아마 일기 예보가 일간 신문의 〈인간 관심사〉 중에서 가장 많은 사람들의 참여를 이끌어냈을 것이다. 전신의 초창기에는 비가 오면 땅에 연결시킨 전선에 문제가 발생하였다. 이러한 문제들은 날씨의 변화에 대한 많은 관심을 불러일으켰다. 1883년 캐나다에서 다음과 같은 보고가 있었다. 〈몬트리올에서 바람이 동쪽 또는 북동쪽에서 불고 있을 때에는 폭풍우가 서쪽에서 몰아치며, 그리고 육지 기류가 강하면 강할수록 비가 반대 방향에서 빨리 온다는 것은 일찍부터 발견된 사실이었다.〉 전신이 순식간에 광범위하게 정보를 제공함으로써, 전기 이전의 인간은 관찰할 수 없었던 기상 흐름의 패턴을 알 수 있도록 한 것은 명백한 사실이다.

26 타자기 • 철(鐵)의 변덕 시대로

로버트 링컨 오브라이언 Robert Lincoln O'Brien이 1904년에 《애틀랜틱 먼슬리 *Atlantic Monthly*》에 쓴 것을 보면, 아직도 사회에는 탐구되지 않은 분야가 많이 있다는 것을 잘 알 수 있다. 예를 들면 다음과 같다.

타자기의 발명은 말을 받아 적게 하는 습관을 크게 촉진시켰다.……이것은 단지 더욱 널리 전하게 되었다는 것만을 말하는 것이 아니다.……말하는 사람이 자기의 견해를 공표하게 만든다는 것이다. 말하는 사람은 듣는 사람이 자기의 이야기를 어느 정도까지 이해하며 따라오고 있는가를 알기 위하여 청중의 표정을 살펴보는 듯한 태도로 말하는 경향이 있다. 그리고 이러한 태도는 청중이 잘 듣고 있을 때에도 유지된다. 이와 비슷하게, 국회의사당의 타자실에서 의원이, 마치 말하는 자신의 웅변가적 태도가 모두 인쇄되어 전해지는 것처럼 과장된 몸짓으로 편지를 받아 적게 하는 모습도 쉽게 볼 수 있다.

1882년에 한 광고는 타자기가 글 읽기, 글 쓰기, 철자법, 구두점 학습에 도움이 된다고 주장했다. 그러나 그로부터 80년이 지난 오늘날 타자기는 실험적인 수업을 하는 교실에서만 사용된다. 흔히들 교실에서는 타자기란 게 재미는 있으나 학생들의 주의를 분산시키는 장난감이라고 간주해 멀리하고 있다. 그러나 찰스 올슨[1]과 같은 시인들은 타자기를 다음과 같이 설득력 있게 묘사한다. 타자기는 시인이 시를 쓸 때 호흡, 간격, 중단(음절의 중단까지 포함), 배치(구절의 배치도 포함)를 자신의 의도에 따라 명확하게 표현하도록 도와준다는 것이다. 그리하여 음악가들처럼 시인들도 악보의 오선과 소절을 나누는 선과 같은 것을 갖게 된 것이다.

　찰스 올슨은 타자기가 시인의 목소리에 자율성과 독립성을 준다고 주장하는데, 50년 전에 직업 여성들도 타자기에 대해 이와 같은 주장을 하였다. 영국의 여성들은 타자기가 60달러 정도 하던 당시에, 임금 〈12파운드의 얼굴〉로서 알려지게 되었다고 한다. 이 〈12파운드의 얼굴〉은, 입센의 노라 헬머가 인형의 집 문을 뒤로 닫고 직업과 정신 훈련의 탐색을 찾아 떠날 때 보여준 그 바이킹식의 용감한 태도와 어느 정도 연관이 있다. 그리하여 〈철의 변덕 시대〉가 시작되었던 것이다.

　1890년대에 여성 타자수가 비즈니스 세계에 등장하였을 때, 타구(唾具) 제조업자들이 자신들의 사업 전망이 어두우리라는 것을 예상하였다는 것은 앞서 말한 바 있다. 그들의 예상은 옳았다. 더욱 중요한 사실은 현대풍의 여성 타자수라는 동질 집단이 의상 업계에 혁명을 일으켰다는 점이다. 농가의 처녀들도 모두 그녀들이 입는 것을 입기를 원하였다. 타자수가 진취적 생각과 기술을 가진 인기 있는 인물이

---

1) Charles Olson. 에즈라 파운드 계열의 미국 시인이다.

되었기 때문이다. 타자수는 〈유행을 만들어내는〉 사람이었고 동시에 〈유행을 따라가는〉 사람이기도 했다. 타자기만큼이나 타자수들도, 기계 공업의 모든 부분에서 없어서는 안 되는 획일성, 동질성, 연속성이라는 새로운 차원을 비즈니스에 도입하였던 것이다. 현대 군함이 일상의 작전을 수행하는 데에는 몇 십 대의 타자기가 필요하다. 전쟁터에서조차도 육군은 중형 및 경량의 총포보다 더 많은 타자기를 필요로 한다. 이것은 타자기가 이제 문(文)과 무(武)의 기능을 융합시키고 있다는 것을 말해 준다.

그러나 타자기의 영향이 이것으로 전부 끝나는 것은 아니다. 타자기가 인쇄 문화, 즉 동질화된 전문주의와 단편화의 잘 알려진 형태들에 크게 공헌하였다면, 그것은 또한 기능의 통합과 훨씬 개인적인 독립성의 확립을 가져왔다 할 수 있겠다. 그러나 체스터턴은 타자기가 새로운 독립성을 가져온다는 것은 망상이라며 이의를 제기했다. 그에 따르면 〈여성이 지시받기를 거부하며 집 밖으로 나가 다시 받아쓰기의 지시를 받는 속기사가 되었다〉는 것이다. 시인과 소설가는 이제 타자기로 글을 쓴다. 타자기는 글 쓰는 것과 출판을 융합하여, 글로 쓰어져 인쇄된 말에 완전히 새로운 태도를 갖게 하였다. 타자기로 작품을 쓰게 되자 말과 문학의 형태에 변화가 생겼는데, 이는 헨리 제임스의 후기 소설에서 잘 엿볼 수 있다. 그는 자기의 소설을 불러주어 시어도러 보즌킷 Theodora Bosanquet 양에게 받아쓰게 하였는데, 그녀는 속기가 아니라 타자기로 그것을 받아 적었다. 그녀는 회고록 『집필중의 헨리 제임스 Henry James at Work』를 썼는데, 타자기가 어떻게 영어의 운문과 산문을 바꾸고, 또한 어떻게 작가의 지적 습관 그 자체를 바꾸었는지에 대한 많은 연구가 뒤따르지 못한 것은 유감스럽다.

1907년까지 헨리 제임스에게 타자기는 하나의 공인된 습관이 되었고, 그의 새로운 문체는 구속받지 않는 어떤 마술적인 성격을 발전시켜 나갔다. 그는 타자기로 받아쓰게 하는 게 자기가 손으로 쓰는 것보다 편할 뿐만 아니라, 창작 의욕을 북돋아준다고 생각해, 비서에게 〈글을 쓸 때보다 말하는 게 보다 효과적이고, 말이 계속 나오게 하는 것 같다〉고 말했다는 것이다. 정말로 그가 타자기 소리에 얼마나 집착하고 있었던지, 죽기 전에 침상에 누워 있을 때에도 가까운 곳에서 레밍턴Remington 타자기를 쳐달라고 부탁할 정도였다.

타자기가 종이 오른쪽을 어느 정도 비워두게 하는 것이 자유시의 발전에 얼마만큼 공헌하였는가를 확실히 말할 수는 없지만, 자유시는 시 속에 구어적인 극적 억양을 되찾아주었고, 타자기가 이러한 경향을 촉진시켰다는 것은 분명한 사실이다. 시인은 타자기 앞에 앉아서 마치 재즈 음악가처럼 자신의 창작을 수행한다. 비문자 문화의 세계에서 이런 것은 음유 시인의 모습이었다. 음유 시인에게 주제는 있었으나 텍스트는 없었다. 타자기에게 시인은 인쇄기의 재주를 명하는 것이다. 타자기는 가까이에서 즉시 사용할 수 있는 확성 장치와 같다. 시인은 관중에게 외치기도 하고, 속삭이기도 하고, 휘파람을 불어서 활자로 익살맞은 얼굴을 만들어낸다. 커밍스E. E. Cummings의 다음 시는 그 좋은 예이다.

단지 –
봄　　세계는 진흙 구덩이——
현란한 시기 어린
절름발이가 풍선을 사라며
휘파람을 분다　　멀리　　그리고 희미하게

그리고 에디앤드빌이
공기 놀이와 해적 놀이를

그만두고 달려온다 때는
봄
세계가 멋진 진흙 구덩이일 때

그 괴상한
노인이 풍선을 사라며 휘파람을 분다
멀리   그리고   희미하게
그리고 베티앤드이스벨이 춤을 추며 온다
돌차기 놀이와 줄넘기를 그만두고

때는 봄
그리고
　　그
　　　산양의 발걸음이

풍선을 사라며 휘파람을 분다
멀리
그리고
희미하게

　　여기서 커밍스는 합창적 음색을 내기 위해 타자기를 이용하여 시에 악보를 제공하고 있다. 다양한 기술적 단계를 거친 인쇄의 형태로부터 단절되어 있던 옛 시인들은, 타자기가 주는 음성적 강약의 자유를 전혀 누릴 수 없었다. 타자기 앞에 있는 시인은 니진스키 Njinsky의 춤의 도약이나 또는 채플린식의 발을 끌며 흔들거리는 걸음걸이도 할 수 있는 것이다. 그는 자신의 기계적이고 대담무쌍한 동작을 바라보는 관객이기 때문에 자신의 연기에 대한 반응을 결코 멈추지 않는다. 타자기를 사용한 창작은 연을 날리는 것과 같다.

커밍스의 시를, 다양한 강세와 속도로 소리 높여 읽으면, 그것을 타자기로 치면서 창작한 작가의 지각 과정을 재현해 낼 수 있을 것이다. 타자기로 시를 쓸 수 있었다면 제라드 맨리 홉킨스Gerard Manley Hopkins는 얼마나 기뻐했을까! 시는 시각적인 것이며 조용히 읽어야 하는 것이라고 생각하는 사람은 홉킨스와 커밍스를 이해하지 못할 것이다. 이러한 시는 소리 내어 읽어야 자연스러워진다. 앞의 시 속의 〈에디앤드빌eddieandbill〉처럼 두 사람의 이름을 붙이고, 또 소문자로 쓰는 것은 40년 전의 문자 문화인에게는 성가신 일이었다. 그리고 그토록 성가시게 만드는 것이 커밍스의 의도였다.

엘리엇과 파운드는 자신들의 시에서 여러 가지 중요한 효과를 내기 위해 타자기를 이용했다. 그들에게도 타자기는 구술적 도구이며, 신체의 움직임을 그대로 전하는 도구였다. 이것을 통해 그들은 재즈나 래그타임ragtime 세계에서 볼 수 있는 구어적 표현의 자유로움을 얻는 것이다. 엘리엇의 시 가운데 가장 구어적이고 재즈적인 시 『투사 스위니』가 처음 출판되었을 때 거기에는 〈당신, 집에 돌아가고 싶어요?From Wanna Go Home Baby?〉라는 재즈 타이틀식의 주석이 붙어 있었다.

우리 문화와 경제 구석구석까지 구텐베르크 테크놀러지를 가져다준 타자기가 또한 이러한 정반대의 구어적 효과를 가져왔다는 것은 그야말로 기막힌 반전(反轉)이다. 이와 같은 형태의 반전은 진보된 테크놀러지가 극점에 달했을 때 생기는 것인데, 오늘날 바퀴를 보면 이런 사실을 확인할 수 있을 것이다.

촉진자로서 타자기는 글 쓰는 것, 말하는 것, 그리고 출판하는 것을 밀접히 연결시켰다. 비록 단순한 기계적 형태이지만, 어느 면에서는 〈외파〉보다는 〈내파〉의 작용을 하였다고 볼 수 있다.

타자기의 외파적 성격은 기존의 활자의 절차를 한층 더 확고한 것으로 만들었고, 또 철자 및 문법이 규정되는 데 직접적인 영향을 미쳤다. 〈바른〉 또는 〈획일적〉인 철자와 문법을 지향하는 구텐베르크 테크놀러지의 압력이 타자기에 즉각 나타난 것이다. 타자기로 인해 사전이 굉장히 잘 팔리게 되었다. 또한 타자기 덕분에 불룩해진 서류 파일이 무수히 생겨났으며, 결국 오늘날 파일을 정리하는 회사까지 생겨나게 되었다. 그러나 처음부터 타자기가 사업에 없어서는 안 될 것으로 생각되지는 않았다. 이른바 박식하다는 사람들은 손으로 쓴 글자에 담긴 인간미를 매우 소중한 것으로 여겼기 때문에 타자기를 상업적으로 이용하는 데서 제외시켰다. 그러나 그들도 타자기가 작가, 목사, 전신 기사들에게는 도움이 될 수도 있다고 생각했다. 신문조차도 얼마 동안은 이 기계에 대하여 적극적이지 못했다.

경제의 한 부분의 속도가 한 발 빨라지면, 나머지 전체가 그것을 뒤따르지 않을 수 없다. 그리하여 어떤 사업도 타자기가 만들어내는 그 속도에 무관심할 수 없었다. 역설적이게도, 타자기의 상업적 이용을 촉진시킨 것은 바로 전화였다. 매일 몇 만 번이나 전화상으로 되풀이되는 〈그것에 관한 메모를 보내주십시오〉라는 말로 인해 타자수의 기능이 크게 확대된 것이다. 파킨슨의 법칙, 즉 〈일은 빈 시간을 채우기 위해서 확장된다〉는 것은 바로 전화가 가져다준 기묘한 역학이다. 즉시 전화는 무한한 차원으로까지 일을 확대하여 타자기를 움직이게 하였다. 타자 문서의 피라미드는 하나의 비즈니스 속의 작은 전화 네트워크를 토대로 하여 솟아오른 것이다. 타자기와 마찬가지로 전화도 여러 기능을 융합한다. 예를 들어, 콜 걸은 자기 자신의 뚜쟁이이며, 창부집의 포주가 된다.

파킨슨은 모든 비즈니스 또는 관료제의 조직은 〈이루어져야 하는 일〉과 관계없이 그 자체의 원리로 기능한다는 사실을 발견하였다. 직원의 수와 〈일의 질과는 서로 전혀 관계가 없다〉. 어느 조직에서도 직원 수의 증가율은 이루어진 일의 양과는 관계가 없고, 직원간의 상호 커뮤니케이션 자체와 관련되고 있다. (다시 말하면, 미디어는 메시지다.) 파킨슨의 법칙은 수학적으로는 이렇게 풀 수 있다. 직원 수의 연간 증가율은 〈이루어져야 하는 일(만약 그런 것이 있다면)의 양의 변화와는 관계없이〉 연 평균 5.17%에서 6.56% 사이에 있다.

물론 〈이루어져야 하는 일〉은 하나의 물질 에너지를 어떤 새로운 형태로 변화시키는 것을 의미한다. 나무를 목재나 종이로, 진흙을 벽돌이나 흙판으로, 금속을 파이프로 변화시키듯이 말이다. 이러한 관점에서 본다면, 해군의 사무 직원의 수는 선박의 수가 줄어듦에 따라 증대되는 셈이다. 파킨슨이 자기 자신뿐 아니라 독자에게도 발견되지 않도록 주의 깊게 숨기고 있는 것은, 정보 이동이라는 영역에서 주된 〈이루어져야 하는 일〉은 실제로 정보의 이동이라는 것이다. 전기 시대에는 선택된 정보를 가지고 사람들을 상호 관계의 상황에 두기만 하는 것도 재산을 마련할 수 있는 길이 된다. 이전의 〈기계 시대〉의 일이란 그렇지 않았다. 기계 시대의 일은 갖가지 재료를, 조립 라인식 작업에 의한 단편화의 조작에 따라, 그리고 피라미드형으로 이양된 권한에 의하여 처리하는 것이었다. 그러나 전기 회로는 일을 처리하는 과정에서 조립 라인식 작업과 이양된 권한을 제거한다. 특히 컴퓨터는 일에 기울이는 노력을 〈프로그램을 만드는〉 데에 두고 있는데, 이는 정보와 지식에 관한 일이다. 일에 대한 의사 결정과 〈실행상의〉 여러 가지 면에서 정보의 가속을 가져오는, 전화를 비롯한 수단들은 이양된 권한의 분할을 끝내고 〈지식의 권위〉의 중요성을 높여 주었다. 그것은 마치 교향곡 작곡가가 오선지에 그린 악보를 인쇄소로 보내고 그 후 지휘자나 오케스트라의 각 단원에게 건네는 대신에, 모든 악기 소리를 내는 전자 악기로 연주될 수 있게 직접 작곡하는 것과 같다. 이것은, 기계적 공업 사회에서는 극히 자연스러운 모델인 교향악단이 갖는 권한 이양과 전문화를 모두 없애는 일이다. 한편 시인, 소설가와의 관계 속에서 창작과 출판상의 다양한 일을 압축하고 통일한다는 점에서 타자기는 앞으로의 전자 음악의 전망과 매우 비슷해진다.

역사학자 부어스틴은, 정보 시대의 유명인은 업적에 의해서 만들어지는 것이 아니라 다만 잘 알려져 있는 존재냐 아니냐로 판가름난다는 사실에 매우 분개했다. 또 파킨슨 교수는, 인간의 일의 구조가 이제 〈이루어진 일〉과는 전혀 무관한 것 같다고 이야기하면서 놀라워하고 있다. 경제학자인 그는, 스티븐 포터가 『게임즈맨십』에서 설명한 것처럼, 옛 것과 새것 사이의 부조화와 희극적인 면을 보여주고 있다. 이 두 사람 모두, 옛 의미대로 〈세상에서 한걸음 앞서는〉 것이 헛된 수고임을 밝힌 것이다. 열심히 일하는 중역이 정직하게 수고하고, 현명하게 일한다고 해도 그것이 승진에 도움이 되진 못할 것이다. 이유는 간단하다. 개인적인 행동에서나 회사적 차원의 행동에서나 지위 쟁탈전은 끝이 났다. 사회에서와 마찬가지로 비즈니스에서도, 〈출세 길에 오른다〉라는 것은 글자 그대로 〈나가버리는 것〉을 의미할 수도 있다. 순간적인 명성만이 울리는 음향실이 된 세상에서 〈한걸음 앞선다〉는 것은 있을 수가 없다.

타자기는 서구의 수많은 노라 헬머들에게 자립의 길을 약속했던 것처럼 보이지만 실은 결국에는 신데렐라의 호박마차와 같은 환상에 지나지 않는다는 것이 판명되었다.

27 전화 • 울려 퍼지는 금관악기인가, 아니면 따르릉 울리는 상징인가?

1904년, 뉴욕의 《이브닝 텔레그램 *Evening Telegram*》은 이렇게 전하고 있다. 〈엉터리 phony라는 것은 자격을 가진 것으로서, 친구가 아닌 사람을 친구인 줄 알고 전화로 이야기하는 것처럼, 진짜인 것처럼 보이는 것에 중요한 실체가 없는 것을 뜻한다.〉 노래와 구전으로 전해지는 전화에 관한 이야기는 잭 파의 회고록에 가득 차 있다. 그는 자신이 전화를 혐오하게 된 것은 노래가 섞인 전보 singing telegram의 등장 이후였다고 한다. 그에 따르면, 어느 여성은 너무 외로워서 하루에 세 번이나 목욕하면서 전화가 울리기를 기다리고 있다는 내용의 전화를 그에게 걸어왔다고 한다.

조이스는 『피네건의 경야』 1장 서두에서 〈형제간 싸움에서 텔레비전, 전화를 살해하다〉라고 적고 있지만, 이것은 이미 10년 이상에 걸쳐 우리 문화에서 맹위를 떨치고 있는 테크놀러지에 의해 확장된 여러 감각들의 싸움 속에 중요한 테마를 도입하였던 것이다. 전화의 등장으로 귀와 말소리의 확장이 이루어졌는데, 이는 초감각적 지각의 일종이다. 텔레비전의 등장으로 촉각의 확장, 또는 모든 감각의 영역을 더욱 긴밀하게 포함하는 감각 상호 작용의 확장이 이루어졌다.

어린이와 10대 청소년들은 전화를 이해하고 있다. 그들은 전화의 코드와 수화기를 마치 그것들이 사랑스러운 애완 동물이나 되는 양 애무한다. 우리가 〈프랑스식 전화〉[1]라고 부르는, 송화기와 수화기가 결합되어 있는 전화는 프랑스식의 독특한 감각의 연결을 의미한다. 영어권의 사람들은 이러한 감각들을 완전히 분리해 놓고 있다. 프랑스어가 〈사랑의 언어〉가 된 이유는, 전화가 그런 것처럼 그 언어가 음성과 청각을 아주 밀접하게 결합하기 때문이다. 그러므로 전화를 통해 키스하는 것은 참으로 자연스러운 일이다. 그러나 전화를 걸면서 상대방을 눈으로 보는 것처럼 상상하는 일은 쉽지 않다.

전화가 미친 사회적 영향 중에 전혀 예기치 못했던 것은 홍등가가 사라지고 콜 걸이 등장한 것이다. 안목이 없는 사람에게는 모든 것이 예상 밖의 일이다. 전화의 형태와 성격은, 모든 기계적 테크놀러지의 경우와 마찬가지로, 이 놀라운 발전 속에 충분히 잘 나타나 있다. 창부는 전문가이지만, 콜 걸은 그렇지 않다. 창부집은 그녀가 사는 집이 아니었다. 그러나 콜 걸은 자기 집에 살고 있을 뿐만 아니라, 나이 지긋하고 점잖은 기혼 부인일 수도 있다. 전화가 모든 일을 분산시키고 매춘의 장소뿐 아니라 세력 다툼까지 끝내 버리는 힘을 지니고 있다는 점은, 모든 비즈니스에서 감지되기는 했으나 충분히 이해되고 있지는 않았다.

콜 걸에게 전화는, 집필과 출판이라는 두 가지 기능을 하나로 융합시키는 타자기 같은 것이다. 콜 걸은 뚜쟁이와 포주 없이도 자신의 일을 해낼 수 있다. 그녀는 사회적 평등이라는 기반 위에서 모든 사

---

1) 현재 우리나라에서 보통 사용되고 있는 전화이다.

람을 상대하지 않으면 안 되므로, 다양한 대화와 사교상의 지식을 조리 있게 이끌고 나갈 수 있는 사람이어야 한다. 타자기가 여성을 가정에서 떼어내 사무실에서 근무하는 전문가로 바꾸어놓았다면, 전화는 여성을 조화를 이루어내는 매개자로, 행복으로의 초대자로, 그리고 정신적으로 미숙한 미국의 중역들의 고백과 한탄을 들어주는 존재로 만들어 중역실로 보냈다. 타자기와 전화는 테크놀러지의 무정함과 완벽함으로 미국 여성을 바꾸어놓은 이란성 쌍둥이인 것이다.

모든 미디어는 공공 영역으로 확장된 우리 자신의 단편이기 때문에, 어떤 미디어가 우리의 감각 중 어느 하나에 작용하면, 나머지 감각들이 새로운 관계 속에서 작용하는 경향이 있다. 어떤 것을 읽을 때, 우리는 무의식적으로 인쇄된 말에 소리를 집어넣는다. 그리고 라디오를 들을 때 무의식적으로 소리를 영상화한다. 그렇다면 우리가 전화 통화를 하고 있을 때에는 왜 시각화할 수 없는가? 독자는 곧 이렇게 반론할 것이다. 〈천만에, 나는 전화를 걸면서 보고 있다!〉 그러나 신중하게 검증해 볼 기회가 있다면, 전화 통화를 하면서 시각화할 수 없다는 사실을 알게 될 것이다. 하기야 모든 문자 문화적 인간은 신중히 검토해 보고 있으며, 시각화에 성공하고 있다고 믿고 있지만 말이다. 그러나 이러한 사실이, 문자 문화적이고 시각적인 서구인이 전화에 대해서 가장 괴로워하고 있는 부분은 아니다. 친한 친구들에게 전화 통화를 할 때마다 반드시 화를 내는 사람이 있다. 전화는, 글로 씌어지고 인쇄된 책자와는 달리 완전한 참여를 요한다. 그러나 문자 문화적인 인간은 오랫동안 단편적으로 주의하는 데에만 익숙해져 있기 때문에, 전면적인 주의를 강력히 요구하는 일에는 반발하게 되는 것이다. 이와 유사하게, 문자 문화적인 사람이 외국어를 말하는 데에 어려움을 겪는 것은, 언어 학습이 동시에 모든 감각을 동원할 것을 요구하기 때문이다. 한편 시각화에 익숙한 문자 문화적인 서구인은 현대 물리학이 만들어낸 비시각적 세계에서는 완전히 무력해진다. 단지 직감적이고 청각-촉각적인 튜턴계와 슬라브계 사람들만이 비유클리드 수학과 양자 물리학의 작업에서 시각적인 것의 영향을 받지 않는다. 전화로 수학과 물리를 가르칠 수 있게 되면, 고도의 문자 문화적, 추상적 서구인도 유럽의 물리학자와 언젠가는 경쟁할 수 있게 될지도 모른다. 이러한 사실이 벨Bell 전화 회사 연구소 사람들의 흥미를 끌지는 못한다. 그들도 책 지향적인 다른 사람들과 마찬가지로 형태로서의 전화를 명확하게 이해하지 못하고, 전신 서비스의 내용만 연구하고 있기 때문이다. 이미 말한 바와 같이 정보 이론에 관한 섀넌Shannon과 위버Weaver의 가설은, 모겐스턴Morgenstern의 게임 이론과 마찬가지로, 형태 그 자체가 형태의 기능이라는 점을 무시하고 있다. 당연히 정보 이론과 게임 이론은 진부함이라는 늪에 빠져 꼼짝 못하게 되었다. 그러나 이러한 두 이론의 결과인 심리적, 사회적 변화가 우리의 생활을 완전히 바꾸어놓았다.

많은 사람들은 전화 통화를 하면서 〈낙서〉하려고 한다. 이런 현상은 전화 미디어의 본질과 밀접한 관련이 있다. 즉, 전화는 우리의 모든 감각과 기능의 참여를 요구하는 것이다. 그냥 틀어놓고 다른 일을 볼 수 있는 라디오와는 달리, 전화 통화를 하면서는 그럴 수 없다. 전화가 제공하는 청각 이미지는 아주 빈약하기 때문에, 우리는 다른 모든 감각을 동원하여 그것을 메우고 완전한 것으로 만들어야 한다. 라디오의 경우처럼, 청각 이미지가 매우 명확할 때(많은 정보량을 갖고 있을 때), 우리는 그 경험을 시각화하거나, 시각으로 그것을 완성시킨다. 또한 시각적 이미지가 많은 정보를 가지고 있고, 강렬한 경우에 우리는 음성을 더하여 그것을 완전히 한다. 이와 같은 이유로 영화에 사운드 트랙이 첨가되었을 때 그것은 대단한 예술적 당혹감을 불러일으켰다. 사실 이것은 영화의 탄생 자체가 가져다준 것과 거의 같은 정도의 혼란이었다. 영화는 서적의 라이벌로서, 글로 씌어진 말보다 더 풍부한 이야기식 묘사와 설명을 주는 시각적 장면을 제공하기 때문이다.

1920년대에는 〈전화 곁에서 나 홀로, 나만의 외로움을 느끼며〉라는 유행가 구절이 있었다. 전화는 왜 강한 고독감을 느끼게 하는가? 공중 전화가 울리면 그 전화가 나와 관계없다는 것을 알고 있을 때에도 왜 내가 받아야만 하는 것처럼 느끼는가? 무대에서 전화 벨이 울리면 관객은 왜 곧 긴장하게 되는가? 왜 영화 장면에서는 그 정도의 긴장감을 갖지 않게 되는가? 이와 같은 모든 질문의 답은 간단하다. 전화는 전기의 양극이 상대 극을 끌어당기듯이, 상대방의 참여를 요청하는 형태이기 때문이다. 라디오와는 달리 전화는 배경을 위한 도구가 되지 못한다.

전화가 사용되기 시작한 초기에 어떤 작은 도시에서 있었던, 사람들을 골려준 대표적인 장난을 보면 전화가 공동체적 참여의 형태라는 점에 주목할 수 있다. 이웃끼리 담 너머로 했던 험담도, 공동 가입의 전화가 만들어낸 열띤 공동 참여의 정도를 따라올 수 없었다. 문제의 장난은 여러 사람들에게 전화를 거는 것으로 시작되었다. 꾸민 목소리로 기술과(技術課)가 이제부터 전화선 청소를 한다고 일러주면서, 〈당신의 방이 먼지와 기름으로 더러워지지 않게, 전화를 시트나 베개 커버로 덮어두십시오〉라고 전했다. 그리고 장난 전화를 한 사람은 전화한 사람들 집을 차례로 방문해, 전화선을 청소할 때 틀림없이 시끄러운 잡음과 먼지가 많이 날 것이라고 생각하면서 분주하게 준비하고 있는 친구를 바라보며 그 상황을 즐겼던 것이다. 이러한 장난은, 불과 얼마 전만 해도 전화는 비즈니스용보다도 오락용으로 더 많이 사용되었던 익숙하지 않은 기묘한 장치였다는 것을 우리에게 가르쳐준다.

전화의 발명은, 19세기에 음성 언어를 시각화하려는 열띤 노력 속에서 탄생한 우연의 산물이었다. 알렉산더 그레이엄 벨 Alexander Graham Bell의 아버지인 멜빌 벨 Melvile Bell은 만국 공통의 알파벳을 고안하는 데에 일생을 바쳤는데, 그 내용은 1867년에 출판된 『가시 언어 Visible Speech』에 잘 나타나 있다. 벨 부자(父子)는 전 세계의 모든 언어가 단순한 시각적 형태로 즉시 서로에게 보일 수 있도록 하려고 했다. 또한 그들은 귀머거리가 처한 상태를 개선하는 데에도 커다란 관심을 가지고 있었다. 가시 언어가 귀머거리를 그 감옥에서 곧바로 빼내어 주는 확실하고도 즉각적인 수단인 것처럼 보였다. 벨 부자는 귀머거리를 위한 가시 언어를 완성시키기 위해 무척 애를 썼는데, 그 과정에서 새로운 전기 장치를 연구하게 되어 마침내 전화를 탄생시킨 것이다. 한편 브레일 Braille이 고안한 점자법도 처음에는 어두운 곳에서 군사 지령 문서를 읽기 위한 방법으로 연구되다가 나중에는 음악 분야에서 사용되었고, 결국에는 소경이 글을 읽을 수 있게끔 하는 방법으로 개발되었다. 모스 부호가 전신용으로 개발되기 훨씬 전에 글자는 이처럼 손끝을 통해 파악되는 점으로서 부호화되었던 것이다. 전기 테크놀러지가 전기의 개발 초기부터, 유사한 방법으로 말과 언어의 세계에 집중되었다는 사실에 주목하는 것은 적절한 일이다. 이는 우리의 중추신경 조직의 최초의 확장인 음성 언어라는 매스미디어가 중추신경 조직의 제2의 확장인 〈전기 테크놀러지〉와 결합한 것이었다.

1877년 3월 15일에 뉴욕의 《데일리 그래픽 Daily Graphic》 1면에는 「전화의 공포──미래의 웅변가」라는 글과 함께 그림이 실렸다. 머리칼이 헝클어진 악마 같은 한 남자가 스튜디오의 마이크 앞에 서서 웅변을 토하는 것이었다. 같은 마이크가 런던, 샌프란시스코, 북아메리카의 대초원, 더블린 등에서도 보인다. 흥미롭게도 당시의 신문은 전화가 신문의 라이벌이라고 생각하였다. 마치 라디오 같은, 대중을 향한 〈확성 장치〉가 정말로 50년 뒤에 신문의 경쟁 상대가 된 것처럼 말이다. 그러나 아주 친밀하고 개인적인 말을 나누는 전화는 〈확성 장치〉의 형태와는 가장 거리가 먼 미디어이다. 그래서 전화 도청은 다른 사람의 편지를 몰래 읽는 것보다도 훨씬 더 증오할 일인 것처럼 보인다.

〈전화〉라는 단어는 알렉산더 그레이엄 벨이 태어나기 전인 1840년에 나타났다. 그 단어는, 나무막대기를 통해 음조(音調)를 전달하게끔 만들어진 어떤 장치를 묘사하는 말로 사용되었다. 1870년대까지 여러 곳의 발명가들이 말소리를 전기를 이용해 보내는 방법을 개발하려고 했다. 미국 특허국은, 엘리샤 그레이 Elisha Gray가 고안한 전화와 벨의 전화를 같은 날에 신청받았는데 벨이 한두 시간 빨랐다. 이러한 우연의 일치 때문에 분쟁이 일어났고 덕분에 변호사는 막대한 돈을 벌어들였다. 그러나 벨은 승리를 거두었고 그의 경쟁자는 문헌에서 각주로만 남게 되었다. 1877년에 전화가 전신과 나란히 과감하게 실제 업무를 시작했다. 그러나 새 전화 회사는 거대한 전신 관련 회사에 비하면 미약한 존재였다. 웨스턴 유니언 Western Union 사는 즉시 전화 사업에 대한 지배를 확고하게 하기 위하여 움직였다.

서구인이, 발명이 자기들의 생활을 위협하는 것이 되리라는 염려를 이제까지 조금도 하지 않았다는 것은 아이러니이다. 사실, 알파벳에서 자동차에 이르기까지 2천 5백 년을 넘는 세월에 걸쳐, 서구인은 느린 속도이기는 하지만 테크놀러지의 외파를 통해 꾸준히 변해 왔던 것이다. 그러나 전신이 나타난 뒤부터 서구인은 내파라는 상황 속에서 살아가고 있다. 그들은 니체식의 태평스러운 마음으로 갑자기 2천 5백 년이라는 그 외파적인 영화를 거꾸로 돌리기 시작했다. 그러나 그들은 아직도 그 부족적 생활 본래의 구성 요소였던 극단적인 단편화의 결과를 누리고 있다. 그리고 이러한 단편화 때문에 서구인들은 테크놀러지와 문화의 모든 상호 작용 속에 담긴 인과 관계를 무시할 수 있는 것이다. 그러나 대기업은 그렇지 않다. 거기서는 부족적 인간이 변화의 씨앗으로 슬쩍 나타나지는 않을까 하면서 주의 깊게 살피고 있다. 그래서 윌리엄 화이트William H. Whyte는 『조직인 *The Organization Man*』을 공포물로서 쓸 수 있었던 것이다. 타인의 영역을 잠식하는 것은 나쁜 것이다. 대기업의 썩어가고 있는 약한 부문에 다른 부문의 인재를 끌어들이는 것조차 문자 문화적, 시각적 단편화의 방임 속에서 자란 사람에게는 나쁘게 보일 것이다. 어느 중역은 이렇게 말하고 있다. 〈나는 회사 동료들에게는 한밤중에 전화를 겁니다. 한밤중에는 사람들이 경계를 풀고 있기 때문이죠.〉

1920년대에, 전화가 재미있는 대화를 많이 만들어냈는데, 그것들은 레코드판이 되어 팔렸다. 그러나 라디오와 토키는 필즈W. C Fields와 윌 로저스Will Rogers의 시도에도 불구하고 독백에는 맞지 않았다. 이런 뜨거운 미디어가 차가운 형태를 한켠으로 밀어내었으나 이제 텔레비전이 이를 더욱 대규모로 되찾은 것이다. 나이트 클럽의 새로운 얼굴들(뉴하트Newhart, 니콜스Nichols, 그리고 메이May)은 초기의 전화가 지니고 있었던 묘한 맛을 자아내어 매우 환영받는다. 마임과 대화를 부활시킨, 이처럼 고도의 참여를 가져온 텔레비전에 우리는 감사를 표해도 좋을 것이다. 모트 살Mort Sahls, 셸리 버먼Shelley Bermans, 잭 파와 같은 수많은 우리의 탤런트들은, 1930년대, 1940년대에 연극 팀이 중국의 혁명적인 대중에게 제공한 것과 같은 다양한 거의 〈살아 있는 신문〉이나 다름없었다. 브레히트의 극들은, 텔레비전이 대중 예술로서 받아들여지게 만든 만화나 신문의 모자이크적 세계가 가지고 있는 참여적 성격을 가지고 있다.

전화기의 송화구는, 기계적인 수단으로 인간의 생리 기능과 현상을 모방하려고 한 17세기부터의 오랜 노력에서 직접 나타난 것이다. 따라서 전화가 유기적인 것과 자연스럽게 조화되는 것은 전기 미디어로서의 전화가 가진 본질에 부합하는 것이다. 보스턴의 외과 의사 블레이크C. J. Blake 박사의 조언으로, 수화기는 인간의 귀의 뼈대와 고막의 구조를 직접 본떠서 만들어졌다. 벨은 여러 분야에 공헌한 헬름홀츠Helmholtz를 많이 주목하였다. 헬름홀츠가 전신으로 〈모음(母音)〉을 보냈다고 확신했기 때문에 용기를 얻은 벨은 계속 노력할 수 있었던 것이다. 그러나 사실 이처럼 낙관적으로 생각하게 되었던 것은 그의 독일어 실력이 모자랐기 때문이었다. 헬름홀츠는 전선을 통해 말소리 같은 것을 보내는 데는 실패했었다. 그러나 벨은 모음을 보낼 수 있다면 자음도 보낼 수 있다고 생각했다. 〈나는 헬름홀츠가 그 일에 성공했고 내가 실패한 것은 전기에 대한 나의 지식이 부족하였기 때문이라고 생각했다. 그것은 매우 귀중한 실패였다. 그것이 나에게 확신을 주었기 때문이다. 내가 그 당시 독일어를 읽을 줄 알았다면, 나는 실험을 시작하지도 않았을 것이다!〉

전화가 가져온 가장 놀라운 결과 중 하나는 경영과 의사 결정에, 서로 얽혀 있으나 〈이음매가 없는 그물〉의 패턴을 도입한 것이었다. 전화로 이양된 권한을 행사한다는 것은 불가능하다. 분할된 일과 기술(記述), 그리고 이양된 권한에서 만들어지는 피라미드형 구조는, 모든 계급적 구조를 무시하고 사람들을 깊이 관여시키는 전화의 스피드를 당해 내지 못한다. 이와 마찬가지로 무선 전화 설비를 가진 기갑 부대는 전통적인 군대 조직을 전복시켰다. 그리고 단편화된 정부의 여러 기관이, 인쇄된 페이지를 전화와 전신에 연결하는 리포터에 의하여 어떻게 통일된 전체적 이미지를 갖게 되었는지는 보아왔다.

오늘날 회사의 젊은 간부는 전국 각지에 있는 다른 부서의 상급 간부와 서로 이름을 부르는(정중히 성family name을 부르는 대신) 관계가 되었다. 〈전화하기만 하면 돼요. 아무나 전화로 국장실까지 들어가

죠. 오전 10시에 나는 뉴욕의 사무실에 전화해 누구든 이름을 부르며 이야기하지요.〉

전화는 막을 수 없는 침입자처럼, 시간과 장소에 상관없이 걸려오기 때문에 중역들은 상석에서 식사를 할 때만 전화를 피할 수 있다. 원래 전화는 문자 문화인이 소중히 여기는 시각적 프라이버시의 모든 요구를 무시하는 극도로 개인적인 형태이다. 최근에 어느 증권 회사에서는 중역들의 개인 사무실을 모두 없애고, 세미나 탁자에 그들을 동석시켰다. 텔레타이프와 그 밖의 전기 미디어가 끊임없이 움직이는 가운데 그들이 내려야만 하는 순식간의 결정들은, 개인적인 공간을 폐지하여야만 충분히 빨리 집단의 승인을 받을 수 있는 것처럼 생각되었다. 경보 발령 시에는 군용기의 지상 요원도 언제든지 서로가 서로를 볼 수 있는 위치에 있어야 한다. 이것은 모두 시간적 요인 때문이다. 좀더 정확히 말하자면, 이러한 즉각적인 구조에 따르는 〈역할〉에 전체적으로 관여할 필요성이 있기 때문이다. 캐나다에서는 2인승 제트 전투기 조종사 한 조를 만들 때 결혼 상담소만큼이나 신중하게 둘의 성격을 검토한다. 숱한 테스트를 거치고 오랫동안 훈련받은 후, 두 사람은 상관의 입회 아래 〈죽음이 두 사람을 갈라놓을 때까지 함께 살겠노라〉고 선언해 정식으로 〈결혼〉하는 것이다. 이 선언에서 불성실함이란 전혀 없다. 이것은 한 역할에 대한 전체적인 통합을 요하는 것이며, 전기(電氣)적 의사 결정의 〈이음매 없는 그물〉이 갖는 내파의 필연적 움직임이고, 이러한 사태에 직면한 모든 문자 문화인을 크게 화나게 하고 있는 것이다. 서구 세계의 자유는 언제나 국가로부터 개인이 분리되는 것을 촉진하는 외파적이고 분할적인 형태를 취해 왔다. 중심에서 주변으로의, 바깥을 향하는 일방적인 움직임이 뒤집어진 것은 분명히 전기 때문이다. 이는 서구 세계의 거대한 외파가 무엇보다도 표음 알파벳 때문이었던 것만큼이나 명백한 사실이다.

권위의 이양으로 만들어진 명령 계통의 사슬이 전화상으로는 작용하지 않고 문서에 의해서만 작용한다면, 어떤 종류의 권위가 작동할 것인가? 대답은 간단하지만, 이를 알기 쉽게 전달하기는 어렵다. 전화상으로는 지식의 권위만 작용할 것이다. 이양된 권위는 선형적, 시각적, 계급 조직적이다. 지식의 권위는 비선형적, 비시각적이며 전체 포괄적이다. 이양된 권위를 가진 사람이 행동하기 위해서는 명령 계통으로부터 허가를 얻어야만 한다. 전기적 상황은 이와 같은 패턴을 없앤다. 즉, 지식의 전체 포괄적 권위에 있어서 〈견제와 균형〉은 어울리지 않는다. 따라서 전기로 전체주의자의 권력을 제한하는 것은 권력의 분산을 통해서가 아니라 중심의 다원화를 통해서 얻을 수 있다. 크렘린과 백악관 사이의 직통 회선 설치와 관련되어 이 문제가 나타났다. 케네디 대통령은 전화보다 텔레타이프를 선택할 뜻을 표명하였는데, 이는 서구적 편견의 자연스러운 표시였다.

권력의 분산은, 멀리 있는 주변으로까지 방사상으로 확장하는 중앙 집권적 구조에서 행동을 억제하기 위한 테크닉이었다. 전기적 구조에서는 주변이라는 것이 존재하지 않는다. 적어도 이 지구상의 시간과 공간 내에서는 말이다. 따라서 중심과 중심 사이의, 동등한 힘 사이의 대화만이 있을 뿐이다. 명령 계통의 쇠사슬의 피라미드는 전기 테크놀러지가 뒷받침해 주지 못한다. 그러나 전기 미디어에서는 이양된 권한 대신에 다시금 〈역할role〉이 등장하는 경향이 있다. 사람은 이제 어떠한 종류든 비시각적 성격을 다시 전유할 수 있게 되었다. 앞서 말한 왕과 황제는 그들 신하의 모든 사적 자아를 모은 하나의 집단적 자아로 행동하는 자격을 법적으로 부여받았다. 이제까지 서구인은 역할의 복원에 일시적으로 대응하고 있지 않다. 이제 와서 뭔가 개인을 분할시키는 직능job 가운데 가두고 있다. 그러나 영화 스타에 열광하는 것과 같은 경우처럼 우리는 몽유병자와 같이 부지불식간에 서구적 전통을 방기하고, 전문 분화적 직능을 갖고 있지 않은 그들 스타의 이미지에 신비적 역할을 짊어지운다. 영화 스타야말로 그 신민인 우리들의 다양한 사적 생활의 집합체적 화신이 되었다.

전화에 우리들의 전인격을 관여시키는 힘이 있다는 것을 제시하는 실례가 한 정신과 의사에 의해 보고된 바 있다. 이에 따르면 신경증에 걸린 아동 환자들은 전화를 걸 때 그 같은 증상을 전혀 보이지 않는다는 것이다. 또한 1949년 9월 7일자 《뉴욕 타임스》는 전화가 가진 〈차가운 참여적 성격〉의 놀라운 실례를 보여주고 있다.

1949년 9월 6일, 정신병에 걸린 퇴역 군인 하워드 운루 Howard B. Unruh는 뉴저지 주의 캠든 거리에서 미친 듯이 날뛰며, 열세 명의 사람을 죽인 뒤 집으로 돌아갔다. 긴급 출동한 부대가 기관총, 산탄총을 쏘고 최루탄을 터뜨렸다. 이때 《캠든 이브닝 쿠리어 Camden Evening Courier》의 편집자가 전화 번호부에서 운루의 이름을 찾아내어 그에게 전화하였다. 운루는 총을 쏘다 말고 전화를 받았다.

「여보세요」

「하워드인가?」

「그렇다……」

「왜 사람을 죽이는가?」

「모르겠다. 아직 대답할 수 없다. 나중에 말하겠다. 지금은 너무 바쁘다」

최근에 아트 자이덴바움 Art Seidenbaum은 《로스앤젤레스 타임스 Los Angeles Times》에 「전화 번호부에 나오지 않는 전화 번호의 변증법」이라는 다음과 같은 기사를 썼다.

영화계 인사들은 오랫동안 숨어왔다. 이름이나 얼굴이 끊임없이 커져가는 스크린 위에 크게 잡힐수록 그들은 사람들이 직접 또는 전화상으로는 접근해 오지 못하도록 갖은 애를 써야 하는데, 이는 정말 역설적인 일이다.……많은 인사들은 전화를 받지 않는다. 전화국이 모두 받아놓고 있다가 인사가 특별히 요청할 때에만 모아둔 메시지를 전해 준다.……〈전화를 걸지 말아주세요〉라는 말이 실제로 남부 캘리포니아[2]의 지역 번호가 될 수도 있을 것이다.

〈전화 곁에서 홀로〉라는 상태는 이미 완전히 한바퀴를 돌았다. 머지않아 전화는 〈혼자서 쓸쓸한 마음〉이 될 것이다.

---

2) 할리우드가 있는 곳이다.

28 축음기 • 국민의 가슴을 축소시킨 장난감

축음기는 그 기원을 전신과 전화에 두고 있는데, 테이프 리코더가 축음기에 달린 기계적인 장식을 제거해 준 후에야 비로소 본래의 전기적 형태와 기능을 뚜렷이 나타낼 수 있었다. 소리의 세계는 본래 서로의 관계를 순식간에 성립시키는 통일적인 영역이기 때문에 전자파의 세계와 아주 흡사하다. 그 때문에 축음기와 라디오는 일찍부터 결합되어 있었다.

처음에는 축음기가 얼마나 잘못 이해되고 있었는가는 취주 악대의 지휘자이며 작곡가였던 존 필립 수저 John Philip Sousa의 말에서 잘 드러난다. 그는 이렇게 말했다. 〈축음기가 생겨서 이제 발성 연습은 필요 없게 될 것이다. 그렇게 되면 국민의 목은 어떻게 될까? 약해지지는 않을까? 국민의 가슴은 어떻게 될까? 오그라져버리지는 않을까?〉

수저는 한 가지 사실은 파악하고 있었다. 축음기가 목소리의 확장이자 증폭이기 때문에, 개개인의 목소리의 움직임을 위축시킬 것이라고 생각하였던 것이다. 마치 발의 확장인 자동차가 보행자의 활동을 줄여준 것처럼 말이다.

아직 축음기로부터 프로그램의 내용을 제공받는 라디오와 마찬가지로 축음기도 뜨거운 미디어이다. 축음기가 없었다면, 〈탱고와 래그타임과 재즈의 시대〉인 20세기는 다른 리듬을 갖게 되었을지도 모른다. 그러나 축음기는, 초기의 이름들 중 하나인 〈그래머폰 gramophone〉이 의미하고 있는 것과 같이 여러 가지 오해를 받았다. 〈귀에 들리는 문자〉(gramma——문자)의 형태로 생각되기도 하였고, 또 펜의 구실을 하는 바늘을 가졌다 하여 〈그래포폰 graphophone〉이라 불리기도 하였다. 그중에서도 축음기를 〈말하는 기계 talking machine〉로 보았던 것이 특히 일반적인 생각이었다. 에디슨은 처음에 축음기를 〈전화 반복기 telephone repeater〉로 생각하였기 때문에 축음기의 문제 해결이 늦어져 버렸다. 그는 전화의 데이터를 축적함으로써, 전화가 〈순간적으로 흘러가는 커뮤니케이션을 잠시 담는 용기(容器)가 아니라 귀중한 기록을 제공할 수 있는〉 것이 될 수 있다고 생각하였던 것이다. 에디슨의 이 말은 1878년 6월 《노스 아메리칸 리뷰 North American Review》에 실렸던 것인데, 이는 당시 발명된 지 얼마 안 된 전화가 이미 다른 분야의 사고에 대한 영향력을 지니고 있었음을 보여준다. 즉 레코드 플레이어는 전화상의 대화를 그대로 음성으로 기록해 두는 것으로 생각되었던 것이다. 결국 여기서 〈포노그래프 phonograph〉 또는 〈그래머폰〉이라는 이름이 붙여졌다.

축음기가 당장 인기를 끌게 된 배후에는 〈전기의 전면적 내파〉가 있었는데, 이것은 음악, 시, 댄스에서 실제 소리의 리듬을 강조하고 중시하는 경향을 낳았다. 그러나 축음기는 하나의 기계에 지나지 않았다. 축음기는 처음에 전기 모터도 전기 회선도 사용하지 않았다. 그러나 사람 목소리와 새로운 래그타임 멜로디를 기계적으로 확장해, 시대의 흐름에 따라 중심부로 나아가게 되었다. 새로운 말씨, 또는 말의 형태, 또는 댄스의 리듬이 사회에서 받아들여진다는 것은 그것과 밀접하게 관련된 어떤 실제적 발전이 이미 있었다는 것을 보여 주는 직접적인 증거인 것이다. 예를 들어 〈정말 훌륭해! How about that?〉라는 말이 사용된 뒤로, 영어가 의문문식 표현으로 바뀌었다는 것을 생각해 보자. 이 말을 사용하는 것이 알맞다고 생각되게끔 하는 어떤 새로운 강세, 리듬 또는 뉘앙스가 사람들의 상호 관계 속에 없다면, 그 누구도 갑자기 그러한 구문을 반복해서 사용하기 시작할 수는 없을 것이다.

　에디슨은 모스 부호의 점과 선이 찍힌 종이 테이프를 다루다가 우연히 그것을 빠른 속도로 움직였는데, 그때 〈분명치 않은 사람의 말소리〉와 비슷한 소리가 나온다는 것을 알았다. 그때 에디슨은 톱니 모양의 테이프에 전화 메시지를 기록할 수 있을 거라고 생각했다. 에디슨은 전기 분야에 들어서자마자, 선형성의 한계와 전문화의 비생산성을 깨달았다. 그는 이렇게 말했다. 〈바로 이런 식이었다. 나는 하나의 실험, 그러니까 대서양 해저 케이블의 전송 속도를 높이는 실험을 할 거라고 생각하고 이 시점에서 시작했다. 그러나 내가 그 방법을 직선적으로 밀고 가다 중간에 다다랐을 때, 나는 한 가지 현상에 부딪혔고 그로 인해 다른 방향으로 유도되어 그것이 바로 축음기가 된 것이다.〉 이는 기계적 외파가 전기적 내파로 전환되는 지점을 가장 극적으로 표현해 주고 있다. 에디슨 자신의 생애는 바로 우리 세계의 변화를 구체적으로 재현한 것이었으며, 그 자신은 기계와 전기라는 두 가지 형태 사이에서 이따금 혼란에 빠졌던 것이다.

　그러던 차에 19세기 말 심리학자 립스Lipps는 일종의 전기 오디오그래프(소리 측정기)로 종소리를 살펴보고 나서, 그 속에는 모든 교향곡을 포괄할 수 있는 정도의 복잡하고 다층적인 소리가 있다는 것을 밝혀냈다. 이 과정은 에디슨이 자신의 문제에 접근해 가는 과정과 다소 비슷했다. 발생학적으로 모든 문제는 스스로 해답을 가지고 있으며, 단지 그것들을 밝히는 방법을 발견하기만 하면 된다는 것을 에디슨은 이렇듯 실제 경험을 통하여 알 수 있었다. 그는 축음기를 전화처럼 실제적인 비즈니스에 직접 이용하겠다고 마음 먹었기 때문에 축음기가 오락의 수단이 될 수도 있다는 사실을 지나쳤던 것이다. 축음기를 오락의 수단으로 생각하지 못한 것은 전기 혁명 일반의 의미를 충분히 이해하지 못했던 탓이다. 오늘날 우리는 축음기를 장난감이나 위안물로 보는 데 만족하고 있다. 그러나 신문, 라디오, 텔레비전도 이미 같은 오락의 차원을 획득했다. 그러는 동안 오락은 극단까지 밀려가 비즈니스와 정치의 주요 형태가 된다. 전기 미디어는 전체적인 〈장field〉의 성격을 띠기 때문에 오랫동안 우리가 알파벳, 인쇄, 기계화의 유산으로 받아들여온 형태와 기능의 단편화된 전문성을 없애려고 한다. 축음기의 짧고 압축된 역사는 글로 씌어진 말, 인쇄된 말, 기계화된 말의 모든 국면을 담고 있다. 일시적으로나마 기계 문화에 관련되어 있던 축음기가 몇 년 전 거기에서 해방된 것은 바로 테이프 리코더가 출현하고 나서부터이다. 테이프와 LP 녹음이 출현하자 축음기는 갑자기 세계의 모든 음악과 소리에 접할 수 있게 해주는 수단이 되었다.

   LP와 테이프 녹음의 혁명에 관한 이야기로 옮기기 전에, 그 이전의 기계적인 녹음과 음향 재생의 시기는 무성 영화와 하나의 커다란 공통 요소를 지니고 있었다는 데 주목해야 한다. 초기의 축음기는 미국의 영화 감독 겸 제작자인 맥 세넷Mack Sennett의 영화처럼 활기 있고 귀에 거슬리는 소리를 내긴 했지만, 기계적 음악의 밑바닥에는 이상하리만큼 슬픈 음조가 흐르고 있었다. 찰리 채플린은 천재성을 발휘하여 이처럼 우울하고 가라앉는 블루스를 영화에 담아, 그 위에 명랑한 춤과 활력으로 채색할 수 있었다. 19세기 후반의 시인, 화가, 음악가는 모두 대도시의 산업 사회에 숨어 있는 형이상학적인 우울을 표현하였다. 라포르그Laforgue의 시에서 피에로의 모습은 중요한 역할을 하고 있는데, 이는 피카소의 그림과 에릭 사티Erik Satie의 음악에서도 마찬가지이다. 기계적인 것의 최고의 형태는 유기적인 것에 놀라우리만큼 접근해 있는 것이 아닌가? 그리고 위대한 산업 문명은 모든 사람을 위하여 모든 것을 풍부하게 생산할 수 있지 않은가? 그 대답은 〈예〉이다. 그러나 채플린과 피에로 시인, 화가, 음악가는 이 논리를 계속 밀고 나가 마침내 시라노 드 베르주라크Cyrano de Bergerac의 이미지에까지 도달했다. 시라노는 누구보다도 위대한 애인이었지만 그의 사랑은 한 번도 보답받지 못했다. 사랑받지 못했고, 사랑받을 수 없는 애인이라는 이 기묘한 시라노의 이미지가 축음기의 블루스의 유행 속에 걸려들게 된 것이다. 블루스의 기원을 흑인의 민속 음악에서 찾는 것은 아마 오해를 초래할 것이다. 그러나 영국의 지휘자 겸 작곡가인 콘스탄트 램버트Constant Lambert는 「뮤직 호Music Ho!」에서 제1차 세계 대전 후의 재즈보다 시기상 앞섰던 블루스에 관한 이야기를 쓰고 있다. 그는 1920년대에 재즈가 크게 꽃핀 것은, 〈드뷔시Debussy〉와 〈딜리어스Delius〉 시기의 지식인에게 알맞은 풍요로운 음악성과 관현악의 정교함에 대한 일반 대중의 반응 때문이었다고 결론지었다. 재즈는 지식인의 음악과 비지식인의 음악 사이의 교량 역할을 한 것처럼 보인다. 이는 채플린이 영화의 세계에서 비슷한 역할을 한 것과 같은 경우라 할 수 있겠다. 문학가들은 이러한 교량을 열심히 받아들였다. 엘리엇이 그의 초기 시의 리듬에 재즈를 도입했던 것처럼, 조이스는 『율리시스』 속에 채플린을 블룸Bloom이라는 인물로 등장시켰다.

채플린의 「어릿광대 시라노」는 라포르그와 사티의 피에로 예술과 같은 깊은 우울함을 담고 있다. 이 우울함은 기계적인 것이 이기고 인간적인 것이 추방되었다는 바로 그 사실이 아닐까? 기계적인 것이 목소리와 춤을 모방할 뿐인 〈말하는 기계〉 이상의 높은 수준에 도달할 수 있을까? 엘리엇이 재즈 시대의 타자수에 관하여 쓴 유명한 시는 채플린과 래그타임 블루스 시대의 전체적인 비애감을 묘사하고 있는 것은 아닐까?

> 아름다운 여인이 어리석은 것에 무릎 꿇고
> 자기 방을 홀로 걸어다닐 때,
> 그녀는 자동 기계의 손으로 머리를 다듬고
> 레코드판을 축음기에 얹는다.
> ——엘리엇의 「황무지」 중에서

엘리엇의 프러프록[1]도 채플린식의 희극으로 읽으면, 쉽게 이해할 수 있다. 프러프록은 완전한 피에로이다. 전기(電氣) 단계에 막 돌입하려는 기계 문명의 조종을 받는 작은 꼭두각시인 것이다.

필름이나 축음기 같은 복잡한 기계적인 형태가 인간의 노래와 춤이 자동화되는 현상의 전주곡으로서 중요하다고 말하는 것은 결코 과장이 아니다. 인간의 목소리와 동작의 이러한 자동화가 완벽해질수록 인간의 노동력도 자동화에 가까워졌다. 오늘날 전기 시대에 인간의 손을 사용하는 조립 라인은 사라지고, 전기에 의한 자동화는 공업의 세계에서 인간의 노동력을 철수시켰다. 그러나 전기 시대의 인간은 이전의 〈기계화 시대〉의 경향대로 스스로를 자동화——일과 기능상의 단편화——하는 것이 아니라, 점차적으로 다양한 일에 동시에 관여

---

[1] 엘리엇의 초기 시 「J. 앨프레드 프러프록의 연가」의 주인공으로, 삶의 권태와 절망에 빠진 중년 남자이다.

하고 학습과 컴퓨터 프로그래밍에 참여하게 된다.

　전기 시대 특유의 이 혁명적 논리는, 축음기에 〈말하는 기계〉라는 영감을 불어넣었던 전신과 전화의 초기 전기 형태에서 이미 상당히 분명하게 볼 수 있다. 그리고 인쇄 언어에 의해 억압되었던 목소리와 청각과 마음의 세계를 되찾는 데 상당한 공헌을 한 이와 같은 새로운 형태인 전신과 전화는 〈재즈 시대〉의 낯설고 새로운 리듬과 다양한 형태의 싱코페이션(syncopation, 당김음)과 상징주의적 비연속성의 영감 또한 불러일으켰다. 상징주의적 비연속성은 상대성 이론이나 양자 물리학이 그랬던 것과 같이, 선적인 형과 조직으로 성립된 평탄하고 획일적인 구텐베르크의 시대에 종말을 알렸던 것이다.

　〈재즈〉라는 말은 프랑스어 〈jaster(재잘거리다)〉에서 유래한다. 확실히 재즈는 연주가와 춤추는 사람들 사이의 대화 형태이다. 그리하여 재즈는 매끄러운 왈츠의 동질적이고 반복적인 리듬과 갑작스레 이별을 고하는 것처럼 보였다. 왈츠가 새로운 형태였던 나폴레옹과 바이런 경(卿)의 시대에 그것은 고귀한 야만인이 루소적 꿈을 거칠게 실현하는 것으로서 받아들여졌다. 이러한 생각이 지금에 와서는 괴상하게 들리지만, 저물어가는 기계 시대를 이해하는 데에는 가장 귀중한 열쇠가 된다. 즉, 왈츠 이전의 궁정적(宮庭的) 패턴을 가진 비개인적인 집단 무용은, 서로 친밀하게 포옹한 채 추는 왈츠에 의해 밀려났다. 왈츠는 음악사가 밝히고 있는 것처럼 정확하고 기계적이며 군대적이다. 왈츠가 그 의미를 충분히 표현하는 데에는 군복이 필요할 수밖에 없었다. 〈밤에는 흥청대는 소리가 들렸다〉는, 워털루 Waterloo 전투를 앞두고도 여전히 왈츠를 추었다는 것을 묘사한 바이런 경의 말이다. 18세기 또는 나폴레옹 시대까지 시민군은, 궁정적 계급 조직이라는 봉건 구조로부터의 개인적 해방인 것처럼 보였다. 따라서 왈츠에서 연상되는 고상한 야만인은, 바로 지위와 계급 조직이라는 상하 관계로부터의 자유를 의미하고 있었던 것이다. 왈츠를 추는 사람은 모두 획일적이고 평등하며 무도장의 어디로도 자유로이 움직일 수 있었다. 이런 것이 낭만주의자들이 생각한 고상한 야만인의 생활이었다는 점은 오늘날에는 이상하게 여겨지지만, 낭만주의자들은 조립 라인에 관하여 거의 몰랐던 것과 마찬가지로 진짜 야만인에 관해서도 거의 몰랐던 것이다.

우리 시대의 재즈와 래그타임의 출현 또한 엉덩이를 흔들며 춤을 추는 토인의 침략이라고 알려졌다. 격분한 사람들은 재즈를 외면하고, 한때 순수 토착민의 춤으로 환영받았던 기계적이고 반복적인 왈츠의 아름다움에 기대려고 했다. 그런데 재즈가 기계적인 것과 단절하여 비연속적이고 참여적이고 자발적이고 즉흥적인 것으로 여겨진다면, 그것은 또한 읊는 것이 곧 창조이고 창작인 것과 같은 일종의 구송시(口誦詩)로의 복귀라고도 볼 수 있다. 그러므로 녹음된 재즈가 재즈맨들 사이에서 〈어제의 신문처럼 케케묵은〉 것으로 일컬어지는 것은 당연한 일이다. 재즈는 대화처럼 살아 있는 것이다. 그리고 대화와 마찬가지로 그 자리에서 이용할 수 있는 일련의 주제를 레퍼토리로 삼고 있다. 그러나 연주는 창작이다. 그와 같은 연주는 연주자나 춤추는 자나 똑같이 최대로 참여할 수 있도록 보장한다. 이처럼 생각한다면, 재즈는 전신(電信)의 출현으로 서구 세계에 다시금 나타난 모자이크적 구조에 속하는 것임이 분명해진다. 그리고 또한 시에 있어서의 상징주의, 그리고 그림과 음악에 있어서의 상징주의적 형태와 유사한 면을 갖고 있는 것이다.

축음기가 노래, 춤과 맺고 있는 관계는, 축음기가 초기에 전신, 전화와 맺었던 관계만큼이나 깊다. 16세기에 처음으로 악보가 인쇄되면서 말과 음악의 분리가 시작되었다. 목소리와 악기가 따로 연주되는 음악의 묘미는 18-19세기 음악 발전의 커다란 기반이 되었다. 동일한 단편화와 전문화가 예술과 과학의 두 방면에서 일어났고, 그 결과 공업계와 군대가 거대해졌고, 또한 신문과 교향악단 같은 커다란 공동조직이 생겨났다.

공업적 생산과 조립 라인식의 조직, 분배가 낳은 축음기는 에디슨의 마음속에서 그것이 처음 형성되었을 때 전기적 성질을 거의 나타내지 못하고 있었음에 틀림없다. 다음과 같이 예언한 사람들이 있었다. 언젠가는 축음기가 〈히스테리의 흐느낌과 우울증의 한숨…… 백일해의 기침과 결핵의 기침을 구별하는 의료 기구로 사용되어 의학계에 도움이 될 것이다. 그것은 미치광이의 웃음과 백치의 허튼소리를 구별할 수 있는 정신과 전문의가 될 것이다.…… 그리고 축음기가 환자 대기실에서 이 일을 하고 있는 동안, 의사는 마지막 남은 환자를 돌보게 될 것이다〉. 그러나 실제로 축음기는 부드러운 목소리와 거친 목소리, 베이스와 테너, 힘찬 목소리와 장중한 목소리 정도만 담는 데 그쳤다.

녹음 시설이 오케스트라와 같이 복잡한 부분을 다루게 된 것은 제1차 세계 대전 이후의 일이다. 이보다 훨씬 이전에 이런 일에 열중한 사람이 있었는데, 그는 레코드를 사진 앨범에 견줄 만한 것으로 보고 다음과 같은 행복한 날을 앞당길 수 있을 것이라 생각했다. 〈미래의 후손은 20분 동안의 단축된 소리로 한 사람의 일생을 그릴 수 있게 될 것이다. 즉, 어린 시절의 서투른 말을 5분 동안, 소년 시절의 환희의 목소리를 5분 동안, 성년 시절의 침착한 목소리를 5분 동안, 죽음의 자리에서의 희미한 목소리를 5분 동안 담는 것이다.〉 그리고 얼마 후에 제임스 조이스가 보다 나은 일을 하였다. 그는 한 문장 속에 모든 인류의 서투른 말, 환희의 목소리, 성찰, 회한을 응축해 『피네건의 경야』라는 하나의 음조로 된 시를 만들어냈다. 그 당시가 축음기와 라디오를 낳은 시대가 아니었다면 그는 이와 같은 작품을 생각해 내지 못했을 것이다.

　축음기의 세계에 마침내 전면적인 전기의 힘을 충전시킨 것은 라디오였다. 1924년의 라디오는 음질 면에서 이미 우수하였고, 곧 축음기와 레코드 업계를 누르기 시작했다. 그러나 결국에는 라디오가 대중의 기호를 클래식으로 확대시켜 나감으로써 음반 업계를 다시 회복시켰다.

　참다운 전환점은 제2차 세계 대전 후 테이프 리코더의 사용으로 이루어졌다. 즉, 이것은 판의 표면을 깎던 녹음 방식과 그에 따른 소음이 사라졌다는 것을 의미했다. 1949년에 시작된 전기의 하이파이 hi-fi 시대는 축음기 업계의 또 하나의 구세주가 되었다. 하이파이의 〈현실음〉 추구는 마침내 텔레비전 영상과 함께 촉감 체험의 부활로 연결되었다. 〈당신이 방안에서〉 연주하는 악기 소리를 듣는다는 감흥은 섬세한 현악의 소리 안에 청각과 촉각의 융합체를 추구한다는 것이다. 그리고 그것은 상당히 조각(彫刻)적인 경험이다. 연주하는 음악가와 함께 있다는 것은 단순히 울려오는 소리를 듣는다는 것이 아니라, 악기를 다루는 그들의 촉각적이고 동적인 움직임을 함께 경험하는 것이다. 그러므로 하이파이는 다른 여러 감각으로부터 소리만을 분리하여 추상적인 음향의 효과만을 추구하는 것이 아니라고 말할 수 있다. 축음기는 하이파이로 텔레비전의 촉각적 도전에 맞서는 것이다.

　하이파이에서 더욱 발전한 스테레오는 〈전체적인〉 또는 〈감싸는〉 소리이다. 지금까지의 음향은 고정된 견해를 가진 시각 문화의 편향과 일치하는 단일점에서 발생하였다. 하이파이로의 전환이 음악에 가져온 의미는 큐비즘이 그림에, 상징주의가 문학에 가져온 의미와 같다. 즉, 하나의 경험 속에 많은 양상과 국면을 받아들이는 것이다. 다시 말해 텔레비전이 깊이를 갖는 〈시각적인 것〉이듯이, 스테레오는 깊이를 갖는 〈음향〉이다.

미디어가 깊은 체험의 수단이 될 때, 〈클래식〉이냐 〈대중적〉이냐, 또는 〈교양적〉이냐 〈비교양적〉이냐 하는 이전의 구분은 더 이상 통용될 수 없다고 하는 것이 그리 모순된 말은 아닐 것이다. 이를테면 선천성 청색증(靑色症) 어린이의 심장 수술 광경을 텔레비전으로 보는 것은 이와 같은 어느 범주에도 적합하지 않은 체험이다. LP, 하이파이, 스테레오의 출현으로 〈깊이〉를 갖는 음악에 접근하는 경험을 하게 되었다. 모든 사람들이 〈지식인 취향〉을 경원시하던 마음을 버리고, 지식인은 대중 음악이나 대중 문화에 대한 메스꺼움을 버렸다. 심층에서 파악되는 모든 것은 위대한 것만큼이나 강한 관심을 불러일으키는 것이다. 왜냐하면 〈심층〉은 〈분리·고립〉되어 있는 것이 아니라 〈상호 관계 속에〉 있다는 것을 의미하기 때문이다. 〈심층〉은 견해가 아니라 〈통찰〉을 의미한다. 그리고 통찰은 과정에의 정신적 참여이며, 거기에서 대상의 내용이 어떤 것인가는 2차적인 것이다. 의식 자체는 내용에 의존하지 않는 포괄적인 과정이다. 의식은 어떤 특정한 것에 대한 의식을 선결 조건으로 삼는 것이 아니기 때문이다.

재즈와 관련하여, LP는 극히 많은 변화를 가져다주었다. 이를테면 〈참으로 멋있는 허튼소리〉라는 음악 형태가 유행했는데, 이는 LP 판 한 면의 녹음 시간이 길어져서 재즈 밴드의 악기들이 길고 가벼운 대화를 계속하듯이 장시간 연주할 수 있었기 때문이었다. 1920년대의 레퍼토리가 부활되어, 새로운 깊이와 복잡성이 생겼다. 그러나 LP와 결합된 테이프 리코더는 클래식 음악의 레퍼토리에서 혁명을 일으켰다. 테이프는 우리에게 문자 언어보다 음성 언어에 대한 새로운 학습을 가져다주었듯이, 여러 시대, 여러 나라 음악 문화의 모든 것도 가져왔다. 그 이전에는 시대와 작곡가 선택의 폭이 극히 한정되어 있었으나, LP와 결합된 테이프 리코더로 인하여 그 범위가 음악의 모든 영역에 미치게 되었으며, 16세기의 음악을 19세기의 음악처럼, 중국

민요를 헝가리 민요만큼 쉽게 들을 수 있게 되었다.

  축음기와 관계 있는 테크놀러지 면에서의 사건들을 요약해 보면 다음과 같다.

  전신은 글로 씌어진 것을 소리로 변환시켰는데, 이는 전화와 축음기의 탄생에 직접적으로 관련되었다. 전신에 아직 남아 있는 벽은 자국어의 벽이지만, 사진과 영화와 전송 사진은 이를 쉽게 극복했다. 기술(記述)의 전기화(電氣化)는 이에 이어지는 전화, 라디오, 텔레비전과 마찬가지로 비시각적, 청각적 공간으로의 거대한 발걸음이었다.

  전화 : 벽이 없는 말
  축음기 : 벽이 없는 음악회장
  사진 : 벽이 없는 미술관
  전등 : 벽이 없는 공간
  영화, 라디오, 텔레비전 : 벽이 없는 교실

  이전에 〈식량을 채집하던 인간〉이 뜻밖에도 〈정보를 수집하는 인간〉으로 다시금 나타난다. 그러나 이러한 수집의 역할을 하는 전자 시대의 인간은 구석기 시대의 조상과 마찬가지로 유목민과 다름없는 것이다.

29 영화 • 릴의 세계

영국에서는 영화관을 처음에는 〈바이오스코프 Bioscope〉라고 불렀다. 왜냐하면 살아 있는 형태(그리스어 〈bios〉는 〈삶의 방식〉을 의미한다)의 실제 움직임을 시각적으로 보여주기 때문이었다. 영화는, 현실 세계를 필름 감개 spool에 감았다가 환상의 요술 양탄자처럼 다시 푸는 것인데, 이는 이전의 기계적 테크놀러지와 새로운 전기 세계가 훌륭하게 결합한 것이다. 19장 「바퀴, 자전거, 비행기」에서 말한 것처럼, 영화는 달리는 말의 발들이 땅위에서 떨어지는 것을 찍으려는 일종의 상징적 시도에서 출발하였다. 왜냐하면 동물의 움직임을 포착하려고 몇 대의 카메라를 설치하는 것은 기계적인 것과 유기적인 것을 특별한 방법으로 융합시키기 때문이다. 흥미롭게도 중세에 유기체의 변화는 하나의 정적 형태가 연속적으로 다른 정적 형태로 바뀌는 것으로 생각되었다. 그들은 꽃의 일생을 영화 필름의 화면처럼 연속된 것이라고 생각하였다. 영화는 변화에 대한 중세의 개념을 오락적인 환상 속에 그대로 실현시킨 것이다. 생리학자는 전화의 발달에와 마찬가지로, 영화의 발달에도 크게 관여하고 있다. 필름으로 보면 기계적인 것이 유기적인 것으로 보인다. 꽃의 성장은 말의 움직임과 마찬가지로 쉽고도 자유롭게 묘사되는 것이다.

만약 영화가 빛의 파동이라는 형태의 세계 속에서 기계적인 것과 유기적인 것을 융합한다고 본다면, 영화는 또한 인쇄 기술과도 관련이 있다. 영화에서처럼, 말하자면 투영된 활자인 일련의 흑과 백의 장면 사진을 따라가며 독자는 스스로 사운드 트랙을 만들어낸다. 독자는 다양한 속도로, 또한 자기 나름대로의 이해에서 생기는 다양한 환상을 가지고 작가의 마음의 윤곽을 보려고 노력한다. 보는 사람, 또는 읽는 사람의 마음속에 환상을 일으키는 힘의 관점에서 인쇄물과 영화가 극히 밀접하게 관련되어 있다고 말하는 것은 결코 지나친 일이 아닐 것이다. 세르반테스의 『돈키호테』에서는 인쇄된 말의 이러한 성격과, 제임스 조이스가 『피네건의 경야』에서 줄곧 〈ABCED적 정신〉이라고 부르고 있는 상태를 발생시키는 인쇄된 말의 힘이 중요한 테마가 되고 있다. 〈ABCED적 정신〉이란 〈ab-said한 정신〉 즉 〈마음을 언어에 의해 움직이는 상태〉와 〈ab-sent한 정신〉 즉 〈마음에 있지 않은 어렴풋한 상태〉, 간단히 말하면 〈마음이 ABC(알파벳)에 의해 지배되고 있는 상태〉라고 해석할 수 있다.

작가나 영화 감독의 일은 독자나 관객을 하나의 세계, 〈그들이 속해 있는〉 세계에서 다른 세계, 활자나 필름에 의하여 만들어진 세계로 옮겨놓는 것이다. 그 일은 너무나 명백하고, 또 너무 완전하게 일어나기 때문에 그러한 경험을 하는 사람은 아무런 비판적 자각 없이 무의식적으로 그 사실을 받아들인다. 세르반테스 시대의 인쇄물은 오늘날 서구의 영화만큼이나 새로운 것이었다. 결국 그에게 인쇄는, 스크린 위의 영상이 그러한 것처럼, 현실 세계를 빼앗아 버리는 것이었다. 르네 클레르René Clair가 1926년에 영화에 대해 말한 것처럼, 독자나 관객은 주문(呪文)에 사로잡혀 꿈을 꾸는 사람이 되어버린 것이었다.
〈비언어적 형태〉로서의 영화는 〈문장 구성이 없는 진술〉의 형태로서, 사진과 비슷하다. 그러나 사실 영화는 활자나 사진처럼, 그것을 이용하는 사람들의 문자 교양 수준이 아주 높다는 것을 전제하고 있기 때문에, 비문자 문화적 인간을 당혹스럽게 한다. 카메라가 이동하여 인물을 쫓거나 인물을 시야에서 빼버리는 것을 문자 문화적인 우리는 쉽게 받아들이지만, 아프리카 사람들은 그렇지 않다. 인물이 필름 끝에서 보이지 않게 되면, 아프리카 사람들은 그 인물이 어떻게 되었는지 알고 싶어한다. 그러나 문자 문화적인 관객들은 선형성의 논리를 의심하지 않고, 한 줄 한 줄 인쇄되는 마음의 이미지를 뒤쫓는 데 익숙하기 때문에 필름에 나타나는 연속적인 움직임을 아무런 저항 없이 받아들이는 것이다.

르네 클레르가 지적한 바에 따르면, 무대 위에 두세 명의 인물이 있을 때 극작가는 언제나 그들이 거기에 있는 것에 대한 끊임없는 동기 부여와 설명을 해야 한다. 그러나 영화의 관객들은 책의 독자들처럼 그저 단순히 연결되어 있는 것을 합리적인 것으로 받아들인다. 그들은 카메라가 눈을 돌리는 것이라면 모두 받아들인다. 그들은 다른 세계로 옮겨지는 것이다. 르네 클레르가 말한 것처럼, 영화의 스크린은 아름다운 환상과 청춘의 꿈이 가득 찬 하렘 harem을 향하여 그 〈흰 문〉을 연다. 이에 비하면 현실의 인간은 아무리 아름다워도 결점을 가지고 있다. 예이츠는 〈플라톤은 자연을 사물의 환상 양식 위에서 노닥거리는 거품에 지나지 않는 것으로 생각했다〉라고 어느 시에서 명시하고 있지만, 거기에서 유추해 볼 때 예이츠는 영화를 영사기가 그 〈거품〉을 희롱하는 플라톤적 이상 세계를 반영하고 있는 것으로 보았음에 틀림없다. 그것이야말로 돈키호테에게서 떨어질 수 없었던 세계였는데, 돈키호테는 그 세계를 단지 인쇄된 로맨스 책 두루마리를 펼쳐든 이후 발견한 것이다.

영화의 릴의 세계와 인쇄된 말의 사적인 환상 경험이 맺고 있는 밀접한 관계 때문에 서구인은 필름 형태를 받아들일 수 있었다. 영화 업계마저도 그들의 최대의 걸작은 소설을 원작으로 한 것이라고 보고 있으며, 또한 그것이 잘못된 것은 아니다. 릴의 형태로 되어 있든지, 시나리오와 스크립트의 형태로 되어 있든지 간에 영화는 완전히 책 문화와 관련되어 있다. 영화와 책의 관계가 얼마나 밀접한 것인가는 〈신문의 형태를 바탕으로 한 영화〉[1]를 조금만 상상해 보면 알 수 있다. 이론적으로 카메라가 마치 신문처럼, 날짜란을 가진 틀 안에 일련의 복잡한 항목이나 사건을 찍는 데 사용되어서는 안 될 이유는 없다. 실제로 산문보다도 시는 신문처럼 틀을 짜거나 〈묶는〉 경향이 있다. 상징주의적 시는 신문의 모자이크성과 많은 공통점을 가지고 있다. 그러나 상징주의적인 시를 이해할 만큼, 획일적이고 연결적인 공간으로부터 자신을 충분히 분리시킬 수 있는 사람은 거의 없다. 한편 미개인은 표음 문자 문화와 선형적 활자와 거의 접촉하지 않았기 때문에 우리가 글자를 배워야 하는 것처럼 사진이나 필름을 〈보는〉 방법을 배워야 한다. 사실, 런던 대학 아프리카 연구소의 윌슨 John Wilson은 필름으로 아프리카인에게 그들의 문자를 가르치려고 여러 해 동안 노력해 왔으나, 그는 필름 보는 방법을 배우는 하나의 수단으로서 그들에게 글자를 가르치는 것이 더 쉬운 것임을 발견했다. 그들은 화면을 〈보는〉 방법을 학습한 뒤에도 우리의 시간 관념이나 공간적 〈환각〉을 받아들일 수가 없었기 때문이다. 찰리 채플린의 「방랑자 The Tramp」란 영화를 본 아프리카인들은, 유럽인은 생명을 되살릴 수 있는 마법사라고 결론지었다. 그들은 그 영화 속의 한 등장 인물

---

1) 줄거리가 없는 모자이크적 영화이다.

이 머리를 세게 맞았지만 조금도 다치지 않고 무사한 것을 보았던 것이다. 그들은 카메라가 이동하면, 나무가 움직이고 있거나 또는 건물이 커지거나 작아진다고 생각하는 것이다. 왜냐하면 그들은 공간이 연속적이고 획일적이라는 문자 문화적인 전제를 가질 수 없기 때문이다. 비문자 문화적인 사람들은, 우리가 원래 인간에게 갖추어져 있다고 생각하는 원근감이나 거리감을 만드는 빛과 그림자의 효과를 받아들이지 않는다. 문자 문화적인 사람들은 원인과 결과를 연속적인 것으로 생각한다. 다시 말해 물리적인 힘으로 어떤 것을 밀면 그것이 또 다른 것을 움직이는 것과 같은 것으로 생각하는 것이다. 비문자 문화적인 사람들은 이와 같은 〈효율적〉인 원인과 결과에는 거의 관심을 보이지 않지만, 마술적 결과를 가져오는 눈에 보이지 않는 형태에는 매료된다. 외부적인 것보다 내부적인 것이, 비문자 문화적이고 비시각적인 문화권 사람들의 관심을 끄는 것이다. 그러므로 문자 문화적인 서구 세계는, 자신들의 세계가 아닌 다른 세계를 미신의 이음매 없는 그물눈에 사로잡힌 세계로 보는 것이다.

구술적인 러시아인처럼 아프리카인은 눈에 보이는 것과 들리는 것을 한꺼번에 받아들이려고 하지 않는다. 토키는 소련의 영화 제작에게는 파멸을 알리는 것이었다. 왜냐하면 다른 후진적 또는 구술적 문화인들처럼, 러시아인은 깊이 참여하고 싶어하는 저항 불가능한 욕구를 가지고 있는데, 시각 이미지에 소리가 부가되면 이것이 손상되기 때문이다. 그리하여 푸도프킨 Pudovkin과 에이젠슈테인은 발성 영화를 비난하였다. 그러나 그들은 만약 소리가 상징적으로나 대위법적(對位法的)으로 서로 대비를 이루며 사용된다면, 시각 이미지는 보다 적게 손상될 것이라고 생각했다. 집단적으로 참여하고 노래하고 소리 지르고자 하는 아프리카인들의 욕구는 필름과 함께하는 사운드 트랙에 의해 완전히 좌절된다. 그런데 서구인에게 토키는 단순 소비품으로서, 시각적 기성품을 더욱 완전한 것으로 만들었다는 것을 의미하였다. 왜냐하면 서구인은 무성 영화를 볼 때 자동적으로 자신들을 위해 〈종결〉[2] 또는 〈완결화〉의 작용으로써 소리를 첨가시키기 때문이다. 그리고 소리가 이미 자신들을 위해 들어가 있을 때에는, 〈이미지의 작품〉인 영화 속에 자신들이 참여하는 정도는 훨씬 감퇴되는 것이다.

비문자 문화인은 또한 서구인과는 달리, 영화 스크린 2-3피트 앞에서, 또는 사진과 조금 떨어진 거리에서 자신의 시선을 고정시키는 방법을 모른다. 그래서 그들은 마치 손을 움직이는 것처럼 눈을 사진이나 스크린 위로 움직인다. 유럽의 남성이 미국 여성에게 매우 〈섹시〉해 보이는 것은 눈을 손처럼 사용하는 이런 습관을 가지고 있기 때문이다. 극도로 문자 문화적이고 추상적인 사회만이 시점을 고정시키는 방법을 배운다. 왜냐하면 우리는 인쇄물을 읽을 때 시점을 고정시키는 것을 배워야 하기 때문이다. 이와 같이 시점을 정하면 원근 감각이 생기게 된다. 토착민들의 미술에는 대단한 세밀함과 공감각이 나타나 있으나 거기서 원근감은 찾아볼 수 없다. 누구나 원근 감각으로 사물을 보고 있었지만, 르네상스 시대의 화가들이 처음으로 그것을 묘사하는 방법을 터득하였다는 예로부터의 확신은 사실 잘못된 것이다. 텔레비전 제1세대인 우리는 시각적 원근법이라는 이 감각 양식적 습관을 급속히 잃어가고 있다. 그리고 이렇게 변화함에 따라, 시각적으로 획일적이고 연속적인 것이 아니라, 깊은 의미를 가진 독특한 세계인 말에 대한 관심이 생겨났다. 그 후로 진지한 광고에서조차도 언어 유희와 재담 같은 것에 열중하게 되었다.

인쇄물 같은 다른 미디어에 비하면, 필름은 많은 정보를 저장하고 전달하는 힘을 가지고 있다. 필름은 여러 페이지의 산문으로 묘사할

---

2) 자기의 상상력을 사용하여 픽션의 세계를 완성시키는 것이다.

수 있는 인물과 풍경이 담긴 한 장면을 순식간에 제시한다. 필름은 상세한 정보를 이렇게 잇달아 되풀이해 갈 수 있지만, 한편 말을 표현 수단으로 삼는 작가는 방대하고 상세한 정보를 커다란 덩어리나 〈형태〉로 독자에게 제시할 방법을 가지고 있지 않다. 사진이 화가로 하여금 추상적이고 조각적인 방향으로 나아가게 한 것처럼, 필름은 작가로 하여금 필름이 대항할 수 없는 말의 간결성과 깊은 상징주의를 향한 결심을 굳히게 만들었다.

영화가 한 장면에 정말 사실과 다름없는 완전한 정보를 많이 제공한다는 또 하나의 단면은 「헨리 5세」나 「리처드 3세」 같은 역사 영화에 잘 나타난다. 여기서는 세트와 의상을 제작할 때 방대한 조사가 행해졌기 때문에 어른뿐만 아니라 여섯 살짜리 어린이도 쉽게 즐길 수가 있다. 엘리엇은 그의 「대성당에서의 살인 Murder in the Cathedral」이 영화로 제작될 때, 다음과 같이 기술했다. 〈이 영화가 다루고 있는 시대의 의상이 필요하였을 뿐만 아니라, 카메라의 눈이 너무도 정확하게 가차없이 잡아내어 그와 같은 의상을 12세기에 사용된 것과 같은 기술로 만들지 않으면 안 되었다.〉 많은 환상의 한가운데에 있는 할리우드는 또 이미 지난 과거의 장면을 학술적으로도 정확하게 재현해야만 했다. 이에 비하여 무대와 텔레비전은 상세히 검토할 수 없는 낮은 선명도를 가지고 있으므로 대략적인 근사치로 때울 수 있다.

그러나 처음에 그리피스 D. W. Griffith 같은 영화의 개척자에게 영감을 준 것은 디킨스와 같은 작가들의 상세한 리얼리즘이었다. 그리피스는 영화 촬영 때 디킨스의 소설을 가지고 갔다고 한다. 18세기 지역 사회의 단면도와 인간적 흥미 위주 기사의 세계를 다루는 형태, 다시 말해 신문 같은 형태로 출발한 리얼리즘적 소설은 영화의 형태를 완전히 예고하는 것이었다. 시인들까지도 영화의 파노라마적 스타일을 써서, 인간적 흥미 위주 기사의 삽화나 상세한 묘사로 작품에 변화를 주었다. 예를 들어 그레이Gray의 「엘리지Elegy」, 번스 Burns의 「소작인의 토요일 밤The Cotter's Saturday Night」, 워즈워스 Wordsworth의 「마이클Michael」, 바이런의 「차일드 해럴드Child Harold」 등은 오늘날의 다큐멘터리 필름 대본 같은 것들이다.

〈주전자가 끓기 시작하였다…….〉 이것은 디킨스의 소설 「노변(爐邊)의 귀뚜라미Cricket on the Hearth」의 첫머리이다. 만일 현대 소설이 고골리Gogol'의 「외투」에서 출발했다면, 현대 영화는 에이젠슈테인의 말대로 이 〈주전자〉에서 끓어 흘러나왔다. 에이젠슈테인이나 르네 클레르가 지극히 자연스러운 일이라고 생각했던, 인간의 감각과 감각 사이, 미디어와 미디어 사이의 자유로운 상호 작용이 미국과 영국의 영화 제작 방법에는 다분히 결여되어 있음이 명백하다 하겠다. 특히 러시아인에게는 모든 상황을 구조적으로, 즉 입체적으로 포착하는 일이 쉬었다. 에이젠슈테인이 본 영화의 압도적인 사실이란, 영화가 〈나란히 놓는 행위〉라는 것이었다. 그러나 인쇄의 조건이 지극히 발달되어 있는 문화에서 나란히 놓는다는 것은 획일적, 연속적 특질임에 틀림없다. 〈주전자〉[3]의 독자적인 공간에서 〈새끼 고양이〉나 〈장화〉[4]와 같은 독자적인 공간으로의 비약은 없어야 된다. 만약 그런 대상이 나타나면, 어떤 계속된 설명으로 그 비약의 공간을 없애 주거나, 어떤 획일적인 그림 세계에 〈담아놓든가〉 해야 한다. 사람들의 열광적인 찬사를 듣기 위해 살바도르 달리Salvador Dali는 서랍이나 그랜드 피아노를 사하라 사막이나 알프스의 배경 앞에 놓아두면 되었다. 단지 대상을 인쇄 문화의 획일적, 연속적 공간에서 해방시키는 것만으로도 현대 예술과 현대 시가 탄생한 것이다. 이와 같은 해방

---

3) 디킨스의 리얼리즘을 뜻한다.
4) 환상적 세계를 뜻한다. 독일의 낭만파 작가 티크의 작품 중 「장화를 신은 숫고양이」라는 유명한 동화가 있다.

때문에 생기는 떠들썩함의 정도를 가지고 우리는 인쇄 문화가 우리의 정신에 가하고 있는 압력을 측정할 수 있다. 대부분의 사람들에게는 자신들의 자아 이미지가 인쇄 문화에 의하여 습관화된 것처럼 보이기 때문에, 그들은 전체 포괄적인 경험으로의 복귀를 의미하는 전기 시대가 자아의 이미지를 위협한다고 생각하는 것이다. 이들은 단편화된 사람들인데, 그들의 전문가적인 일이 여가 시간을 만들고 일을 잃게 할 뿐이라는 사실은 악몽이 아닐 수 없다. 전기의 동시성은 전문가적 학습과 활동에 종지부를 찍고, 인간들 간의 깊이 있는 상호 관계도 요구하는 것이다.

찰리 채플린의 영화는 이런 문제를 조명해 볼 수 있게 도와준다. 그의 「모던 타임스 Modern Times」는 현대적인 일의 단편화된 성격을 풍자한 것으로 여겨졌다. 어릿광대로서 채플린은, 무능력함을 잘 표현한 마임 mime으로 곡예사를 연기해 낸다. 왜냐하면 모든 전문가적 작업은 우리의 모든 능력을 부분적으로만 사용하기 때문이다. 이 어릿광대는 곡예사적 혹은 전문가적 작업을 전인적(全人的) 또는 통합적 인간의 정신으로 다룸으로써 우리가 단편화된 우리 자신의 상태를 자각하게끔 한다. 이것이 어찌할 수 없는 무능력을 표현하는 공식이다. 도로 상에서, 그리고 사람들 속에서, 그리고 조립 라인 속에서, 채플린이 연기하는 노동자는 상상 속에서 나사를 돌리기라도 하듯 경련이 일어난 것처럼 손을 계속 씰룩씰룩 움직인다. 그러나 이 영화와, 다른 채플린 영화의 마임은 로봇의 몸짓이며, 이 기계 인형의 깊은 비애는 현대의 인간 생활의 조건에 아주 가까이 닿아 있다. 그의 모든 작품에서 채플린은 시라노 드 베르주라크 유(類)의 꼭두각시 인형 발레를 보여준다. 이 인형의 비애감을 표현하기 위해 채플린(그는 개인적으로 파블로바 Pavlova의 친구이며, 발레 애호가이다)은 처음부터 고전 발레를 할 때의 발의 자세를 취하였다. 그리하여 그의 어릿광대의 겉

모습에 〈장미의 요정 Spectre de la Rose〉[5]의 분위기가 감돌게 할 수 있었다. 그는 자신이 최초로 훈련한 장이었던 영국의 뮤직 홀에서 자신의 천재적인 솜씨로, 매력적인 〈무명씨(無名氏)〉인 찰스 푸터[6] 같은 이미지를 만들 수 있었다. 그는 이 초라하면서도 상류인 체하는 이미지에 고전 발레의 자세를 접목시켜 동화적 요소를 가미한 것이었다. 필름이라는 새로운 형태는 이런 합성적 이미지에 완벽하게 맞아떨어졌다. 왜냐하면 필름 그 자체가 변덕스럽게 움직이는 경쾌한 기계적 동작의 발레이며, 거기서부터 로맨틱한 환상들의 꿈의 세계를 펼쳐 놓기 때문이다. 그러나 필름의 형태는 단순히 영화의 스틸 샷으로 포착된 꼭두각시 인형 춤이 아니다. 왜냐하면 필름은 환상이라는 수단을 통해 현실 생활에 접근하거나 그것을 넘어서려고 애쓰기 때문이다. 그것이 바로 채플린이, 결코 연인이 될 수 없는 시라노적인 인형의 역할을 적어도 무성 영화에서 버리려고 하지 않았던 이유이다. 이러한 전형적 틀 속에서 채플린은 필름이 지닌 환상의 본질을 발견하고, 그의 탁월한 기술로 이것을 기계화된 문명의 비애감을 표현하기 위한 열쇠로 만든 것이다. 기계화된 세계는 언제나 존속하려고 준비 중이고, 이 목적을 위하여 소름 끼치도록 화려한 기교, 방법, 수완에 힘을 쏟는 것이다.

　영화는 이 메커니즘을 기계적인 것의 극한과 그 너머까지 밀고 나가, 돈으로 살 수 있는 꿈들의 초현실주의 속으로 밀어 넣었다. 극도의 풍요와 힘이 주는 이 비애감만큼 필름 형태에 적합한 것은 없다. 그리고 이 비애감은 어릿광대 인형의 타고난 자질이며, 그에게 그러한 풍요와 힘은 결코 현실의 것이 될 수는 없다. 이것이 「위대한 개

---
5) 20세기 러시아 최고의 발레 댄서인 니진스키의 레퍼토리 중 하나이다.
6) 그로 스미스의 유머 소설 「무명씨의 일기」의 주인공이다.

츠비 The Great Gatsby」의 핵심이다. 데이지가 개츠비의 훌륭한 셔츠 컬렉션을 응시하다가 울음을 터뜨릴 때, 이 영화는 진실의 순간에 다다른다. 데이지와 개츠비가 살고 있는 번지르르한 세계는 힘에 의하여 더럽혀져 있으나 그 세계를 꿈꿀 때만큼은 순수하게 목가적인 것이다.

영화는 메커니즘에 대한 최고의 표현일 뿐만 아니라, 역설적이게도 그것은 생산물로서, 가장 마술적인 소비물인 이른바 꿈을 제공한다. 그리하여 다른 미디어들보다 영화가 가난한 사람들에게, 탐욕스러운 사람들도 꿈꾸지 못한 부와 권력의 역할을 부여하는 데 뛰어난 것은 결코 우연이 아니다. 20장「사진」에서 사진, 특히 신문 사진이 정말 부유한 사람들의 두드러진 소비 행태를 어떻게 없애 주었던가에 관하여 말하였다. 사진이 부유한 사람들에게서 빼앗은 과시적 생활을, 영화는 가난한 사람들에게 아낌없이 내주었다.

아아, 정말로, 정말로 운이 좋은 나,
사치스러운 생활을 할 수 있으리라,
주머니 가득 꿈을 지니고 있으니.

영화가 미국에 건너온 이주민들에게 즉각적인 자기 실현 수단을 준다고 가정하고 행동한 할리우드의 거물들이 옳지 못한 것은 아니었다. 이러한 전략이 〈절대선(絶對善)〉이라는 견지에서 본다면 비록 개탄할 일이긴 하지만, 필름 형태와는 완전히 일치하는 것이었다. 1920년대에 와서 미국의 생활 방식은 통조림으로 만들어져 전 세계에 수출되었다. 세계는 통조림으로 만들어진 꿈을 사려고 앞다투어 줄을 섰다. 영화는 최초의 대(大)소비자 시대를 가져왔을 뿐 아니라, 유인(誘因)이고, 광고이며, 그 자체로 주요 상품이었던 것이다. 그리고 미디어 연구라는 관점에서 본다면, 정보를 이용하기 쉬운 형태로 저장하고 있는 영화의 힘은 그에 맞설 만한 것이 없을 정도로 강력한 것이다. 결국에는 오디오 테이프와 비디오 테이프가 정보 저장고로서 영화를 능가하겠지만, 영화가 정보의 주요한 자원이며 책의 라이벌이라는 점에는 변함이 없다. 필름은 책의 테크놀러지를 존속시키고, 또 그것을 능가하기 위해 많은 일을 했다. 현재 영화는, 말하자면 필사본 단계에 있다. 그리고 곧 영화는 텔레비전의 압력을 받아, 휴대할 수 있고 간단히 얻을 수 있는 인쇄된 책의 단계로 들어가게 될 것이다. 곧 텔레비전처럼 음향 카트리지[7]를 달고 있는 작고 값싼 8밀리 영사기를 모든 사람들이 갖게 될 것이다. 이러한 발전은 현대 기술의 내파에 속하는 것이다. 지금은 영사기와 스크린이 분리되어 있는데, 이는 지금 전기의 〈내파〉로 인해 끝나 가고 있는 〈외파〉와 〈기능의 분리〉라는 묵은 기계적 세계의 흔적이다.

활자적 인간은 기꺼이 필름을 맞아들였다. 왜냐하면 영화는 책처럼 환상과 꿈이라는 내적 세계를 제공하기 때문이다. 영화를 보는 사람은 조용히 책을 읽는 사람처럼 고독한 심리적 상황에 처해 있다. 필사본을 읽는 사람이나 텔레비전을 보는 사람의 경우는 그렇지 않다. 호텔 방에서나, 집에서나 혼자 텔레비전을 보는 것은 그리 유쾌한 일이 못 된다. 텔레비전의 모자이크적 이미지는 사회적 관계의 완성과 대화를 요구한다. 인쇄 이전의 필사본도 마찬가지이다. 필사본의 문화는 고대와 중세의 모든 문화가 보여주고 있듯이 구술적이며, 대화와 토론을 요한다. 텔레비전으로부터 큰 압력을 받아 생겨난 것은 티칭 머신teaching machine이었다. 사실 이러한 고안품은 책을 대화의 방향으로 개조한 것이다. 이러한 티칭 머신은 개인 교사이다. 〈티칭 머

---
7) 하이파이 장치에서 재생용(再生用) 바늘의 진동을 전기 출력으로 바꾸는 장치이다.

신〉이라는 말은 〈무선〉이라든가, 〈말 없는 마차〉[8] 같은 이름을 붙인 것과 동일한 원칙에서 나온, 이름을 잘못 붙인 예이다. 이것은 모든 혁신이 1차적 단계를 반드시 통과하여야 한다는 것인데, 그 1차적 단계에서 새로운 효과는 묵은 방법에 의해서 안전함을 보장받고, 어떤 새로운 특성에 의해서 확대 수정되는 것을 말한다.

실제로 영화는 노래나 글로 씌어진 말 같은 단일 미디어가 아니다. 그것은 집합체적 예술 형태이며, 거기에는 색채, 조명, 음악, 연기, 대사 등을 맡은 여러 사람들이 함께한다. 신문, 라디오, 텔레비전, 만화 등도 집단적 활동을 하는 전체 팀과 기술의 계급 조직[9]에 의존하는 예술 형태이다. 영화 이전에 있었던 이와 같은 집단적 예술 행위의 가장 뚜렷한 예는 공업화의 초기에 19세기의 대규모 새 교향악단의 탄생에서 나타났다. 역설적인 일이지만, 공업이 차츰 전문화, 세분화됨에 따라 판매와 공급에서 팀워크가 더 많이 요구되었다. 교향악단은 이런 상호 협력에서 생기는 힘을 주로 표현해 주는 것이 되었다. 그러나 심포니에서나 공업에서나 플레이어 자신들에게는 이러한 효과가 나타나지 않았다.

최근에 잡지 편집자가 영화 시나리오 쓰는 법을 논설적 기사를 구성하는 데 도입하였는데, 그 결과 논설적 기사는 단편소설을 대신하게 되었다. 이런 의미에서 영화는 책의 라이벌이다. (그리고 이후 텔레비전은 그 모자이크적 힘 때문에 잡지의 라이벌이 된다.) 일련의 영화 장면, 또는 그림으로 표현된 상황에서, 거의 티칭 머신식으로 제시되는 아이디어가 사실 단편소설을 잡지 분야로부터 추방했던 것이다.

할리우드는 텔레비전의 부속물이 되어가자 그 때문에 텔레비전과

---

8) 자동차를 가리킨다.
9) 이를테면, 텔레비전에서는 연출가, 조수, 그 밖의 스태프들로 이루어지는 종적 계열을 말한다.

싸우게 되었다. 영화 기업 대부분은 오늘날 텔레비전 프로그램 제작에 종사하고 있다. 그러나 하나의 새로운 전략으로 거액의 예산을 들인 영화를 시도하였다. 테크니컬러Technicolor는 영화가 텔레비전 영상의 효과에 가장 가까이 다가간 것이다. 테크니컬러는 사진적인 선명도를 크게 낮추고, 부분적으로 관객이 참여적 감상을 하는 데 필요한 시각적 조건을 만들어낸다. 할리우드가 「마티marty」가 성공한 이유를 이해했다면, 텔레비전은 영화에 하나의 혁명을 일으켰을지도 모른다. 「마티」는 낮은 선명도의 시각적 리얼리즘이라는 형태로 스크린에 오른 텔레비전 드라마였다. 그것은 〈성공 이야기〉가 아니었고, 거기에는 스타도 없었다. 낮은 선명도의 텔레비전 영상은 높은 선명도의 스타 이미지와는 함께할 수 없는 것이기 때문이다. 「마티」는 사실 초기의 무성 영화, 또는 오래된 러시아 영화처럼 보였으나, 이것이 영화가 텔레비전의 도전에 맞서는 데 필요한 모든 단서를 제공하였던 것이다.

이처럼 우연한 차가운 리얼리즘이 새로운 영국 영화가 쉽게 우세할 수 있게 만들어주었다. 「다락방Room at the Top」은 새로운 차가운 리얼리즘을 표현하고 있다. 이것은 성공 이야기가 아니다. 뿐만 아니라, 마릴린 먼로가 스타 시스템의 마지막이었던 것처럼 획일적인 신데렐라식 출세 이야기가 끝났음을 알리는 것이었다. 「다락방」은 원숭이가 높이 올라갈수록 그 궁둥이가 더 잘 보이게 된다는 이야기이다. 그 교훈은 성공이라는 게 사악할 뿐만 아니라, 비참하게 마련이라는 것이다. 영화 같은 뜨거운 미디어가 텔레비전의 차가운 메시지를 받아들이기는 매우 어렵다. 그러나 피터 셀러스Peter Sellers의 영화 「잭, 나는 괜찮아I'm All Right, Jack」와 「할 수 있는 것은 두 사람뿐Only Two Can Play」은 차가운 텔레비전 이미지에 의해 탄생된 새로운 분위기와 조화를 잘 이룬다. 「롤리타Lolita」가 거둔 애매한 성공의 의미도 마찬가지이다. 소설로서 그것이 받아들여졌다는 것은 로맨스에 대한 반영웅적인 접근법이 받아들여졌다는 것을 나타냈다. 영화 기업은 오랫동안 〈성공 이야기〉의 인기 상승에 발맞추어 〈사랑 이야기〉를 묘사하는 왕도(王道)를 만들어냈다. 「롤리타」는 그 왕도가 결국 소가 지나는 길에 지나지 않았다는 것을 선언한 것이며, 성공이라는 것은 개에게도 일어나서는 안 된다는 것을 나타내고 있다.

고대 및 중세에 가장 인기가 있었던 이야기들은 〈왕자의 몰락〉을 주제로 삼은 것이었다. 그러나 아주 뜨거운 인쇄 미디어가 등장해 이러한 선호는 변하였고, 밝은 이야기, 세상에서의 성공, 갑작스런 지위 상승 같은 주제가 환영받게 되었다. 문제를 아주 작은 획일적인 단편으로 처리해 버리는 새로운 활자적 방법을 사용한다면, 어떤 일이라도 가능할 것처럼 보였다. 결국 이러한 방법으로 영화도 제작되었다. 영화는 활자적 단편화가 갖는 커다란 가능성을 최종적으로 실현한 하나의 형태였다. 그러나 전기의 내파로 이제 단편화에 의한 확장의 모든 과정이 역전되었다. 전기는 내파, 균형, 혈행 정지(血行停止)[10]의 차가운 모자이크적 세계를 부활시켰다. 현대의 전기 시대에 신들린 듯이 개인이 한 방향으로 정상까지 확장해 간다는 것은 짓밟힌 생명, 파괴된 조화의 섬뜩한 이미지처럼 보인다. 이것이 바로 전체적 영역에 걸쳐 동시적으로 자극을 주는 텔레비전 모자이크가 던지는 잠재 의식적 메시지이다. 필름은 이 우월한 힘에 머리를 숙이지 않을 수 없다. 우리의 젊은이들은 소비자적 습성[11]과 개인적인 성공 이야기를 그들의 비트족[12]적 성향으로 거절하는데, 이는 그들이 이 텔

---

10) 본래는 의학 용어이지만 비유적으로 사용될 경우 상반되는 여러 세력이 균형을 유지하는 상태를 뜻한다.
11) 참여성이 결여된 수동적 태도를 말한다.
12) 1950년대 후반과 1960년대 초반에 도덕적 기준과 평범한 생활 양식에 거부감을 표했던 사람들이다.

레비전의 메시지를 가슴 깊이 받아들이고 있기 때문이다.

어떤 형태의 핵심적 본질을 알 수 있는 최고의 방법은 그 형태를 익숙하지 않은 환경에 두었을 때 나타나는 효과를 연구하는 것이다. 그러한 의미에서 1956년에 인도네시아의 수카르노 대통령이 할리우드의 여러 중역들이 모인 자리에서 한 말을 주목해 볼 필요가 있다. 그는 할리우드의 중역들을 정치적인 급진주의자이며 혁명가로 본다고 말했다. 그들이 아시아의 정치 변동을 크게 촉진하였다는 것이다. 동양인들이 할리우드의 영화 속에서 보았던 것은 모든 보통 사람들이 자동차, 전기 난로, 냉장고를 갖고 있는 세계였다. 그러므로 동양인들은 자신들도 보통 사람이면서 보통 사람으로서의 생존권을 지금까지 빼앗기고 있었다고 생각하게 되었다는 것이다.

또한 이것은 영화 미디어가 거대한 소비재 광고라는 것을 이해하는 또 하나의 길이다. 미국에서는 영화의 이 주요한 측면이 의식되지 않고 있다. 영화를 대혼란과 혁명의 유인물로 생각하지 않고, 그것을 위안이며 보상이요, 백일몽에 의해 언젠가는 희망이 달성되리라는 환상쯤으로 생각한다. 그러나 이 점에 관해서는 동양인들이 옳고 우리가 틀렸다. 사실 영화는 공업 사회라는 거인의 강력한 수족(手足)이다. 이 수족이 지금 텔레비전 영상에 의하여 절단되고 있다는 사실은 미국 생활의 중심부에 아주 거대한 변혁이 일어나고 있음을 나타내고 있다. 아직도 고대적인 동양이 우리 영화 산업에서 정치적인 힘과 공업적 도전을 느끼는 것은 당연한 일이다. 영화는 알파벳이나 활자만큼, 다른 문화 속으로 폭발해 들어가는 공격적이고 제국주의적인 형태이다. 그 폭발적인 힘은 발성 영화에서보다는 무성 영화에서 훨씬 더 컸다. 왜냐하면 전자기(電磁氣)에 의한 사운드 트랙은 이미 기계적 외파가 전기적 내파로 바뀐다는 것을 예고했기 때문이다. 발성 영화와는 달리 무성 영화는 언어 장벽을 넘어서 즉시 받아들여졌다. 라디오는 영화와 결합하여 우리에게 발성 영화를 가져다주었으며 외파와 팽창의 기계 시대 이후의 지금의 내파, 또는 재통합이라는 역전의 경로로 더욱더 우리를 이끌어가고 있다. 이 내파, 또는 압축의 극단적인 형태는 극히 작은 공간 속에 밀폐되어 있는 우주 비행사의 이미지이다. 그의 모습은 우리의 세계가 확장되지 않고, 촌락의 규모로 압축되어 있다는 것을 말해 준다. 로켓이나 우주 캡슐은 전신, 라디오, 텔레비전이 그랬던 것처럼, 바퀴와 기계의 원리를 종결시키고 있다.

이제는 영화의 더욱 결정적인 영향을 살펴보자. 현대 문학에서 의식의 흐름, 또는 내적 독백만큼 유명한 기법은 아마 없을 것이다. 프루스트, 조이스, 엘리엇의 작품 속에서 이러한 형태의 진행은, 폭넓고 다양한 작중 인물들을 독자들이 자신과 놀라울 정도로 동일시하게 만든다. 의식의 흐름은 사실 영화의 테크닉이 인쇄물로 옮겨진 것인데, 그러나 깊이 들여다보면 의식의 흐름은 인쇄물에서 비롯된 것임을 알 수 있다. 왜냐하면 이미 살펴온 것처럼, 구텐베르크의 활자의 테크놀러지는 모든 공업 과정 또는 영화의 제작 과정에서 없어서는 안 되는 것이기 때문이다. 미적분학이 미세하게 단편화하여 운동과 변화를 다루는 것처럼 〈가장하고〉 있는데, 이와 마찬가지로 영화도 운동과 변화를 일련의 정적 화면으로 나누어 운동과 변화 자체를 다루는 것처럼 가장하고 있는 것이다. 인쇄 역시 활동중인 모든 정신을 다루는 것처럼 가장한다. 그러나 영화와 의식의 흐름은 모두 그때까지 절실히 요구되던 것을 찾아준 것처럼 보였다. 다시 말해 계속되는 표준화와 획일성이라는 〈기계적 세계〉로부터의 해방을 찾아준 것처럼 보였던 것이다. 채플린이 보여주는 발레의 단조로움과 획일성, 또는 문학에서의 채플린인 레오폴드 블룸 Leopold Bloom의 단조롭고 획일적인 명상은 조금도 억압된 느낌을 주지 않았던 것이다.

1911년에 앙리 베르그송은 『창조적 진화』에서 사고의 과정을 영화의 형태와 관련지어 센세이션을 불러일으켰다. 공장, 영화, 신문으로 대표되는 기계화의 극점에 다다르면, 사람들은 의식의 흐름 또는 〈마음의 필름〉을 통해 자발성과 꿈과 독특한 개인적 경험의 세계 속으로의 해방감을 얻는 것처럼 보였다. 아마 디킨스는 자신의 작품 『픽위크 문서 Pickwick Papers』 속의 지방 순회 극단 배우 징글 씨를 통하여 그것을 시작하였을 것이다. 그리고 틀림없이 『데이비드 코퍼필드』에서 커다란 기술적 발견을 하였다. 성장해 가는 어린이의 눈을 카메라로 사용함으로써 비로소 세계가 소설 속에서 사실적으로 펼쳐지게 되었기 때문이다. 여기에 아마 프루스트, 조이스, 엘리엇이 채택하기 이전의 의식의 흐름의 기원적인 형태가 있을 것이다. 이것은, 여러 가지 미디어 형태들의 생명력이 서로 교차하고 상호 작용을 일으킴으로써 인간 경험이 전혀 예상치 못할 정도로 풍부한 것이 될 수 있다는 것을 보여주고 있다.

타이에서는 세계 각국으로부터, 특히 미국으로부터 영화를 수입하는 일이 아주 성행하고 있다. 이는 부분적으로 그들이 외국어라는 장애물을 능숙한 테크닉으로 극복하고 있는 데 기인한다. 방콕에서는 자막을 넣지 않고, 〈아담과 이브〉라 불리는 방법을 쓰고 있다. 이것은 타이 배우들이 관객에게 보이지 않는 곳에 숨어서 확성기에 대고 생생한 타이 말로 대사를 읽는 방법이다. 순간적인 타이밍과 대단한 인내력을 요하는 일이기 때문에, 이들은 타이 최고의 영화 스타보다 더 많은 급료를 받을 수 있다.

누구나 이따금 영화를 보면서 자기 스스로 적절한 코멘트를 집어 넣을 수 있는 자기만의 사운드 시스템을 가지기를 바란다. 타이에서는 사람들이 대스타들의 텅 빈 대화 사이에 자기만의 최고의 해석을 집어 넣을 기회를 가질 수 있을지 모르겠다.

30 라디오 • 원시 부족의 북

　영국과 미국은 문자 문화와 산업주의에 오랫동안 노출됨으로써, 라디오에 대한 면역 〈주사〉를 맞았다. 문자 문화나 산업주의는 경험의 강렬한 시각적 조직화와 결부되어 있다. 이 두 나라보다 토착적이고 그다지 시각적이지는 않은 유럽의 문화들은 라디오에 대한 면역을 가지고 있지 않았다. 그들에게는 아직도 라디오의 부족적인 마술의 효력이 남아 있었기 때문에, 혈족 관계의 옛 그물눈이 파시즘의 선율과 함께 다시 한번 공명하기 시작하였다. 그처럼 미디어의 언어와 메시지를 이해하지 못하는 문자 문화적 인간의 무력함은, 라디오의 영향을 논하는 사회학자 폴 라자스펠드 Paul Lazarsfeld의 말에서도 은연중에 드러난다.

　마지막으로, 라디오의 독점적 영향이라고 부를 수 있는 것을 들 수 있다. 전체주의 국가에서는 라디오의 영향이 중요했기 때문에, 거의 모든 국민의 주의를 끌었다. 라디오를 독점할 경우에 정부는 단순히 정부의 견해를 되풀이하고, 대립되는 견해를 제거해 국민의 의견을 결정할 수 있다. 이러한 독점적 영향이 구체적으로 어떻게 작용하는가는 정확히 알려져 있지 않지만, 그 특이성에 주목하는 일은 중요하다. 그러나 여기서 라디오의 그와 같은 영향 자체에 대한 결론을 내려서는 안 된다. 히틀러가 라디오를 통하여 지배권을 확립하지 않았다는 것은 종종 잊혀진다. 그는 오히려 라디오를 멸시했다. 왜냐하면, 그가 권좌에 올랐을 때 라디오는 이미 그의 적이 지배하고 있었던 것이다. 그러므로 독점적 영향은 일반적으로 인식되고 있는 것만큼 그렇게 큰 사회적 중요성을 가지지는 않는 것으로 생각된다.

라자스펠드 교수는 라디오의 본질과 영향에 대하여 전혀 깨닫지 못하고 있는데, 이는 그 개인의 결함이 아니라 흔히 받아들이고 있는 어리석음이다.

1936년 3월 14일에 뮌헨에서 가진 라디오 연설에서 히틀러는 〈몽유병자의 확신을 가지고 내 길을 간다〉고 말했다. 그의 피해자도, 그를 비판한 사람도 몽유병자와 같았던 것이다. 그들은 라디오라는 부족의 북이 내는 소리에 빠져 황홀하게 춤을 추었다. 라디오가 사람들의 중추신경 조직을 확장하여 모든 사람들을 깊이 참여시켰기 때문이다. 〈나는 라디오를 들을 때 완전히 라디오의 세계에 몰입합니다. 책보다 라디오에 훨씬 쉽게 열중합니다.〉 이 말은 라디오에 대한 한 여론 조사에서 나온 것이다. 라디오가 사람들을 몰입시키는 힘을 널리 지니고 있다는 것은 숙제를 하면서 라디오를 듣는 젊은이들이나 군중 속에서 자신만의 세계를 만들기 위해 라디오를 들고 다니는 많은 사람들의 예를 통해 분명히 알 수 있다. 독일의 극작가 베르톨트 브레히트는 다음과 같은 짧은 시를 썼다.

너 작은 상자여, 내가 도망치면 나를 꽉 붙들어다오
너의 진공관이 부서지지 않게,
집에서 배로, 배에서 기차로 옮겨라,
적들이 나에게 계속 말할 수 있도록
나의 침대 곁에서 나의 고통을 달래주고
밤에는 마지막까지, 아침에는 제일 먼저,
그들의 승리를, 그리고 나의 근심을,
약속해 다오, 갑자기 벙어리가 되지는 않겠다고.

텔레비전이 라디오에 미친 많은 영향들 중 하나는 라디오를 오락 미디어에서 일종의 신경 정보 시스템으로 바꾸어놓은 것이다. 뉴스, 시보(時報), 교통 정보, 그리고 무엇보다도 일기 예보는 라디오 본래의 힘을 강화하여 사람들을 서로 관여시키고 있다. 일기 예보는 모든 사람들을 똑같이 관여시키는 미디어이다. 그것은 라디오 최고의 프로그램으로서, 우리에게 청각의 공간 또는 생활권 Lebensraum이라는 샘물을 뿌려준다.

매카시 McCarthy 상원 의원이 라디오 출연을 그만두고 텔레비전에 출연하였으나 그 출연이 극히 짧은 시일밖에 계속되지 않았던 것은 우연한 일이 아니었다. 신문은 곧 〈더 이상 그는 뉴스가 아니다〉라고 단정하였다. 그러나 매카시도 신문도 사태의 진실을 파악하지 못하고 있었다. 텔레비전은 차가운 미디어이다. 텔레비전은 뜨거운 인물, 뜨거운 사건, 그리고 뜨거운 인쇄 미디어에서 비롯된 인물을 거부한다. 프레드 앨런 Fred Allen은 텔레비전에게 피해를 입은 사람들 가운데 하나였다. 마릴린 먼로는 어떠했는가? 만약 히틀러 집권 시대에 텔레비전이 대규모로 보급되었다면, 히틀러는 일찍 사라져버렸을 것이다. 그리고 히틀러보다 텔레비전이 일찍 등장했더라면, 히틀러는 결코 나타나지 못했을 것이다. 흐루시초프가 미국 텔레비전에 출연했을 때, 그는 닉슨보다도 더 마음에 드는 어릿광대로, 그리고 사랑스러운 늙은이로 받아들여졌다. 그의 모습은 텔레비전에 의해 만화로 만들어졌기 때문이다. 그러나 라디오는 뜨거운 미디어이다. 그리고 만화적 인물도 매우 진지하게 다룬다. 라디오 방송에서의 흐루시초프는 전혀 다른 인물이 될 것이다.

라디오로 케네디와 닉슨의 토론을 들은 사람은 닉슨이 우위에 있다는 생각에 빠지게 되었다. 그러나 텔레비전이라는 차가운 미디어로 날카롭고 높은 선명도의 이미지와 행동을 내보낸 것은 닉슨의 패착이었다. 텔레비전은 날카로운 이미지를 엉터리 같은 인상으로 변환시키기 때문이다. 〈엉터리〉라는 것은 잘못된 것을 나타내는 어떤 것, 진실처럼 들리지 않게 하는 어떤 것을 말한다. 당연히 프랭클린 루스벨트도 텔레비전에서는 잘하지 못하였을 것이다. 그러나 그는 적어도 뜨거운 라디오 미디어를, 격의 없는 노변담화(爐邊談話)식의 정견 발표라는 극히 차가운 일에 이용하는 방법을 알고 있었다. 라디오 담화에 적절한 분위기를 만들려면 우선 신문 미디어가 자신에 대한 비판을 써서 뜨거워지게끔 할 필요가 있었다. 신문을 라디오와 밀접하게 연관지어 이용하는 방법을 그는 잘 알고 있었던 것이다. 그러나 텔레비전의 경우였다면, 그는 여러 요소와 문제들이 정치적, 사회적으로 뒤섞인 완전히 다른 숙제를 떠맡게 되었을 것이다. 또 그랬더라도 아마 그는 그러한 문제를 해결하는 것을 즐겼을 것이다. 왜냐하면 그는 새롭고 명확하지 않은 관계를 해결하는 데 필요한 쾌활한 접근법을 체득하고 있었기 때문이다.

라디오는 쓰는 사람-말하는 사람과 듣는 사람 사이의 말없는 커뮤니케이션의 세계를 제공하기 때문에 많은 사람들에게 개인 대 개인으로 상대할 때처럼 친근하게 다가간다. 이것은 라디오의 직접적인 측면이다. 즉 개인적인 경험을 하게 한다는 것이다. 라디오는 잠재 의식의 심층에서 부족의 뿔나팔이나 고대 북의 울림처럼 작용하는 것이다. 이것은 인간의 마음과 사회를 하나의 감동의 소용돌이로 바꾸어 놓는 힘을 가진 라디오 매체가 본질적으로 갖추고 있는 것이다. 그러나 거의 예외 없이 라디오 대본 작가는 라디오의 이러한 성격에 주의하지 않는다. 그 유명한 오슨 웰스 Orson Welles의 방송 드라마 「화성으로부터의 침공 The Invasion from Mars」은 라디오의 청각 이미지가 갖는 전체 포괄적이고 전면 관여적인 힘을 꾸밈없이 드러낸 것이다. 오슨 웰스의 이 방법을 라디오에 실제로 써먹은 것은 바로 히틀러였다.

히틀러가 정치적인 인물이 될 수 있었던 직접적 원인은 라디오와 확성 장치에 있다. 그러나 그 미디어들이 그의 사상을 독일 국민에게 효과적으로 전달하였다는 말은 아니다. 그의 사상은 거의 중요치 않았다. 라디오는 처음으로 전자의 내파를 대중이 체험하게끔 했다. 이 내파가 문자 문화적인 서구 문명의 전체적인 방향과 의미를 역전시켰던 것이다. 부족적 민족들, 즉 전체 사회적 존재가 가족 생활의 확대인 사람들에게 라디오는 앞으로도 격렬한 체험이 될 것이다. 오랫동안 비즈니스와 정치에서 가족적 생활보다 개인주의를 우선으로 여겼던 고도의 문자 문화적인 사회는 자신들의 생활 방식에서 혁명적 변화를 일으키지 않고, 라디오의 내파적 영향력을 흡수하고 중화시키려고 하였다. 문자 문화의 경험이 극히 짧은 시간 동안 이루어졌거나, 또 얕았던 사회에서는 그렇게 하지 못했다. 그들에게 라디오는 전적으로 외파적[1]이다.

이런 영향을 이해하려면, 인쇄 기술인 문자 문화가 생산과 판매 전

---

1) 사회의 본질적 구조에는 영향을 미치지 않는다는 말이다.

체 과정의 합리화뿐만 아니라, 법률, 교육, 도시 계획에도 적용되고 있다는 것을 이해해야 한다. 인쇄 기술에서 유래된 연속성, 획일성, 반복성의 여러 원칙들은 영국과 미국에서 오랫동안 사회 생활의 모든 국면에 스며들었다. 이러한 사회에서 어린이는 교통이나 도로를 통하여, 그리고 자동차나 장난감이나 의복을 통하여 문자 문화를 배우게 된다. 영어권의 획일적 연속적 환경에서 글 읽기 쓰기 학습은 문자 문화의 일부분일 뿐이다. 문자 문화를 중요시하는 것은, 일과 공간의 시각적 조직화를 가져오는 표준화 과정을 시작하기 위해 노력하는 지역의 두드러진 특징이다. 인간 내부의 정신이 문자 문화에 의하여 단편적인 것으로 바뀌지 않으면, 경제의 〈도약〉은 있을 수 없다. 경제의 도약이란, 생산이 증가하고 재화와 서비스의 변화 및 교환이 가속화되게끔 보장해 주는 것이다.

1914년이 되기 직전에 독일인은 이웃 나라들에게 〈포위〉되는 위협에 사로잡혀 있었다. 당시 이웃 나라들은 모든 인적 자원을 쉽게 동원할 수 있는 정교한 철도 조직을 발전시킨 상태였다. 〈포위〉란 새로 공업화된 국가에게는 참으로 새로운, 매우 시각적인 이미지이다. 1930년대의 독일인은 〈생활권〉에 사로잡혀 있었다. 이것은 시각적인 관심사는 결코 아니다. 그것은 라디오에 의한 내파와 공간의 압축에서 생긴 밀실 공포증이다. 독일인은 전쟁에 패한 후 시각적인 강박 관념에서 벗어나, 내면의 아프리카적인 소리의 울림을 들으며 생각에 잠기는 방향으로 되돌아갔다. 부족적 과거가 독일인의 정신에는 언제나 현실이었던 것이다.

독일과 중부 유럽이 음악, 댄스, 조각의 세계를 풍요롭게 만들 수 있었던 것은 바로 청각적, 촉각적 형태와 같은 풍부한 비시각적 자원에 쉽게 접근할 수 있었기 때문이다. 특히 부족적 사고 방식 덕분에 그들은 새로운 비시각적인 아원자 물리학의 세계에 쉽게 다가갈 수 있었다. 그 세계 속에서는, 오랫동안 문자 문화를 누려온 그리고 이미 오랫동안 공업화되었던 사회가 결정적인 장애를 가진다. 문자 문화 이전의 생명력이 풍부한 지역은 라디오가 주는 뜨거운 충격을 느꼈다. 라디오의 메시지는, 격렬하고 통일적인 내파와 공명의 메시지이다. 아프리카, 인도, 중국, 그리고 소련에서도 라디오는 심오한 고대적 힘이며, 가장 먼 과거와 오래도록 잊혀진 경험을 잇는 〈시간의 묶음〉이다.

한마디로 전통이란, 과거 전체를 〈현재〉로서 느끼는 감각이다. 일반적으로 전통을 깨닫게 되는 것은 라디오가 주는 충격과 전기적(電氣的) 정보의 자연스런 결과이다. 그러나 라디오는 고도로 문자 문화적인 사람들에게 깊으면서도 막연한 일종의 죄책감을 일으키는데, 그것은 때때로 동조자적 태도로 나타난다. 새로이 발견된 이 인간적 관여(라디오)는 근심과 불안정함과 예측 불가능함을 낳았다. 문자 문화가 극단적인 개인주의를 조장한 반면에, 라디오는 깊은 부족적 관여의 혈족적 그물눈이라는 고대적 경험을 되살려 놓았다. 그래서 문자 문화적 서구는, 집합체적 책임이라는 보다 큰 의미 속에서 어떤 타협점을 찾으려고 애썼던 것이다. 이러한 목적을 향한 갑작스런 충동은 개인주의적 고립과 무책임을 향해 가해진 초기 문자 문화의 압박처럼 잠재 의식적이고 분명하지 않은 것이었다. 그리하여 누구도 자신이 도달한 지점에 대하여 만족하지 않았다. 구텐베르크의 인쇄술은 16세기에 새로운 시각적인 국가를 낳았는데, 그것은 차차 공업적 생산 및 확장과 맞물려 나갔다. 전신과 라디오는 민족주의nationalism를 중성화시켰지만, 가장 강렬한 고대 부족의 망령을 불러냈던 것이다. 이것은 바로 눈과 귀의, 외파와 내파의 만남이며, 조이스가 『피네건의 경야』에서 말한 것처럼, 〈그 속에서 유럽의 끝earopean end이 인도와 마주친 것〉이었다. 유럽의 귀가 열렸기 때문에 열린 사회는 닫혔고, 부족적 남성인 인도의 세계가 웨스트 엔드 West End[2]의 여성에게 다시 소개되었다. 조이스는 이러한 상황을 신비적이라기보다는 오히려 극적이고 모방적인 형태로 표현했다. 독자는 이와 같은 그의 말들 중 아무것이나 하나 골라서 그 의미를 알 수 있을 때까지 마임 mime으로 해보기만 하면 된다. 예술적 유희의 마음을 가지고 이것에 접근해 가면, 길거나 지루한 과정을 거치지 않고 〈『피네건의 경야』[3]에서 많은 즐거움〉을 얻을 수 있을 것이다.

다른 미디어들처럼 라디오도 눈에 보이지 않는 망토를 걸치고 있다. 라디오는 표면상으로는 개인 대 개인의 사적이고 친근한 직접적인 형태로 우리에게 다가온다. 그러나 보다 중요한 사실은 바로 라디오가 먼 옛날의, 잊혀진 심금을 울리는 마술적 힘을 가진 잠재 의식의 공명실(共鳴室)이라는 것이다. 테크놀러지에 의한 우리 신체의 모든 확장은 마비 상태에서, 그리고 잠재 의식 속에서 행해져야만 한다. 그렇지 않다면 우리는 그러한 확장이 우리에게 가하는 힘을 견뎌낼 수 없을 것이다. 전화 또는 전신보다 훨씬 더 라디오는 중추신경 조직의 확장이다. 이에 필적하는 것은 인간의 말뿐이다. 라디오가 우리의 중추신경 조직의 가장 원시적인 확장인 원시적 매스 미디어, 즉 자국어에 특히 알맞다는 것은 깊이 생각해 볼 가치가 있는 일이 아닐까? 인간의 말과 라디오라는 가장 친밀하고 힘있는 이 두 가지 테크놀러지가 한데 어우러졌을 때 인간의 경험에는 놀랍고도 새로운 형태가 생겨나지 않을 수 없다. 바로 몽유병 환자 히틀러에게서 그것이 실증되었다. 그러면 부족적 사회에서 이탈한 문자 문화적 서구는 영원한 마력인 라디오의 부족적 마술에 대한 면역을 자신들이 얻었다고

---

2) 피커딜리를 중심으로 하는 런던의 심장부인데, 여기서는 〈서구의 끝〉이라는 의미로도 사용되고 있다.
3) 원제 〈Finnegan's Wake〉의 〈wake〉에는 철야제(徹夜祭)라는 뜻도 담겨 있다.

생각하는 것일까? 1950년대에 10대들 teenagers에게는 많은 부족적 흔적이 나타나기 시작했다. 10대들과 달리, 젊은이 the adolescent는 지금은 문자 문화적인 하나의 현상으로 분류될 수 있다. 문자 문화가 식량에까지 추상적, 시각적 가치를 부여한 영국이나 미국 같은 지역에만 젊은이가 있다는 것은 의미심장하지 않은가? 유럽에는 젊은이가 없었다. 젊은이의 후견인만 있었다. 지금 10대들에게 라디오는 프라이버시를 제공한다. 동시에 공동 시장의 세계, 노래의 세계, 공명 세계의 긴밀한 부족적 결합도 가져다 준다. 중립적인 눈에 비해 귀는 과민한 감각을 가지고 있다. 귀는 완고하고 폐쇄적이며 배타적이다. 반면에 눈은 개방적이고 중립적이며 연대적이다. 서구에서 관용이라는 개념은 문자적, 시각적인 구텐베르크 문화가 2-3세기 동안 계속되고 나서야 생겨났다. 시각적 가치를 중심으로 하는 태도가 1930년까지 독일에는 침투되지 않았다. 소련은 시각적 질서와 시각적 가치의 그러한 개입과는 여전히 동떨어져 있다.

어두운 방에 앉아서 말하면, 말은 갑자기 새로운 의미와 함께 전과는 다른 결을 가지게 된다. 르 코르뷔지에는 건물이 밤에 가장 멋지게 느껴진다고 말했는데, 말은 어둠 속에서 그 건물보다도 더 풍요로워진다. 인쇄물이 말에서 벗겨낸 동작의 모든 특질이 어둠 속에서 라디오를 통해 되돌아온다. 드라마에 음성밖에 주어지지 않을 때, 우리는 시각적으로 동작을 상상할 뿐만 아니라, 모든 감각을 동원해 나머지를 채워야 한다. 너무도 많은 부분을 〈스스로 하기〉, 또는 완성과 행위 〈종결〉 때문에 젊은 사람들은 주위로부터 벗어나 고립된 태도를 지니게 되고, 멀리 떨어져 있고 접근하기 어려운 존재가 되어버린다. 라디오가 주는 소리의 신비로운 병풍 덕분에 젊은 사람들은 방해받지 않고 숙제를 할 수 있는 프라이버시를 얻고, 부모의 명령에 시달리지 않을 수 있다.

라디오의 출현으로 신문, 광고, 연극, 시 등에서 큰 변화가 나타났다. 라디오는 CBS의 모튼 다우니Morton Downey처럼 조크를 잘하는 탤런트들에게 새로운 영역을 제공하였다. 스포츠 뉴스 아나운서가 15분 분량의 대본을 막 읽기 시작하자 다우니 씨가 들어온다. 그는 아나운서의 구두와 양말을 벗긴다. 다음에는 윗도리, 바지, 속옷들을 잇달아 벗긴다. 그 동안 아나운서는 별수없이 계속 방송을 진행한다. 일에 대한 충성을 강요하는 마이크의 힘이 정숙함과 자기 방어의 충동을 이긴다는 것을 보여준 것이다.

라디오는 디스크 자키를 만들어내고 개그 작가의 지위를 전 국민적인 중요 인물로 상승시켰다. 라디오가 출현하고 나서부터 개그는 조크를 대신하게 되었다. 이것은 개그 작가 덕분이 아니라, 라디오가 기자의 방송 기사 길이까지 정해 버리는 빠르고 뜨거운 미디어이기 때문이다.

뉴욕의 WOR 방송국에 있는 진 셰퍼드Jean Shepherd는 라디오를, 자신이 밤마다 쓰는 일종의 새로운 소설을 위한 새로운 미디어로 간주한다. 마이크가 그의 펜이고 원고지이다. 그의 청취자와, 세계에서 매일 일어나는 사건에 관한 청취자들의 지식에서 그는 자신의 소설의 인물, 장면, 분위기를 만들어낸다. 몽테뉴가 인쇄된 책이라는 새로운 세계에 대한 자기의 반응들을 기록하기 위해 지면을 이용한 최초의 인물이었듯이, 자신은 수필과 소설 형태로서 라디오를 처음 사용한 사람이라는 것이 셰퍼드의 생각이다. 이를테면, 개인적이거나 사회적인 모든 인간의 사건에 모든 사람이 참가하는 아주 새로운 세계를 사람들이 어떻게 이해하고 있는가를 기록하는 방식으로서 말이다.

인쇄술과 라디오 등의 급진적인 힘이 사회에 미치는 영향에 대하여 인간이 무관심한 이유를 미디어 연구자에게 설명하기는 어렵다. 표음 표기와 활자가, 폐쇄된 부족적 사회를 단편화된 기능과 전문가적인 지식과 행위의 〈개방 사회〉로 확산시켰는데, 이들의 이러한 마술적인 변환자로서의 역할에 관해서는 조금도 연구가 이루어져 있지 않다. 즉각적인 정보를 갖는, 표음 표기와 활자와는 정반대인 전기의 힘은 사회적 외파를 내파로, 사기업을 인간의 조직으로, 확장되는 제국(帝國)을 공동 시장으로 바꾸어놓는데, 그럼에도 불구하고 그러한 전기의 힘은 글로 씌어진 말과 마찬가지로 거의 인식되지 않았다. 인류를 다시 부족화하는 라디오의 힘, 즉 개인주의를 파시스트로든 마르크스주의자로든 간에 집산주의로 거의 순식간에 바꾸어버리는 라디오의 힘에 관해서도 그냥 지나쳐버렸다. 이처럼 의식하지 못하고 지나치는 것은 놀라운 일이며, 설명할 필요가 있는 일이다. 미디어의 변형하는 힘은 쉽게 설명될 수 있지만, 이 힘이 왜 무시되고 있는가를 설명하기는 어렵다. 그렇지만 테크놀러지의 심리적 작용이 일반적으로 무시되고 있다는 사실은, 스트레스와 충격을 받았을 때의 의식 특유의 작용, 바꾸어 말한다면 의식의 본질적인 마비를 나타내는 것임에 틀림없다.

라디오의 역사는 기존의 테크놀러지가 모든 사회에서 만들어낸 감각의 편향과 맹목 상태를 드러내준다. 영국에서는 아직도 〈라디오〉라고 하지 않고, 〈무선wireless〉이라고 하는데, 이는 새로운 형태에 대해 소극적인, 〈말[馬] 없는 마차(자동차)〉식의 태도를 분명하게 보여주는 것이다. 초기에는 무선을 전신의 한 형태로 생각했고 그것이 전화와 관계가 있다고는 생각하지 않았다. 1916년에 데이비드 사노프는 그의 고용주인 아메리칸 마르코니American Marconi 사의 사장에게 각 가정에 뮤직 박스를 놓게 하면 어떻겠느냐는 아이디어를 전했다. 그러나 무시당했다. 그때가 아일랜드의 〈이스터 반란Easter rebellion〉의 해이며, 비로소 라디오가 정말로 〈방송broadcast〉된 해였다. 이미 무선은 선박에서 육지를 잇는 전신으로 이용되어 왔다. 아일랜드의 반역자들은 선박의 무선 신호를 어느 한 지점에서 다른 지점으로 보내는 것이 아니라, 광범위하게 송출하였다. 어떤 배가 신호를 받아 미국의 신문에 전해 주었으면 하는 바람에서였다. 그리고 그렇게 되었다. 방송이 나타난 뒤로 몇 년이 지났지만 방송에 대한 상업적 관심은 생겨나지 않았다. 방송 시설의 설치를 인정하는 조치가 마침내 이루어진 것은 바로 아마추어 무선사, 즉 햄과 그 애호가들의 청원 때문이었다. 신문계는 이에 대하여 마음 내키지 않아하면서 반대했다. 이 때문에 영국에서는 국영 BBC(영국방송협회)가 설립되었고, 신문과 광고 업계는 라디오를 강력하게 방해했다. 이는 이제까지 터놓고 논의된 적이 없는 명백한 경쟁이었다. 영국과 캐나다에서는 신문측이 라디오와 텔레비전에 제약을 가하기 위해 압력을 행사해 왔는데 이는 여전히 중대한 논쟁거리로 남아 있다. 그러나 이는 바로 미디어의 본질을 오해하고 있기 때문이며, 이러한 규제 정책은 전혀 쓸모없는 일이었다. 이와 같은 제약은 항상 있었던 일이며, 특히 신문과 영화에 대한 정부의 검열은 그중 악명 높다. 미디어가 메시지이기는 하지만, 그것을 통제한다는 것은 프로그램 편성의 영역 이상의 것이다. 규제는 언제나 〈내용〉에 초점을 두지만, 그 〈내용〉은 언제나 또 다른 미디어이다. 신문의 내용은 글자에 의한 진술statement이다. 책의 내용이란 발언speech이다. 영화의 내용은 소설이다. 그러므로 라디오의 영향은 그 프로그램 편성(내용을 어떻게 짜느냐 하는 것)과는 완전히 독립된 것이다. 미디어에 대하여 전혀 연구해 본 적이 없는 사람은 이 사실을 이해하지 못할 것이다. 그들은, 문자 문화적인 인간의 글 쓰기 습관을 이해하지 못하고 〈당신은 왜 쓰는가? 기억해 두면 되지 않는가?〉라고 묻는 토착민과 같다.

그리하여, 미디어가 보편적으로 받아들여질 수 있는 것이 되게끔 하려는 상업적 이해에 관계된 사람들은 변함없이 중립적 전략으로서

〈오락〉을 선택하는 것이다. 〈눈감고 아웅하는〉식의 방법들 중 이보다 더 굉장한 것은 없다. 왜냐하면 이러한 방법이 모든 미디어에 최대한 보급될 수 있게 보장하는 것이기 때문이다. 문자 문화적인 사람들은 신문, 라디오, 영화를 논쟁하거나 견해를 표명하는 데 사용해야 한다고 계속 주장할 것이다. 그러나 그렇게 되면 결국 신문, 라디오, 영화뿐만 아니라, 책의 기능도 축소될 것이다. 상업적인 오락 전술은, 한 미디어가 정신 생활과 사회 생활에 미치는 영향의 속도와 힘이 최대치가 될 수 있게 보장해 준다. 그것은 변화보다는 영속성을 바라는 사람들이 사용하는, 무의식적으로 자신을 죽이는 희극적 전술이 된다.[4] 그러므로 미래에 효과적으로 미디어를 제어하는 유일한 방법은 〈양적(量的)으로 공급을 제한하는 온도 조절 장치〉식의 형태가 될 것임에 틀림없다. 요즘 우리가 핵 폭탄 투하를 제어하기 위하여 노력하고 있는 것처럼, 언젠가는 미디어 〈투하〉를 제어하기 위해 노력할 것이다. 교육은 미디어의 투하에 대한 민간의 방위로서 인식될 것이다. 지금 우리의 교육은 인쇄 미디어에 대해서만 민간의 방위를 제공하고 있다. 인쇄를 바탕으로 해서 세워진 교육 제도는 아직 다른 책임은 받아들이지 않고 있다.

라디오로 인해 정보의 속도가 빨라졌는데, 이는 다른 미디어를 가속시키는 원인이 되고 있다. 분명히 라디오는 세계를 촌락 규모로 압축하고, 쑥덕공론, 소문, 개인적인 원한 같은 질리지 않는 촌락적 기호를 만들어내고 있다. 그런데 라디오가 세계를 촌락의 차원으로 압축하긴 하지만 촌락화된 지역을 동질화하는 영향력은 가지고 있지 않다. 오히려 그 반대이다. 인도에서는 라디오가 가장 뛰어난 커뮤니케

---

4) 새 미디어를 현상 유지를 위하여 사용하려고 하다가 오히려 현상을 바꾸어버리게 된다는 말이다.

이션의 형태이지만, 12개 이상의 공인(公認)된 국어가 존재하고, 그래서 같은 수의 라디오 방송망도 존재한다. 고대 풍습과 태곳적 기억을 되살린 라디오의 영향이 히틀러의 독일에 국한된 것은 아니다. 라디오가 나타난 뒤로 아일랜드, 스코틀랜드, 웨일스에서는 옛날에 쓰던 말들이 되살아났고, 이스라엘에서는 더욱 놀라운 언어의 부활이 이루어졌다. 그들은 지금 수세기 동안 책 속에 죽어 있던 언어를 사용하고 있다. 라디오는 고대의 기억, 힘, 증오를 강력하게 일깨울 뿐만 아니라, 모든 전기적 힘과 미디어의 경우와 같이 분산화, 다원화한다.

조직의 중앙집중주의는 표음 문자 문화에서 비롯된 연속적, 시각적, 선형적 구조화에 바탕을 두고 있다. 그래서 처음에 전기 미디어는 단순히 문자 문화적 구조의 기존 패턴을 모방했다. 그러다가 라디오는 텔레비전 덕분에 이와 같은 중앙집중적 방송망의 압박에서 벗어나게 된다. 그 다음으로 텔레비전이 중앙집중화라는 무거운 짐을 짊어졌는데, 텔스타가 텔레비전을 이 무거운 짐에서 해방시킬 것이다. 텔레비전이 우리의 중앙집중화된 공업 조직에서 파생되는 중앙집중적 방송망이라는 짐을 맡아주었기 때문에, 라디오는 자유로이 분산화하였다. 라디오 초기의 〈햄〉 시대에도 알려져 있지 않았던 지역적, 지방적 커뮤니케이션의 방송을 시작한 것이다. 텔레비전의 등장 이후 라디오는 하루의 여러 시간대에 개개인들이 가지는 욕구 쪽으로 방향 전환하였다. 이 사실은 침실, 욕실, 부엌, 자동차, 주머니 등 여러 장소에 라디오가 놓이게 된 상황과 부합된다. 갖가지 활동을 하고 있는 사람들에게 다양한 프로그램이 공급된다. 한때는 교회가 텅 비게 할 정도의 집단 청취 형태였던 라디오가 텔레비전이 출현한 뒤로는 사적, 개인적 이용의 형태로 바뀐 것이다. 10대들은 텔레비전의 집단에서 나와 개인의 라디오로 돌아간다.

다양화된 커뮤니티 그룹에 밀접하게 연결되는 라디오의 이 자연스러운 변화는 디스크 자키 프로그램의 유행과, 예전의 전화 도청을 정당화한 형태인 라디오 전화 이용 프로에서 잘 나타난다. 정치 기구에 대한 부족적인 구식 관념을 지니고 있던 플라톤은, 광장에서 연설하는 사람의 소리를 들을 수 있는 인원수에서 도시의 적정 규모가 나온다고 말했다. 라디오는 말할 것도 없고 인쇄된 책조차도 플라톤의 정치적 가설을 실제적인 용도와는 전혀 맞지 않는 것으로 만들어버리는 것이다. 그러나 라디오는 널리 퍼지는 친밀한 관계를 개인적인 혹은 작은 공동체에도 쉽게 만들 수 있기 때문에, 플라톤의 정치적인 꿈을 세계적인 규모로 손쉽게 이루어낼 수 있었다.

보통의 라디오 프로그램은 라디오와 축음기의 결합인데, 그것은 뉴스와 일기 예보를 만들어내는 라디오와 전신의 결합보다도 훨씬 뛰어난 힘을 가진 매우 특수한 패턴을 만들어낸다. 라디오나 텔레비전에서 뉴스보다 일기 예보가 더 눈길을 끄는 것은 이상한 일이다. 이는 〈일기 예보〉가 완전히 정보의 전자적 형태인 반면에, 뉴스는 아직도 인쇄 문자의 패턴을 대부분 지니고 있기 때문이 아닐까? **BBC와 CBC**의 라디오와 텔레비전 연출이 어색한 것은 인쇄와 서적에 대한 그들의 편견 때문인 것이다. 이와 대조적으로 미국에서는 예술적 통찰보다는 상업상의 긴급한 요청 때문에 라디오와 텔레비전을 아주 활발하게 육성하였다.

31 텔레비전 • 소심한 거인

텔레비전 영상이 미치는 영향들 중 가장 잘 알려져 있고, 가장 가슴 아프게 하는 것은 아마 초등학교 저학년 어린이들의 태도일 것이다. 텔레비전이 나온 뒤로 어린이들은 시력이 좋든 나쁘든 간에 평균 약 16.5센티미터 정도만 떨어져서 인쇄 지면을 본다. 어린이들은 텔레비전을 볼 때 요구되는 모든 감각의 관여를 그대로 인쇄물에까지 적용하려고 애쓰고 있다. 어린아이들은 뛰어난 정신적 모방의 기술을 가지고 텔레비전 영상의 요구에 따르는 것이다. 그들은 자세히 들여다보고 탐색하며, 마음을 이완시킨 상태에서 자신을 깊이 관여시킨다. 이러한 태도는 바로 그들이 만화책이라는 미디어의 차가운 화상(畵像)에서 배운 것이다. 텔레비전은 이 과정을 한층 더 밀고 나간다. 그러던 그들이 갑자기 획일적인 패턴과 고정된 선을 좇는 뜨거운 인쇄 미디어의 세계로 옮겨지면, 그들은 요령 없이 인쇄물을 깊이 있게 읽으려고 애쓴다. 그들은 자신들의 모든 감각을 동원하여 인쇄물에 집중하려고 하나 인쇄물이 그것을 거부한다. 인쇄물이 요구하는 것은 통일된 모든 감각 영역이 아니라, 고립되고 불필요한 것을 제거한 시각 능력뿐이다.

어린아이들이 맥워스MacKworth의 헤드 카메라head-camera를 달고 텔레비전을 보게끔 하였더니, 그들의 눈이 배우들의 동작action의 움직임을 따라가지 않고 반응reaction을 따라가며 움직인다는 사실이 밝혀졌다. 폭력 장면에서도 눈은 배우들의 표정에서 거의 떨어지지 않는다. 이 헤드 카메라는 장면과 함께 눈의 움직임도 찍어낸다. 어린아이들의 이처럼 놀라운 행동은, 텔레비전이라는 미디어가 매우 차갑고 사람을 관여시키는 성질을 가지고 있다는 점을 보여준다.

1963년 3월 8일, 〈잭 파 쇼〉에 출연한 리처드 닉슨은 파 쇼에 맞추어져 텔레비전에 적절한 이미지로 다시 만들어졌다. 닉슨은 거기서 피아니스트 겸 작곡가였다. 확실히 텔레비전 미디어의 성질을 교묘하게 다룰 줄 아는 잭 파는 피아노의 음역처럼 폭넓은 닉슨의 인간적인 측면을 다루어 굉장한 효과를 만들어냈다. 그때 닉슨은 능수능란하고 말 잘하는 법률가가 아니라, 상당히 창조적이고 품위 있는 연주가였다. 이와 같은 일이 시기 적절하게 몇 차례 더 있었더라면 아마 케네디-닉슨의 선거 결과는 완전히 뒤바뀌었을 것이다. 텔레비전은 날카로운 개성을 거부하고 완제품보다는 과정을 제공하는 것을 좋아하는 미디어이다.

텔레비전은, 말쑥하게 이루어져 있는 것보다도 이루어지는 과정을 보여주는 데 적합하다. 이 사실에서, 이 미디어가 정치적으로 이용될 때 많은 사람들이 좌절을 겪는 이유를 설명할 수 있다. 《TV 가이드 *TV Guide*》 기사(1963년 5월 18-24일자)에서 에디스 에프런 Edith Efron 은 텔레비전에 〈소심한 거인〉이라는 이름을 붙였는데, 이는 뜨거운 사건과 논쟁을 불러일으킬 것임에 틀림없는 화제에는 텔레비전이 적합하지 않기 때문이다. 〈검열받지 않을 공식적인 자유를 가지고 있음에도 불구하고, 텔레비전의 다큐멘터리는 스스로 침묵한다. 그래서 오늘날의 중요한 문제들 대부분에 대해서 아무 말도 하지 않는다〉고 말하고 있다. 어떤 사람들은 차가운 미디어로서의 텔레비전이 일종의 사후 경직(死後硬直)을 정치에 가져왔다고 느끼기도 한다. 텔레비전이 뜨거운 문제를 다룰 수 없는 것은 엄청난 정도까지 텔레비전이 시청자를 참여시키고 있기 때문이다. 하워드 스미스 Howard K. Smith는 이렇게 말하고 있다. 〈방송국은 1만 4천 마일 떨어진 나라에서 논쟁이 일어나면 기뻐할 것이다. 그들은 가까운 곳, 국내에서의 진정한 논쟁, 진정한 비판은 좋아하지 않는다.〉 하나의 상황에 깊이 관여하기보다는 여러 가지 견해의 충돌에 관심을 가지는 뜨거운 신문 미디어에 익숙한 사람들은 이러한 텔레비전의 행태를 이해하기 어려울 것이다.

텔레비전과 직접적으로 관계가 있는 뜨거운 뉴스 중에 다음과 같은 제목을 가진 것이 있었다. 〈사투리를 설명하기 위해 영국 영화에 마침내 영어 자막 등장〉. 문제의 이 영화는 「참새는 노래하지 않는다 Sparrows Don't Sing」라는 영국 코미디물이었다. 그리고 관객용으로 요크셔 사투리, 런던 사투리, 그 밖의 속어에 대한 용어 해설이 붙어 있었기 때문에 관객들은 자막의 의미를 잘 이해할 수 있었다. 자막에 또 자막이 붙는다는 것은, 여성의 옷차림에 나타난 〈들쑥날쑥하게 겹쳐 입는〉 스타일처럼 텔레비전의 심층적 효과를 잘 나타내주는 것이다. 텔레비전이 영국에 나타난 뒤에 가장 많이 퍼진 것들 중 하나는 사투리일 것이다. 당시 문자 문화는 이러한 〈사투리 brogue〉[1]를 끊임없이 갉아먹고 있었다. 그런데 이전에는 표준 영어만을 들을 수 있었던 지역에서 갑자기 사투리가 우세하게 된 영국의 이런 현상은 현대

---

1) 이 말은 원래 아일랜드인과 스코틀랜드 고지 주민이 사용한 거친 가죽으로 된 간단한 구두를 의미하였다.

의 두드러진 문화 현상 중 하나이다. 옥스퍼드와 케임브리지의 교실에서조차도 지방어를 다시 들을 수 있게 되었다. 이 대학의 학생들은 이제 더 이상 획일적인 말을 익히려고 애쓰지 않는다. 텔레비전이 출현한 뒤부터 방언으로 말하는 것은, 겨우 1세기 전에 시작된 인위적인 〈표준 영어〉에서는 얻을 수 없는 깊은 사회적인 유대를 제공한다는 점이 밝혀져 왔다.

어느 기사에서 페리 코모 Perry Como는 〈고압(高壓) 지대의 저압왕(低壓王)〉[2]으로 표현되었다. 텔레비전 출연자로서의 성공 여부는 저압 스타일을 갖출 수 있느냐에 달려 있다. 물론 저압 스타일의 연기를 내보내려면, 방송은 상당한 고압 체제, 즉 면밀한 기획과 훈련을 필요로 할 것이다. 카스트로는 적절한 예이다. 태드 스절크 Tad Szulc는 〈쿠바 텔레비전의 원맨 쇼〉「제8예술 The Eighth Art」에서 이렇게 이야기하고 있다. 〈그는 언뜻 보면 즉흥적인 것 같은 '내 생각대로'의 스타일로 정치를 전개해 나가고 나라를 다스릴 수 있다——바로 텔레비전 카메라 앞에 서서 말이다.〉 그런데 태드 스절크는 텔레비전이 뜨거운 미디어라는 착각 속에 이러한 말을 꺼낸다. 콩고에서 〈텔레비전의 도움이 있었다면, 루뭄바 Lumumba는 대중을 선동하여 훨씬 큰 혼란과 유혈을 일으킬 수 있었을 것이다.〉 그러나 그의 말은 잘못된 것이다. 라디오는 열광하게 하는 미디어이고, 아프리카, 인도, 중국 등의 부족적인 피를 뜨겁게 하는 주요 수단이었다. 그러나 텔레비전은 미국을 식히고 있는 것처럼, 쿠바를 식혔다. 텔레비전으로 인해 쿠바 국민은 정치적 결정에 직접 참여하는 경험을 하고 있다. 카스트로는 교사(教師)로 등장한다. 스절크의 말대로 그는 〈정치적 선전 속에 정

---

2) 긴장을 요하는 강압적인 내용을 아무런 저항감을 주지 않고 온건하고 설득력 있게 상대방에게 전하는 사람을 뜻한다.

치적 지도와 교육을 아주 교묘하게 뒤섞어 놓아 이들을 구별하기가 종종 힘들 정도)이다. 정확히 이와 같은 혼합이 유럽과 미국에서는 오락에서 이용되고 있다. 미국 영화는 다른 나라 사람들에게는 교묘한 정치적 선전처럼 보인다. 모든 사람에게 받아들여지는 오락은 그 발생지의 문화적, 정치적 전제에 맞추어가며 그것을 이용해서 돈벌이를 해야 한다. 그리고 그와 같은 암묵적인 전제 때문에, 사람들은 텔레비전 같은 새로운 미디어에 대한 가장 명백한 사실들조차도 알아차리지 못하는 것이다.

몇 년 전 토론토에서 몇 가지 미디어의 효과를 비교하였을 때, 텔레비전은 두드러진 특색을 나타냈다. 무작위로 뽑은 대학생 네 그룹에게 문자 이전의 언어 구조에 관한 동일한 강의를 동시에 받게 하였다. 네 그룹은 각기 라디오, 텔레비전, 직접적인 수업, 그리고 인쇄물을 읽는 식으로 강의를 받았다. 인쇄물을 읽는 그룹을 제외한 다른 모든 그룹의 수업에서는 동일한 교사가 토론과 질문, 응답 없이, 칠판도 사용하지 않은 채 일방적으로 직접 말하기만 했다. 각 그룹은 30분 동안 각각의 미디어를 통해 정보를 받았다. 그 뒤에 동일한 테스트가 있었다. 직접적인 수업과 인쇄물 읽기식의 수업보다도 텔레비전을 통한 정보와 라디오를 통한 수업이 더 좋은 성과를 거두었는데, 이는 실험자에게는 놀라운 사실이었다. 더구나 텔레비전 그룹의 성적은 라디오 그룹보다 확실히 〈더 나았다〉. 이 실험에서는 각 미디어의 특질에 맞는 특별한 강조점이 주어지지 않았기 때문에, 무작위로 뽑은 다른 그룹으로 이번에는 다른 실험을 해보았다. 각 미디어의 특색을 충분히 살려 강의를 하였다. 라디오와 텔레비전에서는 많은 청각적, 시각적 특성을 살려 연극의 형식으로 실시되었다. 직접적인 수업에서 교사는 칠판을 충분히 활용하고, 토론도 실시하였다. 인쇄물은 활자와 레이아웃이 강의의 요점들을 잘 드러낼 수 있도록 만들어졌다. 이렇게 하자 모든 미디어의 강도는 높아졌다. 하지만 이번에도 텔레비전 강의와 라디오 강의가 여전히 직접 강의와 인쇄물 읽기식 강의보다 나았다. 그러나 실험자가 예상하지 못했던 것은 이번에는 라디오가 텔레비전보다 훨씬 우수한 결과를 나타냈다는 점이다. 오랜 시간이 걸린 후에야 명백한 이유가 밝혀졌다. 즉, 텔레비전은 차가우며, 참여를 요하는 미디어이다. 그래서 극으로 만들거나 자극을 가하면, 더 작은 기능을 하게 된다. 왜냐하면 그만큼 텔레비전에 참여할 기회가 줄어들기 때문이다. 라디오는 뜨거운 미디어이다. 강도를 더 가할수록 라디오는 효과가 점점 높아진다. 라디오는 청취자의 참여를 텔레비전만큼 요구하지는 않는다. 라디오는 배경음으로서, 또는 다른 소음을 통제하는 수단으로서 이용되기도 한다. 영리한 10대들이 자신의 프라이버시를 지키기 위해 라디오를 이용하는 것처럼 말이다. 텔레비전은 배경음 역할을 할 수 없다. 텔레비전은 우리의 참여를 요한다. 우리는 텔레비전과 〈함께해야with〉(이 말은 텔레비전이 등장한 뒤부터 일반적으로 받아들여지게 되었다)만 한다.

 텔레비전이 등장한 뒤로는 정말 많은 것들이 제대로 잘 되지 않는 것 같다. 영화뿐만 아니라 전국적 규모의 잡지 또한 이 새로운 미디어로부터 큰 타격을 입었다. 만화책까지도 크게 쇠퇴했다. 미국인들의 독서력이 왜 낮은가에 관한 많은 논의가 텔레비전의 등장 이전에 있어왔다. 텔레비전이 등장한 뒤부터 사람들은 완전히 새로운 인식 태도를 가지게 되었다. 이전 사람들과는 전혀 다르다. 「어느 살인의 해부 Anatomy of a Murder」와 그 밖의 많은 히트작을 낸 영화 감독 오토 프레밍거 Otto Preminger에 따르면, 영화 제작과 감상에서 하나의 커다란 변화가 일어난 때는 텔레비전 방송이 일반화되었던 바로 그 해였다. 또 그는 이렇게 이야기하고 있다. 〈1951년, 「달은 푸르고 The Moon Is Blue」가 제작 윤리 규정에 걸려 상영되지 못하게 되자, 나는 그것이 상영되도록 하기 위한 싸움을 시작했다. 그것은 작은 싸움이었고, 나는 승리했다.〉《토론토 데일리 스타 Toronto Daily Star》 1963년 10월 19일자)

그는 또 이렇게 말하였다. 〈「달은 푸르고」는 다름 아닌 '처녀' 라는 말 때문에 걸렸다. 이런 일은 웃기는, 거의 믿기 힘든 일이다.〉 오토 프래밍거는, 텔레비전의 영향을 받아 미국 영화가 많이 성숙해졌다고 생각한다. 차가운 텔레비전은 예술에서든 오락에서든 내용의 깊이를 강화하고, 관객의 깊은 참여 또한 이끌어낸다. 구텐베르크 이후로 거의 모든 테크놀러지와 오락은 차가운 것이 아니라 뜨거운 것이었고, 심층적이지 않고 단편적이었고, 제작자 지향형이 아니라 소비자 지향형이었다. 그렇기 때문에 가정이나 교회로부터 학교나 시장에 이르는 인간 관계가 존재하는 모든 영역들 중 그 형태와 구조에 심각한 혼란이 일어나지 않았던 곳은 거의 없다.

정신적, 사회적 혼란은 텔레비전의 프로그램 편성이 불러일으키는 것이 아니라, 텔레비전 영상 그 자체가 불러일으킨다는 점이 신문 지상에 매일 논의되고 있다. 페리 메이슨 Perry Mason 역을 연기하는 레이먼드 버 Raymond Burr는 전국지방자치판사협회에서 이런 사실을 다음과 같이 환기시켜 준다. 〈평범한 우리 시민의 이해와 양해가 없으면, 당신들이 적용하는 법률과 당신들이 여는 법정이라는 것은 존속할 수 없다.〉 여기서 버가 빠뜨린 것이 있다. 그것은 그가 주역을 맡고 있는 프로그램 「페리 메이슨」이, 법률과 법정에 대한 우리의 관계를 변화시킨 강하게 참여적인 텔레비전 경험을 대표하는 프로그램이라는 사실이다.

텔레비전 영상의 양식은 그것이 비언어적인 게슈탈트 Gestalt, 즉 형태를 나타낸다는 점 말고는 영화 또는 사진과 공통되는 것이 전혀 없다. 텔레비전의 경우, 시청자는 곧 스크린이다. 시청자는 제임스 조이스가 〈영혼의 피부에 무의식적 암시〉를 불어넣는 〈빛의 여단(旅團) 공격〉이라고 부른 빛의 충격을 받기 때문이다. 텔레비전 영상이 담고 있는 시각적 데이터는 적다. 텔레비전 영상은 〈정지된〉 사진이 아니다. 그것은 어떠한 의미에서도 사진이 아니라, 주사선(走査線)에 의하여 끊임없이 표현되는 사물의 윤곽이다. 마지막에 유연하게 조형되는 형태는 그 위에 비추어진 빛에 의해서가 아니라, 거기를 통과한 빛 때문에 나타나는데, 이렇게 형성된 영상은 사진보다는 조각(彫刻), 그리고 아이콘(화상(畵像))의 성질을 가진다고 볼 수 있다. 텔레비전 영상은 1초 동안 3백만 개의 점을 시청자에게 보낸다. 시청자는 그중 단지 수십 개만 받아들인다. 그것으로 영상을 구성하는 것이다.

영화의 이미지는 1초 동안 수백만 개가 훨씬 넘는 데이터를 제공한다. 영화 관객은 시각적 인상을 구성하기 위하여 텔레비전을 볼 때처럼 데이터의 항목을 대폭 삭감하지 않아도 된다. 대신에 영화를 볼 때 사람들은 전체 화상을 이미 완성된 것으로 받아들이는 경향이 있다. 반면에 텔레비전 모자이크를 볼 때 사람들은 무의식중에 점을 쇠라나 루오Rouault식 추상 예술로 재구성한다. 이는 영상이 기술적 제약을 받고 있기 때문이다. 만약 기술이 진보되어 텔레비전 영상의 질을 영화가 주는 데이터의 수준까지 끌어올린다면, 이와 같은 일은 모두 변할 것인가라는 질문을 받는다면, 이렇게 반문할 수 있다. 〈원근감과 빛과 그림자를 세밀하게 집어넣으면 만화를 바꿀 수 있을까?〉 그 답은 〈예〉이다. 그러나 그것은 이미 만화가 아니다. 마찬가지로 〈진보된〉 텔레비전 역시 더 이상 텔레비전이 아니다. 영화 화상의 질이 극히 낮은 경우에도 영화의 한 화면은 텔레비전과는 전혀 다르다. 〈지금의〉 텔레비전 영상은 빛과 그림자로 된 광선의 모자이크 그물눈이다.

다른 모자이크들처럼, 텔레비전은 3차원의 세계와는 관계가 없다.

그러나 이중사(二重寫)로 3차원의 느낌을 낼 수는 있다. 텔레비전은 스튜디오의 세트로 3차원의 느낌을 약간 내고 있다. 그러나 텔레비전 영상 그 자체는 평면적인 2차원 모자이크이다. 3차원의 느낌들 대부분은 우리가 영화와 사진을 보는 데 익숙해 있기 때문에 생기는 것이다. 텔레비전 카메라는 영화 카메라처럼 짜맞추어 놓은 앵글은 갖지 않기 때문이다. 현재 이스트먼 코닥 Eastman Kodak 사는 텔레비전 카메라의 평면적인 효과에 맞는 2차원적인 카메라를 만들고 있다. 그러나 고정된 시점과 3차원적 시각에 익숙한 문자 문화적 사람들이 2차원적 시각의 특성을 이해하기는 어렵다. 만약에 그것이 쉬운 일이었다면, 그들은 추상 예술을 대하면서 아무런 어려움을 느끼지 않았을 것이다. 또 제너럴 모터스 사는 자동차 디자인을 엉망으로 만들지 않았을 것이고, 사진 잡지는 읽을거리와 광고와의 관계 때문에 골치 아파하지도 않았을 것이다. 텔레비전 영상은, 매 순간 우리가 모든 힘을 다해 감각을 참여시켜 그물눈 속의 공간을 〈메워〉주기를 요구한다. 이와 같은 참여는 매우 활동적이고 촉감적인 것이다. 촉감성이라는 것은 피부와 사물 간의 단순한 접촉이라기보다는 감각간의 상호작용이다.

　텔레비전 영상과 영화의 화면을 대조시켜서, 많은 감독들은 텔레비전 영상이 〈낮은 명료성〉을 가진다고 말한다. 텔레비전 영상은 만화처럼 정밀도가 낮고 정보량이 적다는 면에서 그렇다는 것이다. 텔레비전의 클로즈업은 영화의 롱 샷(원거리 촬영 화면)의 극히 작은 부분이 제공하는 정도의 정보만 준다. 프로그램 〈내용〉의 비평가들은 〈텔레비전의 폭력〉에 대한 엉뚱한 발언만 하고 있다. 텔레비전 영상의 지배적인 특성을 이해하지 못하고 있기 때문이다. 검열자 같은 태도로 텔레비전에 대해 말하는 사람들은 전형적으로 반쯤 책 지향적인 인물들이다. 이들은 신문, 라디오, 영화의 기본 원리에 전혀 능통하지도 못하고 책이 아닌 모든 다른 미디어에 대해서는 의심스런 눈빛으로 곁눈질한다. 이런 사람들은 책 미디어와 관련된 어떤 심리적인 양상에 대한 아주 단순한 질문만 받아도 뜻을 몰라 당황해할 뿐이다. 그들은 하나의 고립된 태도를 격렬하게 밀고 나가는 것이 도덕을 지켜나가는 일이라고 잘못 생각하고 있다. 일단 이들 검열관들이 어떤 경우에도 〈미디어는 메시지다〉라는 것을, 또한 미디어가 여러 가지 영향의 근본 원인이라는 것을 알게 된다면, 더 이상 〈내용〉을 통제하지 않고, 이번에는 거기에 쏟던 정열로 미디어 자체에 대한 억압에 나서게 될 것이다. 그들은 내용이나 기획이 프로그램 전체의 성격을 좌우하는 요인이라고 생각하고 있는데, 이러한 전제는 형태와 내용 사이에 명확한 단절이 있는 책 미디어에서 유래한 것이다.

  1950년대 미국에서 텔레비전이, 1930년대 유럽에서의 라디오와 마찬가지로, 혁명적인 미디어였다는 것은 이상한 일이다. 1920년대와 1930년대에 유럽 정신의 부족적, 혈족 관계적인 망(網)을 부활시켰던 라디오는 영국과 미국에서는 그러한 영향을 미치지 못했다. 영국과 미국에서는 문자 문화와 공업적 확장으로 인해 부족적 유대감이 아주 많이 손상되었기 때문에 라디오는 어떤 주목할 만한 부족적 반응을 달성해 내지 못했던 것이다. 그러나 텔레비전이 생긴 이후 10년 동안에는 미국마저도 유럽화하고 말았다. 미국인이 공간이나 인간 관계에 대해 가지고 있는 느낌이 변화한 것을 보면 이런 사실을 알 수 있다. 요즘 미국에서는 춤, 조형 예술, 건축에 새로운 감수성이 생기고, 소형 자동차, 페이퍼백, 조각 같은 헤어스타일, 몸의 선을 그대로 드러내는 옷의 효과에 대한 요구가 나타났다. 그리고 요리와 술을 사용하여 미묘한 효과를 내는 것에 대한 관심이 생긴 것도 이와 같은 일 가운데 하나라는 건 말할 필요도 없다. 그렇지만 텔레비전이 영국과 미국을 부족의 상태로 복귀시킬 것이라고 말하는 것은 잘못된 일일 것이다. 공명하는 말과 기억의 세계에 라디오가 미친 작용은 히스테릭한 것이었다. 그러나 과거에 라디오에 대해 상당히 면역성을 가지고 있었던 영국과 미국은 텔레비전을 통하여 라디오에 대한 면역성을 잃게 되었다. 좋건 나쁘건 간에 텔레비전 영상은 매우 문자 문화적인 그들의 감각 생활에 여러 감각을 하나로 통합시키는 힘을 작용시켰다. 그런데 그러한 힘은 수세기 동안 그들이 가지고 있지 못했던 것이다. 미디어의 이러한 영향은 따로 떼어낼 수 없는 것이기 때문에, 미디어를 연구할 때에는 가치 판단을 보류하는 것이 현명한 일이다.

통일된 감각과 상상력을 갖춘 생활은 오랫동안 서구의 시인, 화가, 예술가들에게는 이루지 못할 꿈처럼 보였다. 그들은, 18세기 이후 서구 문자 문화인의 단편화되고 상상력이 결핍된 생활을 슬픔과 당혹감을 가지고 바라보았다. 블레이크, 페이터Pater, 예이츠, 로렌스와 그 밖의 많은 위대한 작가들이 그러한 느낌들을 전했다. 그들은 자신들의 꿈을, 라디오와 텔레비전의 미적 감각을 통해 일상 생활에서 실현시킬 수 있다고는 생각하지 못하고 있었다. 그러나 이러한 우리 중추신경 조직의 폭넓은 확장이 지금은 서구인을 매일 미적 공감각 작용 속에서 살게 하고 있는 것이다. 시각을 감각의 위계 중 제일 높은 것으로 위치시키면서, 감각을 엄격히 분리하고 전문화하는 수세기 동안의 서구인의 생활 방식은 추상적인 〈개인〉의 위대한 시각적 구조 주위로 밀려오는 라디오와 텔레비전의 물결을 견뎌내지 못한다. 정치적인 동기를 가지고 지금에야 전기 기술의 반(反)개인주의적 행동에 가세하는 사람들은, 우세한 전기 압력의 패턴을 무의식적으로 따라하는 보잘것없는 자동 인형일 뿐이다. 1세기 전이었다면 그들은 몽유병에 걸려 반대 방향을 보고 있었을 것이다. 독일의 낭만파 시인과 철학자들은 어두운 무의식으로의 복귀를 위한 부족적인 합창을 1세기 이상 동안 계속해 오고 있었다. 그런데 이는 라디오와 히틀러가 부족적 세계로의 복귀를 피할 수 없는 것으로 만들기 전의 일이었다. 그렇다면 부족적, 청각적 마술이 문명화된 시각적인 생활 방식으로 바뀐 사정도 모른 채 문자 문화 이전의 생활 방식으로 되돌아가기를 원하는 사람들을 도대체 어떻게 생각해야만 할까?

오늘날 끈덕진 텔레비전 영상 때문에 촉진되는 촉감 덕분에 미국은 스킨 다이빙과, 작은 차와 같은 자기를 싸 넣는 공간에 열중하고 있다. 한편 많은 영국인들은 같은 텔레비전 영상으로 배타적인 부족적 민족 감정을 고취시키는 중이다. 고도로 문자 문화적인 서구인은 언제나 민족의 통합을 이상으로 추구하여 왔지만, 사실 민족간의 참다운 통합을 실현할 수 없게 만든 것은 바로 그들의 문자 문화였다. 문자 문화적 인간은, 인간의 차별 문제에 대해서도 당연히 시각적인 해결을 꿈꾼다. 19세기 말경 이와 같은 그들의 해결 방식에 따라, 남성과 여성이 비슷한 의복을 입고, 같은 교육을 받아야 한다는 것이 제안되었다. 남녀의 차별을 없애 버리려는 성(性)의 통합이 실패하자, 이러한 문제는 20세기 문학과 정신분석학의 주요 주제가 되었다. 시각적 획일성을 기초로 삼아 계획한 민족 통합은 문자 문화인의 문화 전술이 확대된 것이다. 문자 문화인들에게 차별은 성에서든 민족에서든 그리고 공간이나 시간에서도 항상 뿌리째 뽑아야 할 필요가 있는 것처럼 보였던 것이다. 전례가 없을 정도로 현실적인 인간 조건에 깊이 관여하게 된 전자 시대의 인간은 문자 문화의 전술을 받아들일 수 없다. 흑인은, 이전의 여성들이 그랬던 것처럼 분명히, 그리고 그녀들과 같은 이유로, 시각적 획일성의 계획을 거부할 것이다. 여성들은 자신들만의 고유한 역할이 박탈당했고, 〈남성의 세계〉 속의 단편화된 시민이 되어버렸다는 것을 알게 되었다. 이와 같은 문제를 획일성과 사회적 동질화라는 관점으로 접근해 가려는 태도는 모두 기계적, 공업적인 테크놀러지의 마지막 압력이다. 도덕적 판단을 배제하고 이야기하자면, 전기 시대는 모든 사람들을 서로 깊이 관여시키기 때문에 이러한 기계적인 해결을 거부할 것이다. 독자성과 다양성을 만들어낸다는 것은 대량 교육을 통해 획일적인 패턴을 강요하는 것보다 더 어려운 일이다. 그러나 이와 같은 독자성과 다양성이야말로 예전에는 존재하지 않았던 전기의 여러 조건들 아래에서 조성될 수 있는 것이다.

세계에 있는 모든 문자 문화 이전의 사람들은, 새로운 문자 문화와 기계화가 시작되면서 방출된 폭발적이고 강력한 에너지들을 잠깐이나마 느끼게 되었다. 이와 같은 문명의 폭발적인 전개는, 새로운 전기 테크놀러지가 합세하여 우리가 그 에너지들을 전 지구적 규모로 공유하게끔 만드는 바로 그때에 일어나는 것이다.

가장 최근에 일어났으며, 가장 눈부신 우리 중추신경의 전기적 확장인 텔레비전의 영향을 정확히 파악하는 것은 여러 가지 이유에서 어렵다. 텔레비전은 우리의 개인적, 사회적, 정치적 생활 전체에 영향을 미치고 있기 때문에 그 영향을 〈체계적〉으로 또는 시각적으로 나타내려는 것은 참으로 비현실적인 일일 것이다. 그 대신에, 아무렇게나 수집된 데이터의 복잡한 〈통일적 전체〉라는 텔레비전의 모습을 나타내는 게 훨씬 나을 것이다.

텔레비전 영상은 밀도와 선명도가 낮다. 따라서 영화와는 달리, 대상에 대한 상세한 정보를 줄 수 없다. 이 차이는 옛날의 필사본과 인쇄된 글자의 차이와 유사하다. 인쇄는 그때까지 산만한 구성만 존재하던 곳에 높은 밀도와 획일적인 정확성을 가져다주었다. 인쇄는, 오늘날 우리가 과학이나 수학과 연관짓는 정확한 척도와 반복 가능성에 대한 기호(嗜好)를 가져왔던 것이다.

텔레비전 프로듀서는 텔레비전에서의 말이, 연극에서 필요로 하는 신중한 정확성을 가지고 있으면 안 된다고 지적할 것이다. 텔레비전 배우는 말이나 동작을 크게 할 필요가 없다. 이처럼 텔레비전에서의 연기는 극도의 친밀감을 준다. 왜냐하면 시청자가 특유의 방식으로 관여하여 텔레비전 영상을 완성하거나 〈종결〉시키기 때문이다. 그 때문에 텔레비전 배우는, 영화에는 맞지 않고 또 무대에서는 효과가 없는 고도의 자연적인 일상성을 체득해야 한다. 영화의 관객은 영화 배우의 외면적 생활에 전면적으로 참여하지만, 시청자는 텔레비전 배우의 내면 생활에 전면적으로 참여한다. 텔레비전은 기술적으로는 클로즈업에 적합한 미디어이다. 영화의 경우에 클로즈업은 충격을 주기 위한 것으로 사용된다. 그러나 텔레비전에서 그것은 지극히 일반적인 일이다. 텔레비전 화면 크기의 사진은 열두 사람의 얼굴도 꽤 세부까지 나타내지만, 텔레비전에 나온 열두 사람의 얼굴은 흐리게만 보인다.

배우와의 관계라는 면에서도 텔레비전 영상은 독특한 성격을 띤다. 우리가 매주 텔레비전에서 보는 사람을 실제 생활에서 배우로 알아볼 수 없는 경우가 생기는 것이다. 우리는 대부분, 게리 무어 Garry Moore에게 〈어떻게 텔레비전에서 빠져나왔어요?〉라고 말한 유치원 아이처럼 그렇게까지 민첩하지 못하다. 뉴스 해설자와 연기자는 그들을 전에 만난 적이 있다고 느끼는 사람들이 접근해 오는 빈도에 대해 말한다. 어느 인터뷰에서 영화 배우와 텔레비전 배우의 차이에 대해 물었을 때, 조안 우드워드 Joanne Woodward는 이렇게 대답했다. 〈제가 영화에 출연했을 때에는 사람들이 '저기 가는 사람은 조안 우드워드야'라고 속삭이더군요. 텔레비전에 출연하게 된 요즈음에는 '저기 가는 사람 내가 아는 사람 같은데……'라고 말하더군요.〉

영화와 텔레비전 배우들이 많이 살고 있는 지역에 있는 할리우드의 어느 호텔 소유자는, 근래에 관광객들이 달라져서 영화 배우보다는 텔레비전 배우에게 더 관심을 쏟고 있다고 전했다. 게다가 텔레비전 스타들은 대부분 남성, 즉 〈차가운 인물〉이다. 반면에 대부분의 영화 스타들은 여성이다. 여성이야말로 〈뜨거운 인물〉로 표현될 수 있기 때문이다. 텔레비전이 출현한 뒤부터 남성이든 여성이든 간에 영화 배우는 모두 스타 시스템 전체와 함께 그 지위가 하락하여 보다 평범한 존재가 되었다. 영화는 뜨겁고 고도의 선명도를 갖춘 미디어이다. 아마 이 호텔 주인의 관찰 중에서 가장 흥미를 끄는 것은 관광객들이 페리 메이슨과 와이엇 어프 Wyatt Earp를 보고 싶어했다는 사실이다. 그들은 레이먼드 버나 휴 오브라이언 Hugh O'Brian을 보고 싶어하지 않았다. 옛날 영화 팬인 관광객은 그들이 좋아하는 영화 속의 인물이 현실에서 생활하는 것을 보고 싶어한 것이지, 그 배역을 연기했던 배우를 보고 싶어한 것이 아니었다. 차가운 텔레비전 미디어의 팬들은 좋아하는 배역을 연기하는 배우를 보고 싶어하는 반면에 영화 팬들은 영화 속의 인물을 실제로 보고 싶어하는 것이다.

이처럼 역전되는 태도는 인쇄된 책의 경우에도 일어난다. 필사본 문화, 즉 부족적 문화에서는 저자의 사생활에 대해 거의 관심을 갖지 않았다. 오늘날의 만화는 인쇄 이전의 목판이나 필사본에 매우 가까운 표현 형태로 되어 있다. 월트 켈리 Walt Kelly의 만화 「포고 Pogo」는 고딕식의 느낌을 매우 많이 준다. 만화가 대단한 인기를 끌어도 그 작가의 사생활에 대한 호기심은 유행가 작사자의 경우와 마찬가지로 거의 생기지 않는다. 인쇄의 등장으로 사생활은 독자의 최대 관심사가 되었다. 인쇄는 뜨거운 미디어이다. 영화처럼 인쇄는 그 저자를 대중에게 투사한다. 그러나 필사본은 차가운 미디어이기 때문에 저자를 투사하지 않고, 독자를 개입시킨다. 텔레비전의 경우도 마찬가지이다. 텔레비전의 경우, 시청자는 개입하여 참여자가 된다. 그리하여 텔레비전 스타의 〈역할〉은 그의 사생활보다 더 매력적인 것처럼 보이게 된다. 따라서 정신 분석가 같은 미디어 연구자는 스스로 알게 된 것보다 더 많은 데이터를 조사 대상에서 얻게 되는 것이다. 거기서 자신이 이해하는 것 이상으로 훨씬 많이 경험하게 된다. 행동에 영향을 미치는 것은 이해라기보다는 경험이다. 특히 미디어와 테크놀러지의 총괄적 영역에서 그러한데, 이 영역에서 개개인은 자신이 받는 영향을 당연히 알아차리지 못하고 있다.

어떤 사람들은 텔레비전 같은 차가운 미디어가 영화 같은 뜨거운 미디어보다 훨씬 더 압축되고 응축되어 있다는 사실이 역설적이라고 말할 수도 있다. 그러나 텔레비전의 30초가 연극이나, 노래가 들어 있는 가벼운 희가극 3분과 맞먹는다는 것은 잘 알려진 사실이다. 필사본을 인쇄물과 비교해도 마찬가지이다. 〈차가운〉 필사본은 격언적, 비유적인 압축된 표현 형태의 경향을 보였다. 〈뜨거운〉 인쇄 미디어는 〈평이한 설명적〉 방향으로, 그리고 의미를 〈자세히 설명하는〉 방향으로 그 표현을 확장하였다. 인쇄는 천천히 속도를 높여 의미가 집약된 필사본을 〈외파〉시켜서, 보다 평이한 단편으로 만들어버렸다.

음성 언어든 필사본이든 텔레비전이든 간에, 차가운 미디어는 뜨거운 미디어보다 그것을 듣는 사람이나 사용하는 사람이 스스로 하여야 할 여지를 많이 남긴다. 만약 그 미디어가 높은 선명도를 가지고 있으면, 참여도는 그만큼 낮아진다. 그리고 만약 그 미디어의 강도가 낮으면, 참여도는 높아진다. 아마 애인끼리 말을 더듬는 것도 이 이유 때문일 것이다.

텔레비전은 선명도가 낮기 때문에, 시청자의 관여의 정도가 높다. 따라서 가장 효과 있는 프로그램은, 시청자가 그것을 보완할 수 있는 어떠한 과정으로 구성된 상황을 제시하는 것이다. 결국 시를 가르치기 위해 텔레비전을 사용한다면, 교사는 어느 특정한 시가 실제로 〈만들어지는〉 과정 자체를 가르치는 것이 좋을 것이다. 책이라는 형태는 이러한 참여를 유도하는 데에는 적합하지 않다. 텔레비전 영상에서 〈스스로 한다〉는 식의 깊이 관여하는 과정이 중요하다는 사실은 텔레비전 배우의 연기에도 적용된다. 텔레비전이 제공하는 조건 아래에서 배우는 세세한 동작과 태도로 기민하게 즉흥적으로 말씨와 발언을 장식하여, 커다란 영화 스크린과 무대 위에서는 불가능한 시청자와의 친밀성을 유지하여야 한다.

텔레비전 서부극을 보고 난 뒤에 나이지리아 사람은 기뻐하면서 이렇게 말했다. 〈서양에서 인간의 생명을 이처럼 경시하고 있는 줄은 몰랐다.〉 텔레비전 서부극을 보고 있는 우리 어린이들의 행동은 이러한 발언을 보충해 준다. 새로 개발된 헤드 카메라는 화면을 보고 있을 때의 눈의 움직임을 따라가는데, 이때 어린이들은 텔레비전 배우의 얼굴만 계속 쳐다본다. 폭력적인 장면에서도 그들의 눈은 폭발적인 〈행위 action〉보다는 얼굴의 〈반응 reaction〉에 고정되어 있다. 권총, 칼, 주먹 등은 얼굴 표정 앞에서는 완전히 무시된다. 텔레비전은 행위의 미디어가 아니라, 반응의 미디어이다.

텔레비전 미디어는 과정과 복잡한 반응이라는 주제를 요구하는 미디어이기 때문에 다큐멘터리 형식이 주목을 끌게 되었다. 영화가 과정을 훌륭하게 다루는 것도 〈가능〉하지만, 영화의 관객은 반응에의 참여자가 되기보다는 행위의 수동적인 수용자(受用者)가 되기를 원하는 경향이 있다. 다큐멘터리처럼 서부 영화는 언제나 낮은 수준의 형태였다. 텔레비전의 등장으로 서부극은 새로운 중요성을 지니게 되었다. 왜냐하면 언제나 서부극의 주제는 〈마을을 만들자〉였기 때문이다. 빈약하고, 그다지 희망을 가질 수 없는 극의 구성 속에서, 시청자는 마을을 만들어가는 과정에 참여할 수 있다. 게다가 텔레비전 영상은 서부의 말의 안장, 옷, 은신처, 값싼 주막과 호텔 로비 같은 조잡한 여러 가지 장면을 친절하게 담아낸다. 반면에 영화 카메라는 나이트 클럽이나 대도시의 호화로운 가게 같은 멋지게 도금한 세계에 안주한다. 게다가 영화 카메라는 20대, 30대를 좋아하고, 텔레비전 카메라는

50대, 60대를 선호하는데, 이러한 대조는 모든 사람들에게 영향을 미치고 있다. 과거 10년 동안 생긴 미국인의 옷, 음식, 집, 오락, 차량에 대한 새로운 기호는, 텔레비전 영상에 의하여 강화된, 형태와 〈스스로 하기〉식 참여 방식의 상호 관련성이라는 새로운 패턴을 보여주고 있다.

리타 헤이워스Rita Hayworth, 리즈 테일러, 마릴린 먼로 등 영화의 대스타들이 새로운 텔레비전 시대가 도래하자 당혹감을 느꼈던 것은 당연한 일이다. 이 여성들은 텔레비전 이전의 소비자 시대에 있던 〈뜨거운〉 미디어의 모든 가치를 의문시하는 시대에 들어서게 된 것이다. 텔레비전 영상은 소비 물품의 가치에, 그리고 명성의 가치에도 도전하고 있다. 마릴린 먼로는 이렇게 말하였다. 〈분명히 나에게 명성이라는 것은 일시적이고 부분적인 행복일 뿐입니다. 명성이 밥 먹여주는 것도 아니고 사람들을 충족시켜 주는 것도 아닙니다.…… 유명해지면 모든 약점이 부풀려진다고 생각합니다. 영화 산업은, 자동차 앞으로 뛰어든 아이의 어머니처럼 영화 스타들을 대해야 합니다. 그런데 그들은 어린이를 구해 내서 껴안아 주지 않고, 먼저 벌을 줍니다.〉

요즘 영화계는 텔레비전으로부터 큰 타격을 받고 있다. 그 때문에 당황하고 초조해져서 누구든 심하게 공격한다. 베이스볼 씨, 브로드웨이 씨와 결혼한 이 영화 꼭두각시 인형의 말은 확실히 하나의 조짐이다. 만약 부유하고 성공을 거둔 여러 미국 인사들이 인간적 복리를 위한 수단으로서의 돈과 성공이 가진 절대적인 가치에 대하여 공식적으로 질문받았다고 하더라도, 마릴린 먼로만큼 충격적인 대답은 하지 못했을 것이다. 거의 50년 동안, 할리우드는 그 〈타락한 여인〉에게 정상(頂上)으로 향하는 길과, 모든 사람들의 애정으로 향하는 길을 제공했다. 그런데 그 사랑의 여신은 갑자기 무섭게 고함을 지르고, 사람을 파괴하는 상업주의가 나쁘다고 말하면서 그러한 모든 생활 방식을 고발한다. 이것은 바로 변두리 비트족의 풍조이다. 그들은 단편화되고 전문화된 소비 생활을 거부한다. 눈에 띄지 않게 참여할 수 있고 깊이 전념할 수 있는 것을 원하는 것이다. 이는 최근에 여성들이 전문화된 직업을 택하지 않고 일찍 결혼하여 대가족을 이루려는 것과 같은 풍조이다. 그들은 직능에서 역할로 전환하는 것이다.

깊은 참여를 원하는 이 새로운 경향은 젊은이들을, 풍부한 예배 음악에 싸인 종교적 체험으로 강하게 몰아갔다. 라디오와 텔레비전 시대에 일어난 예배의 부활은 가장 검소한 프로테스탄트 종파에게도 영향을 미치고 있다. 그리고 성가 합창과 화려한 성가복도 모든 지역에서 볼 수 있게 되었다. 전 세계의 에큐메니컬 ecumenical 운동(세계 기독교 통일 운동)은 전기 테크놀러지와 같은 말이다.

모자이크의 그물눈인 텔레비전이 예술에서 원근법을 강화하지 않는 것처럼, 생활에서는 선형적인 것을 강화하지 않는다. 텔레비전이 등장한 뒤로 공업계에서 조립 라인은 사라져버렸다. 경영에서도 인사 계열이 사라졌다. 스태그 라인[3]도, 당의 정책 노선도, 손님을 맞는 주인들의 줄도, 나일론 양말 뒤쪽의 연필 선도 모두 없어져 버렸다.

텔레비전의 등장으로, 정치에서 (투표 때 단결하는) 의원 연합 투표 시대는 끝났다. 이는 텔레비전이 나온 뒤로는 작용하지 않게 될 단편화, 전문화의 형태이다. 의원 연합 대신 우리는 포괄적 이미지, 즉 아이콘적 이미지를 가진다. 그리고 하나의 정치적인 견해나 정책 대신 포괄적인 정치 자세 또는 입장을 가진다. 만들어진 것이 아니라, 만드는 과정을 가진다. 새롭고 급속한 성장 시기에는 윤곽이 희미하게 나타난다. 텔레비전 영상 속에서 우리는 희미한 윤곽의 뛰어난 점을

---

3) stag line. 댄스 파티에 여성 상대가 없어서 기다리고 있는 남성의 줄이다.

얻게 된다. 희미한 윤곽이야말로 성장과 새로운 〈종결〉 또는 완성을 향한 강력한 동기가 된다. 특히 다른 여러 감각과 분리된 날카로운 시각적 감각과 오랫동안 관계를 맺어온 소비자 문화에서는 더욱 그러하다. 오락과 상업에서의 획일적인 기성품에 대한 충성심이 상실되어, 미국인의 생활에는 너무 큰 변화가 생겨났다. 매디슨가와 제너럴 모터스 사에서 할리우드와 제너럴 푸드 General Foods 사에 이르는 모든 기업이 완전히 흔들려서 새로운 행동 전략을 모색하지 않을 수 없게 된 것이다. 전기의 내파 또는 압축의 작용으로 인해 사람과 사람의 관계, 나라와 나라의 관계에서 나타난 일이, 텔레비전의 영상으로 인해 개인의 내부 또는 감각의 내부에서 일어나고 있는 것이다.

화가와 조각가에게도 이러한 감각의 혁명이 일어났다는 것을 설명하기는 어렵지 않다. 세잔이 그림에서의 구성을 중시하여 원근법적 환영을 포기한 뒤로, 그들은 오늘날 텔레비전이 놀라운 규모로 실현하고 있는 바로 그 변화를 똑같이 만들어내려고 노력해 오고 있는 것이다. 텔레비전은, 전체적인 기술에 의한 확장과 상업의 후원을 받은 바우하우스적인 디자인 및 생활의 프로그램과, 몬테소리[4]의 교육 전략이다. 서구인을 개조시키기 위한 예술상의 전략에서 나타난 과감한 돌진은 텔레비전을 통하여 미국인의 생활 속에서 사람들에게 퍼져 대단한 세력이 되었다.

미국이 이 텔레비전 영상으로부터 유럽형의 감각과 감수성이라는 영향을 많이 받았다는 것은 과장이 아닐 것이다. 지금 미국은 유럽이 미국화되고 있는 것만큼 굉장한 속도로 유럽화되고 있다. 제2차 세계대전중에 유럽은 1차적 대중 소비의 단계에 필요한 공업 기술을 많이

---

4) 마리아 몬테소리 Maria Montessori. 교육에 심리 요법을 도입한 20세기의 위대한 이탈리아 여성 교육학자이다.

개발하였다. 반면에 미국이 그 같은 소비의 새 국면을 향한 〈도약〉 준비를 마친 것은 제1차 세계 대전 때였다. 분열된 유럽의 다양한 국가주의를 와해시키고, 이전에 공업적 〈외파〉가 미국에 부여한 것을 유럽에 부여하기 위해서는 전자의 〈내파〉가 필요하였던 것이다. 문자 문화와 공업의 단편화된 확장을 동반하는 공업적 외파는 수많은 언어와 문화를 가진 유럽 세계에서 동일한 영향을 미칠 수는 없었다. 나폴레옹의 공격은 새로운 문자 문화와 초기의 공업주의가 결합된 힘을 충분히 활용한 것이었다. 그러나 나폴레옹은 오늘날 러시아인들도 가지고 있는 동질화된 소재[5]를 갖고 있지 않았다. 문자 문화의 동질화 과정은 1800년경까지는 유럽의 어느 나라보다도 미국에서 가장 심화되어 있었던 것이다. 건국 초기부터 미국은 인쇄 기술을 교육, 산업, 정치에 도입하였다. 그 덕분에, 여태까지 어느 문화도 실현한 적이 없을 정도로 많은, 표준화된 노동자와 소비자를 낳을 수 있었던 것이다. 우리의 문화사가들이 인쇄의 동질화하는 힘과 동질화된 사람들이 발휘하는 압도적인 힘을 감지하지 못했다는 사실은 그들에게 명예스러운 일이 아니다. 어느 시대, 어느 나라의 정치학자들도 미디어의 영향에 대해 전혀 알지 못하였다. 그 이유는 단지, 미디어의 〈내용〉은 다른 문제로 하더라도, 미디어 자체가 개인 및 사회에 미치는 영향을 나서서 검토하는 사람이 이제까지 한 사람도 없었기 때문이다.

오래전에 미국은 사회 조직의 기계적, 문자 문화적 동질화를 통해 공동 시장을 이루어냈다. 지금 유럽은 압축과 상관 작용이라는 전기의 후원 아래 통일을 이루려고 하고 있다. 기계 시대 이후에, 즉 자동화의 시대에 유능한 〈생산자-소비자〉 집단을 성립시키기 위해 문자 문화를 통하여 얼마만큼 동질화해야 하는지는 아무도 검토하지 않

---

5) 이를테면, 대량 생산 방법 등이 있다.

왔다. 공업 경제를 형성하는 데 있어 문자 문화가 그 기반 및 원형 역할을 하는 것조차도 충분히 인식된 바 없다. 언제 어디서든 획일성의 습관을 만드는 데에는 문자 문화가 필수적이다. 특히 가격 시스템과 시장이 유효하게 작용하려면 그것이 필요하다. 오늘날 텔레비전이 무시되고 있는 것과 마찬가지로, 이는 지금까지 줄곧 무시되어 왔던 일이다. 왜냐하면 텔레비전이 강화하고 있는 여러 가지 선호는 문자 문화의 획일성이나 반복 가능성과는 전혀 다른 것이기 때문이다. 텔레비전의 등장으로 인해 미국인은 이제까지 간과되어 온 모든 종류의 사소한 것과 진기한 것을, 이야기로 전해져 온 과거로부터 찾아내려고 하게 되었다. 오늘날 많은 미국인들은 어떤 새로운 술이나 음식물을 즐겨 맛보는 일에 드는 수고나 경비를 아끼려고 하지 않는다. 획일적이고 반복되는 것은 이제 독특하고 색다른 것에 자리를 내주지 않으면 안 되는 것이다. 그리고 이러한 사실은, 전체적으로 표준화된 우리 경제에서 계속되는 절망과 혼란을 의미하는 것이다.

그 〈내용〉과는 상관없이 미국의 투박한 순진성을 고도의 세련됨으로 바꾸는 텔레비전 모자이크의 힘은, 직접 검토해 보면 별로 신비로운 것이 아니다. 이 모자이크적 텔레비전 영상은 전신과 함께 성장한 신문 속에 이미 암시되어 있었던 것이다. 전신을 상업적인 목적으로 이용하는 일은 미국에서는 1844년에, 영국에서는 그전에 시작되었다. 전기의 원리와 그 함축 의미는 셸리의 시에서 많이 주목받았다. 예술은 그 체험적인 방법을 통해, 과학과 기술보다 한 세대 이상 빨리 이러한 문제들을 예견한다. 에드거 앨런 포는 〈저널리즘〉 세계에 나타난 전신 모자이크의 의미를 놓치지 않았다. 그는 그것을 이용해, 〈상징 시〉와 〈추리 소설〉이라는 두 가지 놀라운 발명품을 만들어냈다. 상징 시나 추리 소설은 독자에게 〈스스로 하기〉식의 참여를 요청한다. 포는 불완전한 이미지나 과정을 제시해, 독자를 창조적인 과정에 〈관여〉시킨 것이다. 보들레르, 발레리, 엘리엇을 비롯한 많은 예술가들이 이것에 탄복하며 그 뒤를 따랐다. 포는 전기의 역동적인 힘이, 창조의 과정에 대중이 참가할 때의 힘과 동일한 것이라고 단번에 알아차렸다. 그렇지만 오늘날에도, 동질화된 소비자들은 추상 시, 추상 회화, 추상적 구조를 가진 그 밖의 다른 예술 작품에 참여하여 자신들의 상상력으로 그 작품을 완성할 기회가 주어지면 불평을 한다. 포는 당시 깊은 참여가 전신 모자이크의 출현 바로 이후에 이루어진 것임을 이미 알고 있었다. 보다 더 선형적이고 문자적인 〈교양이 높은〉 사람일수록 새로운 예술을 〈전혀 알 수 없었다〉. 그리고 여전히 모르고 있다. 그들은 창조적인 과정에 참여하기를 좋아하지 않는다. 그들은 산문이나 시나 조형 미술의 기성품에 자신을 맞추었다. 텔레비전 영상 덕분에 상징적이고 상상의 구조를 가진 촉각적, 비회화적(非繪畵的) 양식에 적응된 학생들과 모든 교실에서 정면 충돌하지 않을 수 없는 이들이 바로 이런 사람들이다.

1962년 8월 10일에 《라이프》는 〈13세 이하 어린이들의 너무나 빠른 성장〉에 관한 특집을 실었다. 그러나 비슷한 성장·성숙 속도가 부족적 문화와 비문자 문화적 사회에서는 표준적인 것이라는 점에 대해서는 이야기하지 않았다. 영국과 미국에서는 촉각적 참여인 섹스를 부정함으로써 청년기를 연장하는 방법이 일반화되고 있다. 여기서 어떤 의식적인 전술이 취해진 것은 아니다. 단지 이는 개인과 사회 생활을 조직화하는 수단으로서의 인쇄 문화와 시각 가치에 제일의 중요성을 두게 된 결과를 사람들이 받아들이고 있는 것이라 볼 수 있다. 그리고 그러한 중요성을 강조할 만한 충분한 이유로는, 그것이 공업 생산과 정치적 통일의 승리를 가져왔다는 사실을 들 수 있다.

체면을 유지하는 것, 즉 자기 생활을 꾸준히 시각적으로 점검하는 능력이 중요해졌다. 인쇄된 문화에 이와 같은 우선권을 준 나라는 유럽에서 하나도 없었다. 미국인이 보기에 유럽은 시각적으로 언제나 싸구려 같았다. 한편 외관상으로는 어떤 문화의 어떤 여성도 결코 따라갈 수 없는 미국 여성은 유럽인들이 보기에는 언제나 추상적인 기계 인형 같았다. 유럽의 생활에서는 촉각적인 것이 최고의 가치이다. 그렇기 때문에 유럽 대륙 사람들은 청년기 없이 어린이에서 곧장 어른의 생활로 비약한다. 지금 텔레비전 등장 이후의 미국도 같은 양상을 보여준다. 그리고 이 청년기를 회피하려는 양상은 앞으로도 계속될 것이다. 시베리아 철도식으로 선형적으로 추구되는 긴긴 사색과 목표를 멀리 두는 자기 성찰적 생활은, 순간적인 깊은 참여를 요구하고 어떤 지연도 허용하지 않는 텔레비전 영상의 모자이크 형태와는 공존할 수 없다. 그 영상이 우리의 감각에 명령하는 것은 매우 여러 가지이다. 하지만 그것은 꽤 일관된 것이어서 그것에 대해 잠깐 언급만 하려고 해도 과거 10년 동안 있었던 혁명에 대해 설명해야 한다.

〈차가운〉 형태의 책인 페이퍼백이라는 현상은 이 텔레비전 명령서의 목록 중 첫머리에 둘 수 있다. 왜냐하면 여기서 텔레비전이 책 문화를 어떤 다른 것으로 변형시키느냐 하는 것이 분명해지기 때문이다. 유럽인들은 처음부터 페이퍼백을 가지고 있었다. 자동차가 등장했을 때부터 유럽인들은 소형 자동차가 감싸주는 공간을 좋아하였다. 책, 자동차 또는 가옥의 〈아늑한 공간〉의 회화적 가치는 그들의 마음을 끌지 못했다. 미국에서는 특히 지식인들 사이에서 페이퍼백이 1920년대, 1930년대, 1940년대에도 시도되었다. 그러나 그것이 갑자기 일반적으로 된 것은 바로 1953년부터이다. 어느 출판사도 그 진정한 이유를 모른다. 페이퍼백은 시각적이라기보다 촉각적인 것일 뿐 아니라, 시시한 것과 마찬가지로 어떠한 심오한 문제도 기꺼이 다룰 수 있다. 텔레비전이 등장한 뒤부터 미국인들은 심오한 문화를 기피하거나 무관심하게 대하지 않게 되었다. 페이퍼백의 독자는 천천히 읽기만 하면 아리스토텔레스나 공자도 즐길 수 있다는 것을 알게 되었다. 획일적인 활자의 선(線)에 맞춰 앞으로 달려가는 오랜 문자 문화적 습관은 갑자기 깊은 독서법에게 밀려났다. 물론 깊은 독서법은 그와 같이 인쇄된 말에는 적절치 않다. 말을 깊이 탐색한다는 것은 인쇄 문화보다는 구술 문화와 필사본 문화 본래의 전형적 특색이다. 유럽인은 언제나 영국인과 미국인의 문화가 깊이가 없다고 느껴왔다. 그러나 라디오가 등장한 뒤로, 특히 텔레비전이 등장한 뒤부터 영국과 미국의 문예 평론가는 그 깊이와 세밀함에 있어서 유럽 평론가들보다 앞섰다. 〈참선〉을 추구하는 비트족은 단지 말과 지각(知覺)의 세계로 들어가서 텔레비전 모자이크의 명령을 실행하려고 하는 것뿐이다. 페이퍼백 그 자체는 깊고 넓은 모자이크의 세계가 되었고, 미국인의 감각 생활의 변화를 말해 주고 있다. 그들은 말에서의 심층 경험을 물리학에서의 심층 경험처럼 완전히 받아들였고, 스스로 그것을 추구하려고까지 하게 되었다.

텔레비전 이후의 미국인의 태도 변화를 어디서부터 검토하기 시작해야 하는가 하는 문제는 당연히 재량에 맡길 수밖에 없는 것이다. 야구의 급격한 쇠퇴도 태도 변화의 예 중 하나인데, 브루클린 다저스Brooklyn Dodgers가 연고지를 로스앤젤레스로 옮긴 일 자체가 그 전조였다. 텔레비전의 타격을 받은 후 야구는 관중을 확보하기 위해 서부로 이동하였던 것이다. 야구의 특징적인 성격은 〈한 번에 한 가지씩〉이다. 골프처럼 야구는 선형적, 확장적인 게임이며, 개인주의적이고 내부 지향적인 사회의 모습에 꼭 들어맞는다. 즉 타이밍과 기다림이 그 본질이다. 구장 전체가 선수 한 명의 행동을 긴장하며 기다리고 있는 것이다. 이에 비하면, 미식 축구, 농구, 아이스 하키는 많은 일들이 한꺼번에 생기고, 팀 전체가 동시에 휩쓸리는 게임이다. 텔레비전의 출현으로, 야구에서 일어나는 이와 같은 분리된 개인적인 연기는 받아들여질 수 없게 되었다. 야구에 대한 관심은 줄어들었고, 영화 스타와 마찬가지로 야구 스타들은 자신들의 인기가 한풀 꺾였음을 알게 되었다. 영화처럼 야구는 개인적인 기교와 스타 플레이어를 내세우는 뜨거운 미디어였다. 진정한 야구 팬은 타자와 투수가 수많은 게임에서 거둔 성적에 관한 통계 숫자 기록을 갖고 있다. 끊임없이 폭발적으로 늘어나는 인구, 주식, 채권 그리고 생산과 판매의 공업 도시에 속하는 게임에서 얻는 독특한 만족감을 통계 숫자보다 더 뚜렷하게 나타내주는 것은 없을 것이다. 야구는 뜨거운 인쇄물과 영화 미디어가 처음 시작된 시대에 속하는 게임이었다. 야구는 앞으로도 핫재즈, 바람둥이 남자와 매력이 넘치는 여인, 바람 난 여인과 황금광(黃金狂), 그리고 불로 소득의 시대에 속하는 게임인 것이다. 야구는 이전 시대의 뜨거운 정치가와 뜨거운 문제 대부분이 그랬던 것처럼, 새로운 텔레비전의 풍토 속에서 차가워져 버린 뜨거운 게임인 것이다.

오늘날 소형 자동차보다 더 차가운 미디어나 더 뜨거운 화제는 없을 것이다. 그것은 배선이 잘못되어 무섭게 쿵쾅거리는 저음용 스피커 woofer와 같다. 유럽의 소형 자동차는, 유럽의 페이퍼백과 유럽형 미인처럼 시각적으로 조금도 일관된 제품이 아니다. 시각적으로 유럽의 자동차는 그것들을 모조리 모아놓아도 너무도 빈약한 것이어서, 제품을 생산한 사람도 그들의 차를 봐줄 만한 것이라 여기지 않았음이 분명하다. 그것은 바지와 스웨터처럼 입기 위한 어떤 것이다. 또 그것은 스킨 다이버, 수상 스키어, 보트 젓는 사람들이 추구하는 공간과 같은 성질을 가진 것이다. 직접적인 촉각이라는 점에서, 이 새로운 공간은 전망용 창문의 유행이 제공하는 것과 유사하다. 단순히 〈바라본다〉라는 관점에서 본다면 전망용 창문은 의미를 가지지 못하지만, 어항 속의 금붕어가 된 것처럼 바깥 공간에서 새로운 차원을 발견하기 위한 시도라는 점에서 그 의미를 가진다. 그리하여 우리는 실내가 마치 바깥인 것처럼 하기 위해서, 집 내부를 덮는 벽과 천을 꺼칠꺼칠하게 하려고 미친 듯이 노력한다. 그리고 바로 그 충동 때문에 바깥을 내부와 같은 느낌이 나게 만들기 위하여 안뜰에 실내 같은 공간을 만들기도 하고, 가구를 내놓기도 한다. 텔레비전 시청자는 바로 그와 같은 역할을 언제나 맡고 있다. 그는 잠수함이다. 희미한 영상과 신비로운 윤곽 한가운데를 끊임없이 모험하면서 외부를 내부처럼 보여주는 입자들의 폭격을 받고 있는 것이다.

그러나 미국의 자동차는 인쇄 문화와 영화 화면의 시각적 명령에 따라 만들어졌었다. 미국의 자동차는 촉각적 공간이 아니라 에워싸진 공간이다. 그리고 에워싸진 공간이라는 것은, 이미 16장 「인쇄」에서 제시한 것처럼, 모든 공간적 성질이 시각적인 용어로 환원된 공간이다. 그러므로 미국의 자동차에 타고 있다는 것은, 수십 년 전에 프랑스인이 말한 바와 같이 〈사람이 도로 위에 있는 것이 아니라, 자동차 속에 있는 것이다〉. 반면에 유럽의 자동차는 도로를 따라 사람들을 이끌며 자동차 밑바닥에서 전해 오는 떨림을 느낄 수 있게 만들어졌다. 브리지트 바르도는 최대의 진동을 느끼기 위하여 맨발로 운전하기를 좋아한다는 사실이 알려져 화제가 되었다. 시각적으로 볼품없는 영국의 자동차라 하더라도, 〈차가 시속 60마일로 달릴 때 당신이 들을 수 있는 것은 시계 소리뿐입니다〉라고 광고한 것은 과오를 범한 것이었다. 무엇이든지 〈참여〉하지 않으면 안 되고 또한 사물을 이해하려면 파고들어가야 하는 텔레비전 세대에게 이것은 확실히 서투른 광고일 것이다. 텔레비전 시청자는 풍부한 촉각적 효과를 탐하는 마음이 매우 강하므로 차라리 스키를 타려고 할지도 모를 일이다. 그에게는 자동차 바퀴가 충분한 마찰력을 가지고 있지 않다고 생각되는 것이다.

처음 텔레비전이 나온 뒤로 10년 동안에 의복은 자동차와 동일한 내력을 가지게 된다. 혁명의 전조는 바비 삭스bobby-sox[6]를 신은 10대 소녀들에 의하여 나타났다. 그들은 시각적 효과의 모든 짐을 내버리고 촉각적 효과를 추구했다. 그런데 그것이 너무 극심해져서 아주 단호하고 끈질긴 무표정주의를 낳았다. 10대들에게서 볼 수 있는 차가운 무표정의 얼굴은 텔레비전이 가진 차가운 면의 일부분이다. 라디오와 영화, 그리고 옛날의 책 등 뜨거운 미디어 시대의 청년기는, 신선하고 열성적이고 표정이 풍부한 얼굴을 가진 시기였다. 1940년대에는 원로 정치가와 중역들조차도, 텔레비전 시대의 아이들이 짓는 무표정한 조각 같은 표정은 짓지 않았을 것이다. 텔레비전과 함께 등장한 몇 가지 춤들은 트위스트에 집약된다. 트위스트는 매우 활발하지 않은 대화의 형태일 뿐이고, 그 동작과 찡그린 얼굴은 깊이 참여하긴 하지만 〈할 말은 전혀 없다〉는 것을 나타낸다.

과거 10년 동안의 의복과 스타일은 매우 촉각적이고 조각적이어서 텔레비전 모자이크의 새로운 성격을 과장된 형태로 나타내고 있다. 말하자면 우리의 신경이 털 모양의 패턴으로 확장된 텔레비전 영상은 의복, 헤어스타일, 걸음걸이, 동작에서도 그것에 관련된 이미지의 홍수를 불러일으키는 힘을 지니고 있다.

이와 같은 모든 것들이 합쳐져서, 압축된 내파에 이른다. 그것은 의복과 공간이 비전문화의 형태로 되돌아가는 것이다. 그리고 방, 물건, 대상을 여러 가지로 이용하는 것을 추구하는 일이다. 한마디로, 아이콘적인 것을 추구하는 일이다. 음악, 시, 그림에서, 촉각적 내파는 일상적인 대화에 가까운 성격을 고집하는 것을 의미한다. 쉰베르크와 스트라빈스키와 카를 오르프Carl Orff와 바르토크는 난해한

---
6) 발목까지 올라오는 양말이다.

효과를 추구한 것이 아니라, 음악을 보통 인간들의 이야기에 아주 가까이 가져다 놓았다는 사실은 오늘날에야 알게 된 것이다. 그들의 작품이 이전에 그렇게 비선율적으로 들렸던 것은 바로 이 일상 회화 같은 리듬 때문이다. 페로탱 Pérotin이나 뒤페 Dufay 등의 중세 작품을 들어보면 누구나 그 음악이 스트라빈스키나 바르토크와 아주 가깝다는 것을 발견할 것이다. 악기를 노래와 말에서 떼어내고, 그것들에게 전문가적 기능을 부여한 르네상스의 문화적인 대규모 외파는 우리의 전자의 내파 시대와는 반대되는 방향으로 진행되었다.

텔레비전 영상이 지닌 촉각적 성격이 가장 생생하게 드러나는 예는 의학 분야에서 찾을 수 있다. 폐쇄 회로 텔레비전으로 수술 방법을 지도받는 의과 대학생들은 처음부터 이상한 느낌을 받았다고 말하고 있다. 즉, 그들은 수술을 지켜보고 있다고 느끼지 않고 스스로 수술을 행하고 있다고 느꼈다. 그들은 스스로 메스를 쥐고 있는 것처럼 느꼈던 것이다. 이렇게 텔레비전 영상은 모든 경험의 면에서 깊은 참여의 열정을 고조시키고, 자기 자신의 건강에 대해 강하게 집착하게 만든다. 텔레비전의 의료 프로그램과 병원을 다룬 프로그램이 급격히 늘어나 서부극에 대항할 수 있을 정도까지 된 것은 아주 자연스러운 일이다. 같은 이유로 사람들의 흥미를 즉시 끄는 프로그램은 얼마든지 손꼽을 수 있을 것이다. 톰 둘리 Tom Dooley가 낙후된 지역에서 벌인 의료 행위에 관한 이야기는 텔레비전 시대 초기 10년 동안에 맺어진 자연스러운 결실이었다.

이제까지 텔레비전 영상이 잠재 의식에 미치는 힘을 장황하게 예를 들어가며 살펴보았는데, 이쯤 되면 〈텔레비전 같은 새로운 미디어가 잠재 의식에 가하는 작용에 대해서는 어떠한 면역이 생길 수가 있는가〉라는 질문이 나올 듯하다. 오랫동안 사람들은, 우둔하다 싶을 정도로 완고함을 가지고 그것을 굳게 부인하면 새로운 경험에 충분히 대항할 수 있다고 생각하였다. 그러나 미디어의 특수한 힘을 아무리 뚜렷하게 이해하고 있어도, 우리를 제시된 경험의 패턴에 적응시켜 버리는 여느 때와 같은 감각의 〈종결〉, 즉 감각의 고정된 반응 양식을 막지는 못한다는 것이 이 책의 주제이다. 루이 파스퇴르는 눈에 보이지 않는 박테리아의 작용이 존재한다는 〈천박한〉 주장을 하였기 때문에 동료들에 의하여 의학계에서 축출되고 말았지만, 어떤 〈고결한〉 마음도 박테리아를 막을 수는 없다. 따라서 텔레비전에 대항하려면 인쇄물과 같은 관련 미디어를 해독제로 마련해 두어야 한다.

〈텔레비전이 정치적 생활에 미친 영향은 어떠하였는가?〉 이것은 특히 다루기 힘든 영역이다. 여기서는 적어도 비판적인 의식과 경계심이라는 위대한 전통이, 권력이 비겁하게 이용되는 것을 막기 위해 우리가 내세워 온 수단이었음을 입증하고 있다.

화이트 Theodore White의 『대통령의 탄생 : 1960년 The Making of the President : 1960』 중 〈텔레비전 토론〉에 관한 대목을 펼쳐 보면, 텔레비전 연구자는 당혹스러워할 것이다. 화이트는 미국 가정의 텔레비전 수와 하루 이용 시간량을 통계냈지만, 텔레비전 영상의 본질이나 그것이 후보자와 시청자에게 미치는 효과에 대해서는 아무런 단서도 제공하지 않았다. 화이트는 〈토론〉의 내용과 토론자의 태도를 살펴보고는 있지만, 텔레비전이 왜 날카롭고 격렬한 닉슨 같은 느낌의 이미지에는 좋지 않은지, 반대로 희미하고 털이 텁수룩하며 꺼칠꺼칠한 케네디의 피부 촉감의 이미지에는 왜 좋은지에 대해서는 묻지 않고 있다.

토론 막바지에 런던 《옵서버 Observe》의 필립 딘 Philip Deane은 다가오는 선거에 텔레비전이 미치는 영향에 관한 자신의 생각을 설명했는데, 이는 1960년 10월 15일자 《토론토 글로브 앤드 메일 Toronto Globe and Mail》에서 〈보안관과 변호사〉라는 표제를 단 기사로 실렸다. 그 기사는, 텔레비전이 전적으로 케네디에게 유리하게 작용하기 때문에 그가 선거에서 이기리라는 것이었다. 텔레비전이 없다면, 닉슨이 이길 것이라면서 딘은 기사 끝을 이렇게 썼다.

신문은 닉슨이 첫번째 토론에서는 좋지 않았으나, 마지막 두 토론에서는 좋았다고 말한다. 맥루언 교수는, 닉슨의 말들은 점점 단정적으로 들리게 되었다고 보고 있다. 또 그는 닉슨이 부통령의 견해와 주의(主義)가 어떻게 평가받는지에는 상관없이, 텔레비전 미디어에는 지나치다 싶을 정도로 화려하게 그 견해와 주의를 옹호해 왔다고 생각하고 있다. 케네디의 다소 날카로운 응답도 실수라고 볼 수 있으나, 그는 여전히 텔레비전 영웅에 보다 가까운 이미지를 보여준다. 맥루언 교수에 의하면, 케네디는 수줍어하는 젊은 보안관 같긴 했지만 검은 눈동자로 빤히 쳐다보면서 사기꾼처럼 돌려 말하는 닉슨은 작은 마을 사람들에게는 이득이 안 되는 토지 임대차 계약서에 서명하는 철도 회사 쪽 변호사 같았다.

사실, 닉슨은 상대방에게 반대하는 것처럼 하다가 텔레비전 토론에서 그랬던 것처럼 민주당과 같은 목표를 주장하기도 하는데, 이런 케네디의 이미지를 흐리게 함으로써, 다시 말해 케네디가 바꾸고 싶어하는 것은 정확히 무엇인가 뚜렷해지지 않게 함으로써 결국 상대방을 도와주는 것일지도 모른다.

결국 케네디는 명확한 논쟁에서 초래되는 불이익을 당하지 않았다. 시각적으로 그는 명확하지 않고 태연해 보인다. 닉슨처럼 자신을 선전하는 데 안달이 난 것처럼 보이지 않는다. 그러한 점에서 맥루언 교수는, 미국의 광범한 보수 세력을 휘어잡는 닉슨의 엄청난 힘을 낮게 평가하지 않으면서도 케네디의 우세를 인정하는 것이다.

텔레비전에 받아들여지는 타입과 받아들여지지 않는 타입을 설명하는 다음과 같은 또다른 방식이 있다. 겉모습에서 역할과 지위가 뚜렷이 드러나는 사람은 텔레비전에 어울리지 않는다. 교사처럼 보이기도 하고, 의사처럼 보이기도 하고, 또한 비즈니스맨처럼도 보이기도 하는 등, 동시에 여러 가지 전부로 보이는 사람이 텔레비전에 어울린다. 얼굴만 보아도 어떤 인물인지 분명히 분류해 낼 수 있는 닉슨 같은 사람에게는 텔레비전 시청자가 상상력으로 채워 넣을 것이 존재하지 않는다. 그와 같은 텔레비전 영상을 보면 시청자는 불편함을 느낀다. 그리고 거북해하며 이렇게 말한다. 〈저 녀석한테는 무언가 나쁜 점이 있어.〉 그와 똑같은 느낌은, 지나치게 아름다운 여성을 텔리비전으로 보는 경우, 또는 스폰서의 〈선명도〉가 너무 강한 이미지나 메시지를 접하는 경우에도 생겨난다. 텔레비전이 출현한 뒤부터 광고가 희극적인 효과를 공급하는 광범위하고 새로운 원천이 된 것은 우연이 아니다. 흐루시초프는 텔레비전에서 만화 comic cartoon처럼 보이기 때문에 시청자가 채워 넣는 이미지이다. 전송 사진이나 텔레비전 화면에서는, 상대방의 적의를 없애는 명랑하고 웃기는 존재가 되는 것이다. 마찬가지로 영화의 역할에 어울리는 사람은 텔레비전 출연에 맞지 않는다는 공식 역시 정확한 것이다. 뜨거운 영화 미디어는 어떤 타입인지가 아주 명확하게 드러나는 인물을 필요로 한다. 차가운 텔레비전 미디어는 전형적인 것을 받아들이지 못한다. 그러한 것들은 시청자가 이미지를 〈종결〉하거나 완성하지 못하게 하기 때문이다. 케네디 대통령은 부자나 정치가처럼 보이지 않았다. 그는 식료품 가게 주인이나 교수, 심지어는 미식 축구 코치 등 어떤 사람으로도 보였던 것이다. 그는 자신의 용모와 윤곽에서 오는 기분 좋은, 트위드[7]와 같은 느긋하고 흐릿한 느낌을 망칠 정도로 너무 분명하게 준비된 말은

---

7) tweed. 영국 사람들이 특별히 옥외에서 활동할 때 입는, 여러 가지 색깔의 실로 짠 거친 양털 옷이다.

하지 않았다. 그는 뒤집어 엎는 텔레비전의 패턴대로 해, 훌륭한 저택에서 통나무 오두막집으로, 부유층에서 백악관으로 옮겨갈 수 있었다.

같은 구성 요소가 텔레비전의 모든 인기 있는 인물 속에서 발견된다. 에드 설리번 Ed Sullivan은 처음부터 〈커다란 바위 얼굴〉로 잘 알려져 있었는데, 그는 텔레비전이 중시하는 꺼칠꺼칠한 피붓결과 조각의 일반적 특징들을 갖추고 있었다. 잭 파는 전혀 다르다. 그는 우락부락하지도 조각 같지도 않다. 매우 차갑고 격식에 얽매이지 않는 능란한 말 솜씨 때문에 그는 텔레비전에서 전적으로 받아들여지는 것이다. 〈잭 파 쇼〉에서는 텔레비전에 본질적으로 필요한 자연스러운 잡담과 대화를 보여준다. 겉보기에 잭은 즉석에서 누구든지 자유로이 자신의 어조에 맞추어버리는 것 같다. 그가 텔레비전의 모자이크 상을 그의 쇼 전체 속으로 어떻게 펼쳐 놓아야 하는가를 알아차렸기 때문이다. 그리고 신문이라는 모자이크가 상대하기 힘든 라이벌이 될 때까지 그는 다른 미디어, 즉 저널리즘, 정치, 책, 브로드웨이, 그리고 예술 일반이라는 세계로부터 모자이크를 어떻게 창조해 낼지를 매우 잘 이해하고 있었다. 이전의 라디오 시대에 아모스 Amos와 앤디 Andy가 일요일 저녁에 교회 가는 사람들 수를 줄인 것처럼, 확실히 잭 파는 자신의 심야 프로그램으로 나이트 클럽의 손님들 수를 줄이고 있는 것이다.

그러면 텔레비전의 교육적 역할은 어떠한가? 세 살짜리 애가 아버지, 할아버지와 함께 대통령의 기자 회견을 본다는 사실은 텔레비전의 막중한 교육적 역할을 보여주는 것이다. 텔레비전과 학습 과정의 관계는 어떤 것인가에 대해 물으면, 분명히 그 답은 텔레비전 영상이 참가, 대화, 깊이를 부각시킴으로써, 교육에서의 새로운 긴급 대책에 대한 요구를 가져왔다는 것일 것이다. 모든 교실에 텔레비전이 있게 될 것이냐 아니냐는 작은 문제에 불과하다. 혁명은 이미 가정 안에서 시작되었다. 텔레비전은 우리의 감각 생활과 정신 작용을 바꾸어놓았다. 텔레비전은 모든 것을 그 심층에서 경험하고자 하는 취미를 만들어냈는데, 그러한 취미는 자동차의 스타일뿐만 아니라 언어 교육에도 영향을 미치고 있다. 텔레비전이 출현한 뒤로는, 프랑스와 영국의 시에 관한 지식을 책에서만 얻는 것에 대해서 아무도 만족하지 않게 되었다. 지금은 모두 이렇게 외친다.〈프랑스어로 말하자.〉〈음유 시인의 시를 '들어보자.'〉그리고 이상한 일이지만, 깊이에 대한 요구 때문에 긴급 대책에 대한 요구가 생기게 되었다. 텔레비전이 출현한 뒤로는, 모든 지식을 더 깊게, 더 폭넓게 하는 것이 일반적인 대중의 요구가 되었다. 왜 이렇게 되었는지는 이미 텔레비전 영상의 특징에 대한 설명을 통해 충분히 밝혔다. 어떻게 하면 지금보다 더 텔레비전이 우리 생활에 깊이 침투하게 할 수 있을까? 단지 교실에서 사용하는 것만으로는 그 영향력이 확대될 수 없다. 물론 교실에서는 텔레비전의 역할 때문에 교과 자체와 교과를 다루는 방법이 바뀌어야 할 것이다. 지금의 교실을 그대로 텔레비전에 옮기는 것은 영화를 텔레비전에 옮기는 것과 같을 것이다. 그 결과는 어느쪽도 아닌 잡종이 될 것이다. 문제에 올바르게 접근하는 방법은 먼저 이렇게 묻는 것이다. 〈프랑스어 또는 물리학 교육을 위하여, 교실에서는 할 수 없지만 텔레비전에서는 할 수 있는 일은 무엇인가?〉그 답은 다음과 같다.〈텔레비전은 과정상의 상호 작용과 모든 종류의 형태들이 성장하는 모습을 구체적으로 보여줄 수 있다. 텔레비전 외의 그 어떤 것도 이 일을 해낼 수는 없다.〉

텔레비전이 미치는 영향의 또다른 면은, 시각적으로 조직된 교육적, 사회적 세계에서 텔레비전 어린이는 혜택받지 못한 절름발이라는 사실과 연관된다. 이 놀라운 전도된 사실에 대한 완곡한 지적은 윌리엄 골딩William Golding의 『파리 대왕Lord of the Flies』에 나타나 있다. 한편으로는 많은 온순한 어린이들이, 일단 여선생님이 눈앞에 없으면 그들의 마음속에 있던 야만적인 정열이 끓어올라 유모차도 놀이터도 산산이 부수어버릴 것이라는 말을 들으면 신나할지도 모르겠다. 하지만 골딩의 작은 목가적 우화는 다른 한편으로는, 텔레비전 어린이의 심리적 변화라는 관점에서 볼 때 어떤 의미를 가지고 있다. 이 문제는 문화나 정치에 있어서의 앞으로의 전술로서 매우 중요한 것이기 때문에 여기서 별도의 제목을 붙여서 정리해 둘 필요가 있다.

왜 텔레비전 어린이는 앞을 내다볼 수 없는가

사람들이 텔레비전 영상을 통하여 깊은 경험에 몰입하게 된다는 사실은 시각적 공간과 모자이크 공간의 차이를 가지고 설명할 수 있다. 완전히 다른 이 두 형태를 구별하는 능력은 서구 세계에서는 거의 찾아보기 어렵다. 장님의 나라에서 외눈박이는 왕이 아니다. 외눈박이는 환각에 빠진 미치광이로 간주된다. 고도로 시각적인 문화 속에서 공간적 형태들의 비시각적 속성을 알리는 것은 장님에게 시각을 설명하는 것만큼이나 어려운 일이다. 『상대성 원리 입문ABC of Relativity』에서 버트런드 러셀은 아인슈타인의 사고 방식에는 어려운 점이 전혀 없지만 그 생각을 이해하려면 우리의 상상력을 전면적으로 재조직해야 한다고 말하였다. 텔레비전 영상을 통해서 일어난 현상이 바로 이러한 상상력의 재조직화이다.

사람들은 대체로 사진과 텔레비전 영상을 구별하지 못하는데, 이는 오늘날 학습 과정에서 장애 요인이 된다. 또 그뿐 아니라 이는 서구 문화가 옛날부터 가지고 있던 결함을 나타내는 것이다. 시각이 대상의 조직화의 원리로서 모든 곳에 확장되어 있는 환경에 적응한 문자 문화적 인간은 종종 원시 예술의 모자이크적 세계 또는 심지어는 비잔틴 예술의 세계에 대해 이렇게 생각한다. 두 예술은 그 예술 작가들이 대상을 묘사할 때 그 시각적 효과를 충분히 발휘하는 데에는 실패하였다는 것을 나타내는 것으로서, 그 둘 사이에는 정도의 차이만 있을 뿐이라고 말이다. 그러나 이것은 완전히 잘못된 생각이다. 오늘날 이 생각 때문에 유색 인종 사회와 백인 사회의 관계가 악화되고 있는 것이다.

대부분의 테크놀러지는 감각의 증폭을 가져오는데, 이는 테크놀러지가 여러 감각을 분리하는 데에서 선명하게 드러난다. 라디오는 청각의 확장이며, 실물에 아주 가까운 사진은 시각의 확장이다. 그러나 텔레비전은 무엇보다도 촉각의 확장이며, 모든 감각들 사이의 최대한의 상호 작용을 일으킨다. 그러나 서구인의 경우, 전반적인 확장은 시각이 확장된 테크놀러지인 표음 표기에 의하여 일어났다. 반면에 모든 비표음적 표기의 형태는 다양한 감각의 오케스트라적 성격을 많이 띠고 있는 예술적 형태이다. 표음 표기만이 감각들을 분리하고 단편화하는 힘을 가지고 있다. 그리고 그것은 의미의 복잡성을 벗겨내는 힘 또한 가지고 있다. 텔레비전 영상은, 감각 생활을 분석하여 단편화하는 문자 문화의 과정을 거꾸로 돌려 놓는다.

문자 문화에서 유래된 연속성, 획일성, 연결성을 시각적으로 강조함으로써 우리는, 단편화된 반복 행위를 통해 연속성, 선형성을 수행하는 커다란 기술적 수단을 얻게 된다. 고대 세계에서는 벽이나 도로에 사용하는 벽돌에서 이러한 수단을 사용하였다. 도시와 제국(帝國)의 도로나 벽에서 빼놓을 수 없는 요소인 반복적, 획일적인 벽돌은 문자를 통해 이루어진 시각의 확장이다. 〈벽돌로 쌓은 벽은 모자이크적 형태가 아니다.〉 그리고 모자이크적 형태 또한 시각적 구조가 아니다. 모자이크적인 것은 댄스처럼 〈눈에 보이긴 하지만〉, 시각적으로 〈구조화〉되어 있지는 않은 것이다. 그리고 또한 시각적인 힘의 확장도 아니다. 왜냐하면 모자이크적인 것은 획일적이지도, 연속적이지도, 반복적이지도 않기 때문이다. 그것은 촉각적 텔레비전 영상과 비슷하게, 비연속적, 비대칭적, 비선형적이다. 촉각에서는 모든 사물이 돌발적이고 거꾸로 되어 있고 원초적이고 따로 떨어져 있고 불가사의하다. 홉킨스G. M. Hopkins의 「얼룩덜룩한 미녀 The Pied Beauty」는 촉각의 특징들을 적은 목록이다. 이 시는 비시각적인 것에 대한 선언이다. 그리고 세잔, 쇠라, 루오와 마찬가지로, 텔레비전을 이해할 때 빼놓아서는 안 되는 하나의 단서를 제공한다. 현대 예술의 비시각적인 모자이크적 구조는, 현대 물리학과 전기적인 정보 패턴이 그러하듯이, 보는 사람의 이탈을 거의 허용하지 않는다. 촉각이 그러한 것처럼 텔레비전 영상의 모자이크적 형태 역시 존재 전체의 심층적 참여와 개입을 요구한다. 이에 비하여 문자 문화는 심리적으로든 사회적으로든 시간과 공간을 획일적으로 조직화하는 정도까지 시각의 힘을 확장하여, 보는 사람에게 이탈과 비관여(非關與)의 힘을 부여하였다.

시각이 표음 문자에 의하여 확장되면, 형태의 생명 속에서 한 가지 상만을 보려는 분석적 습관이 자라난다. 현실을 그대로 재현하는 예술에서처럼, 시각의 힘 때문에 우리는 시간과 공간 속에 놓인 단일한 사건을 분리하여 지각할 수 있다. 한 인물이나 하나의 대상을 시각적으로 묘사할 때, 하나의 단면, 한 순간, 또는 하나의 양상은, 그 인물이나 그 대상이 가지고 있는 것으로 이미 알려지고 느껴진 여러 단면들과 여러 순간들, 그리고 여러 양상들에서 분리되어 버린다. 이와 대조적으로 아이콘적 예술은, 사람과 사물의 많은 순간, 단면, 양상으로 이루어지는 전체 포괄적인 이미지를 만들기 위해, 눈을 손처럼 사용한다. 따라서 아이콘적 양식은 시각적 묘사가 아니고, 또 단일한 위치에서 쳐다볼 경우에 뚜렷해질 수 있는 시각적 강조에 의한 전문화도 아니다. 촉각적인 지각 양식은 폭발적이기는 하지만, 전문화적이지는 않다. 그것은 전체적이고 공감각적이며, 모든 감각을 참여시킨다. 모자이크적인 텔레비전 영상에 젖어 있기 때문에 텔레비전 어린이는 문자 문화와는 완전히 반대되는 정신을 가지고 세계와 만난다.

텔레비전 영상은 아이콘보다 더 많이 촉각을 확장한 것이다. 텔레비전은 문자 문화와 만나는 곳에서는 반드시 감각의 혼합을 강화하고, 단편화되고 전문화된 확장들을 이음매 없는 경험의 그물로 변형시키는 것이다. 물론 이러한 변형은 문자 문화적이고 전문화된 문화에게는 하나의 〈재앙〉이다. 그것은 지금까지 우리가 품어온 많은 태도와 절차들을 흐려놓고, 기본적인 교육 기술의 효율성이나 교과 과정의 타당성을 불명확한 상태로 만들어버리기 때문이다. 이러한 이유만으로도, 우리에게 침입해 오고 있는 이러한 형태의 역동적 생명을 이해하여 두는 것이 좋을 것이다. 텔레비전은 근시를 조장한다.

텔레비전 시대 10년을 경험한 젊은이들이 깊은 관여를 향한 충동을 가지고 있다는 것은 당연한 일이다. 보통의 문화가 지닌 먼 앞날의 시각화된 목표는 그 충동 때문에 비현실적일 뿐 아니라 자신들과는 관계 없는 것처럼, 더 나아가 무기력하고 활기 없는 것처럼 보이게 된다. 텔레비전의 모자이크적 영상을 통하여 젊은이들 속에서 일어나고 있는 것은 바로 전체 포괄적인 〈현재〉에의 전면적인 관여이다. 이러한 태도 변화는 프로그램의 내용과는 아무런 관계도 없고, 프로그램이 최고의 문화적 내용을 담고 있다 할지라도 상황은 마찬가지일 것이다. 스스로를 모자이크적인 텔레비전 영상과 연관지음으로써 나타나는 태도 변화는 모든 일에서 일어날 수 있다. 물론 우리의 일이란, 이러한 변화를 이해하는 것일 뿐만 아니라, 풍부한 교육적 성과를 거두기 위하여 이것을 이용하는 것이다. 텔레비전 어린이는 개입을 원하는 것이지, 미래의 전문가적인 〈직능〉을 원하는 것이 아니다. 그는 〈역할〉과 사회에의 깊은 참여를 원하고 있는 것이다. 억제되지 않고, 잘못 이해된다면 이 풍부한 인간적인 욕구는 「웨스트 사이드 스토리 West Side Story」에 잘 그려져 있는 것과 같은 왜곡된 형태로 나타난다.

텔레비전 어린이는 앞을 내다볼 수 없다. 왜냐하면 그는 참여하기를 원하기 때문이다. 또 학습에서든 인생에서든 간에 단편적이고 단순히 시각화되어 있기만 한 목표나 운명을 받아들일 수 없기 때문이다.

텔레비전에 의한 살인

잭 루비 Jack Ruby는 경찰관들에게 빽빽이 둘러싸여 있었다. 하지만 그들이 실황 방송중인 텔레비전 카메라에 정신을 다 빼앗겨 있었기 때문에, 리 오즈월드 Lee Oswald를 총으로 쏠 수 있었다. 매혹하고 참여시키는 텔레비전의 힘이 인간의 인지 능력에 미치는 특이한 작용에 관해서는 사실 이러한 실례를 덧붙일 필요가 없을지도 모르겠다. 케네디 암살 사건은 한편으로는, 깊은 참여를 만들어내는 텔레비전의 힘을 직접 느낄 수 있게 해주었다. 하지만 다른 한편으로는 슬픔만큼이나 깊은 감각 마비의 효과를 만들어냈다. 많은 사람들은 사건이 그들에게 전해 준 의미의 깊이에 놀랐다. 더 많은 사람들은 대중의 반응이 차갑고 조용한 데 놀랐다. (텔레비전이 존재하지 않아) 같은 사건이 신문이나 라디오에서 다루어졌다면, 이는 완전히 다른 체험을 가져다주었을 것이다. 아마 국민들의 감정은 크게 폭발했을 것이다. 그 경우 흥분의 정도는 훨씬 더 심했겠지만, 그 대신 공동으로 의식하는 국민의 깊은 참여 정도는 훨씬 덜했을 것이다.

앞에서 말했듯이 케네디는 뛰어난 텔레비전 영상이었다. 그는 루스벨트가 라디오로 이루어낸 것과 똑같은 정도의 효율성을 텔레비전을 이용하여 만들어냈다. 케네디는 텔레비전을 이용하여 실제로든 이미지로든 간에 전 국민을 대통령의 직무에 참여시키는 것이 자연스럽다는 것을 알아차렸던 것이다. 텔레비전은 대통령의 직무에 속하는 공공적인 것이 되었다. 텔레비전은 대통령 체제를 군주 체제로 바꿀 수도 있는 잠재력을 가지고 있다. 단지 선출된 대통령이라는 사실만으로 텔레비전 형태가 요구하는 깊은 참여와 헌신을 끌어낼 수 있는 것은 아니다. 선생님이 텔레비전에 나오면, 보고 있는 학생들은 그 선생님에게서도 초월적, 신비적 특징을 느끼게 된다. 그것은 교실이나 강당에서 느끼는 것과는 비교도 안 될 정도의 것이다. 텔레비전 수업에 대한 시청자의 반응을 연구한 여러 결과들에서도 이 당혹스러운 사실을 재확인할 수 있다. 시청자는 선생님이 거의 신성한 차원의 것을 지니고 있다고 느끼는 것이다. 이 느낌은 개념이나 관념에 기초한 것이 아니라, 시청자의 마음속에 몰래 스며드는 설명하기 어려운 것인 듯하다. 이런 느낌은 학생들과, 그 학생들의 반응을 분석하는 사람까지도 당혹스럽게 만든다. 텔레비전의 성격을 파악하는 데 있어서 이보다 좋은 것은 없을 것임에 틀림없다. 텔레비전은 시각적 미디어라기보다는 우리의 모든 감각을 깊은 상호 작용 속에 참여시키는 촉각적, 청각적 미디어인 것이다. 오랫동안 인쇄와 사진의 다양한 시각적 경험에만 익숙해진 사람들은, 여느 때의 수동적이고 분리된 그들의 태도를 버리게 하는 텔레비전의 경험을 〈공감각적〉이거나 촉감적인 깊이로 느끼게 될 것이다.

〈텔레비전이 수동적인 시청자를 위한 경험을 제공한다〉라는, 문자 문화인이 결코 빠뜨리지 않는 상투적인 발언은 엉뚱하게 빗나간 말이다. 텔레비전은 특히 창조적으로 참여하려는 반응을 불러일으키는 미디어이다. 리 오즈월드를 지키지 못한 경찰관이 수동적이었던 것은 아니다. 그들은 텔레비전 카메라를 보는 것만으로도 거기에 너무 깊이 개입하게 되었고, 그래서 사무적이고 전문적일 뿐인 자신들의 일에 대한 감각을 잃어버렸던 것이다.

한 사건에 공동으로 참여하는 성격을 지니게 하는 텔레비전의 힘을 가장 강력히 인상 깊게 시청자들에게 보여준 것은 케네디의 장례식일 것이다. 스포츠의 경우를 제외한다면, 어떤 국가적인 사건도 이보다 큰 규모로 다루어지지는 않았고, 또 이보다 많은 시청자를 끌어 모으지는 못했다. 그것은 복잡한 〈과정〉에 시청자를 참여시킬 수 있는 텔레비전의 두드러진 힘을 드러내 주었다. 공동체적 과정으로서의 장례식은 스포츠의 이미지마저도 보잘것없는 것으로 만들어버렸다. 요컨대 케네디의 장례식은 모든 국민을 하나의 의식(儀式) 과정에 참여시키는 텔레비전의 힘을 명확하게 드러낸 것이다. 이에 비하면, 신문, 영화는, 그리고 라디오조차도 소비자에게 팔기 위해 잘 포장해 놓은 수단에 지나지 않는다.

무엇보다도 케네디 사건은 〈차가운〉 텔레비전 미디어의 역설적인 특성에 주목하게끔 하는 좋은 기회가 되었다. 그것은 우리를 깊은 감동 속에 빠져들게 했다. 그러나 흥분시키거나 선동하지는 않았다. 아마 이것이 모든 깊이 있는 경험의 특성일 것이다.

32 무기 • 아이콘의 전쟁

1963년 6월 16일 소련 여성 테레슈코바 Valentina Tereshkova는 비행사 훈련을 전혀 받지 않은 상태에서 우주 공간으로 갔다. 그런데 신문과 그 밖의 미디어에 따르면 그녀의 활약은 남성 우주 비행사, 특히 미국 우주 비행사의 이미지를 손상시키는 것이었다. 모두가 뛰어난 시험 조종사인 미국 우주 비행사가 가진 기술의 전문성에 마음 쓰지 않는 것을 보니, 러시아인들은 우주 공간 여행이 전문 파일럿의 〈팔〉을 필요로 하는 비행기와 관계가 있는 것이라고는 느끼지 않는 것 같았다. 우리 문화에서는 여성을 우주 공간으로 보내지 못하게 하고 있기 때문에, 우리가 할 수 있는 재치 있는 응수란, 이와 같은 것이 결국 어린아이 장난 정도라는 것을 나타내기 위하여 〈어린이 우주 비행사 그룹을 쏘아 올릴 수도 있었다〉라고 말하는 것일 것이다.

최초의 스푸트니크인 〈작은 여행 동반자〉[1]는 새로운 종류의 테크놀

---

1) 스푸트니크호의 애칭이다.

러지의 이미지, 즉 아이콘을 사용하여 자본주의 세계에 재치 있는 조롱을 보냈다. 어린이 우주 비행사 그룹을 보낼 수도 있다고 말하는 게 아직도 응숫거리가 되는지는 모르겠다. 하지만 분명히 그 최초의 여성 우주 비행사는 우리 서구인들에게 우리의 감성에 적합한 〈작은 애인 Valentine——또는 멋진 여성〉으로 보인다는 사실은 분명하다. 사실, 경쟁국의 집합체적인 모습을 서서히 손상시키는 이러한 아이콘의 전쟁은 오래전부터 진행되어 왔다. 잉크와 사진이 군대와 전차를 대신하고 있으며, 문(文)은 무(武)보다 나날이 강해지고 있다.

25년 전에 사용된 〈게르 데 네르 guerre des nerfs〉[2]라는 프랑스어는 나중에 〈냉전〉을 의미하게 되었다. 그것은 정말 정보와 이미지의 전기적 전쟁이다. 또 공업 시대의 도구를 사용하는 예전의 뜨거운 전쟁보다 훨씬 철저하고, 사람의 마음을 사로잡는 것이다.

과거의 〈뜨거운〉 전쟁에서는 병기를 사용해 적을 하나씩 쓰러뜨렸다. 18-19세기의 이데올로기 전쟁도 한 번에 한 사람씩 개인을 설득하여 새로운 견해를 갖게 하는 식으로 진행되었다. 이에 반하여 사진, 영화, 텔레비전에 의한 전기적 설득은 모든 국민이 새로운 이미지에 젖어들게끔 작용한다. 10년 전 매디슨가는 이 테크놀러지의 변화를 충분히 잘 알고 있었다. 그래서 개별 제품 광고에서 벗어나, 〈기업 이미지〉에 소비자를 집합체적으로 참여시키도록 그 전략을 바꾸었다. 그리고 이제 그 〈기업 이미지〉는 〈기업 자세〉로 변하였다.

정보의 교환이라는 새로운 냉전과 병행하는 하나의 상황에 대한 다음과 같은 글을 제임스 레스턴은 워싱턴에서 《뉴욕 타임스》로 보냈다.

정치는 국제화되었다. 영국 노동당 당수가 여기서 영국 수상 선거 운동

---
2) 〈신경전〉이라는 뜻이다.

을 벌이고 있다. 곧 존 케네디는 이탈리아와 독일로 건너가 재선(再選)을 위한 운동을 벌일 예정이다. 모든 사람이 지금은 남의 나라——대개는 미국이지만——에서 선거 유세를 하고 다닌다.

워싱턴은 아직도 이 제3자로서의 역할에 적응하지 못했다. 여기서 발언된 것이 어느 선거 운동에서 어느 측에 이용될 수 있다는 것, 그리고 그것이 우연히도 최종 투표에서 결정적인 요소가 될지도 모른다는 것에 워싱턴은 조금도 유의하지 않고 있다.

1964년의 냉전이 정보의 테크놀러지에 의해 벌어지고 있다고 한다면, 이 말은 모든 전쟁이, 모든 문화에서 이용 가능한 최신 테크놀러지에 의해 행해졌다는 것이다. 시인 존 던은 그의 설교들 중 하나에서 중화기(重火器)의 고마움에 대해 다음과 같이 말하였다.

이리하여 이성(理性)의 빛의 은혜를 받아서 사람들은 총포를 발견하였고, 이는 전쟁을 이전보다 빨리 끝나게 해준다…….

화약을 사용하거나 총포에 구멍을 뚫는 데 필요한 과학 지식이 던에게는 〈이성의 빛〉으로 보였던 것이다. 그러나 그는 인명 살상의 규모를 확대하고 살상 행위를 가속화한, 바로 그 같은 테크놀러지의 또 하나의 진보를 깨닫지 못했다. 존 네프는 『전쟁과 인류의 진보 War and Human Progress』에서 이에 대해 다음과 같이 언급하고 있다.

17세기에 갑옷이 병사들의 장비 중 일부로서 차차 사용되지 않았기 때문에, 그에 쓰이던 금속을 총포와 탄환을 생산하는 데로 돌릴 수 있게 되었다.

테크놀러지에 의한 인간의 확장이 미친 심리적, 사회적 영향을 살펴보면, 이음매 없이 서로 뒤섞인 사건의 그물눈을 쉽게 발견할 수 있다.

1920년대에 아마눌라 Amanulla 왕[3]은 어뢰를 발사시키고 나서 〈이미 나는 반은 영국인이 된 것처럼 느낀다〉라고 말하였는데, 이는 이 그물눈을 정확하게 지적한 것이다.

여러 가지 요인이 냉혹하리만큼 뒤섞여 짜진 직물이 바로 인간의 운명이라고 보는 이와 똑같은 느낌은 다음과 같은 어린이의 말에도 나타난다.

〈아빠, 나는 전쟁이 싫어요.〉
〈왜?〉
〈전쟁이 역사를 만드는데, 나는 역사가 싫거든요.〉

총신(銃身)에 구멍을 뚫는 기술은 수세기에 걸쳐 개발되었는데, 이 기술 때문에 증기 기관이 등장할 수 있게 되었다. 피스톤 축과 총 둘 다, 단단한 강철에 구멍을 뚫어야 한다는 과제를 우리에게 안겨주고 있었던 것이다. 초기에 포화가 발명될 수 있게끔 인식의 방향을 돌린 것은 원근법적 사고를 강조하는 선형적 사고 바로 그것이었다. 총포가 사용된 것보다 훨씬 전에 화약은 오늘날의 다이너마이트처럼 폭발용으로 사용되고 있었다. 탄환을 탄도(彈道)를 따라 추진시키는 화약 사용법은 예술에서 원근법이 도래되기만을 기다려야 했다. 테크놀러지와 예술이 맺은 이 관계는 오랫동안 인류학자를 당혹스럽게 해온

---

3) 아프가니스탄의 왕. 한때 영국, 러시아와 손을 잡고 국내를 개혁하려고 시도했으나 실각하였다.

문제를 설명해 줄 것이다. 비문자 문화인들의 소총 사격 실력이 대체로 좋지 못한 이유를 인류학자들은 계속 설명하려고 했다. 그들이 그 이유로 든 것은, 활과 화살을 사용하는 경우에는 사냥감에 접근하는 것이 거리를 정확하게 파악하는 것보다 더 중요하다는 점이었다. 그리고 사냥감에 접근하기가 거의 불가능하기 때문에, 그들이 사냥감에 접근하기 위하여 동물 가죽을 몸에 두르고 동물을 모방한다고 어떤 인류학자는 이야기하기도 한다. 그리고 활은 소리를 내지 않기 때문에 화살이 빗나가도 동물이 웬만해선 도망하지 않는다고 지적하기도 한다.

화살이 손과 팔의 확장이라면, 소총은 눈과 이빨의 확장이다. 탄환이 물려 돌아가게 하는 나선형의 줄이 있는 총신과 총의 개량된 조준기(照準器)가 필요하다는 것을 처음 주장한 사람들이 문자 교양을 가진 미국의 식민지 개척자들이었다는 점은 여기서 언급할 필요가 있다. 그들은 구식인 머스킷 총을 개량하여 켄터키 라이플 Kentucky rifle을 만들어냈다. 영국 정규군보다 총을 잘 쏜 것은 바로 고도로 문자 문화적인 보스턴인이었다. 사격술은 원주민 또는 숲에 사는 사람의 재능이 아니라, 문자 교양을 가진 이주민들의 재능이었다. 결국 포화 그 자체는 원근법의 탄생과 연관되어 있고, 그래서 문자 문화에서의 시각적 힘의 확장과 연관되어 있다고 할 수 있다. 교육과 사격술 사이에 명확한 상관 관계가 있다는 사실은 해병대에서 발견되었다. 즉, 총을 눈의 확장으로 사용하면서, 공간 속에 이리저리 흩어진 표적들 중 하나를 빨리 선택하는 일은 우리에게는 쉽지만 비문자 문화인들에게는 어렵다는 것이다.

화약은 총포에 사용되기 훨씬 전부터 알려져 있었는데, 천연 자석을 이용하는 경우도 마찬가지이다. 선형적 항해에서 나침반에 자석을 이용하는 것은, 예술에서 선형적 원근법이 발견되고 나서야 이루어졌다. 오랜 시간이 지나고 나서야 항해사들은 획일적이고 연속적인 공간의 가능성을 받아들였던 것이다. 오늘날, 그림과 조각의 경우와 마찬가지로, 물리학에서의 진보는 이러한 획일적이고 연결된 연속적인 공간이라는 관념을 포기하는 데에서 이루어진다. 이제 시각은 그 최고의 지위를 잃어버렸다.

제2차 세계 대전 때에는, 〈사격주계(射擊周界)〉나 〈사격로(射擊路)〉라 불리는 곳에 맹목적으로 발사되는 자동총이 사수(射手)를 대신하였다. 구식을 좋아하는 사람들은 정확하게 조준하여 한 발씩 발사하는 매력을 가진 수동식 노리쇠가 달린 스프링필드 총을 존속시키기 위해 싸웠다. 그러나 마치 표적을 에워싸듯이 많은 납 탄환을 공기 중으로 뿌려대는 것은 낮뿐만 아니라 밤에 사용하기에도 좋고, 조준도 필요하지 않았다. 테크놀러지의 지금의 단계에서 문자 문화적 인간은, 일정한 주계(周界)에서의 사격에 반대하며 스프링필드 총을 옹호한 구식을 좋아한 사람들과 비슷한 입장에 처해 있다. 밀릭 카펙 Milic Capek이 『현대 물리학의 철학적 영향 The Philosophical Impact of Modern Physics』에서 설명한 것처럼, 문자 문화인이 현대 물리학에 쉽게 다가가지 못하는 것도 이와 같은 시각적인 습관 때문이다. 중부 유럽의 보다 오래된 구술 사회 사람들은 비시각적인 속도들과 아원자 세계의 여러 관계들에 대해 더 잘 이해할 수 있다.

고도로 문자 문화적인 우리 사회는, 즉각적이고 전 지구적인 정보에서 생긴 사상이나 감정의 새로운 구조와 마주치면 어쩔 줄 몰라한다. 아직도 〈원근법〉에 사로잡혀서 한 번에 하나씩 사물을 다루는 습관을 가지고 있다. 이런 습관은 정보 이동의 모든 전기적 구조가 제대로 작동되지 못하게 하고 있는데, 그 습관이 어디에서 생겨났는지 안다면, 그 습관을 통제할 수 있다. 그러나 문자 문화적 사회에서는 그 시각적 편견을 자연스럽게 타고난 것으로 생각하고 있다.

문자 문화는 지금도 여전히 공업 기계화의 모든 프로그램의 기초이고 규범이다. 그러나 동시에 그것은 기계화된 사회를 유지하는 데 꼭 필요한 기계적, 단편적 모형(母型) 속에 이용자들의 정신과 감각을 가두어버린다. 그렇기 때문에 기계적 테크놀러지에서 전기적 테크놀러지로 이동할 때 모든 사람들은 마음이 상하게 되고 혹독하다고 느끼게 되는 것이다. 오랫동안 우리는 한정된 힘을 가진 기계의 테크닉을 무기로 사용해 왔다. 전깃불 스위치 끄듯이 모든 생명을 한 번에 끝내버리는 경우에만 전기의 테크닉은 공격적으로 사용될 수 있다. 이 두 가지 테크놀러지를 동시에 지니고 산다는 것은 20세기의 기묘한 드라마이다.

『교육 자동화 Educational Automation』에서 벅민스터 풀러는, 무기 제조술은 보다 작은 수단을 가지고 계속 향상되는 성취를 얻으려고 하는 것이기 때문에 인류를 위한 테크놀러지 진보의 원천이 되어왔다고 생각하고 있다. 〈우리가 바다의 배에서 하늘의 배로 옮겨감에 따라 장비와 연료 1파운드가 하는 일은 해상에서보다는 훨씬 더 중요하게 되었다.〉

보다 작은 설비로 보다 큰 힘을 추구하는 것이 바로 전기 정보 시대의 특성이다. 풀러는, 비행기가 탄생한 후의 반세기 동안 세계 여러 나라는 무기로 쓰는 비행기의 생산 보조금으로 2조 5천억 달러를 투입하고 있다고 추정했다. 그리고 그는 이것은 전 세계의 금을 모두 모은 것의 62배에 해당하는 금액이라고 덧붙이고 있다. 이런 문제에 대한 그의 접근 방법은 역사가의 접근 방법보다 훨씬 기술적(技術的)이다. 역사가들은 전쟁이 발명이라는 면에서는 새로운 것을 아무것도 만들어내지 못한다고 가끔 생각하는 경향이 있다.

스웨덴의 찰스 12세에게 패배한 후, 제정 러시아의 표트르 1세는 찰스 12세에 대해 이렇게 말하였다고 한다. 〈이 사람은 곧 우리에게 그를 무찌르는 방법을 가르쳐줄 것이다.〉 오늘날 후진 국가들은 우리를 무찌르는 방법을 우리에게 배울 수 있다. 새로운 전기 정보 시대에 후진 국가들은 고도의 문자 문화, 고도로 공업화된 문화를 능가하는 특수한 이점을 누릴 수 있다. 후진 국가들은 이미 공업 사회에서는 오래전에 부식되어 버린 구술에 의한 프로파간다 및 설득의 습관과 그에 대한 이해력을 지니고 있다. 러시아인은 현대의 정보 세계 속에서 매우 유능해지기 위해, 동양적 아이콘과 이미지를 형성하는 그들의 전통을 새로운 전기 미디어에 적용하기만 하면 된다. 매디슨가가 어렵게 배워야 했던 이미지에 대한 관념이란 러시아인이 프로파간다에서 이용할 수 있었던 유일한 관념이었다. 러시아인은 자신들의 프로파간다에서 상상력이나 재치를 보여주지 않았다. 그들은 단지 자신들의 종교적, 문화적 전통이 가르쳐준 것을 실행했다. 이미지를 만들어냈던 것이다.

   전통적으로 도시 그 자체는 군사적인 무기이다. 집합체적 방패이자 군함의 장갑판이다. 바로 우리의 피부인 성(城)의 확장이다. 사람들이 무리지어 만든 도시가 출현하기 전에, 사냥꾼으로서의 인간이 식량을 수집하는 단계가 있었다. 지금 전기 시대의 인간은 정신적으로나 사회적으로 그때의 유목 상태로 되돌아간 것이다. 그러나 오늘날엔 그것이 정보 수집 또는 데이터 처리라고 불린다. 또 그것은 전 지구적 규모로 행해지며, 도시의 형태를 거부하고 그것을 다른 형태로 대체하고 있다. 그리하여 도시 형태는 시대에 뒤떨어진 것이 되고 말았다. 순간적인 전기적 테크놀러지가 출현하고 나면 지구 자체는 촌락 이상의 것이 될 수 없다. 또한 대규모의 형태라는 도시의 본질 자체는 점점 어두워지는 영화 속 장면처럼 사라지지 않으면 안 된다. 르네상스 시대에 있었던 최초의 세계 일주 항해는 당시로서는 새로운 감각, 다시 말해 지구를 포옹하고 소유하는 감각을 가져다주었다. 그것은 꽤 새로운 것이었다. 그리고 이는 마치 오늘날 우주 비행사가 인간이 지구와 맺고 있는 관계를 다시 바꾸어, 지구의 규모를 저녁 무렵에 산책할 수 있는 정도의 범위로 축소해 버린 것과 같은 것이다.

선박과 마찬가지로 도시는 우리의 피부인 성의 집합체적 확장이다. 의복이 우리의 개인적인 피부의 확장인 것처럼 말이다. 그러나 원래 무기는 손, 손톱, 이의 확장이며, 일을 빨리 처리하기 위한 도구로서 출현하게 된 것이다. 오늘날, 기계적 테크놀러지에서 전기적 테크놀러지로 갑자기 이동하고 있는 시대에 살고 있는 우리는 이전의 모든 테크놀러지와 당분간 떨어져 있을 수 있기 때문에, 그 테크놀러지들의 성격을 쉽게 알 수 있다. 우리의 새로운 전기적 테크놀러지는 우리 신체의 확장이 아니라 우리 중추신경 조직의 확장이기 때문에, 우리는 언어를 포함한 모든 테크놀러지를, 경험을 처리하는 수단, 정보를 축적하고 빠르게 하는 수단으로 간주한다. 그리고 이와 같은 상황에서는 모든 테크놀러지를 무기로 간주하는 것이 그럴듯해 보인다. 현재에 이르러, 종래의 전쟁은 성가시고 다루기 힘든 소재를 최신 테크놀러지를 가지고 처리하는 것이라 볼 수 있으며, 공업 생산품을 적의 시장에 재빨리 덤핑해 사회가 포화점에 이르게 하는 것이라 볼 수 있다. 사실, 전쟁은 힘의 균형이 잡히지 않은 테크놀러지들 사이에 균형을 가져다주는 과정으로 볼 수 있다. 그리고 이 사실을 통해, 새로운 무기의 발명들 각각은 사회에 대한 재난이며, 군국주의 자체가 문명을 파괴하는 가장 일반적인 원인이라는 토인비의 당혹스런 관찰도 설명할 수 있다.

군국주의를 통해, 로마는 문명 또는 개인주의, 문자 문화, 선형적 사고를 구술적이고 부족적인 수많은 후진국으로까지 확장시켰다. 오늘날에도 문자 문화적, 공업적인 서구의 존재 자체는, 당연히 비문자 문화 사회에 위협적인 것으로 느껴지고 있다. 이것은 원자 폭탄의 존재 자체가 공업적, 기계적 사회에게는 보편적인 위협인 것처럼 보이는 것과 같은 것이다.

한편 새로운 무기 또는 새로운 테크놀러지는 그것을 가지고 있지 않은 모든 사람들에게는 하나의 위협으로 생각된다. 반면에, 모두가 같은 테크놀러지의 도움을 받을 때에는 동질화된 평등주의적 패턴의 격렬한 경쟁이 시작된다. 이것을 막기 위해 과거에는 사회 계급과 카스트라는 전략이 종종 이용되었던 것이다. 카스트와 계급은 사회적 변화의 속도를 줄이는 테크닉인데, 이로 인해 부족적 사회의 정체(停滯)가 생겨나게 된다. 오늘날 우리는 두 개의 시대, 즉 탈부족화의 시대와 재부족화의 시대 사이에 엉거주춤하게 있는 것 같다.

> 무서운 역모를 작심하고
> 그 결행의 의지를 폭발시킬 때까지, 그 동안은
> 마치 허깨비에 홀린 것 같고 소름 끼치는 악몽과도 같아.
> 정신의 지배자인 이성과 그의 수족인 감정이 격론을 일으켜서
> 한낱 인간이라는 세계가
> 마치 작은 왕국처럼 내란의 소용돌이 속에
> 빠져들어 가는구나.
> ——『율리우스 카이사르』, 2막 1장 중에서[4]

인간 신체의 일부를 확장한 것인 기계적 테크놀러지가 그 단편화하는 힘을 심리적, 사회적으로 쏟아 부으면, 이러한 사실은 다른 무엇보다도 기계적 무기에서 가장 생생하게 드러난다. 전기적 테크놀러지에 의해 중추신경 조직이 확장함에 따라, 무기조차도 인류 가족이 하

---

4) 신정옥 옮김(전예원, 1989), 49-50쪽 참조.

나의 몸이라는 사실을 한층 더 실감 나게 한다. 정보가 무기의 형태에서 가지는 전체 포괄성은, 인류라는 〈형제애의 응고화〉라는 형태 속에서 정치와 역사가 다시 만들어지지 않으면 안 된다는 것을 날마다 우리에게 상기시켜 준다.

무기가 가진 이러한 딜레마는 레슬리 듀어트Leslie Dewart의 『기독교와 혁명 Christianity and Revolution』에 선명하게 드러나 있다. 듀어트는 단편화된 〈세력들간의 균형〉을 잡는 테크닉이라는 개념이 이미 진부한 것임을 지적하고 있다. 정책의 도구로서 현대의 전쟁은, 〈다른 사회를 배제함으로써 한 사회가 존재하게끔 하고, 또한 종말에 이르게끔 하는 것〉을 의미하게 되었다. 그리고 이 지점에서 무기는 하나의 자기 청산적 사실이 된다.

33 자동화 • 생활 배우기

　최근에 한 신문에서는 〈훌륭한 도로가 생기면 붉은 벽돌로 된 작은 학교 건물이 없어진다〉라는 헤드라인을 쓴 바 있다. 동시에 모든 학년의 학생에게 모든 교과목을 가르치는 한 학급으로만 이루어진 학교는, 교통이 개선되어 공간과 교과목이 전문화되면 없어진다. 그러나 이 전문화 속도가 빨라져 한계에 다다르면, 공간과 교과목의 전문화는 다시 없어지게 된다. 자동화automation가 이루어지면, 직능job이 없어질 뿐만 아니라 복합적인 역할role이 다시 나타난다. 교육에서, 그리고 데이터를 정리, 배열하는 데에서 오랫동안 전문화가 강조되어 왔지만, 전기의 힘으로 즉시 정보를 검색할 수 있게 된 현대에는 전문화가 다시 없어지게 되는 것이다. 자동화는 정보이다. 그리고 그것은 노동의 세계에서 직능을 없애 버릴 뿐 아니라, 학습의 세계에서 교과목을 없애 버린다. 그러나 그것이 학습의 세계를 없애지는 않는다. 미래의 노동은 자동화 시대의 〈생활 배우기〉를 하는 것이다. 일반적으로 이것은 전기 테크놀러지에서 흔히 나타나는 패턴이다. 이것은 문화와 테크놀러지, 예술과 상업, 일과 여가라는 낡은 이분법을 없애 버린다. 단편화가 지배적이었던 기계 시대에는 여가가 일이 없는 것, 또는 단순히 놀고 지내는 것이었지만, 전기 시대에는 그 반대가 맞는 말이 된다. 정보 시대가 모든 능력을 동시에 사용하는 것을 우리에게 요구하고 있기 때문에, 우리는 모든 시대의 예술가들이 그랬던 것처럼 열심히 대상에 관여함으로써 가장 한가하게 여가를 누리게 된다.

공업 시대적 시각으로 보자면, 이전의 기계 시대와 새로운 전기 시대의 차이는 재고품의 차이에서도 드러난다. 전기가 출현한 뒤부터 재고품은 창고에 쌓인 많은 상품들이 아니라, 멀리 떨어진 곳에 있지만 늘 변환의 과정에 놓인 소재이다. 전기는 생산에서든 학습에서든 간에 〈과정〉을 가장 중요시할 뿐만 아니라, 에너지가 작용하는 과정이라는 장으로부터 에너지원을 따로 떼어놓는다. 오락 미디어에서 나타나는 이러한 사실을 우리는 〈매스 미디어〉라 부른다. 왜냐하면 프로그램원과 그것을 소비하는 과정이 공간상으로는 서로 떨어져 있지만, 시간상으로는 동시 발생적이기 때문이다. 그리고 이러한 기본적 사실은 공업계에서 〈자동화〉 또는 〈사이버네이션 cybernation〉이라 불리는 과학적 혁명을 일으킨다.

교육에서 교과 과정을 교과목에 따라 나누는 전통적 방식은, 르네상스 이후에 중세의 3학(문법, 수사학, 논리)과 4과(산수, 음악, 기하학, 천문학)를 쓰는 것만큼이나 이미 시대에 뒤떨어진 것이다. 어떤 교과목이든 깊이 연구하면 다른 교과목과 연관되게 마련이다. 정수론, 기호논리학 그리고 문화사를 통해서 본다면, 초등학교 3학년의 산수나 중학교 3학년의 수학이 그저 문제 연습일 수는 없다. 세분화되고 상호 관련을 갖추지 못한 지금의 교육 패턴이 그대로 유지된다면, 우리 학교의 교과 과정은 자신이 살아가고 있는 사이버네이션의 세계를 이해하지 못하는 시민을 양산할 것임에 틀림없다.

조금이라도 전기에 관한 지식을 가지고 있다면 원자를 물질이라고 할 수 없다는 것은, 과학자라면 충분히 알고 있는 일이다. 그리고 〈방전(放電)〉과 에너지에 대한 지식이 늘어나면, 전기를 전선을 따라 물처럼 〈흐르는〉 것이라든가, 건전지에 〈담을 수 있는〉 것이라고는 말하지 않게 된다. 오히려 화가가 공간에 대해 이야기하는 것처럼, 전기에 대해 이야기하게 된다. 두 개 또는 그 이상의 물체들이 가진 각각의 특수한 위치를 모두 포함하면서 변동하는 상태라고 말하게 되는 것이다. 전기가 어떤 것에 〈담겨 있다〉고는 더 이상 말하지 않는다. 화가들은 대상물이 공간에 담겨 있는 것이 아니라 스스로의 공간을 만들어낸다는 사실을 옛날부터 알고 있었다. 1세기 전에 수학의 세계에서 이것을 발견했기 때문에 옥스퍼드 대학의 수학자 루이스 캐럴은 『이상한 나라의 앨리스』를 만들어낼 수 있었다. 르네상스 시대에 원근법의 관념이 나타난 뒤부터 줄곧 시간과 공간은 획일적이고 연속적이었던 것처럼 보인다. 그러나 이 작품에 나타난 시간과 공간은 획일적이지도 연속적이지도 않다. 예를 들면, 빛의 속도라는 것은 단지 인과 관계의 속도일 뿐이다.

우리의 중추신경 조직과 공통되는 점을 아주 많이 가진 전 지구적 규모의 네트워크를 확립하는 것이 바로 전기 시대의 주요한 특징이다. 우리의 중추신경 조직은 전기적 네트워크일 뿐만 아니라, 경험이 하나로 통일되는 장(場)을 구성해 낸다. 생물학자가 지적했듯이, 뇌는 모든 종류의 인상들과 경험들이 상호 교환되고 번역되는 상호 작용의 장인데, 우리는 이 작용들 덕분에 〈전체로서의 세계에 반응〉할 수 있는 것이다. 전기 테크놀러지가 작동하기 시작했을 때, 산업과 사회 내의 넓은 영역에 걸친 극도로 다양한 작용이 급속히 통일적인 모습을 나타내는 것은 당연한 일이다. 극도로 분산되고 전문화된 행위의 영역이나 기관에 전자기가 가져오는 이 상호 작용의 유기적 통일은 기계화된 사회의 조직화 원리와는 전적으로 대조되는 것이다. 기계화에서는 어떠한 과정이든 단편화에 의하여 가능해진다. 그리고 이 기계화는 〈단식 절단(單式切斷) 제조법 monofracture manufacture〉, 즉 움직이는 인쇄 활자에 의한 필경(筆耕)의 기계화에서 시작된다.

전신과 인쇄술이 결합되자, 현대의 신문이라는 기묘하고도 새로운 형태가 나타났다. 신문의 모든 페이지는, 활발하게 상호 작용중인 〈인간적 흥미 위주 기사〉의 요소들이 만들어내고 있는 초현실주의적 모자이크이다. 이는 채플린과 초기 무성 영화의 예술 형태였다. 여기서도 기계화의 극단적인 가속, 즉 셀룰로이드에 찍힌 정지 사진들을 조립 라인 위를 따라 돌리는 일은 기묘한 역전을 가져온다. 전깃불의 도움을 받은 영화의 메커니즘이 유기적 형태와 유기적 운동이라는 환각을 만들어낸 것이다. 마치 5백 년 전에 시점이라는 고정된 위치가 평평한 표면 위에 〈원근법〉이라는 환각을 만들어낸 것처럼 말이다.

같긴 하지만 더 심층적인 일은, 전기의 원리와 공업 조직의 기계적 구조가 결합될 때 생겨난다. 자동화는 자동차가 말이나 마차의 흔적을 갖고 있는 정도만큼의 기계적 성격을 가진다. 그런데도 사람들은, 마치 우리가 귀리 울타리가 있는 곳은 마차로 통과하지 않았다는 식으로, 그리고 다음 선거에서 말에게 투표하면 자동화 정권을 추방할 수 있을 거라는 식으로 자동화에 대해 이야기하고 있다.[1]

자동화는 조작의 세분화와 분리라는 기계적 원리가 확장된 것이 아니다. 그보다는 전기의 순간적 성격이 기계의 세계에 침입한 것이라고 볼 수 있다. 그래서 자동화에 관여된 사람들은 자동화가 행동의

---

[1] 바꾸어 말하면, 사람들은 자동화가 기계적 과정을 전혀 거치지 않은 것처럼, 그리고 다음 단계에서는 기계가 자동화를 완전히 추방할 수 있을 것처럼 논하고 있는 것이다.

한 방법이기도 하지만, 그만큼이나 사고의 한 방법이기도 하다고 주장하는 것이다. 수많은 조작들을 즉각 동시에 행하게 되었기 때문에, 조작들이 선을 따라 연속적으로 행해지게끔 배치되는 기계적인 구식 패턴은 사라지게 되었다. 스태그 라인이 없어진 것처럼 조립 라인도 없어졌다. 하지만 전기에 의한 가속과, 정보의 완벽한 동시화, 즉 자동화가 기계적 분석의 선형적, 연속적 특징만을 없애 버린 것은 아니다.

라디오와 텔레비전이 시청자나 청취자들 각각을 새로운 상호 과정 속으로 결합시키는 것과 마찬가지로, 자동화 또는 사이버네이션은 공업적 과정과 마케팅 과정의 모든 단위들과 요소들을 다룬다. 산업과 오락 양쪽 모두에서 나타나는 새로운 종류의 상호 관계는 전기의 순간적인 속도에서 비롯된 것이다. 그리하여 이제 우리의 새로운 전기 테크놀러지는, 우리 중추신경 조직 안에서 오래전에 생겨난 〈상호 작용에 의한 지식의 순간적 처리〉를 확장시킨다. 〈유기적 통일〉을 만들어내고, 구텐베르크의 출현으로 최고조에 다다른 기계 시대에 종말을 고하는 것은 바로 이와 동일한 속도이다. 자동화는 진짜 〈매스 프로덕션〉을 가져온다. 규모가 크기 때문에 그런 것이 아니라, 순간적으로 전체를 포괄하기 때문에 그러하다. 이는 〈매스 미디어〉의 특징이기도 하다. 매스 미디어 역시 그 수용자의 규모가 크기 때문에 매스 미디어인 것은 아니다. 모든 사람들이 거기에 동시에 관여되기 때문에 매스 미디어인 것이다. 그렇기 때문에 자동화 아래에서의 상품 산업과 오락 산업은, 양자가 순간적인 정보의 상태에 얼마나 가까이 다가가느냐에 따라 동일한 구조적 특성을 공유하게 된다. 자동화는 생산뿐 아니라 소비와 마케팅의 모든 국면에 영향을 미친다. 왜냐하면 소비자는 자동화 회로 내에서 생산자가 되기 때문이다. 이는 모자이크적 신문의 독자가 자기 자신의 뉴스를 만들거나, 독자 〈자신이 뉴스인〉것과 똑같은 것이다.

그러나 자동화에 대한 이야기에서는, 텔레비전 영상에서의 〈촉각성〉 같은 기본적인 요소를 빼놓을 수 없다. 모든 자동 기계의 경우, 동력을 발생시키고 전달하는 기능은 동력을 이용하는 작업과는 완전히 분리되어 있다. 이러한 사실은, 피드백을 만들어내는 모든 서보(자동 제어) 기구의 구조에도 해당된다. 에너지원은 정보 변환 과정이나 지식 적용 과정과 분리되어 있다. 이런 사실은 전신의 경우에서도 명확하게 드러난다. 전신에서, 에너지와 그것의 방출 경로는 적혀 있는 부호가 프랑스어인가, 독일어인가와는 아무 관계도 없다. 이처럼 동력과 과정을 분리하는 일은 자동화된 산업, 즉 〈사이버네이션〉에서도 행해지고 있다. 전기 에너지는 여러 종류의 일들에 무차별적으로 바로 적용될 수 있는 것이다.

기계적 시스템에서는 이런 경우가 없었다. 손과 망치, 물과 물레, 말과 마차, 증기와 피스톤, 어느 것에서든 간에 동력과 작용은 항상 직접적인 관련을 맺고 있었다. 이런 점에서 보자면 전기는 기묘한 융통성을 가져왔다. 그것은 빛이 하나의 장(場) 전체를 비추지만, 무엇을 하여야 하는가를 지시하지 않는 것과 비슷하다. 그 빛 덕분에 다양한 일이 가능하게 되는데, 전기의 힘도 마찬가지이다. 빛은 정보, 지식처럼 비전문화적인 에너지 또는 동력이다. 그런데 그것은 또한 전기와 자동화 사이의 관계이다. 에너지와 정보 둘 다 아주 많은 방식으로 이용될 수 있기 때문이다.

이러한 사실을 파악해야만 전기 시대, 특히 자동화 시대를 이해할 수 있다. 에너지와 생산은 오늘날 정보와 학습에 융합되려고 한다. 그리고 마케팅과 소비는 학습, 계발 enlightenment, 정보 입력과 하나가 되려고 한다. 이것들은 모두, 점차로 늘어난 전문화와 수세기 동안의 〈외파〉 다음에 나타나는, 전기에 의한 〈내파〉를 보여주는 것이다. 전자 시대는 정말로 조명 illumination[2]의 시대이다. 빛이 에너지이면서 정보이듯이, 전기에 의한 자동화는 분리 불가능한 과정 속에서 생산, 소비, 학습을 하나로 통합한다. 그렇기 때문에 이미 교사들은 미국 경제 내에서 가장 거대한 피고용자 집단으로 존재한다. 그리고 〈유일한〉 집단이 되는 것 또한 당연한 일이다.

　현재의 노동력을 산업으로부터 철수시키려고 하는 이 자동화의 작용에 의하여 학습 그 자체는 생산과 소비에서 주요한 것이 된다. 이렇게 생각한다면 실업에 대한 불안은 어리석은 것이 된다. 이때 급료를 받아가며 배우게 되는데, 이는 이미 지배적인 고용 형태가 되고 있을 뿐만 아니라 우리 사회 내에서 새로운 부(富)의 원천이 되고 있다. 이것이 바로 사회 내에서 인간이 떠맡는 새로운 〈역할〉이다. 반면에 기계적인 구식 관념인 〈직능〉, 즉 〈노동자〉에게 주어진 단편화된 일이나 전문가적 지위와 같은 개념은 자동화 아래에서는 더 이상 의의를 가지지 못한다.

　기술자들이 종종 말했듯이, 정보의 수준이 높아짐에 따라 거의 모든 종류의 소재들은 어떤 용도에도 사용될 수가 있다. 이 원칙은 전기에 의한 자동화를 이해할 수 있게 하는 열쇠이다. 전기의 경우에, 생산을 위한 에너지가 실제 작업과 분리되기 때문에 전체적, 유기적인 상호 작용으로 향하는 속도가 나타나게 된다. 그뿐 아니라 사실상 전기는, 그것이 접촉하는 모든 것을 비추는 순수한 정보가 된다. 장(場) 전체의 순간적인 상호 연관을 향한 모든 과정은 의식(意識)의 차원으로까지 끌어올려지는데, 그렇기 때문에 컴퓨터도 마치 〈생각〉하는 것처럼 보인다. 하지만 현 단계의 컴퓨터는 사실상 고도로 전문화되어 있고, 의식으로 향하는 완전한 상호 작용 과정을 갖추지 못하고 있

---

2) 이 말은 〈계몽〉이라는 뜻 또한 가지고 있다.

다. 컴퓨터가 의식의 과정을 모방할 수 있게끔 만들어질 수 있다는 건 분명하다. 오늘날 전기에 의한 지구 전체의 네트워크가 중추신경 조직을 모방하기 시작한 것과 마찬가지로 말이다. 그러나 망원경이 우리 눈의 확장이고 복화술용 인형이 복화술사의 확장인 것처럼, 의식을 가진 컴퓨터는 어디까지나 우리 의식의 확장일 것이다.

분명히 자동화는 서보(자동 제어) 메커니즘과 컴퓨터를 전제로 삼고 있다. 다시 말해, 자동화는 전기가 정보의 저장고 및 촉진자라고 가정하고 있다. 저장, 즉 〈기억〉과 가속자라는 이러한 특성은 모든 커뮤니케이션 미디어가 가진 기본적 특질이다. 전기의 경우에서, 저장되거나 움직이는 것은 지각(知覺)과 정보이지, 결코 유형의 물질이 아니다. 테크놀러지에 의한 가속에 대해 이야기하자면, 오늘날 그것은 빛의 속도에 근접하고 있다. 하지만 모든 비전기적 미디어는 사물을 아주 조금만 촉진했다. 바퀴, 도로, 비행기 그리고 우주 로켓조차도 순간적 이동이라는 성격은 전혀 가지고 있지 않다. 그렇다면 전기가 인간이 그 이전에 조직한 모든 것에 완전히 새로운 성격을 부여하는 것이 과연 이상한 일일까? 이제 인간의 투쟁은 일종의 계발이 된다. 에덴 동산에서 쫓겨나기 전에 아담에게는 묵상하는 일과, 피조물에게 이름을 지어주는 일이 맡겨졌는데, 이는 자동화의 경우에도 마찬가지이다. 과정이나 생산물이 완성되도록 하려면, 우리는 이제 거기에 이름을 붙이고 프로그래밍만 하면 되는 것이다. 이는 만화가 앨 캡의 쉬무[3]와 비슷하지 않을까? 쉬무를 보면서 간절하게 포크 찹 pork chop 이나 캐비아 caviar를 생각하기만 하면, 쉬무는 황홀하게 욕구의 대상으로 변신한다. 자동화는 우리를 쉬무의 세계 속으로 데려다 놓는다.

---

3) Schmoos. 앨 캡이 만들어낸 기묘한 동물로, 사람이 부탁하면 무엇이든 가져오며, 온 세상에 〈행복〉을 뿌린다.

주문 제작품이 대량 생산품을 밀어내는 것이다.

중국인들 말대로, 난로 가까이로 다가와 앉아서 지금 우리가 논의하고 있는 것을 곰곰이 살펴보자. 자동화와 관련된, 전기에 의한 변화들은 이데올로기들이나 사회의 프로그램들과는 전혀 관계가 없다. 관계가 있다면, 변화는 늦춰지거나 통제될 수 있을 것이다. 그 대신, 우리가 전기 미디어라 부르는 우리 중추신경 조직의 테크놀러지에 의한 확장이 1세기 이상 전부터 잠재 의식의 상태로 시작되었다. 그리고 그 영향은 줄곧 그 상태로 진행되어 왔고, 지금까지도 그 상태로 남아 있다. 인류 문화상의 어떤 시대에도 인간은 발명과 테크놀러지에 얽혀 있는 정신적 메커니즘을 이해하지 못했다. 변화와 전개가 가진 패턴과 외형을 오늘날 처음으로 쉽게 알아차릴 수 있게 된 것은 바로, 전기에 의한 정보의 순간적 속도 때문이다. 이제 과거와 현재의 전 세계는, 영화를 아주 빨리 돌렸을 때 그 성장 모습을 보여주는 식물들처럼 스스로를 드러내고 있다. 전기의 속도는 빛의 동의어이다. 또한 원인들에 대한 이해의 동의어이다. 기계화된 이전 상태들 가운데에서 전기를 사용하면, 너무 느린 기계적 변화의 속도 때문에 알아차리지 못하고 있었던 인과 관계와 패턴을 쉽게 발견할 수 있다. 문자 문화와 인쇄의 오랜 발전과 그것들이 사회적 경험과 조직에 미친 영향을 거꾸로 돌려 보면 play backward, 기계 산업에 없어서는 안 될 고도의 사회적 획일성과 동질성을 문자 문화와 인쇄가 어떻게 해서 가져오게 되었는가를 쉽게 이해할 수 있다. 거꾸로 돌려 보라, 그러면 바로 어떤 충격을 받을 수 있을 것이다. 그 충격은, 형태들이 살아온 것을 이해하는 데 필요한 것으로서, 친숙한 것들 가운데에서 생소한 것을 발견할 때 느끼는 그것이다. 전기는 우리로 하여금 우리의 기계적 발전을 거꾸로 돌리게끔 한다. 왜냐하면 그것은 발전들 중 상당 부분을 역전시키기 때문이다. 기계화는, 과정들을 동질화되어 있긴 하지만 관련되지 않은 조각들로 쪼갤 때 이루어진다. 그런데 전기는 이 단편들을 다시 통합한다. 왜냐하면 그 작용의 모든 국면들 사이에 고도의 상호 의존 관계가 이루어져야만 작용이 속도를 얻을 수 있기 때문이다. 공업에서 조립 라인 작업을 없애 버린 것이 바로 이 전기의 가속과 상호 의존이었다.

동시 발생적인 전기의 속도로 인한 유기적 상호 관련성이, 처음에 개개의 자동화 단위에 의해 초래되었던 것처럼, 이제는 산업과 산업, 나라와 나라 단위로 이루어지도록 요청되고 있다. 인쇄와 도로에 의한 초기의 기계화가 국가의 통일을 가져왔던 것만큼이나, 전기의 속도는 전 지구적인 경제의 유기적 구성을 요구한다. 내셔널리즘이 르네상스 시대에 여러 지방 단위들과 충성심들을 쓸어버린 강력한 발명 및 혁명이었다는 사실을 잊지 말자. 그것은, 획일적인 활자가 정보를 가속시킴으로써 거의 완전하게 이루어낸 혁명이었다. 내셔널리즘은 여러 지역들에서 조금씩 성장해 온 대부분의 전통적 힘과 문화적 집단들을 가로질러 갔다. 그리고 오랫동안 유럽은 여러 국가들의 내셔널리즘 때문에 경제적 통일을 이루지 못했다. 결국 유럽 공동 시장은 제2차 세계 대전 이후에야 생겨나게 된 것이다. 폭발이 물질의 가속화된 화학적 반응이요 운동이듯이, 전쟁은 가속화된 사회적 변화이다. 전기에 의해 생겨난 속도들이 산업과 사회 생활을 지배하면, 파괴적 발전이라는 의미에서의 폭발은 으레 있는 일이 된다. 반면에 구식 〈전쟁〉은 불도저를 가지고 사방치기를 하는 것처럼 실행 불가능한 것이 된다. 유기적 상호 의존이라는 말은, 유기체의 어느 부분이든 와해되면 전체가 치명적인 위험에 빠진다는 것을 뜻한다. 각각의 기능들이 경제 내에서 차지하는 위치들을 모든 산업은 철저하게 재고해 보아야 했다. 그러나 산업과 도시 계획자들뿐 아니라 정부와 심지어는 교육계까지도 자동화 때문에 사회적 현실과 일정한 관련을 맺게 된다.

여러 군사 부문들은 급속히 자동화에 맞추어 가야 했다. 다루기 힘든 기계적 형태의 군사 조직은 사라졌다. 전문가들로 이루어진 작은 팀들이 지난날의 시민군을 대신하게 되었는데, 이는 산업 개편보다는 훨씬 빠른 속도로 이루어졌다. 그리고 획일적인 훈련을 받은 동질화된 시민들은, 기계화된 사회에서는 오랫동안의 준비 과정을 거쳐 태어나는 없어서는 안 될 존재들이었지만, 자동화된 사회에게는 그저 짐이고 문제일 뿐이다. 언제 어느 분야에서든 간에 자동화와 전기는 심층적 접근을 요구하기 때문이다. 그래서 제2차 세계 대전 이후부터 미국인들은 규격화된 상품, 풍경, 생활, 교육이 갑자기 거부하기 시작했다. 대체로 그것은 전기 테크놀러지, 특히 텔레비전 영상이 사람들에게 안겨준 전환인 것이다.

처음으로 자동화가 크게 느껴지게 되고 보이게 된 것은 가스, 석탄, 석유, 광석과 관련된 화학 공업 부문에서였다. 이 부문에서 일어난 그 거대한 변화는 전기 에너지 때문에 가능한 것이었는데, 이는 오늘날 컴퓨터에 의해 모든 종류의 정신 노동과 경영에까지 침투하기 시작했다. 결국 많은 사람들은 사회 전체를, 부(富)를 창출하는 통일된 단 하나의 기계로 보게 되었다. 이런 시각은, 신문, 라디오, 전화, 텔레타이프 같은 전기 미디어의 힘을 빌려 주식과 정보를 조작하는 주식 중개인들에게는 그리 특별한 것이 아니었다. 그러나 부를 창출하는 수단인 정보를 혼자서만 어렵게 조작하는 것은 더 이상 주식 중개인의 독점물이 아니다. 이제 모든 기술자, 모든 커뮤니케이션 기업들이 이를 공유하고 있다. 전기가 에너지를 만들어내고 동시 발생을 일으키는 요인이 되면, 생산, 소비, 조직의 모든 국면은 커뮤니케이션에서 흔히 일어나는 일이 되어버린다. 커뮤니케이션은 바로 상호 작용이라는 생각 자체가 원래부터 전기에 내재해 있는 것이기 때문이다. 전기는 에너지와 정보를 아주 다양하게 결합해 낸다.

자동화의 패턴들을 살펴보기만 하면, 독립되어 있는 기계가 자동적으로 돌아가게 하려면 〈피드백〉이 필요하다는 것을 알 수 있다. 이전에는 한 방향만으로의 흐름, 즉 기계적인 연쇄만 있던 곳에 정보 순환 고리가 도입된 것이다. 피드백은, 유클리드적 공간의 연속적 형태와 알파벳에서 비롯된 서구 세계의 선형적 사고가 종말을 고하게 되었음을 뜻하는 것이다. 메커니즘이 그 주변 환경과 나누는 대화나 피드백은, 독립적으로 돌아가게끔 조직되어 있는 기계들을 공장 전체의 기계들로 이루어지는 하나의 장(場) 속으로 옮겨놓는다. 그리고 한걸음 더 나아가, 독립적으로 돌아가게끔 조직되어 있는 공장들을 한 문화의 물질들과 서비스들의 전체 산업적 모체 속으로 옮겨놓는다. 물론 이 마지막 단계는 정책의 세계 전체와 맞물린다. 산업 전체를 유기적인 시스템으로서 다루면 고용, 안보, 교육, 정치도 그 영향을 받으므로, 그때 다가올 구조적 변화를 미리 완전하게 이해해야 하기 때문이다. 전기에 의한 이런 순간적인 조직화에는 어리석은 가설들과 잠재 의식적 요소들을 위한 여지가 없다.

예술가들이 1세기 전에 〈작품이 주는 느낌 effect에서 출발〉하여 작품을 반대로 구성해 가기 시작한 것처럼, 이제 산업과 경제적, 사회적 입안도 결과에서 출발한다. 대체로, 전기에 의한 가속 아래에서는 최종 결과를 완전히 파악하고 있어야 한다. 기계에 의한 가속이 개인 및 사회적 생활을 아무리 급격하게 재편성했다 하더라도, 그것은 동시 발생적인 것이 아니라 어디까지나 연속적인 것일 뿐이었다. 거의 모든 분야의 사람들은, 하나의 기술을 기초로 삼아 평범한 삶을 잘 살아갈 수 있었다. 그러나 전기에 의한 가속 하에서는 결코 그렇게 하지 못한다. 전기 테크놀러지 하에서는 중년의 상급 간부들이 새로운 기초 지식과 기술을 습득해야 하는데, 이는 전기 테크놀러지가 우리에게 부과하는 가장 평범한 요구들 중 하나이긴 하지만 가장 가슴 아픈 일들 중 하나이기도 하다. 상급 간부, 또는 (옛날식으로 반어적으로 명명하자면) 〈나리〉들은 인간의 역사에서 가장 강하게 압박받고, 가장 지속적으로 괴롭힘을 받는 집단들 중 하나이다. 전기는 더 깊은 지식과 더 빠른 상호 작용을 항상 요구했을 뿐만 아니라, 큰 교향악단 단원들에게 요구되는 만큼 엄격한 생산 일정의 조화를 만들어냈다. 그리고 교향악단 단원들과 마찬가지로, 대경영자들은 일에 대한 만족감을 거의 갖지 못한다. 왜냐하면 교향악단 단원은 청중이 듣는 것을 전혀 들을 수 없기 때문이다. 그는 소음만 들을 뿐이다.

전기에 의한 가속으로 인해 산업 전반에서는 전체의 상호 관련과 상호 과정에 대해 좀더 민감하게 인식하게 되었고, 그래서 항상 새로운 타입의 조직화와 재능을 필요로 한다. 기계 시대의 구식 관점에서 보자면, 기계 설비와 생산 과정상의 전기 네트워크는 찢어지기 쉽고 너무 팽팽하게 당겨진 것처럼 보인다. 사실, 그것은 기계적이지 않다. 그리고 인간 유기체가 가진 예민함과 유연성을 발전시키기 시작한다. 하지만 동물 유기체들처럼 그것은 다양한 영양분을 섭취하고 보살핌을 받아야 한다.

유기적 형태의 순간적, 복합적 상호 작용 과정 때문에, 자동화된 산업은 여러 용도들에 대한 적응 능력 또한 가지게 된다. 전구를 자동 생산하기 위해 제작된 기계가, 이전에는 여러 기계가 맡던 과정들을 결합해 낸다. 지키는 사람 딱 한 명만 있으면, 기계는 나무가 섭취, 방출 작용을 하듯이 쉬지 않고 돌아갈 수 있다. 그러나 나무와는 달리 기계는 조작 변환 시스템을 가지고 있다. 그렇기 때문에 라디오의 진공관이나 텀블러[4]에서 크리스마스 트리 장식에 이르는 모든 영

---

4) tumbler. 전동(電動) 장치의 가동부(可動部)이다.

역의 생산물을 만들어낼 수 있는 것이다. 다시 말하면, 자동화된 공장은 쉬지 않고 섭취, 방출 작용을 한다는 점에서 나무와 거의 같지만, 그것은 떡갈나무에서 단풍나무로, 단풍나무에서 다시 호두나무로 필요에 따라 바뀔 수 있는 나무이다. 전문화라는 것이 이미 하나만의 전문으로 한정된 것이 아니라는 것이 자동화, 또는 전기가 갖는 논리의 일부분이다. 자동화된 기계는 전문화의 방식에 따라 작동할 수도 있지만, 그것이 한 방향으로 한정되어 있지는 않다. 사람의 손과 손가락이 많은 일을 할 수 있는 것과 마찬가지로, 자동화된 기계는 전기 이전의 기계적 테크놀러지 단계에는 존재하지도 않았던 적응 능력을 가지고 있다. 무엇이든 간에 복잡해지면 복잡해질수록 덜 전문적으로 된다. 공룡보다 인간은 더 복잡하지만, 덜 전문적인 것이다. 옛날의 기계적 조작은 더 커질수록, 더 전문화될수록 더 효율적이게끔 고안되었다. 그러나 전기에 의한 자동화 기계는 이와는 전혀 다르다. 자동차 흡입관을 제조하는 새로운 자동 기계는 사무용 책상 두세 배 정도의 크기로 되어 있다. 컴퓨터 제어판은 성서 낭독대 lectern 크기로 되어 있다. 거기에는 어떤 종류의 다이 die, 고정 장치 fixture, 대(臺, setting)는 없고, 여러 가지 용도에 쓰이는 그리퍼 gripper, 벤더 bender, 어드밴서 advancer 같은 것들이 있다. 그런데 이 기계를 가지고 보통 길이의 파이프뿐 아니라 80종류의 흡입관을, 같은 종류의 흡입관 80개를 만드는 속도로 쉽고 값싸게 연속적으로 만들어낼 수 있다. 전기에 의한 자동화가 가진 특성은, 여러 가지 용도에 익숙하게 쓰일 수 있는 사람 손의 적응 능력으로 돌아가려는 것이다. 프로그래밍은 이제 프로그램을 끝없이 변화시킬 수 있다. 컴퓨터 프로그래밍된 자동 〈기계〉는, 한쪽 방향으로 움직이는 기계적인 구식 원리와 구별되는, 전기에 의한 피드백, 즉 대화의 패턴을 가지고 있는 것이다.

이 컴퓨터는 모든 자동화가 공통적으로 가지고 있는 특성들을 보여주는 하나의 모델이다. 재료가 투입되어 최종 제품이 산출될 때까지 이루어지는 컴퓨터 조작은 상호 의존적이고 자동적일 뿐 아니라 독립적이다. 동시적인 협조 속에 진행되는 조작은, 전기적인 제어판에 의하여 바뀔 수 있는 계량기와 기구의 조정을 받는다. 〈산출〉되는 물질과 마찬가지로 〈투입〉되는 물질은 모양, 크기, 화학적 성질 면에서 비교적 획일적이다. 그러나 이런 조건 아래에서의 공정을 통해 우리는 필요한 시간 동안 가장 높은 차원의 능력을 이용할 수 있다. 구식 기계와 비교하자면, 이는 오케스트라에서의 오보에와 전자 악기가 내는 오보에 음조의 차이이다. 전자 악기로는 모든 소리를 계속해서 강하게 낼 수 있다. 반면에 교향악단은 〈유기적 통일의 효과를 내는〉 독립된 악기들로 이루어진 기계이다. 전자 악기의 경우, 연주자는 완전한 동시성이라는 하나의 순간적 사실인 유기적 통일을 가지고 〈출발〉한다. 그렇기 때문에 전자 악기로 유기적 통일의 효과를 만들어내기를 목표로 삼는 것은 정말 적절치 못한 일이다. 전자 음악은 그것과는 다른 목표를 찾아야 한다.

산업 자동화의 가혹한 논리는 또한 이런 것이다. 이전에 우리가 큰 노력과 협력을 통해 기계로 이루어낸 것들이 지금은 전기 덕분에 큰 힘을 들이지 않아도 만들어진다. 그리하여 전기 시대에는 일과 재산이 없어지지 않을까 두려워하게 된다. 부와 노동은 정보의 요인이 되었다. 그리고 사업을 해나가고 그 사업을 사회의 요구와 시장에 연관시키려면, 완전히 새로운 구조가 필요하게 된다. 생산 부문을 지배한 새로운 순간적 상호 의존과 상호 과정은 전기 테크놀러지로 인해 시장과 사회 조직에까지 도입되었다. 그렇기 때문에 노예적 노동과 기계적 생산의 산물에 대처할 수 있게끔 고안된 시장과 교육은 이제 적절하지 않다. 오랫동안 우리의 교육은 기계주의의 단편적 성격을 띠고 있었다. 그런데 지금은 이러한 교육이, 전기적 조직이라는 전체

동시성의 세계에서 꼭 필요한 깊이와 상호 관련성을 획득해야 한다는 압력을 받고 있다.

역설적이긴 하지만, 자동화로 인해 일반 교양 교육이 꼭 필요해진다. 서보(자동 제어) 기구의 전기 시대는 갑자기 사람들을, 앞선 기계 시대의 기계적, 전문가적 노예 상태로부터 해방시킨다. 기계와 자동차가 말을 해방시켜서 오락의 세계 속으로 던져 넣은 것처럼, 자동화가 인간을 해방시키는 것이다. 우리는 그 해방에 대한 대가로, 내부의 자원을 이용해 스스로 고용을 창출해 내고 풍부한 상상력으로 사회에 참여해야 하는 부담스런 위협을 갑자기 받게 되었다. 이것은 사회 속에서 예술가의 역할을 수행할 것을 요구받는 필연적인 운명처럼 보인다. 이것은 많은 사람들이 기계 시대의 단편적이고 반복적인 일상에 얼마만큼 의존하여 왔는가를 알게 하는 효과를 가지고 있다. 수천 년 전에 식량 수집을 하는 유목민이었던 인간은 고정적이고 비교적 정착적인 일을 하게 되었다. 전문화하기 시작한 것이다. 글쓰기와 인쇄의 발달은 그 과정상의 주요 단계들이었다. 때로는 〈문(文)이 무(武)보다 강한 것〉처럼 보이기도 했지만, 문자 문화인들은 지식의 역할과 행동의 역할을 분리시킴으로써 매우 전문가적인 성격을 가지고 있었다. 그러나 전기와 자동화의 등장으로 인해, 단편화된 과정이 전반적인 인간적 통일을 위하여 갑자기 인간적인 대화와 욕구와 융합되기 시작했다. 갑자기 인간은 지식을 채집하는 유목민이 된 것이다. 지금까지 전례가 없었을 정도로 돌아다니면서 풍부한 정보를 얻었고, 단편적인 전문화로부터 자유로워졌으며, 또한 사회의 전체 과정에 관여하게 되었다. 왜냐하면 전기 덕분에 우리는 우리의 중추신경 조직을 전 세계로 확장하고, 모든 인간 경험을 순간적으로 상호 관련시키기 때문이다. 우리는 증권 시장 소식과 신문의 센세이셔널한 1면 기사에 오랫동안 익숙해져 있다. 그렇기 때문에 만들어지지 않은 비행기를 컴퓨터상에서 〈날릴〉 수 있다고 말해도, 우리는 이 새로운 차원이 갖는 의미를 쉽게 알 수 있다. 설계를 끝내기 전에 세부 사항을 프로그램화하여 다양한 극한 상황 속에서 비행기를 테스트할 수 있게 된 것이다. 다양한 제품, 새로운 조직에서도 마찬가지이다. 과거에 정확한 건축 지식을 가지고 개인의 주택을 지었듯이, 이제는 컴퓨터를 사용하여 그만큼의 정확성을 가지고 복잡한 사회적 문제들을 처리할 수 있게 되었다. 그리하여 산업 전체가 계산될 수 있는 하나의 단위가 되었으며, 또한 사회, 정치, 교육도 각각 하나의 단위가 되었다.

신속, 정확하게 정보를 저장하고 이동시키는 전기적인 방법을 이용함으로써, 가장 큰 단위들도 작은 단위처럼 쉽게 처리할 수 있게 되었다. 결국 어느 한 공장이나 산업에서의 자동화는, 사회 내에서 전기 테크놀러지로부터 비롯되는 변화들의 작은 모델이 된다. 전면적인 상호 의존성이 그 출발점이다. 그렇지만 전자기에 의한 상호 작용의 전체 영역에서의 고안, 강조점, 목표 등에 대한 선택의 폭은 기계화 아래에서보다는 훨씬 크다.

전기적 에너지는 작업이 이루어지는 장소나 작업의 종류와는 무관하다. 그렇기 때문에 그것은 작업에서의 탈중심화와 다양성이라는 패턴을 만들어낸다. 예를 들면, 이것은 난롯불과 전깃불의 차이에서 분명히 나타나는 논리이다. 따스함과 빛을 찾아 난롯가나 촛불 주위로 모여든 사람들은 전깃불을 지급받은 사람만큼 자유롭게 생각이나 과제를 추구하지는 못한다. 이처럼, 자동화 속에 숨어 있는 사회적, 교육적 패턴은 자기 고용 self-employment과 예술적 자율성의 패턴이다. 자동화가 전 세계적 규모의 획일화를 가져온다고 놀라 당황하는 것은, 이제는 이미 과거가 되어버린 기계적 규격화와 전문화의 미래가 투사된 것이다.

참고 문헌

Anshen, R. N. : *Language : An Inquiry into Its Meaning and Function*, Science of Culture Series, vol. III(New York : Harper & Row, Publishers, Incorporated, 1957).

Barnouw, Erik : *Mass Communication*(New York : Holt, Rinehart and Winston, Inc.,1956).

Bedini, S. A. : *The Scent of Time*, Archaeological treatise(Philadelphia : American Philosophical Society, 1963).

Békésy, Georg Von : *Experiments in Hearing*, ed. and trans. by E. G. Wever(New York : McGraw-Hill Book Company, 1960).

Bernard, Claude : *The Study of Experimental Medicine*, The classic prototype explaining the technique of isolation of organs to observe the effect on other organs. (New York : Dover Publications, Inc., 1957). (Also a Collier paperback.)

Boulding, Kenneth E. : *The Image*, (Ann Arbor, Mich. : Ann Arbor Paperbacks, University of Michigan Press, 1961).

Brown, Norman O. : *Life against Death*, Technology as neurotic sublimation and alienation of the body. (New York : Vintage Books, Random House, Inc.)

Buhler, Curt : *The Fifteenth Century Book*(Philadelphia : University of Pennsylvania Press, 1960).

Capek, Milic : *The Philosophical Impact of Contemporary Physics*, The cultural block of visual habit as an impediment to understanding physics in the Western world. (Princeton, N. J. : D. Van Nostrand Company, Inc., 1961)

Carothers, J. C. : "Culture, Psychiatry and the Written Word," *Psychiatry*, November, 1959.

Carpenter, E. S. : *Eskimo*, Identical with Explorations, No. 9(Toronto, Canada : University of Toronto Press, 1960).

Chaytor, H. J. : *From Script to Print*(Cambridge, England: W. Heffer & Sons, Ltd., 1945).

Cherry, Colin : *On Human Communication*, An electrical engineer discussing entire range of media. (New York : Science Editions, John Wiley & Sons, Inc.)

Dantzig, Tobias : *Number, the Language of Science*, The extension of touch as manifested in the history of culture. (Garden City, N. Y. : Anchor Books, Doubleday & Company, Inc., 1954.)

Deutsch, Karl : *The Nerves of Government*, A structuralist study of Models in present day organization. (New York : The Free Press of Glencoe, 1963.)

Diringer, David : *The Alphabet*(New York : Philosophical Library, Inc., 1948).

Doob, Leonard W. : *Communication in Africa*(New Haven, Conn. : Yale University Press, 1961).

Dorner, Alexander : *Way Beyond Art*, Approach to non-visual spaces in the history of culture. (New York : George Wittenborn, Inc., 1947.) (Now available in paperback.)

Doxiadis, C. A. : *Architecture in Transition*, A comprehensive Greek approach to world housing and city design. (London : Hutchinson

& Co., Publishers, 1963.)

Dudek, Louis : *Literature and the Press*(Toronto : The Ryerson Press, 1960).

Duncan, Hugh D. : *Communication and Social Order*(New York : The Bedminster Press, 1962).

Dunlop, J. T. : *Automation and Technological Change*, A collection of essays concerning the present state of ignorance about the effects of automation. (Englewood Cliffs, N. J. : PrenticeHall, Inc.)

Ehrenzweig, Anton : *Psychoanalysis of Artistic Vision and Hearing : The Dissociation of Sensibility since the Renaissance.* (London : Routledge & Kegan Paul, Ltd., 1953.)

Fuller, R. Buckminster : *Education Automation*(Carbondale, Ill. : Southern Illinois University Press, 1961.)

Giedion, Siegfried : *Mechanization Takes Command*, An approach to technology as culture—analysis in depth. A training of perception in culture and technology. (Fair Lawn, N. J. : Oxford University Press, 1948.)

Gombrich, E. H. : *Art and Illustion*, A discovery of integral awareness amidst art illusions based on isolated visual sense. (New York : Pantheon Books, a Division of Random House, Inc., 1960.)

Hadas, Moses : *Ancilla to Classical Learning*(New York : Columbia University Press, 1954).

Hall, E. T. : *The Silent Language*(Garden City, N. Y. : Doubleday & Company, Inc., 1959).

Havelock, E. A. : *Preface to Plato*(Cambridge, Mass. : Harvard University Press, 1963).

Heisenberg, Werner : *The Psychist's Concept of Nature*, Contemporary physics finds much that is congenial in archaid science. (London : Hutchinson & Company, Publishers, Ltd., 1958.)

Huizinga, Johan : *Homo Ludens*, A study of the play element in culture. (Boston : Beacon Press, 1955.)

Innis, H. A. : *The Bias of Communication*, A pioneer work in exploring the psychic and social consequences of the extensions of man. (Toronto, Canada : University of Toronto Press, 1951.)

────── : *Empire and Communications*(London : Oxford University Press, 1950).

Ivins, William, Jr. : *Art and Geometry : A Study in Space Intuitions*, The Greeks did not succeed in separating visual space from the tactile and kinetic spaces. (Cambridge, Mass. : Harvard University Press, 1946.) (Also a Dover paperback.)

Johnston, Angus James : Virginia Railroads in the Civil War(Chapel Hill, N. C. : University of North Carolina Press, 1961).

Mandler, George, and William Kessen : *The Language of Psychology*, Model attempt to create a grammar of science. (New York : John Wiley & Sons, Inc., 1959.) (Also available in paperback.)

Mumford, Lewis : *Technics and Civilization*, The interplay of artefact and culture. (New York : Harcourt, Brace & World, Inc., 1963.)

Opie, Iona and Pater : *Lore and Language of Shoolchildren*(London : Oxford University Press, 1959).

Pierce, J. R. : *Symbols, Signals and Noise*(New York : Harper & Row, Publishers, Incorporated, 1961).

Polanyi, Karl : *The Great Transformation*, The struggle to disengage economic structures from the Newtonian universe. (New York : Farrar, Straus & Co., 1944.) (Also Beacon paperback, 1957.)

Poulet, Georges : *Studies in Human Time*, Changing concepts of time as creating new models of awareness in art and science. Baltimore : The Johns Hopkins Press, 1956.) (Also a Torch paperback, 1959.)

Riesman, David J., with Reuel Denny and Nathan Glazer : *The Lonely Crowd* (New Haven, Conn. : Yale University Press, 1950).

Selye, Hans : *The Stress of Life*, "The pharmacology of dirt" or an ecological approach to human stress. (New York : McGraw-Hill Book Company, 1956.)

Siebert, F. S. : *Freedom of the Press in England 1476–1776 : The Rise and Decline of Government Controls*(Urbana, Ill. : University of Illinois Press, 1952).

Usher, A. P. : *The History of Mechanical Inventions*, A nonarchaeological approach revealing cultural background and interrelating seemingly isolated inventions. (Boston : Beacon Press, 1959.)

White, Lynn: *Medieval Technology and Social Change*(Fair Lawn, N. J. : Oxford University Press, 1962).

Young, J. Z. : *Doubt and Certainty in Science*, A view of the central nervous system as a new model for understanding electric technology. (London : Oxford University Press, 1961.)

지은이 연보

1911년   7월 21일 캐나다 서부에 있는 앨버타 주 에드먼턴에서 스코티시계, 아이리시계의 양친 사이에서 태어남.
1928년   캐나다의 마니토바 Manitoba 대학 입학. 처음에는 기계공학을 전공했으나 후에 영문학으로 전공을 바꿈.
1933년   마니토바 대학 졸업.
1934년   마니토바 대학 영문학 석사 학위를 취득하고 영국 케임브리지 대학으로 유학. 영문학자 리비스와 리처즈 등을 알게 됨.
1936년   미국 위스콘신 Wisconsin 대학에서 다음해까지 강의.
1937년   프로테스탄트에서 가톨릭으로 개종. 가톨릭 계통인 세인트 루이스 St. Lewis 대학에서 1944년까지 재직.
1939년   미국 텍사스 태생인 여배우 코린 루이스와 결혼. 그 해 다시 영국 케임브리지 대학에 유학.
1942년   엘리자베스 시대의 시인인 토머스 내시 Thomas Nashe에 관한 연구 「토머스 내시의 수사법」으로 박사 학위를 취득.
1944년   캐나다 어섬프션 Assumption 대학에서 강의.
1946년   캐나다 토론토 Toronto 대학의 로마 가톨릭 분교인 세인트 미카엘 대학 교수로 전임.
1951년   『기계 신부——산업 사회 인간의 민속 The Mechanical Bride : Folklore of Industrial Man』을 출간.
1953년   인류학자인 에드먼드 카펜터 E. S. Carpenter와 함께 커뮤니케이션 전문 연구지 《탐구 Exploration》의 편집을 맡음. 1959년까지 발행함.

1955년	미국 교육방송협회의 〈미디어 프로젝트〉 주임에 취임.
1957년	『대중 문화──미국의 대중 예술 Mass Culture : The Popular Arts in America』을 출간.
1960년	『커뮤니케이션의 탐구 Explorations in Communication』를 카펜터와 공동 편저로 출간.
1962년	『구텐베르크 은하계──활자 인간의 형성 The Gutenberg Galaxy : The Making of Typographic Man』을 토론토 대학 출판부에서 출간. 이 책으로 다음해 캐나다 최고 문학상인 〈가브너 상 Governor's Award〉(비평 산문 부문)을 받음.
1963년	토론토 대학에 신설된 〈문화 기술 센터〉 소장 취임(1980년까지).
1964년	『미디어의 이해──인간의 확장 Understanding Media : The Extension of Man』 출간. 『문학의 소리 Voices of Literature』 1권을 쇼크 R. J. Schoek와 함께 출간. 2권은 1965년에, 3권은 1970년에 출간.
1967년	뉴욕 시 퍼담 Frodham 대학 알버트 슈바이처 체어의 명예 교수직 맡음. 그래픽 디자이너 퀜틴 피오리 Quentin Fiore와 함께 『미디어는 마사지다 The Medium is the Massage』를 출간. 《뉴스위크 Newsweek》의 표지 인물로 등장.
1968년	『지구촌의 전쟁과 평화 War and Peace in the Global Village』를 퀜틴 피오리와 공저로 출간. 『소실점을 통하여──시와 회화에서의 공간 Through the Vanishing Point : Space in Poetry and Painting』을 할리 파커 Harley Parker와 공저로 출간. 뉴스 레터 The Dew-Line 창간.
1969년	『역기류 Counterblast』와 『마셜 맥루언의 문학 비평, 1943-62 Literary Criticism of Marshall McLuhan, 1943-62』를 출간.

1970년	『문화는 사업이다 Culture is our Business』를 출간. 『클리세에서 원형까지 From Cliche to Archetype』를 윌프레드 왓슨 Wilfred Watson과 공저로 출간.
1972년	『오늘을 잡아라 Take Today : The Executive As Dropout』를 배링턴 네비트 Barrington Navitt와 공저로 출간.
1973년	교황의 사회 커뮤니케이션 문제 담당 고문 Consultant Pontifical Commission for Social Communications에 임명됨.
1977년	우디 앨런이 감독한 영화 「애니 홀 Annie Hall」에 단역으로 출연. 『교실로서의 도시 : 언어와 미디어의 이해 The City as Classroom : Understanding Language and Media』를 허천 K. Hutchon과 아들 에릭 맥루언 Eric McLuhan 공저로 출간.
1980년	12월 31일 토론토 자택에서 사망.
1981년	《저널 오브 커뮤니케이션 Journal of Communication》(여름호)에서 〈맥루언 특집〉을 마련함.
1987년	『맥루언 서신 Letters of Marshall McLuhan』이 마리 몰리나로 Marie Molinaro의 편집에 의해 출간됨.
1988년	『미디어의 법칙 : 신과학 Laws of Media : The New Science』이 에릭 맥루언에 의해 출간.
1989년	브루스 파워즈와 공저로 『지구촌 The Global Village』을 출간.
1995년	에릭 맥루언이 아버지의 저서, 논문, 인터뷰 등에서 맥루언을 이해하는 데 골자가 되는 것들을 한데 모아 『맥루언 요론 Essential McLuhan』을 펴냄.
1996년	전자 잡지 《와이어드 Wired》 1월호에 맥루언 관련 특집 기사가 실림. 편집장 게리 울프 Gary Wolf가 맥루언을 자칭하는 사람과 인터뷰를 함.

옮긴이 후기

> 흔히 사람들은 맥루언이 텔레비전에 대해 논했다고 생각한다.
> 그러나 그가 실제로 논한 대상은 인터넷이었다.
> 그것이 출현하기 20년 전에.
> ——케빈 켈리 Kevin Kelly

이 책은 캐나다 출신의 문명 비평가이자 커뮤니케이션 이론가인 마셜 맥루언이 쓴 *Understanding Media : The Extensions of Man*을 번역한 것이다. 이 책은 1964년 처음 출간되어 미디어와 커뮤니케이션의 현대적 위상을 조망하는 새로운 원근법으로 평가받았으며, 1994년에는 출간 30주년을 기념하여 미국 MIT 출판부에서 새로 출간되기도 했다. 이 MIT 판본에는 월간 《하퍼스 *Harper's*》의 편집장인 루이스 래펌의 서문이 붙어 있는데, 그것도 함께 번역해 실었다. 래펌은 서문에서 〈21세기를 맞이하여 맥루언을 어떻게 읽어야 하는가〉에 대한 간명한 지침을 제시하고 있다.

그렇다면 왜 이 책을 읽어야 하는가. 이 책은 『구텐베르크 은하계』(1962)와 더불어 맥루언의 미디어 사상을 대표한다. 기실 지식인 부류에 속하면서 이 책을 한두 번 거론하지 않은 사람은 드물 터이다. 〈미디어는 곧 메시지〉라는 명제가 그러하며, 〈지구촌〉, 〈정보 시대〉란 표현 역시 그로부터 비롯하였기 때문이다. 그럼에도 지성의 현장에서 이 책을 둘러싼 진지한 토론은 퍽 드물었다. 〈뜨거운 미디어/차가운 미디어〉 같은 용어만 허사치레로 쉬 남용되었을 뿐이다. 그러다가 이 책은 1990년대에 이르러 다시 주목받기에 이른다. 맥루언의 저술이 정보 기술 혁명 시대를 예견한 선구적 담론으로 재평가되는데(폴 레빈슨 Paul Levinson의 『디지털 맥루언 *Digital McLuhan : A Guide to the Information Millennium*』이 그 대표적인 사례이다), 이를 두고 흔히 〈맥루언 르네상스가 열렸다〉고 평하는 것이다(계간 《현대사상》 1997년 창간호의 특집 참조).

21세기에 맥루언을 다시 읽는 까닭은 무엇인가. 맥루언 르네상스라는 표현은 〈미디어 시대〉를 배경으로 한다. 오늘날 미디어는 일종의 무한 권력이다. 미디어가 삶의 모든 영역을 조정하고 주조하고 재편하는, 문명사의 낯선 국면 속에서 〈무엇을 어떻게 할 것인가〉라는 물음은 〈왜 어떻게 미디어인가〉라는 물음으로 구체화될 수밖에 없으리라. 이 책은 바로 그 같은 과제 앞에서 일종의 백미러 구실을 한다. 저 앞으로 달음질 치는 미디어 시대의 문화 변동, 그 속도와 방향을 가늠하고자 하는 우리에게 이 책은 이렇게 말하는 듯싶다. 잠시 멈춰 『미디어의 이해』라는 백미러를 보라, 거기에 앞으로 나아갈 길이 새겨져 있다고 말이다.

이 책은 최초의 번역이 아니다. 이 책은 1977년에 박정규 교수의 번역으로 삼성출판사가 처음 소개한 바 있는데, 이후 이 번역을 출판사 커뮤니케이션북스가 재출간한 바 있다. 그러나 이들 번역서는 한국어 판권에 대한 정식 계약을 원저작권자와 체결하지 않은 상태에서 출간된 것이었다. 이에 민음사가 원저작권자와 정식 계약을 체결하여 다시금 한국어 판본을 출간하게 된 것인데, 물론 기존의 번역본은 이 책의 번역에 큰 디딤돌이 되었다. 우선 이 자리를 빌려 박정규 교수에게 감사의 말씀을 전한다. 그리고 일본어 번역본(みすず書房, 1987)도 참조했음을 밝힌다.

애초에 번역의 소임은 이한우에게 맡겨졌다. 그러나 그가 바쁜 일정에 쫓기는 탓에 김성기가 번역 과정에 합류하였다. 이한우는 「서론」부터 18장까지를, 김성기는 나머지 부분을 맡았다.

　마지막으로, 이 책이 나오기까지 함께 수고한 민음사의 모든 분들께 감사 드린다.

2002년 6월
옮긴이를 대표하여
김성기 씀.

김성기

서울대학교 사회학과를 졸업하였고, 같은 학교 대학원에서 박사 학위를 받았다. 현재 문화 비평가로 활동하고 있다. 저서로는 『포스트모더니즘과 비판 사회과학』, 『패스트푸드점에 갇힌 문화 비평』, 『모더니티란 무엇인가』(편저) 등이 있고, 옮긴 책으로는 『뉴미디어의 철학』(마크 포스터), 『카오스의 아이들』(더글러스 러시코프), 『키워드』(레이먼드 윌리엄스) 등이 있다.

이한우

고려대학교 영문학과와 같은 학교 대학원 철학과를 졸업한 뒤, 한국외국어대학교 철학과 박사 과정을 수료하였다. 《뉴스위크》, 《문화일보》를 거쳐 《조선일보》 문화부 부장을 역임했다. 옮긴 책으로는 『역사의 의미』(칼 뢰비트), 『신 그 이후』(돈 큐피트), 『형이상학』(W. H. 월쉬), 『해석학이란 무엇인가』(리처드 팔머), 『해석학적 상상력』(조셉 블레이처) 등이 있다.

현대사상의 모험 8

미디어의 이해

1판 1쇄 펴냄 2002년 6월 10일
1판 29쇄 펴냄 2025년 9월 9일

지은이 마셜 맥루언
옮긴이 김성기·이한우
발행인 박근섭·박상준
펴낸곳 (주)민음사

출판등록 1966. 5. 19. 제16-490호
주소   서울특별시 강남구 도산대로1길 62(신사동) 강남출판문화센터 5층 (06027)
대표전화 02-515-2000 | 팩시밀리 02-515-2007
홈페이지   www.minumsa.com

한국어 판 ⓒ (주)민음사, 2002, 2007, 2024. Printed in Seoul, Korea

ISBN 978-89-374-1608-8 (94300)
      978-89-374-1600-2 (세트)

* 잘못 만들어진 책은 구입처에서 교환해 드립니다.